~150

Linde Salber
Geniale Geschwister

PIPER

Zu diesem Buch

Vier legendäre Geschwisterpaare werden von Linde Salber vorgestellt: Elisabeth und Friedrich Nietzsche, Gertrude und Leo
Stein, Ana María und Salvador Dalí, Erika und Klaus Mann. Die
Autorin schildert mit diesen beispielhaften Konstellationen die
geheimnisvolle Innenwelt der Geschwisterbeziehungen. Sie
haßten und sie liebten sich. In Glück und Leid verstrickt, schu-
fen sie Werke, die uns heute noch bewegen. In diesen vier Dop-
pelbiographien geht es um Lebenslust und verrückte Hüte, um
schnelle Autos, um Verführung, Macht und Drogen, um Freiheit und die Eroberung der Herzen, vor allem aber um Genie
und Größe. »Vier Geschwisterschicksale in verschiedenen Zeiten und Gesellschaftsstrukturen – bildreich dokumentiert und
absolut lesenswert!« (nobilis)

Linde Salber, geboren 1944 in Tütz/
Pommern, ist promovierte Diplompsy-
chologin und praktizierende Psychotherapeutin und arbeitet auch an der
Universität Köln. Sie verfaßte zahlrei-
che biographische Porträts, unter anderem zu Lou Andreas-Salomé, Anaïs
Nin, Frida Kahlo, Marlene Dietrich,
Salvador Dalí und Sigmund Freud. Zu-
letzt erschienen von ihr »Psychologie für die Westentasche«
und »Geniale Geschwister«.

Linde Salber

Geniale Geschwister

Elisabeth und Friedrich Nietzsche, Gertrude und Leo Stein,
Ana María und Salvador Dalí, Erika und Klaus Mann

Mit 46 Abbildungen

Piper München Zürich

Mehr über unsere Autoren und Bücher:
www.piper.de

Mix
Produktgruppe aus vorbildlich bewirtschafteten
Wäldern und anderen kontrollierten Herkünften
www.fsc.org Zert.-Nr. GFA-COC-001223
© 1996 Forest Stewardship Council

Ungekürzte Taschenbuchausgabe
1. Auflage Dezember 2008
2. Auflage Februar 2010
© 2007 Piper Verlag GmbH, München
Umschlag: semper smile, München
Umschlagfotos: Ullstein-Bild
Autorenfoto: Helga Pisters
Satz: Kösel, Krugzell
Druck und Bindung: CPI – Clausen & Bosse, Leck
Printed in Germany   ISBN 978-3-492-25294-2

INHALT

DIE ENTLASSENE MUSE
oder Gekränkte Liebe

DIE DOPPELGÄNGER
oder Brüderchen und Schwesterchen

INHALT

EINLEITUNG

Thema in vier Variationen:
Eine Schwester, ein Bruder und die Kunst

Das Buch erzählt in vier Geschichten von der heiklen Liebe zwischen Schwester und Bruder. Wir können miterleben, wie sie einander schätzen und idealisieren, aber auch, wie sie einander hassen und verteufeln. In Glück und Leid verstrickt, suchen sie ihren eigenen Weg. Gertrude Stein und Ana María Dalí ist das nur möglich um den Preis endgültiger Trennung. Manches erinnert an unsere eigene Geschwistergeschichte, ja zuweilen kommt es uns vor, als würden wir in einen Vergrößerungsspiegel schauen.

Es geht aber auch um Lebenslust und verrückte Hüte, um Unsterblichkeit und schnelle Autos, um Verführung, Macht und Drogen, um fixe Ideen, um Krieg, Emigration und Kampf. Mit künstlerischer Ambition tanzen diese Geschwister genial aus der Reihe.

Die Lebensgeschichten von Elisabeth und Friedrich Nietzsche, Gertrude und Leo Stein, Ana María und Salvador Dalí, Erika und Klaus Mann führen uns in das dramatische Geschehen anderer Zeiten und Räume. Wir staunen über den Wechsel der Welten. Da gibt es das alte Europa mit Königen und Kaisern, die Moderne der Dichter, Maler und Kunstsammler in Paris, den amerikanischen Traum, die faschistische Kehrtwendung in Spanien und Deutschland, die Katastrophe zweier Weltkriege, die Pop-Kultur.

Daß »Schwestern berühmter Männer«[1] in ihrem eigenen

künstlerischen Können von der Kultur früherer Jahrhunderte nicht gerade gefördert wurden, soll hier nicht erneut ausgeleuchtet werden. Inzwischen haben wir wohl begriffen, daß Schwester und Bruder, Frau und Mann – gedeihen sie unter gleichen Erwartungen, Forderungen und Förderungen – Vergleichbares zustande bringen können.

Bei aller Verschiedenheit der jeweiligen Ereignisse zieht sich ein roter Faden durch die vier Geschichten: Wie geht eine Schwester mit einem Bruder um, der die bürgerlich eingefahrenen Bahnen verläßt, um sich als Künstler zu realisieren? Wenn aus einem Bruder nicht ein Angestellter, ein Bäcker oder Lehrer wird, sondern ein Künstler, also ein Mensch, der nicht auf einem im gesellschaftlichen Gefüge klar bestimmten Platz landet, dann nimmt das Verhältnis zwischen Bruder und Schwester eine besondere Gestalt an.

Ein Künstler, meint der Surrealist Alberto Savinio, wählt ein der Kontrolle entzogenes Leben. Er nimmt sich das Recht, über das hinauszugehen, was »man« tut, setzt auf seine Besonderheit und beansprucht für sich selbst eine Art Ausnahmezustand mit zugehöriger Sonderbehandlung. Anders kann er seiner Vision vom Leben nicht gerecht werden. Für die Menschen, mit denen er aufwächst, ist das eine höchst ambivalente Angelegenheit. Einerseits lieben sie, daß einer von ihnen das Außerordentliche beansprucht, und bewundern seinen Wagemut. Andererseits jedoch kränkt sie die Unterstellung, daß ihre eigenen Unternehmungen im Vergleich nur von minderem Rang sein können. Besonders die Schwester des Künstlers gerät dadurch in eine mißliche Lage. Um neben einem solchen Bruder bestehen zu können, muß sie das Dilemma lösen.

Die vier Geschwisterpaare wurden ausgewählt, weil die Intensität ihrer Beziehung zeigt, zu welch dramatischen, individuell zugespitzten Lösungen es kommen kann.

Bei Gertrude Stein lief es nach vielen Jahren der Idealisierung des vielversprechenden, zwei Jahre älteren Bruders Leo auf den Nachweis hinaus, daß sie das Genie war: »Es gibt keinen Grund dafür aber ich war es, und er war es nicht.«[2] Dafür gab es allerdings einen Grund: Leo schaffte es nicht, mit einem eigenen Werk das Außerordentliche in ihr Leben zu bringen. Sie mußte es selber tun.

Elisabeth Nietzsche manipulierte das Werk des in der Kinderzeit vergötterten Bruders »Fritz« nach dessen frühem Tod dergestalt, daß es in ihr Bild paßte. Nach ihrer Auffassung war er mit seiner psychologischen Religions- und Kulturkritik vom rechten Wege abgewichen. Mit der willkürlichen Entstellung seines Werkes hievte sie sich selbst in die Berühmtheit, die dem Bruder und damit ihr selbst bis dahin vorenthalten worden war.

Ana María Dalí trennte sich vom Bruder Salvador, da er ihr die Mitwirkung an seiner Kunst als Muse aufkündigte und alles, was ihr lieb war, verriet, um in der weiten Welt nach dem extravaganten Glück zu jagen. Demgegenüber konservierte sie das kleine Glück der heimat- und naturverbundenen Kinderzeit und »kultivierte ihren Garten«.

Erika Mann verbündete sich mit ihrem um ein Jahr jüngeren Bruder Klaus in einer Art Künstlersymbiose. Als junger Mann schrieb Klaus Theaterstücke über die inzestuöse Sehnsucht zwischen Schwester und Bruder, und Erika trat als Schauspielerin auf. »Waren wir doch Teile von einander«, klagte sie nach seiner Selbsttötung. Sein schriftstellerisches Können achtete sie höher als ihr eigenes. Nach dem Tod des Bruders blieb sie mit ihm verbunden, indem sie sein Werk »bemutterte«.

Vielleicht ist es nicht geschickt, psychologische Reduktionen dieser Art einem im ganzen doch eher erzählenden Text voranzustellen. Das wirkt immer ein bißchen wie Trockenkost. Genug also der Begründungen und Erklärungen.

DIE GOTTESANBETERIN
oder
Theatralische Anverwandlung

ELISABETH UND FRIEDRICH NIETZSCHE

Nueva Germania –
Wolkenkuckucksheim im Dschungel

Der 15. März war der heißeste Tag des Jahres 1886 – in Asunción, der Hauptstadt Paraguays. Während im sächsischen Naumburg noch Reste von Schnee in den winterlich geordneten Gärten liegen, wirbelt in Paraguay der Wind roten Staub auf. Am besten hält man ein Tuch vor Nase und Mund. Dann wieder können plötzliche Wolkenbrüche die Szenerie so sehr verwandeln, daß die Reisenden nur hoch zu Pferde durch den weichen Morast vorankommen oder auf einem Ochsenkarren mit sehr großen Rädern. Im Dschungel flattern ungelenke Fledermäuse, Schlangen winden sich durchs Dickicht, und im Paraná-Fluß lauern Piranhas auf Beute. Menschen mit dunkler Haut, abgerissen gekleidet, sprechen in unverständlicher Sprache. Unerträglich schwüle Luft. Moskitos, Erdflöhe, Stechfliegen, »polverinos«, winzige Insekten haben freies Spiel. Man merkt den Einstich kaum, es juckt, man kratzt, und schon bildet sich eine eitrige Entzündung.

Was hatte die Schwester Friedrich Nietzsches, Elisabeth Förster, eine zarte, kleine Dame im knöchellangen Kleid, mit Hut und Schleifen, mit großen Erwartungen und bürgerlichen Ansprüchen ausgerechnet dort zu suchen? Die Antwort ist so simpel wie verrückt. Sie war mit ihrem Mann unterwegs

zu einem Ort, wo sie gemeinsam die fixe Idee von einem reinen deutschen Leben verwirklichen wollten. Völkisch gesonnen beklagte der in Berlin wegen militantem Antisemitismus
aus dem Amt entlassene Lehrer Dr. Bernhard Förster den
Verfall deutscher Tugenden. Ritterlichkeit, Gradheit, echte
Religiosität sah er in Gefahr. Er war davon überzeugt, daß
das Deutschtum unter dem Einfluß alles Jüdischen verkam.
Verjudung nannte man das damals. Mit dieser Auffassung
befand er sich in bester Gesellschaft. Im Deutschen Reich gab
es eine antisemitische Strömung, die mit der Gründung des
»Vereins deutscher Studenten« durch den bekannten Historiker der Bismarckzeit, Heinrich von Treitschke, an Wirksam-
keit gewann. Als Gründungsmitglied der antisemitischen
»Reform-Parthei« hatte Förster 1881 mit einigen Gesinnungs-
genossen und Elisabeth Nietzsches persönlichem Einsatz
270 000 Unterschriften gesammelt, die den Reichskanzler
Otto von Bismarck bewegen sollten, die Einwanderung ost-
europäischer Juden nach Deutschland zu stoppen – was nicht
geschah. Förster polemisierte auch gegen das Wahlrecht von
Juden sowie gegen deren Berufsausübung als Ärzte oder Ju-
risten. Bismarck war es zu verdanken, daß die Religionszuge-
hörigkeit die Rechte der Bürger nicht mehr beeinträchtigen
sollte.

Dem Antisemiten Bernhard Förster war Elisabeth Nietz-
sche zuerst in Bayreuth begegnet. Dort war unter Richard
Wagners Leitung 1876 der *Ring*-Zyklus im neu errichteten
Festspielhaus aufgeführt worden. Friedrich Nietzsche liebte
besonders Wagners Oper *Tristan und Isolde*. Bereits 1869 war
er einer Einladung des bewunderten Künstlers gefolgt. Der
Fünfundzwanzigjährige wurde zum Freund der Familie und
zum tiefsinnigen Interpreten der Kunst Wagners. Bei späteren
Besuchen nahm Friedrich Nietzsche auch einmal seine
Schwester mit, die sich sogleich mit Cosima von Bülow, der
Mutter von Wagners Kindern, anfreundete und gelegentlich
auf Haus, Personal und Kinder achtgab, wenn sich das Paar

auf Reisen befand. Die Wagners hielten sie für ein braves Mädchen mit praktischem Sinn.

Für Nietzsche war Richard Wagner damals der Inbegriff des Künstlers, ein Gegenbild zur unleidlich bürgerlichen Enge seiner Kindheit. Wagner sei es gelungen,»ganz« und »er selbst« zu bleiben, das heißt, »daß die eine Sphäre seines Wesens der anderen treu blieb [...], die schöpferische schuldlose lichtere Sphäre der dunklen unbändigen und tyrannischen.«[1] Wagners Musik versetzte den jungen Philosophen in eine Entrückung, die alles denkende Erkunden übertraf und jedes Theoretisieren relativierte. Kunst und Mythos traten damals für Nietzsche an die Stelle des verlorenen Kinderglaubens und wurden zum Leitbild für die Entwicklung seiner philosophischen Psychologie.

Försters Interesse richtete sich weniger auf Wagners Kunst als auf dessen Ideologie vom »deutschen Wesen«. Sich selbst hatte Wagner in seinem Tagebuch, dem *Braunen Buch*, als deutschesten Menschen beschrieben: » [...] ich bin der deutsche Geist. Fragt den unvergleichlichen Zauber meiner Werke, haltet sie mit allem übrigen zusammen: Ihr könnt für jetzt nichts anderes sagen, als – es ist deutsch!«[2] Der Komponist vertrat die Auffassung, »Blutmischungen« hätten dazu geführt, »daß die vornehmeren Rassen durch die unvornehmen verdorben wurden. Es gibt keine Tugend und keine Hoffnung, es sei denn durch eine ›reine‹ Rasse; die Deutschen könnten ein leuchtendes Beispiel dafür sein, wenn sie sich nur von den Juden befreien würden...«[3]

Später distanzierte sich Nietzsche von Wagner. Es enttäuschten ihn vor allem des Künstlers kompromittierende Sucht nach bürgerlicher Anerkennung und seine Rückkehr zur Religion. Jetzt nannte er ihn einen heillosen Romantiker. Während Nietzsche zum intimsten Kritiker Wagners wurde, bewunderte Förster ungebrochen den wortgewandten Meister, trat dem Berliner Wagnerverein bei und veröffentlichte Hochlobendes.

In dem Büchlein *Parsifal-Nachklänge* schrieb Förster: »Alle in unserm Volksleben thätigen Kräfte, die sich seit frühester Jugend als ewig und allgemein gültig erwiesen haben: alt-arische Weisheit, Idealismus, die Verklärung und Veredelung des germanischen Wesens durch das Christenthum, die heldenhafte Tapferkeit, die unentwegte Treue – alles dieses findet Raum in der durch wiederentdeckte Musik gehobenen und geadelten Form der Tragödie Richard Wagners.«[4]

Förster zog in den *Bayreuther Blättern* heftig gegen das deutsche Judentum in Kunst, Politik und Wissenschaft zu Felde – während er voller Mitleid gegen die Vivisektion von Tieren zu wissenschaftlichen Zwecken kämpfte. Wie Wagner war er entschiedener Vegetarier. Förster verstieg sich sogar zu der Bemerkung: Nur ein Vegetarier könne Parsifals zutiefst menschliches Innere begreifen.[5] Über die Gesinnungsgenossenschaft der Wagnerianer schrieb er: »Wir wissen, dass wir zusammengehören; nicht nur die Person des Meisters giebt uns einen erkennbaren Mittelpunkt, vor Allem erfüllt uns die heilige Sache, welcher wir uns zugeschworen haben, mit dem gleichen Eifer, das Gute – das heisst das uns Ariern Verwandte – zu wirken, das Böse – das Unarische in und unter uns – zu bekämpfen.«[6]

Dem Stil der Zeit entsprechend plante Förster, auszuwandern und fern der Heimat eine rassereine deutsche Kolonie zu gründen: »Nueva Germania«. Der Nietzscheforscher Walter Kaufmann mutmaßt, Förster habe das Weite suchen müssen, nachdem er in einer Berliner Pferde-Trambahn jüdische Fahrgäste beschimpft und tätlich angegriffen hatte.[7] Zwischen 1883 und 1885 war Förster mehrfach nach Paraguay gereist, das wegen seines wirtschaftlichen Niedergangs infolge des Krieges gegen die Tripelallianz Argentinien, Brasilien und Uruguay (1865–1870) starkes Interesse am Zuzug tüchtiger Menschen zeigte. Nur ein Sechstel der Bevölkerung hatte den Krieg überlebt. Neunzig Prozent der männlichen Bevölkerung waren umgekommen. Ein ideales Land für das Projekt »Nueva Germania«.

Bereits in diesen Jahren schickte Elisabeth Nietzsche Briefe, in denen sie sich für Förster und sein Projekt begeisterte. Sie geriet ins Schwärmen, Anteilnehmen, Idealisieren, Sich-Verlieben und bot sich schon bald als Mitstreiterin an. Auch Förster verlor seine anfängliche Zurückhaltung und besang die Achtunddreißigjährige als »Edel – liebevoll – innig – stolz – anmuthig – beharrlich – ernst – treu – hochherzig«.[8] Im März 1885 kehrte Förster zurück nach Naumburg, wo im Wonnemonat Mai Hochzeit gehalten wurde.

Pünktlich zum 22. Mai schickte Bruder Fritz aus Venedig ein Telegramm: »Mit innigen Segenswünschen gegenwärtig Euer Fritz.«[9] Ausführlicher hatte sich Friedrich Nietzsche in einem Brief vom 20. Mai geäußert:

»Mein liebes Lama, für den Tag, welcher über Dein Lebensloos entscheidet (und zu dem Dir Niemand mehr als ich Glück und Gedeihen und gute Vorzeichen und guten Muth anwünschen kann) – für diesen Tag muß ich mir selber eine Art Lebensabrechnung machen. Von jetzt ab wirst Du ganz andre Sachen zunächst und zuvorderst in Kopf und Herzen haben als die Sachen Deines Bruders, und so soll es recht und billig sein und ebenso liegt es in der Natur, daß Du mehr und mehr die Denkweise Deines Gatten theilen wirst: welche ganz und gar nicht die meine ist, so viel ich an ihr auch zu ehren und zu rühmen habe. Damit Du aber künftighin eine Art Direction hast, in wiefern die Beurteilung Deines Bruders viele Vorsicht und vielleicht auch Schonung erfordert: schreibe ich es Dir heute, zum Zeichen großer Herzlichkeit, worin das Schlimme und Schwere meiner Lage liegt. Ich habe bisjetzt, von Kindesbeinen an, Niemanden gefunden, mit dem ich dieselbe Noth auf Herzen und Gewissen hätte. Dies zwingt mich heute noch, wie zu allen Zeiten, mich, so gut es gehen will, und oft mit sehr viel schlechter Laune unter irgend einer der heute erlaubten und verständlichen Menschheits-Sorten zu präsentieren. Daß man aber eigentlich nur unter Gleichgesinnten, Gleich-Gewillten gedeihen kann, ist mein Glaubenssatz (bis hinab zur Ernährung und Förderung des Leibes); daß ich Keinen habe, ist mein Malheur. Meine Universitäts-Existenz war der Versuch der Anpassung an ein falsches Milieu; meine Anpassung an Wagner's war dasselbe, nur in entgegengesetzter Richtung. Fast alle meine menschlichen Beziehungen sind aus den Anfällen des Vereinsamungs-Gefühles entstanden: Overbeck, so gut als Rée, Malvida so gut als Köselitz – ich bin lächerlich-glücklich gewesen, wenn ich mit Jemandem irgend ein Fleckchen und Eckchen gemein fand oder zu finden glaubte. Mein Gedächtnis ist überladen mit tausend beschämenden Erinnerungen, in Hinsicht auf solche Schwächen, in denen ich die Einsamkeit absolut nicht mehr ertrug. Mein Kranksein hinzugerechnet, welches immer die schauerlichste Entmutigung mit sich bringt; ich bin nicht umsonst so tief krank gewesen und noch jetzt durchschnittlich krank – wie gesagt, weil es mir am rechten milieu fehlt und ich immer etwas Komödie spielen muß, statt mich an den Menschen zu erholen. – Ich betrachte mich deshalb ganz und gar nicht als einen versteckten und hinterhältigen oder mißtrauischen Menschen; im Gegentheil! Wäre ich's, so würde ich nicht so viel leiden! Man hat es aber nicht in der Hand, sich mitzutheilen, wenn man auch noch so mittheilungslustig ist, sondern man muß den finden, gegen den es Mittheilung geben kann. Das Gefühl, daß es bei mir etwas sehr Fernes und Fremdes gebe, daß meine Worte andere Farben haben als dieselben Worte in anderen Menschen, daß es bei mir viel bunten Vordergrund giebt, welcher täuscht – genau dies Gefühl, das mir neuerdings von verschiedenen Seiten bezeugt wird, ist immer noch der feinste Grad von ›Verständniß‹, den ich bisher gefunden habe. Alles, was ich bisher geschrieben habe, ist Vordergrund; für mich selber geht es erst immer mit den Gedankenstrichen los. Es sind Dinge gefährlichster Art, mit denen ich zu thun habe; daß ich dazwischen in populärer Manier bald den Deutschen Schopenhauern oder Wagnern anempfehle, bald Zarathustra's ausdenke, das sind Erholungen für mich, aber vor Allem auch Verstecke, hinter denen ich eine Zeit lang wieder sitzen kann.

Halte mich deshalb, mein liebes Lama nicht für toll, noch für ausgesucht-schlecht, und vergieb es mir insbesondere, daß ich nicht bei Deinem Feste zugegen bin: so ein ›krankhafter‹ Philosoph gäbe einen schlechten Brautvater ab! Mit tausend zärtlichen Wünschen Dein F.«[10]

Sehr freundlich und sehr bestimmt machte Friedrich Nietzsche in diesem Brief klar, daß seine Schwester Elisabeth für ihn keine Ausnahme bildet. Wie alle anderen Menschen ist auch sie nicht in der Lage, seine Lebensansicht, seine »Noth auf Herzen und Gewissen« zu teilen. Auch sie bedeutete für ihn keine »Gleichgesinnte« oder »Gleichgewillte« – ob sie nun verheiratet war oder nicht. In einem Brief-Entwurf, der ein Jahr zurückliegt, hatte er einmal enttäuscht-zornig notiert, sie solle sich doch »zum Teufel scheren oder nach Paraguay«.

1886 verfaßte Förster, assistiert von Elisabeth, eine Schrift: »Deutsche Colonien im oberen Laplata-Gebiete mit besonderer Berücksichtigung von Paraguay« und widmete sie seiner »lieben Frau Elisabeth«. Auf dem Frontispiz figuriert Förster in strammer Uniform, versehen mit dem Eisernen Kreuz, was Nietzsche abgeschmackt fand und peinlich.

Mitte Februar 1886 waren die Försters mit vierzehn deutschen Familien in Hamburg an Bord der »Uruguay« gegangen, durchaus kein Luxusdampfer. Kakerlaken allenthalben, Rüsselkäfer im Hauptnahrungsmittel Zwieback, Erbrochenes auf den Planken. In der unendlichen Weite unter Sonne und Sternen fühlten sich die Reisenden mal eingeschüchtert durch die Heftigkeit von Wellen und Sturm, dann wieder aufgehoben in einer leichten Stimmung des Wiegens; doch in der lähmenden Stille glatter See – das Geräusch der Maschinen nehmen sie kaum noch wahr – wurde manchem Reisenden bang. Sie setzten ja ihr Leben aufs Spiel.

Während der ersten zwei Jahre lebten die Försters in Asunción, einer Stadt, die von den Verwüstungen des Krieges ge-

zeichnet war. Hundertfünfzig Kilometer nördlich der Hauptstadt, das heißt eine Woche per Boot auf dem Fluß Paraná bis
zum Ort Antequera und die letzten siebzig Kilometer mit dem
Ochsengespann durch den Urwald, meinte Förster den pas-
senden Grund und Boden gefunden zu haben. Dereinst sollte
hier das Großartige entstehen: eine glückliche, rein arische
Rasse, die fest im christlichen Glauben das Land bewirtschaf-
tete, auf daß es einem jeden wohlergehe. Man könnte meinen,
daß das Ehepaar Förster glaubte, da es schon der Sonne gelang, sich entgegen dem Uhrzeigersinn zu drehen, könnte
wohl auch das Leben der Menschen einen ganz und gar neuen
Kurs steuern.

Doch das Vorhaben steht auf tönernen Füßen. Förster hat
kein Kapital. Das Siedlungsprojekt läßt sich nur finanzieren,
wenn es gelingt, weitere hundert Familien aus Deutschland
herbeizulocken. Unter den Emigranten, größtenteils sächsi-
sche Glücksucher aus Not, sind einige Handwerker und Bauern, die den Urwald roden und ihre Unterkünfte sowie ein
stattliches Haus für das Ehepaar Förster errichten.

»Läuterung und Neugeburt der Menschheit – somit auch
Sicherstellung der menschlichen Cultur«, hatte Förster verkündet – wer wollte daran nicht mitwirken! Elisabeth jedenfalls war zuversichtlich, daß noch viele Menschen kommen
würden, die auch an diese Utopie glaubten. Wie die Wagnerianer einen »Mittelpunkt« hatten, einen festen Halt; sich mit
»Eifer« einer »heiligen Sache« widmeten; eindeutig wußten,
was »das Gute«, was »das Böse« war und dafür »kämpfen«
wollten, so sollte es nun in Paraguay geschehen. All das berührte Nietzsches Schwester wie die Losung für ein ganz neues
Leben.

Ihren Bruder sah Elisabeth in diesen Jahren als einen Denker, der sich den Kopf zerbrach über die Lage der zeitgenössischen Kultur. Aber er diagnostizierte nur. Das half ja gar nicht,
meinte Elisabeth. Im übrigen waren seine Gedanken viel zu
kompliziert. Und nichts war ihm heilig. Er verriet die bürger-

liche Moral. Selbst vor der analytischen Dekonstruktion des Christentums schreckte er nicht zurück. Es machte ihr angst, wie er den Menschen und die Zeitläufte psychologisch auseinandernahm. Nein, ihr »inniggeliebter Fritz« erwies sich als große Enttäuschung. Er gab einfach keine Handlungsanweisungen für die Verbesserung der Kultur. Sie konnte und wollte seinen Gedanken nicht mehr folgen. Die zogen ihr ja den Boden weg. Förster dagegen, der war ein Mann der Tat, mit Visionen und einer Mission. An seiner Seite konnte Elisabeths eigenes Tun Richtung und hohen Sinn gewinnen. So hatte sie sich das vorgestellt.

Bernhard Förster versprach Elisabeth einen Rahmen, den der Bruder ihr in Kindheit und Jugend geboten hatte.

Durch den frühen Tod des Vaters, die Kinder waren erst vier und zwei Jahre alt, hatte Fritz für die Kleine eine besondere Bedeutung erhalten. Schnell wurde er »groß«. Bereits mit zehn Jahren schrieb der ernsthafte Knabe Gedichte und Kompositionen, Theaterentwürfe und autobiographische Skizzen. Lieschen war überzeugt, daß aus Fritz einmal ein großartiger Menschenführer werden würde – ein Gottesmann, wie der Vater einer gewesen war und der Großvater. Für die kleine Schwester war es selbstverständlich, den Ansichten und Anweisungen des Bruders zu folgen. Seit sie denken kann, versorgte sie der nur zwei Jahre Ältere mit dem rechten Bild vom Leben. Wenn sie mit-machen konnte, konnte Lieschen alles.

Den Freunden ging sie auf die Nerven mit der jeden Widerspruch im Keim erstickenden Bemerkung: «Aber Fritz hat gesagt...« Mit ihm, der Menschen von Adel hochschätzte, bewunderte auch die Schwester gesellschaftlich höherstehende Menschen. Und als der Bruder bereits mit vierundzwanzig Jahren eine Professur erhielt, war Elisabeth überglücklich, wenn er sie brauchen konnte. Das war eine schöne Zeit für sie. Doch als der Bruder sein Professorenamt aufgab, um als Schriftsteller das unstete Wanderleben eines Künstlers aufzunehmen, hatte Elisabeth begonnen, nach neuen Ratgebern Ausschau zu halten.

Aus der Rolle einer Mitverschworenen hatte Friedrich Nietzsche seine Schwester schon lange vor ihrer Paraguay-Exkursion entlassen. Mit Förster stand es anders. Der konnte sie brauchen. Elisabeths Anstelligkeit in lebenspraktischen Fragen, ein kleines Erbe, aber auch ihre liebevollen Briefe konnten den mittellosen Bernhard Förster überzeugen, daß sie die geeignete Partnerin für sein Projekt, die richtige Frau an seiner Seite sein würde. In Dr. Bernhard Förster, der damals in Deutschland durchaus bekannter war als der Einzelgänger Friedrich Nietzsche, fand Elisabeth den Führer ihrer Kinderjahre wieder. Sie entflammte für Förster und dessen Ideal-Bild vom Menschen. Ihr gefiel auch das äußere Schema des Männlichen: der gleiche Bart, die gleiche Haartracht, die gleichen schriftstellerischen Ambitionen wie bei ihrem Bruder – meinte sie jedenfalls. Er hatte sogar mehr als Friedrich, nämlich den entschiedenen Willen, handelnd in den Lauf der irdischen Dinge einzugreifen. Diese Haltung demonstrierte er zumindest. Elisabeth mutmaßte in Förster einen leibhaftigen »Übermenschen«. Friedrich Nietzsche dagegen sah in Bernhard Förster einen gefährlichen Agitator.

Nach langwierigen Verhandlungen mit der Regierung Paraguays über die Bedingungen, unter welchen sich der Erwerb von Grund und Boden für die neue Kolonie finanzieren ließe, setzte Förster seine Unterschrift unter einen Vertrag, der besagte, daß das Land binnen zweier Jahre von 140 Familien besiedelt werden müßte. Andernfalls fielen alle Rechte an den Staat zurück. Mit dem Vertrag übernahm Förster »ein Territorium von der Größe eines deutschen Herzogtums«[11] und geriet in das Dilemma, Land an die Siedler verkaufen zu müssen, das ihm gar nicht gehörte. Er hatte es nur gepachtet.

Im März 1888 hielt Elisabeth Einzug in »Nueva Germania«, im »Försterhof« auf »Försterrode«. Festlich, so schrieb sie der

»Försterrode« in Nueva Germania,
links: Bernhard und Elisabeth Förster

Mutter nach Naumburg, empfingen die Siedler ihre »Kolonie-
mutter« und ließen sie hochleben: »unter den Klängen:
Deutschland, Deutschland über Alles fuhren und ritten wir
unserem Hause zu, welches ungefähr ein halbes Stündchen
vom Hafen entfernt ist. [...] Hier überreichte uns ein niedli-
ches kleines Mädchen: Brot, Salz und Schüssel und wir traten
in unser sehr geräumiges Haus. Von außen ist es überraschend
häßlich, aber innen wundervoll, hoch, weit und kühl.« Möbel
und Klavier, die sie von zu Hause mitgebracht hatte, machten
sich großartig. Nach einem kurzen Hinweis, wie arbeitsreich
ihr neues Leben wäre, verfiel Elisabeth in ihrem Brief wieder
ins Schwärmen. Das konnte sie besonders gut. Nicht halb so
großartig hätte sie sich die Kolonie vorgestellt.

»Es ist hier nämlich wunderbar. Alles hat einen so gewerbs-
mäßigen und deshalb großartigen Anstrich. Unser Administrator, unsere anderen Beamten sind Gentlemen und ehren-
werte Leute, welche so besonders gut zu ihren Stellungen
passen, und man schließt doch von den Beamten auf den
Unternehmer. Ich kann nicht umhin, Euch zu erzählen, daß
ich öfter vor dem Einschlafen rechnend im Bett liege und
mich frage: wo haben wir eigentlich zu diesem großartigen
Unternehmen das Geld gehabt? Gott hat es gesegnet, er hat
aus jeder Mark, welche wir hatten oder welche liebende Herzen uns schenkten oder liehen, fünf Mark gemacht. Sonst
ist es gar nicht zu erklären. Wir haben ein herrliches Besitz-
tum, ein großes Haus, fünf kleine Häuser, zwei mittelgroße,
wir haben hundert Stück Rindvieh, 8 Pferde, wir haben einen
Laden mit 6000 Mark Waren und einen Monatsumsatz von
2000 Mark.« Der wahre Grund, daß auch immer das Geld
da war für »einen geschäftlichen Administrator, einen land-
wirtschaftlichen Administrator, einen Commissario, der den
Laden verwaltet, einen Feldmesser und einen Reisemar-
schall, der die Kolonisten aus San Pedro hinunterleitet und
außerdem zwanzig Peone, Köchinnen, Mägde und dergleichen« – ja, der wahre Grund dafür lag nach Elisabeths Ein-

schätzung darin, daß Gottes Segen auf der redlichen Arbeit ruhte.[12]

Versierte Schönfärberin! Von Problemen keine Rede. Doch wie das mit Utopien so geht, stellte sich im Verlauf der Realisierung die Realität quer. Der frisch gerodete Boden des »gelobten« Landes erwies sich im ersten Jahr als unfruchtbar für Kulturpflanzen. In manchen Monaten herrschte Dürre, in der Regenzeit löste sich alles in Morast auf. Auch brachten die Werbefeldzüge in deutschen Zeitungen nur wenig zahlungskräftige deutsche Siedler nach Paraguay. So drohte die Gefahr, daß Förster die Schulden beim Staat nicht zum vertraglich festgelegten Zeitpunkt würde begleichen können. Immer wieder mußte er nach beiden Seiten verhandeln. Bald fühlten sich die Siedler betrogen. Manche wollten zurückreisen. Sie verlangten von Förster ihr eingezahltes Geld zurück, aber das war schon verwirtschaftet.

Als Elisabeth ihren Bruder 1887 zu wiederholtem Male um finanzielle Unterstützung ersuchte – ein wenig hatte er schon gegeben –, schrieb er in einem Briefentwurf nieder, was er wirklich von dem Unternehmen hielt.

»1) Mein liebes Lama, Du findest Deinen Bruder ganz und gar widerwillig, Geld herauszurücken: seine Lage ist zu unsicher und die Eure nicht bewiesen genug als daß es erlaubt wäre, hier bloß auf den Augenblick hin zu handeln.

2) Das Schlimmste ist zu alledem, daß unsere Interessen und Wünsche jetzt gerade recht auseinander laufen. Soweit Eure Unternehmung eine antisemitische Unternehmung ist – und man hat mir das inzwischen ad oculos demonstrirt –

3) habe ich im innersten Herzen kein Vertrauen zu ihr ja nicht einmal viel Wohlwollen fromme Wünsche. Gelingt das Werk des Dr. Förster, so will ich mich um Deinetwillen damit zufrieden geben und möglichst wenig daran denken, daß es zugleich der Triumph einer von mir geringgeschätzten Bewegung ist, gelingt es ihm nicht, so werde ich mich am Zugrundegehen einer antisemitischen Unternehmung freuen und

Dich um so mehr bedauern, daß Du Dich aus Pflicht und Liebe an eine solche Sache gebunden hast.

4) Ich sage das ein- für alle Mal: mit Betrübniß darüber, daß es durchaus gesagt werden muß.

5) Mein Wunsch ist zuletzt, daß man Euch deutscherseits etwas zu Hülfe käme, und nämlich dadurch daß man die Antisemiten nöthigte, Deutschland zu verlassen: wobei ja nicht zu zweifeln wäre, daß sie Euer Land der ›Verheißung‹ Paraguay anderen Ländern vorziehen würden. Den Juden andererseits wünsche ich immer mehr, daß sie in Europa zur Macht kommen, damit sie ihre Eigenschaften verlieren (nämlich nicht mehr nöthig haben) vermöge deren sie als Unterdrückte sich bisher durchgesetzt haben. Im Übrigen ist es meine ehrliche Überzeugung: ein Deutscher, der bloß daraufhin, daß er ein Deutscher ist, in Anspruch nimmt, mehr zu sein als ein Jude, gehört in die Komödie: gesetzt nämlich, daß er nicht ins Irrenhaus gehört.«[13]

Bernhard und Elisabeth Försters Projekt geriet binnen weniger Jahre nicht allein zu einem ökonomischen Desaster, sondern auch zu einer allzumenschlichen Farce. Es entfalteten sich gerade nicht die vorgegaukelten »reinrassigen« deutschen Tugenden. Stattdessen waren Gezänk, Intrigen, Mißgunst und Schuldzuweisungen an der Tagesordnung. Es kam zu Tätlichkeiten. Jetzt waren es nicht »die Juden«, die Förster hinderten, seinen Traum vom Leben zu realisieren, sondern »die faulen Siedler«. Etwa hundert Jahre später erzählte Walter Flaskamp, Enkel eines Siedlers, der Försters Aufruf als Vierzehnjähriger gefolgt war, daß Förster ein »Menschenfänger« gewesen sei. Zwar war es nicht der Hut auf der Stange, den die Siedler zu grüßen hatten, aber Förster verlangte, daß sie sich vor ihm beugten, wenn er auf seinem stattlichen Schimmel durchs Dorf ritt. »Die Siedler wollten ihn lynchen, weil er seine Versprechen nicht gehalten hat.«[14]

Elisabeth begann mit den Jahren besonders unter der Enttäuschung zu leiden, daß all ihr Einsatz, die schwere und ungewohnte körperliche Arbeit, zu der auch Kühemelken und Buttermachen gehörten, ihren Mann nicht veranlaßte, sie liebevoll auf Händen zu tragen. Außerdem vermißte die »Königin von Nueva Germania«, wie man sie liebevoll oder zynisch nannte, ihre Insignien: das Silber, den Hofstaat, die Auftritte in der Gesellschaft. Nur selten kamen »höhere« Menschen nach Nueva Germania. Auch zeigte ihr »Bernchen« keinerlei Verständnis für ihre Sorge um den Bruder, von dessen desolatem Gesundheitszustand die Mutter berichtete. Es scheint, daß Förster befürchtete, Elisabeth könnte ihn im Stich lassen und sich wieder dem Bruder zuwenden.

Förster geriet so sehr unter Druck, daß er sich mit seinen Sorgen auch gegen seine Frau verschloß. Häufig weilte er wochenlang wegen Verhandlungen mit der Regierung allein in der Schweizer Kolonie San Bernardino, nahe Asunción. Am 2. Juni 1889 schickte er die Nachricht: »Liebes Kind! Hier eine Anzahl Briefe. Mein Befinden nicht gut; wie mag es Euch gehen? Hoffentlich kann ich recht bald zu Euch kommen. Herzlichst Dein Bernhard.«

1889 wurde in Leipzig die Anklageschrift des Augenzeugen Julius Klingbeil veröffentlicht: »Enthüllungen über die Dr. Bernhard Förster'sche Ansiedlung Neu-Germanien«. Der Schneider fürchtete um seine eingezahlten fünftausend Mark. Also schaute er Förster genau auf die Finger und sah: die Armseligkeit bei den Siedlern und das Gediegene in Försters Haus. »Da fehlte nichts, was das Leben im Hause behaglich machen kann, bequeme Sessel, Ruhebett, Pianino etc., die hohen Türme waren mit Portieren behangen, und der Fußboden bestand aus hübschen Zementsteinen.« Oftmals habe er in der Kolonie sagen hören, »daß der Doktor das angenehme Leben führe auf Kosten der Ersparnisse der Betreffenden«.

Aufschlußreich sind auch Klingbeils Beschreibungen der Eheleute Förster. »Der Mann besaß keine von den von uns erwarteten Eigenschaften, er konnte den Blick unserer Augen nicht ertragen. Unruhig wie das verkörperte böse Gewissen, läuft der Mann mit der hageren Gestalt, und den unstet flimmernden unschönen Augen hin und her; in der Unterhaltung springt er wie geistesabwesend von einem Thema zum anderen. Zeugten nicht seine Handlungen und Arbeit [...] von Raffiniertheit und Berechnung, man wäre versucht, den Doktor für geisteskrank zu halten. Einen widerwärtigen Eindruck machte, Zeuge zu sein, wie er die Domination seiner herrschsüchtigen Frau erträgt [...]. Sie sagt, daß sie und ihr Mann in dem kleinen Fürstentum, wie sie die Kolonie nennt, die Regenten seien!« Die beiden »Regenten« müssen ein häßliches Spiel mit den Siedlern getrieben haben, dergestalt, daß Elisabeth ihren Mann in ihrer Gegenwart zu finanziellem Entgegenkommen aufforderte, während Förster die Rolle des Unerbittlichen übernahm.

Es blieb Nietzsches Schwester nicht verborgen, daß ihr Mann nicht dem Idealbild entsprach, in das sie sich verliebt hatte. Bernhard Förster war kein charismatischer Führer. Im Umgang mit den Siedlern war er wankelmütig und ängstlich; oftmals gab er sich mit Kompromissen zufrieden. Das konnte sie nicht leiden. Sie setzte ihn unter Druck – bis ihr im Laufe der Jahre klar wurde, daß sie die Sache selbst in die Hand nehmen mußte. Andernfalls würde sie irgendeine bäuerliche Siedlerin bleiben, die Kühe melkte und Butter verkaufte. Und das wollte sie nun wirklich nicht. Niemals in ihrem ganzen Leben. Ihr Handeln wurde stets getrieben vom Anspruch auf den gesellschaftlich höchsten Rang.

Einen Tag nach dem kurzen Brief an seine Frau wurde Dr. Bernhard Förster in San Bernardino tot in seinem Hotelzimmer aufgefunden. Die Witwe bestand darauf, daß ein Schlaganfall als Todesursache bekanntgegeben wurde. Ihr geliebter Mann sei im Alter von sechsundvierzig Jahren an Überarbeitung im Dienste seines Vaterlands gestorben, wird sie der Presse mitteilen. Doch deutsche Zeitungen berichteten von Strychnin. Der Antisemit hatte sich am Morgen des 3. Juni 1889 das Leben genommen – im Land der Verheißung.

Adolf Hitler ist sechs Wochen alt.

Zunächst versuchte »Eli«, so hatte ihr Mann sie genannt (worüber sich Nietzsche mokierte, da dem Antisemiten die jüdische Konnotation offenbar nicht bewußt war), den Kampf um das Projekt aufzunehmen. Kurze Zeit leitete sie die Kolonie, ohne Widerspruch von seiten der Siedler, die längst wußten, daß sie die Fäden schon immer in der Hand gehalten hatte. Dann übergab sie die provisorische Verwaltung dem treuen Verwalter Erck und verließ die spannungsgeladene Szene. Nach Naumburg zurückgekehrt stellte sie aus Dokumenten und Briefen ein das Projekt idealisierendes Büchlein zusammen: *Dr. Bernhard Förster's Kolonie Neu-Germania in Paraguay* – gemeint als Rehabilitierung ihres Mannes und zugleich als letzter Versuch, weitere deutsche Bürger zur Auswanderung zu bewegen.

Noch einmal nahm sie die beschwerliche Reise nach Paraguay auf sich. Aber dort hatte sich inzwischen eine internationale Aktiengesellschaft des Projektes angenommen. Als sie erfuhr, daß nur wenige Deutsche zum Vorstand gehörten, gab sie auf. Es gelang ihr allerdings, durch den Verkauf von »Försterhof« das eigene Geld zu retten. Die Erneuerung der deutschen Kultur durch die Ideologie des reinen Ariertums in der Kolonie »Nueva Germania« endete 1891 im Konkurs.

Nach 1945 wurde Paraguay zu einem Zufluchtsort für Naziverbrecher. 1959/60 hielt sich dort zum Beispiel der berüchtigte KZ-Arzt Dr. Josef Mengele auf, der in Auschwitz schätzungsweise an die hunderttausend Menschen in Gaskammern hatte umbringen lassen und mit tödlich endenden »medizinischen Experimenten« erforschen wollte, wie man reinrassige Arier für Deutschland zeugen konnte. Der deutschstämmige Führer der Militärdiktatur Paraguay, Alfredo Stroessner, verlieh ihm die paraguayische Staatsbürgerschaft. So konnte Mengele unbehelligt in Asunción und gelegentlich in seinem Haus in »Nueva Germania« untertauchen.

Kindheit im geschlossenen System

Aus dem Menschen Elisabeth Nietzsche, die am 10. Juli 1846 in Röcken, einem Dorf im preußischen Sachsen, geboren wurde und am 8. November 1935 in Weimar starb, gingen im Laufe eines neunundachtzig Jahre währenden Lebens viele Gestalten hervor.

Von Frau Dr. Eli Förster auf »Försterhof«, der selbsternannten Königin von »Nueva Germania« in Paraguay, dort auch Luisa genannt, war bereits die Rede. Davor gab es das Lieschen, die Lisbeth oder auch das Lama – wie ihr Bruder sie taufte; später die Haushälterin des jüngsten deutschen Professors; einige Jahre danach die Hohepriesterin des Nietzschekults, Zarathustras Schwester, Frau Förster-Nietzsche, von der Universität Jena 1921 zur »Dr. phil. h. c.« erhöht, von deutschen Professoren für den Nobelpreis vorgeschlagen und von den Nationalsozialisten als furchtlose Vorkämpferin der deutschen Sache geehrt, eine politische Ikone also, vom Gegenlager ironisch bedichtet als »Übermenschin« und verlacht als »Jubeldame« (Alfred Kerr). Andere haben sie als heilige Schwester gesehen. Der Nietzsche-Freund Peter Gast ordnete sie dem Typus der gefährlichen Schwester zu.

Elisabeth Nietzsche selbst verstand sich »durchaus im biblischen Sinne« als Gehilfin und behauptete, stets von der Superiorität des männlichen Verstandes durchdrungen gewesen zu sein.[15] Doch in Briefen konnte sie auch die Unverblümte sein: Sie verstehe ihr Leben als »Triumph über all die Männer und Männlein«.[16]

Der Bruder Friedrich Wilhelm wurde ein Jahr und neun Monate früher als seine Schwester, am 15. Oktober 1844, in Röcken geboren und starb am 25. August 1900 in Weimar, fünfunddreißig Jahre vor seiner Schwester. Auch er erhielt zu Lebzeiten und im Verlauf seiner Wirkungsgeschichte vielfältige Zuschreibungen. Aus dem inniggeliebten Herzensfritz, den Lieschen später heiraten wollte, wurde das Wunderkind, der Gelegenheitskomponist, der Altphilologe, der Wagnerianer, der Schriftsteller und Künstler, die Lichtgestalt, der Übermensch, der Antichrist, Zarathustra, fugitivus errans, der letzte Metaphysiker, der Verführer des deutschen Geistes, ja sogar Dionysos und der Gekreuzigte und schließlich ein vor sich hindämmernder Pflegefall.

Dabei hatte alles ganz ordentlich angefangen, in einem Pastorenhaushalt, in dem die Kinder nach dem frühen Tod des Vaters im Jahre 1849 von Mutter Franziska, Großmutter Erdmuthe und den Tanten Auguste und Rosalie zu guten und gottesfürchtigen Menschen erzogen werden sollten. Gegen die harte Zucht von Mutter und Großmutter taten sich die Kinder zusammen. Dennoch ließen sie sich zu artigem Gehorsam dressieren. Die »Mütter« und »der liebe Gott« waren so viel freundlicher, wenn man sich fügte.

Elisabeth erinnerte sich: »[…] wir waren ungeheuer artig, wahre Musterkinder, wir gehorchten, wie unser Großvater unserer Mutter gegenüber lobend erwähnte, nicht nur aufs Wort, sondern auf den Blick. Ich würde gern irgend einen tollen Streich oder etwas Ungezogenes erzählen, aber es fällt mir nichts ein.«[17]

Die Mutter Franziska, geborene Oehler, stammte wie der Vater Carl Ludwig Nietzsche aus einem Pastorenhaushalt. Nach seiner Tätigkeit als Hauslehrer beim Herzog zu Altenburg in Sachsen, hatte man ihm die Pfarrstelle in Röcken, nahe Naumburg und Leipzig, zugewiesen. Die Töchter des Herzogs, die Prinzessinnen Elisabeth, Therese und Alexandra, wählte er als Namensgeberinnen für seine eigene Tochter.

Der Vater war ein sensibler, ein, wie man damals sagte, »nervöser« Mann, der das Klavierspiel, den Preußenkönig Friedrich Wilhelm IV, den lieben Gott und seine Familie liebte. Zur Taufe seines Sohnes am 24. Oktober 1844, dem Tag seiner eigenen Taufe, wählte er die Worte: »Du gesegneter Oktober, in welchem mir in verschiedenen Jahren alle die wichtigsten Ereignisse meines Lebens geschehen sind, ist doch das Größte, das Herrlichste, mein Kindlein soll ich Taufen! Oh seliger Augenblick, oh köstliche Feier, oh unaussprechlich heiliges Werk, sei mir gesegnet im Namen des Herrn! – Mit tiefbewegtem Herzen spreche ich es aus: Mein Sohn, Friedrich Wilhelm, so sollst Du genennet werden auf Erden, zur Erinnerung an meinen königlichen Wohltäter, an dessen Geburtstag Du geboren wurdest.«[18] Die Kinder wuchsen in eine hierarchisch geordnete Welt hinein, in der alles Gute »von oben« kam.

Am 10. Juli 1846 ließen »Pastor Nitzsche und seine Frau« »sehr erfreut« eine »Entbindungs-Anzeige« in die Zeitung setzen: »Zu unserm Fritz erhielten wir heute ein munteres Mädchen.«

Über den zweijährigen Sohn schrieb der Vater: »Bruder Fritz ist ein wilder Knabe, den manchmal allein der Papa noch zur Raison bringt, sintemalen von diesem die Ruthe nicht fern ist; allein jetzt hilft ein Anderer mächtiger miterziehen, denn das ist der liebe heilige Christ, welcher auch bei dem kleinen Fritz schon Kopf und Herz ganz eingenommen hat, daß er von nichts Anderem sprechen und hören will als vom ›heile Kist!‹ – Es ist das etwas gar Liebliches.«[19]

Sein Leben lang wird Friedrich Nietzsche der Frage nachgehen, was es mit dem zur »Raison«-Bringen im Grunde auf sich hat. Auch wird sich das Drohen mit dem »heile Kist« nicht als »etwas gar Liebliches« entpuppen. Der Psychologe Nietzsche wird das schlechte Gewissen, mit dem man die Regsamkeit des sehr kleinen Kindes zu bannen verstand, als den nach innen verlegten, latent gemachten Instinkt der Freiheit aufdecken. Angeregt durch Schopenhauer fragte er 1874, warum der »große Mensch« einer »inneren Mahnung« zur Selbstumbildung folge. »Warum will er so stark […] das Leben spüren […]? Weil er merkt, dass man ihn um sich selbst betrügen will, und dass eine Art von Übereinkunft besteht, ihn aus seiner eignen Höhle wegzustehlen. Da sträubt er sich, spitzt die Ohren und beschließt: ›ich will mein bleiben!‹ Es ist ein schrecklicher Beschluss; erst allmählich begreift er dies. Denn nun muß er in die Tiefe des Daseins hinabtauchen, mit einer Reihe von ungewöhnlichen Fragen auf der Lippe: warum lebe ich? welche Lection soll ich vom Leben lernen? wie bin ich so geworden, wie ich bin und weshalb leide ich denn an diesem So-sein?« Mit diesen Fragen, meint Nietzsche, fällt der Mensch aus der Gemeinschaft mit den gesellschaftlichen Maskenträgern heraus, die »als Jünglinge, Männer, Greise, Väter, Bürger, Priester, Beamte, Kaufleute einherstolziren, emsig auf ihre gemeinsame Komödie und gar nicht auf sich selbst bedacht.«[20] Lieschen nahm das Leben ganz anders. Sie liebte gerade ihre Auftritte in der »gemeinsamen Komödie«.

Fritz und Lieschen wuchsen in einer zu Ende gedachten Welt auf. Jede Lebensfrage war im Rahmen der bürgerlichen Welt, gehalten durch den protestantischen Glauben, mit einer festen Antwort versehen. Halb erstickt wird Friedrich Nietzsche zum Psychologen, um Raum zu schaffen für seine eigene künstlerische Erkundung der Menschenwelt. Mit seinem eigenen Denken will er sich aus dem Käfig befreien. »Während wir in Röcken ruhig und still lebten, bewegten heftige Erregungen fast alle Nationen Europas. […] Nach Röcken drangen diese Erhebungen nicht; wohl aber kann ich mich noch erinnern, wie Wagen mit jubelnden Scharen und wehenden Fahnen auf der Landstraße hinfuhren.«[21] Der Junge erinnert sich auch an die Einquartierung von Husaren mit ihren schönen Uniformen.

In dieser Zeit wurde der Vater »gemütskrank«. Biographen meinen, daß die Revolution den frommen Gottesmann und Königstreuen in eine tiefe depressive Verstimmtheit stürzte, von der er sich nicht mehr erholte. »Mehrere Ärzte bemühten sich, das Wesen der Krankheit zu erkennen, aber vergebens. Da holten wir den berühmten Arzt Opolcer, der sich damals in Leipzig befand, nach Röcken. Dieser vortreffliche Mann erkannte sogleich, wo der Sitz der Krankheit zu vermuten wäre. Zu unser aller Erschrecken hielt er es für eine Gehirnerweichung, [...]. Ungeheure Schmerzen mußte mein geliebter Vater ertragen, [...]. Endlich erlosch sogar sein Augenlicht und im ewigen Dunkel mußte er noch den Rest seiner Leiden erdulden. Bis zum 11. Juli 1849 dauerte noch sein Krankenlager; da nahte der Tag der Erlösung.«[22]

Elisabeth und die Mutter werden auf der Version beharren, Pastor Nietzsche sei an den Folgen eines Sturzes gestorben. Der Sohn Friedrich leitete dagegen aus dem frühen Tod des Vaters dessen Charakteristik ab: »Mein Vater starb mit sechsunddreißig Jahren: er war zart, liebenswürdig und morbid, wie ein nur zum Vorübergehn bestimmtes Wesen, – eher eine gütige Erinnerung an das Leben, als das Leben selbst.«[23] Kein leichtes Gepäck für seine eigene Geschichte.

Fritz war damals noch nicht fünf, Lieschen gerade drei Jahre alt. Das Brüderchen Joseph, 1848 geboren, starb kurze Zeit nach dem Vater, sehr rätselhaft, an einem Krampfleiden. Die dreiundzwanzig Jahre junge Mutter mußte ihre ganze Kraft zusammennehmen, um an ihrem Schicksal nicht zu verzweifeln. Finanziell war sie abhängig von der Gnade der Schwiegermutter Erdmuthe, die ein hartes Regiment führte. Die Witwenrente von dreißig Talern pro Jahr plus acht Talern für jedes Kind bis zum fünfzehnten Lebensjahr sowie eine kleine Unterstützung vom Altenburger Hof reichten nicht für den Lebensunterhalt.

Der Glaube, strenge Moral, preußische Disziplin, Gehorsam und Demut, Pflicht und Liebe gegenüber ihren Kindern gaben der Mutter Halt. 1850 mußte sie das geräumige Pfarrhaus auf dem Lande verlassen, um in zwei Zimmern in der mit Schwiegermutter und Schwägerinnen geteilten Stadtwohnung in Naumburg unterzuschlüpfen. Während Fritz unter dem Verlust des freien Spielraums litt, konnte Lieschen leichter hinübergleiten. Nach dem Tod der Großmutter, 1856, folgte ein erneuter Umzug. Zwei Jahre später konnte die Mutter,

*Franziska Nietzsche,
die Mutter*

dank einer kleinen Erbschaft, am Weingarten 18 endlich wieder ein Haus mit Garten beziehen. Durch Zimmervermietung kam ein wenig Geld hinzu.

Daß Friedrich der Familientradition entsprechend zum Pastor herangebildet wurde, verstand sich von selbst. Er erhielt die dafür erforderliche intellektuelle Grundbildung seiner Zeit. »Fritzchen geht seit seinem 5. Geburtstag täglich auf eine Stunde in die öffentliche Schule, daß er vor Naumburg sich nach und nach, an eine täglich bestimmte Beschäftigung gewöhnt, es gefällt ihm sehr wohl und meinte er hätte es sich doch so schwer gedacht und wäre doch so leicht [...].«[24] Elisabeth wird später behaupten, der Bruder hätte schon mit vier Jahren lesen und schreiben gelernt.

In der Knabenbürgerschule, die der Junge nach dem Umzug in Naumburg besuchte, fühlte er sich nicht wohl. »[...] schon damals fing mein Charakter an, sich zu zeigen. Ich hatte in meinem jungen Leben schon sehr viel Trauer und Betrübniß gesehn und war deshalb nicht ganz so lustig und wild wie Kinder zu sein pflegen. Meine Mitschüler waren gewohnt, mich wegen dieses Ernstes zu necken. Aber dieses geschah nicht allein in der Bürgerschule [...]. Von Kindheit an suchte ich die Einsamkeit und fand mich da am wohlsten, wo ich mich ungestört mir selbst überlassen konnte.«[25]

Im Umgang mit den gottesfürchtigen Frauen und im Spiel mit dem Schwesterchen hat Fritz eine sanfte Seele und ein etwas altkluges, gesetztes, wohlerzogenes Gehabe entwickelt. Selbst bei einem Regenschauer wählte er den gemessenen Schritt, was er der verwunderten Mutter mit den Schulgesetzen begründete, die besagten: »Die Knaben sollen beim Verlassen der Schule nicht springen und laufen, sondern ruhig und gesittet nach Hause gehen.«[26] So war Friedrich schlecht gerüstet für die Begegnung mit Jungen seines Alters. Deren Ruppigkeit ängstigte ihn. Sie nannten ihn den »kleinen Pastor«. Gern war er dagegen beim Großvater Pastor David Ernst Oehler in Pobles. Der verstand ihn, förderte ihn, ließ ihm Spielraum und verteidigte sogar die besondere Art des Enkels gegenüber der Mutter. Pastor Oehler fand den kleinen Fritz ungewöhnlich und sehr begabt und meinte, man solle ihn von innen heraus wachsen lassen.

Wonnevoll sei es in den Ferien in Pobles gewesen, schrieb auch Elisabeth: »...wir Beide lebten nur in Gärten und Gehölzen und betraten nur bei Regentagen das Haus. [...] Dann war es auch so behaglich, daß wir dort Kleider anziehen durften, die nicht geschont zu werden brauchten, und deren Flecke Niemanden Kummer bereiteten. Wir schwelgten in Freiheit und Ungebundenheit und tobten selbst ein bißchen wild umher, obgleich das nicht zu ausgesprochen in unsrer Natur lag, denn wir Nietzsches wurden zu guten Formen erzogen und liebten sie.«[27]

In einem Privatinstitut, das seine Zöglinge für das Domgymnasium vorbereitete, fand Friedrich wenig später in Wilhelm Pinder und Gustav Krug zwei Jungen, die es nicht absonderlich fanden, daß Fritz am liebsten Bücher las, Verse machte und Klavier spielte. Liebe zu Literatur und Musik kannten auch sie von zu Hause. Friedrich komponierte sogar Motetten und konnte bereits als Zehnjähriger auf ein Oeuvre von etwa fünfzig Gedichten zurückblicken. Darüber berichtete der Vierzehnjährige in einer autobiographischen Skizze mit altkluger Herablassung: »Grauenhafte Seeabenteuer, Gewitter mit Feuer waren der erste Stoff zu diesen. Ich hatte keine Vorbilder, konnte kaum mir denken, wie man einen Dichter nachahme, und formte sie, wie die Seele sie mir eingab. [...] Überhaupt war es stets mein Vorhaben, ein kleines Buch zu schreiben und es dann selbst zu lesen. Diese kleine Eitelkeit habe ich jetzt immer noch [...]«.[28] Was für ein reizender Gedanke: Friedrich Nietzsches Umwälzungen der Philosophie und Psychologie verdanken sich also einer »kleinen Eitelkeit«.

Daß der Junge sein Schwesterchen in dieser Zeit herzlich liebte, zeigt sich unter anderem darin, daß er ihm sein erstes Buch zu widmen versprach. Elisabeth hatte ihren Bruder besonders gern, wenn er sie in sein Leben einbezog als naheste Vertraute – neben der Mutter. Rückblickend schrieb sie: »Daß mein Bruder sich selbst als meinen Erzieher betrachtete, hat er so oft hervorgehoben, daß ich es wohl erwähnen muß. Er gab mir die Bücher, die ich lesen durfte, überwachte meine Schularbeiten und war für die Bildung meines Geistes und Charakters sehr bedacht. Niemals habe ich gewagt, mich gegen seine Autorität aufzulehnen, im Gegenteil. Alles, was er sagte, war mir Evangelium und über jeden Zweifel erhaben. Nur ein Mal, als ich kaum 7 Jahre alt war und nur Privatunterricht hatte, konnte ich mich nicht entschließen, eine Belehrung meines Bruders anzunehmen. ›Lisbeth‹, sagte Fritz eines Tages sehr würdig, ›rede nicht solchen Unsinn mit dem Storch. Der Mensch ist eine Säugetier, als solches bringt er lebendige Junge zur Welt.‹ ›Fritz‹, fragte ich in höchstem Staunen, ›steht das vielleicht in der alten Naturgeschichte? Herr Böttner sagt, inzwischen hätte man viel neue Entdeckungen gemacht.‹ Da nun wirklich Fritzens Weisheit aus jener altmodischen Naturgeschichte stammte, und er sehr ehrfurchtsvoll gegen die Aussprüche der Lehrer war, so blieb der Fall unbestimmt, und es war Hoffnung vorhanden, daß sich neuere Forschungen mehr zu Gunsten des Storches entschieden hatten.«[29] Elisabeth Nietzsche gab sich auch später gern in dieser launig scherzenden Art.

Wie der junge Nietzsche auf seine Freunde wirkte, beschrieb der vierzehnjährige Wilhelm Pinder: Friedrich habe auf seine eigenen Beschäftigungen und Gesinnungen »einen höchst wichtigen und guten Einfluß gehabt. […] Nie that er etwas ohne Überlegung.« Bescheidenheit und Dankbarkeit hätten ihn ausgezeichnet. »Aus dieser Bescheidenheit entstand oft eine gewisse Schüchternheit, und besonders unter fremden Menschen fühlte er sich gar nicht wohl.«[30]

Kurz vor Vollendung seines vierzehnten Lebensjahres erhielt Friedrich Nietzsche aufgrund seiner außerordentlichen Schulleistungen und einer bestandenen Aufnahmeprüfung ein Stipendium für die Hohe Landesschule zur Pforte, das traditionsreiche und berühmte Elite-Internat »Schulpforta«. Für das Leben von Mutter, Schwester und Bruder war damit eine einschneidende Veränderung verbunden. »Bis jetzt befinde ich mich recht wohl, aber was ist an einem fremden Orte recht wohl?! Ich habe auch manche schon kennengelernt wie Braune, Thränhardt, Neidhardt. Überhaupt werde ich mit der Zeit schon heimischer werden, aber lange wird's sicher dauern« – ließ der Sohn seine Mutter am ersten Tag wissen. Zeit zum Briefeschreiben hatte er nur, wenn er um fünf Uhr in der Früh aufstand.

Fritz geriet in Schulpforta in eine durch und durch reglementierte Welt. Es ging zu wie beim Militär oder wie in einem Kloster. »Alles war geregelt. Nicht allein die Stunden, sondern auch die Viertelstunden waren für eine besondere Thätigkeit bestimmt und die Glocke in dem kleinen Thürmchen auf dem Alumnat gab immer die Signale.«[31] Latein und Griechisch nahmen gut die Hälfte der Unterrichtszeit in Anspruch. Etwa die Hälfte aller Schüler scheiterte und mußte Schulpforta vor dem Abitur verlassen. Nicht so Friedrich Nietzsche.

Mit der Familie konnte Friedrich in den nächsten sechs Jahren nur in den Ferien zusammen sein oder für ein paar Stunden am Sonntag, wenn er freie Zeit für »den Spaziergang« hatte.

Der Lebensweg der Geschwister gabelt sich nun. Zwar war auch Elisabeths Werdegang festgelegt, aber nach anderen Maßgaben. Dem Frauenbild ihrer Zeit entsprechend sollte sie auf die Ehe vorbereitet, das heißt gesellschaftsfähig gemacht werden. Ihr wurde also die Bildung zuteil, welche den Töchtern aus bürgerlichen Familien im 19. Jahrhundert zugedacht war. Karl von Raumer, ein durchaus zeitgemäßer Pädagoge, formulierte das Konzept: »Bildung darf bei Mädchen niemals in Wißenschaft ausarten, sonst hört sie auf, zarte weibliche Bildung zu sein. Das Mädchen kann und darf sich in nichts Wißenschaftliches mit jener hartnäckigen, männlichen Ausdauer vertiefen, daß sie darüber alles andere vergäße. Nach Männer Weise in der Wißenschaft gründlich zu sein, darnach könnte nur ein ganz unweibliches Mädchen streben, und nur vergebens streben, da ihr Kraft und Talent des Mannes mangelt.«[32]

So war das damals. Der Mann wußte eben genau, was ein Mädchen – kraft seines Geschlechtes – so können kann und was es in einer zwischen Mann und Frau sauber aufgeteilten gesellschaftlichen Welt können sollte.

Elisabeth besuchte eine Privatschule für junge Mädchen, geleitet von einem Fräulein von Paraski. Sie wurde unterrichtet in den Fächern Deutsch, Französisch, Geschichte, Naturkunde, Arithmetik, Zeichnen und Singen und wurde mit den Umgangsformen der höheren Gesellschaft vertraut gemacht. Schönschrift und Rechtschreibung galten als eine ernste

*Elisabeth
Nietzsche als
Konfirmandin
in Naumburg*

Sache. In einem ihrer Schulhefte findet sich die Beurteilung
»tadellose Führung« und »Anerkennung guter Fortschritte«.
Die Lehrer schätzten ihre Leistungen durchgängig als »gut«
ein, nur in Bibelkunde waren sie mäßig. Ihrem Bruder teilte
sie einmal ganz unbefangen mit: »Ich habe die Bemerkung
gemacht, daß ich mich über alles unterhalten kann, ohne sehr
viel davon zu verstehen. Es ist dies sehr angenehm.«[33] Dieses
Können wird sich durch ihr ganzes Leben ziehen.

Elisabeths Besuch der Volksschule endete, wie das damals
üblich war, mit der Konfirmation. Ein Photo zeigt die Fünf-
zehnjährige in einem schulterfreien Konfirmationskleid.
Hübsch sieht sie aus, wie eine kleine Prinzessin, die auf einen
Ball gehen will. Im April 1861 notierte sie in einem nur selten

benutzten Tagebuch: »Das letzte Schulhalbjahr ist vorüber ...
O nun bin ich nicht mehr in der Schule, die ich so lieb, oh so
lieb hatte...«[34]

Der Bruder wurde weiter in Schulpforta geformt und intellektuell geradezu getrimmt. Schritt um Schritt bewegte er sich auf ein klar umschriebenes Ziel zu. Erst würde das Abitur kommen, dann das Studium der Theologie. Häufig berichtete er in Briefen an die Mutter, nicht an die Schwester, von seinen Fortschritten. Wenn sie sich an den Wochenenden sahen, wußte er so vieles zu erzählen, nicht nur vom Internatsleben, auch von geschichtlichen Ereignissen, philosophischen Gedanken, theologischen Interpretationen, literarischen Formen, kurz: er wurde immer klüger, während Elisabeth als Begleitfigur ihrer Mutter lebte. Doch sie fragte sich, was aus ihrem Leben werden würde. Das konnte doch wohl nicht alles sein. Wo lagen ihre Aufgaben? Wo bot sich ihr eine Möglichkeit, am geschichtlichen Leben der Menschen kraftvoll mitzuwirken?

Außerordentlich glücklich war Elisabeth über die Möglichkeit, ab Februar 1862 im Pensionat der Familie von Mosch in Dresden ihren Lebensradius zu erweitern. Jetzt würde sich auch für sie eine Welt jenseits des familiären Rahmens öffnen. Zum Französischen kam nun das Englische hinzu. Eine der Aufgaben bestand darin, Äsops Fabel »Der Löwe und die Maus« ins Englische zu übertragen und die Frage zu klären, inwiefern diese Fabel eine Allegorie für vergoltene Anständigkeit sei. Elisabeth war selig, daß ihre intellektuellen Möglichkeiten nicht weiter brachliegen mußten. Es machte ihr Vergnügen, über vertrackte Fragen nachzudenken; sie war ja nicht dumm!

Doch ihre Erfolge, die Belobigungen ihrer Leistungen durch die Lehrer begeisterten – anders als die Erfolge ihres Bruders – zu Hause niemanden. Im Gegenteil, man stellte ihr die häßlich inquisitorische und vorwurfsvolle Frage, ob sie denn eine »Überkluge« werden wolle, eine von denen, die kein Mann haben möchte. »Du willst doch kein gelehrtes Frauenzimmer werden!?«

Elisabeth mußte erfahren, daß ihre intellektuelle Entfaltung nicht wirklich erwünscht war. Die Mutter reagierte auf Schulerfolge, als würde ihre Tochter etwas Unanständiges tun. Es gehörte sich einfach nicht, in die Domäne des Mannes einzudringen. Zweierlei Maß. Zwar nahm sich Elisabeth heraus, was sie konnte – aber die Frauen-Liga der weiteren Familie machte es ihr ausgesprochen schwer, sich weiterzubilden. Deutlich war ihr Feld abgesteckt.

So genoß sie es ganz besonders, als Ostern 1862 der Bruder ihrer Einladung nach Dresden folgte. Zwei glückliche Wochen konnten die Geschwister in eigener Regie gestalten. Untergehakt spazierten sie durch den Großen Garten, gemeinsam besuchten sie Konzerte und die Gemäldegalerie im Zwinger, wo sie die Sixtinische Madonna betrachten konnten. Sie unternahmen auch Ausflüge, einmal per Dampfer zur Sommerresidenz des sächsischen Königs in Pillnitz. Mit einem Begleiter wie Fritz ließe sich die Welt erobern. Elisabeth meinte zudem zu beobachten, daß ihre Freundinnen den stattlichen jungen Mann mit der geraden Haltung und den höflichen Umgangsformen bewunderten. Sie wußten, daß die kleinen Stücke, die Elisabeth auf dem Klavier einübte, von ihm komponiert worden waren.

Friedrich genoß seinen Freigang. Mit Elisabeth entwickelte sich eine ganz andere Atmosphäre als im Internat. Die Dynamik des Tagesgeschehens wurde einmal nicht fraktioniert durch die gleichförmige Wiederkehr des im Stundentakt parzellierten Lebens. Nach kurzen Augenblicken der Fremdheit erfüllte ihn der Umgang mit Elisabeth mit einer Unbeschwertheit, die an Kindertage erinnerte. Das geschah von ganz allein; es kam über sie wie ein Geschenk. Natürlich freute sich der von Wissen strotzende Achtzehnjährige auch darüber, daß seine kleine Schwester ihn gehörig bewunderte. Zurückgekehrt nach Pforta erinnerte ihn die liebliche Natur an Dresden, und er schrieb: »Um mich an Dich zu erinnern, liebe, liebe Lisbeth, brauche ich nicht erst dergleichen etwas weitschweifige Erinnerungshebel: im Gegenteil denke ich so beispiellos oft an Dich, daß ich fast immer an Dich denke, nicht einmal wenn ich schlafe ausgenommen, denn ich träume ziemlich oft von Dir und unserem Zusammensein.«[35] So schreiben andere Achtzehnjährige an ein Mädchen, in das sie sich verliebt haben.

Wieder allein betrachtete Elisabeth nach einem aufregenden Opernbesuch in Dresden ihr eigenes Leben: »…was habe ich zu erwarten vom Leben? Nichts! Ich bin nicht hübsch und bin nicht reich und was giebt es ohne dem? Doch dieses ist in meinem Leben ein unerschöpfliches Thema natürlich in Gedanken. Oh wenn ich reich wäre aber furchtbar reich das wäre doch prächtig! Ich glaube, ich wäre dabei schrecklich unbarmherzig in Bezug auf die Herren. Ich würde mich nie verheiraten denn derjenige thäte es doch nur wegen dem Gelde!«[36] Mit dem Bruder ist sie sich einig, daß eine Heirat, wenn überhaupt, für sie noch lange nicht in Frage kommt. Die Mutter ist entsetzt zu sehen, wie ihre Tochter junge Männer aus gutem Hause, die um ihre Gunst werben, mit Nichtachtung straft.

Bereits nach einem halben Jahr, im September 1862, war die Bildungsepisode im Töchterpensionat beendet. Das Leben mit der Mutter in Naumburg erscheint Elisabeth jetzt noch enger und langweiliger als vorher. Sie zeichnet ein bißchen und gar nicht schlecht, singt im Kirchenchor und nutzt jede Situation, in der man ihr Tun brauchen kann. In den nächsten Jahren bricht sich ihr Leben in einem spannungsvollen Wechsel von stop and go – zwischen den Forderungen von Mutter und Verwandten auf der einen Seite und dem insgeheimen Wunsch, ein dem Bruder nachgeformtes Leben zu gestalten.

Der Lebensschwung einer Frau, ihr Bewirken-wollen wurde von der damaligen Gesellschaft und Kultur in den familiären sozialen Rahmen gesperrt. Wenn sich die Mutter andernorts um einen kranken Verwandten kümmerte, gehörte es ganz

*Friedrich
Nietzsche, 1864*

selbstverständlich zu Elisabeths Pflichten, sich um die Wäsche des Bruders zu kümmern, die in einem Kasten zwischen Pforta und Naumburg hin- und hergeschickt wurde.

Gebraucht-Werden war die erlaubte und erwünschte Form für weibliche Aktivität. Für Elisabeth waren es mal die erkrankte Mutter, mal der Bruder, mal die Aufgaben im Bereich kirchlicher Unternehmungen nach dem Vorbild von Mutter und Tante Rosalie, später einmal die Aufsicht über Wagners und Cosima von Bülows Haus und Kinder; während des Krieges gegen Frankreich (1870/71) die Betreuung der Verwundeten, dann der Haushalt des Bruders, später die fixe Idee ihres Mannes vom arisch-reinen Deutschtum und schließlich die Pflege des geistig umnachteten Bruders. Erst nach dem Tod

44

der Mutter – Elisabeth war inzwischen einundfünfzig Jahre alt – setzte sie sich über diese Einschränkungen der Konvention hinweg – dann allerdings mit verheerenden Nebenwirkungen. Denn sie ist schlecht gerüstet für die editorische Arbeit am philosophisch-psychologischen Werk Friedrich Nietzsches.

Elisabeths starker Drang, Wirklichkeit mitzuformen, wurde durch das damalige Frauenbild zwar begrenzt, aber da sie in diesem Bild lebte, konnte sie dessen angenehme Seiten durchaus auch genießen. Die traditionellen Muster engten ja nicht nur ein. Sie ließen auch viel freie Fläche für heitere Unternehmungen. Anders als der Bruder, dessen Leben auf intellektuelle Höchstleistungen »reduziert« wurde, konnte Elisabeth die Freiheit genießen, dem Alltag von Fall zu Fall sein Gesicht zu geben. Ein Brief der Neunzehnjährigen an Friedrich, der nun in Bonn Theologie studierte, macht das anschaulich:

»Inniggeliebter Fritz!

Du wirst jetzt immer sehr sehnsüchtig nach einem Brief ausgeschaut haben, und wirst Dich wundern, daß wir ganz und gar in Trubel und Vergnügen untergehen zu scheinen, und es ist allerdings in der letzten Zeit schlimm gewesen. Erst hatten wir den Maurer und als wir den eben expediert hatten, kam Abend 1/2 10 Uhr Tante Ida höchst vergnügt an; Sonnabend große Vorbereitung zum Familienfest, Sonntag große Familientafel mit 15 Personen, Mamachen wird Dir Näheres schreiben: Montag mit Tante Ida und Fr. Pastor Leer in Kösen, Dienstag großes Wasch- und Plättfest zu Mittwoch, wo eine große Gesangvereinspartie mit Conzert, Fanfar und Tanz nach Kösen war. Donnerstag Bergtag, Freitag kam Rudolph und blieb Sonnabend und Sonntag da. Montag waren wir nun eigentlich zum Schulfest eingeladen, aber wir waren todtmüde und blieben zu Hause. Auf dem Bergtage war es wirklich wunderhübsch und haben außerdem eine reizende Bekanntschaft gemacht. Frl. Hirt, welche Du Dir vielleicht von Leers aus her erinnerst, ist jetzt in Kösen im Bade und war auch auf dem Bergtag mit einer Frau Bankdirektor Schneider nebst Töchterlein von beinah 16 Jahren und kleinem Sohn, aus Köthen. Eine höchst nette und allerliebste Familie, und da Mamachen merkte, daß das Töchterchen gern tanzen würde, stellte sie ihr Kuttig vor welcher alsbald ihr noch Andre vorstellte, so amüsierte sie sich sehr wohl, und wir waren höchst vergnügt zusammen. Sonnabend kommt nun ein Kästchen mit dem wunderbaren Spargel an und einem allerliebsten Gedichtchen vom Töchterlein. […]

Du siehst nun liebes Fritzchen wie vergnügt wir jetzt gelebt haben, und noch dazu reise ich morgen oder übermorgen über 8 Tage nach Colditz zur lieben Tante Ida und Rudolph dazu. Mit der lieben Mama ist's noch unbestimmt. Ich freue mich unendlich darauf, und von dem Onkel Schenkel werde ich mich über Verschiedenes belehren und bekehren lassen, denn Du hast an mir mit Deinen eigentlich sehr traurigen Ansichten eine zu gelehrige Schülerin gefunden; […] so bin ich voll von Verwirrung, und denke lieber gar nicht daran, weil nur Unsinn heraus kommt.«[37]

Für Elisabeth waren die Übergänge zwischen heiterem Tanzvergnügen, wunderbarem Spargel und traurigen Glaubensfragen fließend. Sie blieb im geschlossenen System der Familienwelt und entfaltete sich im freien geselligen Verkehr, der ihr Leben bunt machte und es mit dem Reiz des möglichen gesellschaftlichen Aufstiegs versah. Anders der Bruder. Er kämpfte mit Gott, Engeln und theologischen Texten. Es trieb ihn die Frage um, ob er wagen sollte, das geschlossene System der protestantischen Tradition zu verlassen, das auf alle Glaubens-, Denk- und Lebensfragen im vorhinein eine Antwort bereitstellte. Auch das moralische Problem der Rücksichtnahme auf die Mutter beunruhigte den liebevoll gebundenen Sohn.

Die frommen Ermahnungen der Mutter machten es ihm nicht gerade leicht. Sie sorgte sich um ihn, wenn es ihm nicht gut ging, »da es immer auf eine innerliche Zerrissenheit und

Unzufriedenheit schließen läßt. Ergieb Dein Herz recht dem treuen lieben Gott und Herrn und alle Weltweißheit die Du vielleicht in dicken Bänden finden wirst, wird mit solchen Herzen und Augen angesehen, zu Schanden werden. Hast Du doch vor Allen rechte Ursache, zur Zufriedenheit, wie der gute Gott nach so schweren Verlust, noch Alles so gnädig mit Dir und uns Allen geleitet und geführt hat und muß nicht vor Allen die Jugend dafür recht empfänglich und dankbar sein? Du bist gesund, Gott sei es gedankt, an Leib und an der Seele, bist mit mancherlei Gaben ausgerüstet und hast die Lebensaufgabe, später Deiner Mutter eine gute Stütze zu sein, vielleicht auch Deiner Schwester mein guter Fritz, also strebe darnach diese Deine Aufgabe fürs Leben recht treu zu lösen und Du wirst ein glücklicher guter Mensch sein dem es hier und dort wohlgeht.« Dann folgen, als wäre nichts gewesen, heitere Berichte über gesellige Unternehmungen mit Verwandten und Bekannten, mit denen sie die religiösen Zweifel des Sohnes einfach wegwedelt. Sie konnte und wollte ihn nicht verstehen.

Der Brief schließt: »Nun lebe recht wohl, mein Fritz, wir wollen noch Kartoffeln mit gebratenen Hering essen und dann in die Abendandacht gehen. [...] Gott befohlen! Deine Mutter.«[38]

Die Mutter ist bemüht, den Sohn in ihrer geschlossenen Welt festzuhalten. Ganz merkwürdig berührt es allerdings zu sehen, mit welch unbefangener Dreistigkeit sich der familiäre Egozentrismus dieser Frau mit dem »treuen lieben Gott und Herrn« verbrämt. Was der Sohn als individuelle Besonderheit seiner Mutter einschätzen mochte, war repräsentativ für Gesellschaft und Kultur der Zeit. In seiner psychologischen Analyse des Christentums wird Friedrich Nietzsche dieses naive Einvernehmen mit dem lieben Gott als sublime Form der Machtausübung entlarven.

Elisabeth verfuhr ein wenig anders mit den separatistischen Neigungen des Bruders, der sein Theologiestudium zugunsten der Altphilologie nach zwei Semestern abgebrochen hatte. Vorübergehend verwandelte sie sich seine Gedanken an, indem sie etwas von den grübelnd errungenen Einsichten aufschnappte und es dann für eigene Zwecke verwertete. So gewann sie immerhin Stoff für Gespräche und Dispute mit der frommen Mutter und der weiteren protestantisch gesonnenen Verwandtschaft. Für Augenblicke geriet ihr klares christliches Weltbild wohl auch einmal in Verwirrung. Aber dann schreckte sie zurück und zog gewissermaßen die Notbremse. In einem Anflug von Überlegenheit merkte sie in einem Brief an, es wäre gewiß viel leichter, vieles nicht zu glauben, als umgekehrt, und da das Schwere wohl auch das Richtige sei, wolle sie sich dazu Mühe geben.

»Am allermeisten thut es mir aber leid, daß Du den unglücklichen Strauß [David Strauss, *Der alte und der neue Glaube*, L. S.] mit in die Ferien gebracht hast, und daß ich so viel davon gehört habe durch Dich, denn das ist die erste Stufe zum neuen Glauben oder Unglauben, daß man hört, wie es überhaupt möglich ist, die heiligsten (wenigstens den Gläubigen) Sachen zu bezweifeln und zu bekritteln und wenn man einmal das thut, so ist mir als ob die feste Schutzmauer gefallen ist, und man nun vor einer weiten planlosen, verwirrten, nebelhaften Wüste steht, wo es nichts Bestimmtes giebt, und unser armer, elender so oft irrender Geist der einzige Führer ist.«[39]

Während Elisabeth auf ein Leben hinter der festen Schutzmauer setzte, verließ der Bruder diesen imaginären Raum und ging das Wagnis ein, das Unbestimmte auf eigenes Risiko zu erkunden. Zwei Welten. Flugs leitete Elisabeth in ihrem Brief zur Tagesordnung über und verfiel wieder in Geplapper: Sie werde demnächst mit Frau v. Büsch bei Frau Laubscher englische Stunden nehmen, was amüsant und wirklich wunderhübsch sei; natürlich ohne Buch, nur Konversation. Und dann schrieb sie das zwei Seiten lange Gedicht ab, mit dem sie sich für den Spargel bedankt hatte. Ein launiges Gedicht in

Knittelversen, inklusive ironischer Betrachtung eben dieser.
Etwa in der Mitte heißt es:

> »Und nun möcht ich den Dank wohl sagen,
> Doch ach ich muß es leider klagen,
> Die Knittelverse wollen nicht
> Hier sagen was mein Herze spricht,
> Sie wollen durchaus sich nicht bequemen
> Den Dank recht zierlich aufzunehmen,
> Sie treiben mit mir wohl ihr Spiel
> Doch stets – der Sylben giebts zu viel.
> Die größte Schuld mag ich wohl tragen,
> Weil ich unendlich viel möcht sagen,
> Und da das besser mündlich geht,
> Hier auch gleich meine Bitte steht.
> Ob Morgen if it is very fine
> Bei klarem Himmel und Sonnenschein
> Wir könnten uns nicht wiedersehn
> Das wäre doch so wunderschön!
> Um 4 Uhr fängt's Conzert wohl an,
> Doch man auch später kommen kann.«

Bereits von Dresden aus hatte Elisabeth mit kindlichem Stolz
vor dem Bruder geprahlt: »Denk Dir, daß ich mit einer Com-
tesse Ross Tanzstunden habe; und dieselbe gegen Dein kleines
Schwesterchen sehr freundlich ist. Hast Du Dir das jemals
denken können, daß ich mit solchen hohen Herrschaften sehr
gut verkehren kann? Es kommt mir selbst ordentlich drollig
vor. Wenn ich zurückkehre, so wirst Du Deine Wunder sehen,
wenn der eckige Backfisch eine Gesellschaftsdame geworden
ist.«[40]

Daß Elisabeth mit gesellschaftlich unterhaltsamem Geplapper Wirkung erzielen konnte, hat ihr das Leben versüßt. Aber
es hat sie auch verdorben für eine ernsthafte Auseinandersetzung mit Fragen der Religion, Kunst, Literatur und Philosophie. Anders als Friedrich hat Elisabeth nirgendwo gelernt,

wie man das macht: ein Thema liebgewinnen, eine Frage über längere Zeit zu klären suchen, Umwege gehen und doch am Thema festhalten, geeignete Texte heraussuchen, in eigener Regie an etwas arbeiten und genießen, wie sich ein Sachverhalt klärt oder zu interessanteren Fragen führt. Die Prozeduren des Studierens blieben ihr fremd. Elisabeth schielte gleichsam nach dem Höheren. Kurzsichtig wie ihr Bruder, der eine Brille tragen mußte, weigerte sie sich, ihr Gesicht zu verunzieren, was dazu führte, daß sie bei genauem Hinsehen schielen mußte.

Stets schrieb sie im Jubelton: «Inniggeliebter«, «höchstvergnügt«, »wunderbarst«, »wunderhübsch«, »überglücklich«, «allerliebst« – als ließe sich durch Überhöhen und Idealisieren das Großartige, das sie nicht bewerkstelligen konnte, herbeiformulieren. Durch Idealisierung gewann sie allerdings auch eine Orientierung für ihr eigenes Tun. Indem sie sich begeisterte für Menschen, die sich idealisieren ließen, versah sie sich mit Vorbildern und Lebensmustern, denen sie nachstreben konnte. Diese Methode hatte sich im frühesten Umgang mit dem Bruder geformt und ließ sich auf andere übertragen. Den Umgang mit Menschen, die der Idealisierung nicht standhielten, gab sie bald wieder auf.

Als Gast war es Frauen gestattet, Vorlesungen zu besuchen. Deshalb ging Elisabeth 1869 nach Leipzig. Dort hatte Friedrich Nietzsche von 1865 bis 1869 bei dem Altphilologen Friedrich Wilhelm Ritschl klassische Philologie studiert, seine ersten Texte veröffentlicht und durch die Lektüre von Schopenhauers Werken zur Philosophie gefunden. Dreiundzwanzigjährig träumte Elisabeth Nietzsche immer noch davon, in die gesellschaftliche Welt des Bruders hineinzugelangen. Sie folgte seinen Spuren, indem sie seine Professoren besuchte. Außerdem nahm sie erneut Privatunterricht in englischer Konversation. Ihre Unterkunft fand sie bei der Familie des Professor Karl Biedermann. Dort hatte auch der Student Friedrich Nietzsche gewohnt.

Elisabeth steckte in einem Dilemma: Sie wollte sein wie der Bruder, fand aber nicht den Dreh. Wäre sie nur ein Mann, wäre sie doch sehr reich, hätte sie nur Siebenmeilenstiefel! Da es aber nicht so war, ließ sie nach vier Monaten auch dieses Projekt der Selbstbildung fallen. Außerdem bot ihr die Professorengattin Frau Biedermann nicht den erwarteten Glanz des Höheren. Ohne Perspektive für die Zukunft kehrte Elisabeth zur Mutter nach Naumburg zurück.

Und nun ist es interessant, wie der Bruder reagierte, der ihre Weiterbildungswünsche unterstützt hatte. Er hielt sie nicht etwa an, das Projekt ernstzunehmen und eine einmal begonnene Sache auch durchzuhalten, vielmehr tröstete er die enttäuschte Schwester mit einer Einladung nach Basel. Fritz kann sie also brauchen. Das gefällt ihr ohnehin besser als alles andere.

An der Seite des Herrn Professor Friedrich Nietzsche

Von der Baseler Kantonsregierung erhielt Friedrich Nietzsche die offizielle Mitteilung, daß der kleine Rat am 10. Februar 1869 beschlossen hat, ihn an die Universität Basel zu berufen. In dieser Information verdichtete sich ein großartiges Ereignis. Auf die Frage: »Was macht denn der Fritz?« mußten Mutter und Schwester nun nicht mehr umständlich erklären, der würde wohl doch nicht Pastor werden, sondern einer, der sich mit der Sprache der alten Griechen und Römer beschäftigt. Jetzt konnten sie mit Stolz berichten, daß er Professor geworden ist. Das zählte! Elisabeth und die Mutter fühlten sich mit einem Schlag in der Naumburger Gesellschaft in einen ganz anderen Rang gehoben. Jedem, ob er es wissen wollte oder nicht, wurde die frohe Botschaft kundgetan: Unser Fritz ist Professor und hat ein Gehalt von 800 Talern im Jahr!

Elisabeth schrieb: «Du aber stiegst auf den Sockel der Berühmtheit und alle Pinders Frau Rath inclusive, tanzten um den so sehr jungen Gott oder Professor einen wahren Jubel- und Verehrungstanz.»[41] Elisabeth tanzte mit, man sieht sie förmlich. Sie war außer sich. Ihr Herzensfritz war nach ganz oben gelangt, und er wird sie dorthin mitnehmen, denn er braucht sie. Vortrefflich werden sie sich ergänzen!

Dem vierundzwanzigjährigen Studenten, der noch keine Doktorarbeit vorgelegt hatte, kam das Ganze wie ein Märchen vor. Damit er es glauben konnte, ließ er sich Visitenkarten mit Rang und Namen drucken. Ein Glückstreffer? Ja und nein. Nicht daß er seine veröffentlichten Aufsätze und seine Art, die Fragen der klassischen Philologie zu behandeln, geringschätzte. Aber ob der Umschwung vom freien Studentenleben zur Übernahme der Pflichten eines Lehrenden an der Universität mit zusätzlichem Griechisch-Unterricht in der Oberprima des Pädagogiums die reine Freude für ihn war, das läßt sich durchaus bezweifeln. Noch im Januar 1869 hatte sein Freund Erwin Rohde, ebenfalls Student der Altphilologie, ihren gemeinsamen Traum belebt, »glücklich und frei nach Westen [zu] ziehen«, nach Paris. Friedrich sollte sich nicht zu fest an Leipzig binden, damit er marschbereit sei, um mit ihm in Paris das Glück zu suchen. »Vor einem zu frühen Definitivum sollte man sich überhaupt hüten, da es selten besser ist als das Provisorium.« Der »höhere akademische Pfuhl« bringe nur Philister hervor, den »gräulichen Professor in der Verlorenen Handschrift«.[42]

»Wir sind doch alle recht die Narren des Schicksals«, hatte Nietzsche an Rohde geschrieben, »noch vorige Woche wollte ich Dir einmal schreiben und vorschlagen, gemeinsam Chemie zu studieren und die Philologie dorthin zu werfen, wohin sie gehört, zum Urväterhausrat. Jetzt lockt der Teufel ›Schicksal‹ mit einer philologischen Professur.« Trotz des geplatzten Traumes freut sich Rohde über den Erfolg des Freundes und verhehlt auch nicht seine Eifersucht auf die Baseler Studen-

Friedrich Nietzsche, 1867

ten, die ihn künftig um sich haben würden: »...was mir
das gemeinsame Leben mit Dir gewesen ist – und gewesen
sein würde; das kann ich mehr fühlen, als ausdrücken. Das
Reinste und auf alle Dauer Erquickendste, ein Wohlgefühl, für
das ich Dir zu tiefstem Danke verpflichtet bin.«

Der junge Gelehrte, Professor Friedrich Nietzsche, zog sich
noch einmal für eine Weile in sein Zimmer im Naumburger
Haus zurück und ließ sich von Mutter und Schwester beko-
chen und betütteln, während er sich auf seine Lehrveranstal-
tungen im Sommersemester in Basel vorbereitete: griechische
Lyrik und Aischylos. Nebenher erstellte er mit Elisabeths
Hilfe den Index von Ritschls Zeitschrift *Das Rheinische Museum*. Ganz ähnlich hatte er sich vor vier Jahren zu Hause auf
das Abitur vorbereitet.

Die Lehrtätigkeit in Basel nahm Nietzsche ganz in Beschlag.
Als belastend erlebte er die gesellschaftlichen Verpflichtungen.

Fremd und gleichgültig fühlte er sich in der Masse der Kollegen. Einladungen versuchte er auszuweichen. Denn die Einsamkeit, unter der er sein Leben lang litt, liebte er zugleich. Behaglich zumute war ihm eigentlich nur im Umgang mit dem 1870 berufenen Theologen Franz Overbeck, der wie Nietzsche eine Wohnung am Schützengraben 45 (heute 47) bezog. Overbeck stand dem neuen Freund bis zu dessen Tod nahe.

Was die Einschätzung seiner Kollegen angeht, war sich Rohde, der nun in Kiel Privatdozent war, mit Nietzsche einig: »In solchen Professorengesellschaften, deren ich denn ein Dutzend mit abgedient habe, herrscht doch wahrlich ein gar zu traurig gewöhnlicher Ton: Politik, Klatsch, Bücherbekritteln; man glaubt gar nicht, wie gewöhnlich es da zugeht, bis man es gähnend erlebt hat. Und wie die zwingende Gewalt des Geselligkeitstriebes das Menschenthier doch immer von Neuem zu dieser Zeitvergeudung treibt. Im Grunde erstaune ich noch fortwährend über dieses gelehrten Philistertums gespreizte Nichtigkeit.«[43] Nietzsches Wunsch, den Freund auf einen Lehrstuhl in Basel zu bringen, ging zu beider Leidwesen nicht in Erfüllung.

Mit seiner Berufung nach Basel hatte Nietzsche die Schweizer Staatsbürgerschaft angenommen. Doch bei Ausbruch des deutsch-französischen Krieges am 19. Juli 1870 bat er um Beurlaubung für den Rest des Sommersemesters, um »für das Vaterland kämpfen« zu können. Als Sanitäter begleitete er einen Verwundetenzug, der von Metz aus zwei Tage und Nächte nach Karlsruhe unterwegs war. Nach Hause berichtete Friedrich vom Leichengeruch auf den Schlachtfeldern. Schließlich erkrankte er selbst an Ruhr und Diphtherie. Trotz allem war er froh, ein wenig zur Linderung der Not beigetragen zu haben. Aus dem Krankenhaus entlassen, kurierte er sich in der Obhut von Mutter und Schwester zu Hause aus. Mit der Vorbereitung auf das Wintersemester, dem Nachdenken über rhythmische und metrische Fragen, suchte er sich von dem erschütternden Erlebnis des Krieges zu distanzieren. Doch die innere Unruhe verließ ihn nicht mehr. Schließlich sprach er sich gegen den deutschen »Eroberungs«-Krieg aus. Hinzu kam sein Unbehagen im Beruf. Im Januar 1871 entschloß er sich zu einem Veränderungsversuch. Nietzsche wandte sich an den Erziehungsrat der Stadt, Professor Vischer-Bilfinger, der ihn nach Basel geholt hatte und ihm freundschaftlich verbunden war. »Ich lebe hier in einem eigentümlichen Konflikt, und der ist es, der mich so erschöpft und selbst körperlich aufreibt. Von Natur auf das stärkste dazu gedrängt, etwas Einheitliches philosophisch durchzudenken und in langen Gedankenzügen andauernd und ungestört bei einem Problem zu verharren, fühle ich mich immer durch den täglichen mehrfachen Beruf und dessen Art hin und her geworfen und aus der Bahn abgelenkt. [...] Ich glaube, daß diese Schilderung auf das Schärfste das bezeichnet, was [...] meinen Körper erschöpft und bis zu solchen Leiden anwächst, wie die jetzigen sind [...].«[44] Nietzsche litt unter Hämorrhoiden und migräneartigen Anfällen von Kopfschmerzen mit Erbrechen, die auch zu kurzen Ohnmachten und Todesangst führen konnten. Seine Bewerbung um die philosophische Professur begründete er damit, daß ihn immer, auch in der Philologie, die philosophischen Fragen bewegt hätten. Seinem Antrag wurde nicht stattgegeben.

Weitere neun Jahre mußte er den Spagat zwischen öffentlichem Amt und verborgenem Wollen aushalten. Die häufigen Erkrankungen blieben ein Stachel in seinem Leben, der ihn mahnte, nach neuen Wegen zu suchen. Nietzsche sehnte sich nach der Einheit, die er bei Wagner meinte beobachten zu können, den er von Basel aus häufig in Tribschen besuchte. Während sein Professoren-Amt von ihm verlangte, das gediegene Wissen eines Altphilologen zu vermitteln, schwebte ihm persönlich eine philosophisch-künstlerische Lebensform vor. Das gelehrte Wissen interessierte ihn weniger als das Entdecken von Fragen, die das Leben aus einer unvertrauten psychologischen Perspektive erhellten. Anders als seine Kollegen bewegte sich Nietzsche nicht wie selbstverständlich im Wissenschaftsbetrieb, sondern er befragte auch dessen Sinn.

In seinem Erstlingswerk *Die Geburt der Tragödie aus dem Geiste der Musik* (1872) fragte er: » – ja, was bedeutet überhaupt, als Symptom des Lebens angesehen, alle Wissenschaft? […] Wie? Ist Wissenschaftlichkeit vielleicht nur eine Furcht und Ausflucht vor dem Pessimismus? Eine feine Nothwehr gegen – die *Wahrheit*? Und, moralisch geredet, etwas wie Feigund Falschheit? Unmoralisch geredet, eine Schlauheit?«[45]

Die Philosophie Arthur Schopenhauers stärkte Nietzsches Mut zu einer neuen »unzeitgemäßen« Sicht des Menschen. »Ein jeder trägt eine productive Einzigkeit in sich, als den Kern seines Wesens; und wenn er sich dieser Einzigkeit bewußt wird, erscheint ihm ein fremdartiger Glanz, der des Ungewöhnlichen. Dies ist den meisten etwas Unerträgliches: weil sie, wie gesagt, faul sind und weil an jener Einzigkeit eine Kette von Mühen und Lasten hängt. Es ist kein Zweifel, dass für den Ungewöhnlichen, der sich mit dieser Kette beschwert, das Leben fast Alles, was man von ihm in der Jugend ersehnt, Heiterkeit, Sicherheit, Leichtigkeit, Ehre einbüsst; das Loos der Vereinsamung ist das Geschenk, welches ihm die Mitmenschen machen; die Wüste und die Höhle ist sofort da, er mag leben, wo er will. Nun sehe er zu, dass er sich nicht unterjochen lasse, dass er nicht gedrückt und melancholisch werde.«[46] Später wird Nietzsche die Formel des »Werde, der du bist!« zur Bildungsmaxime machen und die bloß Kenntnisreichen zu Bildungsphilistern erklären.

Nietzsche führte in der Baseler Zeit eine eigenartige Doppelexistenz. Nach außen hin machte er Kompromisse. Dabei war ihm die Schwester eine große Hilfe. Von 1870 bis 1878 reiste Elisabeth zwischen Naumburg und Basel, das heißt zwischen Mutter und Bruder hin und her. Sie fühlte sich wohl dabei, daß beide um ihre Anwesenheit warben. Insgesamt verbrachte sie etwa dreieinhalb Jahre mit dem Bruder. Sie ordnete seine Finanzen. Sie führte ihm den Haushalt. Sie wußte am besten, welche Speisen sein überempfindlicher Magen vertrug. Besonders während seiner Migräneanfälle war sie ihm eine unentbehrliche Stütze. Elisabeth erledigte allerlei Besorgungen für ihn. Dazu gehörten auch Geschenke, die er sich für Cosima von Bülow und Richard Wagner sowie für deren Kinder ausgedacht hatte. Der junge Professor und seine beherzte Schwester lebten phasenweise glücklich zusammen wie ein Paar.

Elisabeth übernahm in dieser Einheit, wie manche Ehefrau, den Part der Gestaltung des banalen Alltagslebens. Dazu gehörten auch die vom Bruder wenig geliebten gesellschaftlichen Pflichten. Regelmäßig überkam ihn ein Unbehagen, wenn er von Kollegen eingeladen wurde. Er spürte, wie sie ihn mißtrauisch beäugten. Wechselweise Vorbehalte machten den Umgang unerquicklich. Selbst der Kunsthistoriker Jacob Burckhardt, der ihm imponierte und den er für freundschaftlich gesonnen hielt, soll über Nietzsche einmal geäußert haben, der könnte nicht einmal einen gesunden Furz lassen. Nietzsches geziertes Gebaren sollte auch wohl helfen, sein jugendliches Alter zu überspielen. Aber letztlich zeigte sich doch darin, daß er auf einem anderen Stern lebte. Mit seinem ganzen Interesse bohrte er sich in metaphysische Grundfragen ein. Ihm ging die Leichtigkeit ab, mit der sich Elisabeth dem Tagesgeschehen hingeben konnte.

Anders als ihr Bruder liebte es Elisabeth, sich in den von ihr so vermuteten höheren Kreisen des Bruders zu bewegen. Sie hatte gar keine Schwierigkeiten, sich den hohen Herrschaften zuzuwenden und alsbald familienähnliche Vertrautheit herzustellen. Besonders darin lag ihre Stärke, die auch für den Bruder nicht gerade unnütz war.

In seinem Betrachten und Denken machte Nietzsche keine Kompromisse. Im Gegenteil, er wagte den Affront. So ist es nicht verwunderlich, daß das Erscheinen seiner ersten großen Abhandlung mit philosophischer Ambition *Die Geburt der*

*Elisabeth Nietzsche
als junge Frau*

Tragödie aus dem Geiste der Musik manchen Kollegen befremdete und zu Schmähungen veranlaßte. Schließlich griff der Autor die gelehrte Wissenschaft an. Was Wunder, daß man im Gegenzug seiner Arbeit einen bedenklichen Mangel an Wissenschaftlichkeit vorwarf. Am schärfsten verfuhr der Altphilologe Ulrich von Wilamowitz-Moellendorff mit ihm, der Nietzsche von Pforta her kannte. Er wollte Nietzsche als schlechten Philologen überführen, der zudem ein schlechter Gräzist sei. Wilamowitz sah in dem Text lediglich »eines berauschten traum oder eines träumers rausch.«[47]

Noch war Nietzsche nicht der Einzelgänger, der in den achtziger Jahren aus ihm werden sollte. Rohde verteidigte seine Schrift. Auch Overbeck und der Privatdozent Heinrich Romundt hielten zu ihm. Sie wohnten im selben Haus und waren seine intimen Gesprächspartner, mit denen er sich einig wußte.

Am stärksten stützte ihn in dieser Zeit allerdings der freundschaftliche Austausch mit Richard Wagner, der für ihn ein wirksames Gegengift war. Er veröffentlichte sogar ein »Send-schreiben« in der *Norddeutschen Allgemeinen Zeitung* gegen Wilamowitz. Und Cosima Wagner schrieb Nietzsche nach Erhalt ihres Widmungsexemplares: »Sie haben in diesem Buche Geister gebannt, von denen ich glaubte, daß sie einzig unsrem Meister dienstpflichtig seien; über zwei Welten, von denen wir die eine nicht sehen, weil sie zu fern, die andere nicht erkennen, weil sie uns zu nahe ist – haben Sie den hell-sten Schein geworfen [...] Wie eine Dichtung habe ich diese Schrift gelesen [...] denn sie gibt mir eine Antwort auf alle unbewußten Fragen meines Inneren.«[48]

Nietzsche muß es ganz warm ums Herz geworden sein, als er diese Zeilen las. Besonders glücklich machte ihn die Quali-fizierung des Textes als »Dichtung«. In Cosima Wagner, der Tochter des Komponisten Franz Liszt, meinte Nietzsche trotz ihrer christlichen Orientierung das Verständnis zu finden, das ihm die Frauen seiner Familie schon intellektuell nicht ent-gegenbringen konnten. Weihnachten 1872 verbrachte er in Tribschen mit der Familie Wagner, erstmals nicht mit Mutter und Schwester.

Daß die Schwester ihm ihre ungeteilte Bewunderung schenkte, gefiel ihm sehr. Er liebte in diesen Jahren an ihr, daß sie seine Größe liebte und bereit war, diese zu mehren, indem sie ihn tatkräftig unterstützte. Doch ein wenig enttäuschte es ihn auch, daß sie keine Anstrengungen machte, sich selbst zur Höhe seiner Gedanken hin zu entwickeln. Er spürte, daß ihr die Eigenart seiner Einsichten fremd blieb.

Auch Elisabeth dankte ihm für das zugesandte Buch. Zunächst berichtete sie von »einer größeren herrlichen Gesell-schaft bei Krugs«, der Familie von Fritz' Schulfreund Gustav in Naumburg. »Nun habe ich dem Genius und dem Ruhm meines lieben Bruders schon der Erdenfreude größte Fülle zu verdanken, daß sich aber auch Naumburger Referendare mir deshalb vorstellen lassen und mich zu Tische führen, ist nun wieder eine neue Erscheinung! [...] Du siehst Dein Ruhm breitet sich in jeder Art aus.« Und Lieschen profitierte davon, denn in solchen Situationen ist sie nicht mehr das Lieschen, sondern die interessante Schwester »Ihres berühmten Herrn Bruders«.

»Am Neujahrstag bekam ich also von Fritsch ›mit den herzlichen Neujahrswünschen vom Verfasser‹ Dein herrliches Buch. Am liebsten hätte ich mich nun gleich hingesetzt um Dir meinen glühendsten Dank für dieses köstliche Neujahrsgeschenk auszusprechen, aber Mamachen fand es des Schreibens zu viel und ich möchte doch lieber erst darinnen lesen. Das habe ich denn auch gethan und bin natürlich begeistert davon, denn wenn ich ja auch bloß den Sinn ahnen kann, – so giebt mir das schon einen Begriff von seiner weittragenden Größe und Erhabenheit. Besonders erfreut mich darin immer die Anrede: meine Freunde! Es giebt das dem Ganzen etwas so zu Herzen gehendes. Das Buch ist auch äußerlich ganz vorzüglich ausgestattet und erfreut jedes Auge [...].« Bei Krugs sei es »sehr hübsch« gewesen. »Ich hatte mein neues rosa Kleid von der lieben Prinzeß an, welches sehr niedlich mit weißem Tüll und Spitzen gemacht ist.« Und so weiter und so weiter.[49]

In der *Geburt der Tragödie* deutete sich bereits die Grundfigur der philosophischen Psychologie Friedrich Nietzsches an: eine Verfassung des Eins-Seins in rauschhaft entgrenzter (dionysischer) Verwandlung braucht notwendig den Gegenlauf einer konkurrierenden Verfassung der klaren und bestimmten (apollinischen) Gestalt des Einzeln-Seins. Das Leben des Menschen versteht Nietzsche als Individuationsprozeß. »Du sollst der werden, der du bist« bedeutet, daß wir eine Verwandlung ins X-Beliebige nicht ertragen. Wir fürchten die Auflösung. Dagegen wappnen wir uns, indem wir die Eigentümlichkeiten unseres geschichtlichen Etwas-Werdens ergreifen, indem wir der Fülle von Verwandlungsmöglichkeiten (später heißt das: die Vielzahl der Willen zur Macht) Richtung und Gestalt zu geben suchen. Das vollzieht sich allerdings nicht als bewußter Akt. Denn, so sagt Nietzsche, wir sind Gestalten schaffende Wesen, lange bevor wir Begriffe bilden; das heißt, salopp gesprochen, lange bevor wir uns einen Reim machen können auf die lebendigen Prozesse, in denen wir stecken. Wir leben geschichtlich, das meint: immer schon in bestimmten Formen, die überkommen sind, über deren Eigenart wir jedoch nicht verfügen. Da ist also etwas im Spiel, das wir hinnehmen müssen. Gleichzeitig können wir es nicht einfach geschehen lassen. Wir wollen darüber hinaus (Über-Mensch). Dabei bildet sich eine Art individuelles Maß für unser Handeln und Wertschätzen. Dieses nennt Nietzsche die Bildung des Selbst. Dessen Qualität können wir erspüren und eigens ergreifen, um sie uns zu eigen zu machen und zu bejahen. Die Bildung des Selbst ist nichts anderes als der riskante Bewältigungsversuch eines tragischen Zustands. Wir leben stets im Übergang zwischen Eins-sein (mit allem) und Einzeln-sein. Gestaltend suchen wir diese paradoxe Grundsituation aushaltbar zu machen.

Elisabeth verstand nicht Nietzsches Ambition, die kulturellen Phänomene als unterschiedliche Versuche zu interpretieren, widerstrebende Kräfte oder »Willen« der formenden Macht einer entschiedenen Handlungsrichtung einzugliedern.

Trennung als Lösung

Nach unruhigen, von Krankheit, geistigen Höhepunkten und Katastrophen gezeichneten Jahren – allem voran das seelische Ereignis der Loslösung von Wagner – verbrachte Friedrich Nietzsche ein Sabbatjahr in Sorrent in der Obhut der Malwida von Meysenbug. Gern blickte die Sechzigjährige auf ihre eigenwillige Geschichte der Emanzipation zurück.[50] In Hamburg hatte sie ein sozialpädagogisches Frauenseminar besucht, das der Pädagoge Friedrich Fröbel geleitet hatte. Wie Richard

Wagner engagierte sie sich für die Revolution von 1848 und
mußte 1852, nachdem man ihre Wohnung durchsucht und sie
einem polizeilichen Verhör unterworfen hatte, nach London
fliehen. Dort begegnete sie auch dem Flüchtling Richard Wagner, für dessen Musik und Lebensanschauung sie sich seither
begeistert einsetzte. Wie damals Nietzsches Denken wurde
auch das ihre durch Schopenhauers Philosophie bestimmt.
»Ich sah nun klar, daß dieser Kampf zwischen dem Willen
zum Leben und seiner Verneinung überhaupt der Kampf meines ganzen Lebens gewesen war. Zum zweiten Mal ging es mir
wieder hell auf, das: ›Erlöse dich selbst!‹ Der gebundene Gott
in uns muß sich befreien aus den Schranken der Individua-
tion, in die ihn der ungestüme Drang zum Leben gebannt hat.
Das lange qualvolle Ringen des Daseins hat keinen anderen
Sinn, als den der Auferstehung nach dem Kreuzestod, an dem
das Ich, das Persönliche stirbt, um als Universelles fortzu-
leben.«[51]

In Malwida von Meysenbug begegnete Nietzsche eine
Gegengestalt zur eigenen Mutter. Aus ganz ähnlichen Gründen schätzte er auch Cosima Wagner. Fähig zu selbstlos gewäh-
render mütterlicher Liebe, waren diese kultivierten Frauen
vertraut mit Denkfiguren, die der frommen Mutter und der
ignoranten Schwester fremd bleiben sollten. Von Meysenbugs
Gedanken haben später ein neues, modernes Frauenbild
nachhaltig geprägt:»Das Mädchen muß, so gut wie der Knabe,
von vornherein die größtmögliche Entwicklung seiner Fähigkeiten, das Streben, aus sich selbst ein möglichst vollendetes
Wesen zu machen, als seine Aufgabe betrachten. […] Die
nächste Aufgabe eines jeden Wesens sollte es sein, aus sich
selbst ein Kunstwerk zu machen.«[52] In der Ehe als gesellschaft-
licher Institution sieht sie eher eine Verhinderung dieser Möglichkeit.

Nietzsches Aufgabe nun schien ihr darin zu liegen, daß er
sich aus seiner bürgerlichen Verankerung als Universitätsprofessor, unter der er litt, zu lösen wagte, um sich zum Künst-

ler-Dasein zu bekennen. Und so lebten sie denn in einem gemieteten Haus über dem Golf von Sorrent, zusammen mit dem jungen Philosophiestudenten Albert Brenner und dem Psychologen Paul Rée und teilten einander ihre Gedanken über Philosophie, Psychologie und Literatur mit. Vormittags arbeitete jeder an seinem eigenen Werk. Von Meysenbug schrieb an ihrem Roman *Phädra*, Nietzsche an *Menschliches, Allzumenschliches*, Rée am *Ursprung der moralischen Empfindungen* und Brenner an seinen Novellen. Nachmittags wanderten sie und tauschten ihre Gedanken aus. Doch Nietzsches gesundheitlicher Zustand besserte sich nicht. Nach einem halben Jahr begab er sich zu einem Kuraufenthalt nach Ragaz.

Erst Mitte 1879 wagte Friedrich Nietzsche schließlich den Ausstieg aus der bürgerlichen Welt. Vorausgegangen war die Auflösung des mit Elisabeth geteilten Haushalts im Jahr davor. Die Mutter duldete nicht länger, daß Lisbeth sie im Stich ließ zugunsten des Bruders. Die Schwester gehe nun für immer zur Mutter zurück, klagte Nietzsche einem Freund. Halbherzige Versuche, eine Frau fürs Leben zu finden, scheiterten ebenso wie die Idee, eine eigene Bildungsinstitution für »freie Geister« zu schaffen, in der er die Schwester als Organisatorin eingeplant hatte.

Aber Elisabeth kehrte keineswegs für immer zur Mutter zurück. Sie fühlte sich endlich frei, in eigenem Interesse tätig werden zu können. Anfang Januar schrieb sie dem Bruder von einer Frau Superintendent Förster, die sie in Naumburg, begleitet von ihrem Sohn, Dr. Förster, besucht habe. Redselig wie zwei Bücher hätten Förster und sie über Themen und Freunde gesprochen, die sie sonst nur mit ihrem Bruder teilte. Anders als Friedrich nutzte Elisabeth ihren freundschaftlichen Umgang mit der Wagner-Familie, um selbst voranzukommen – zur Ehe, nach Paraguay und in die Enttäuschung.

Nach seinem Probe-Ausstieg war Nietzsche vernünftig genug, seine Tätigkeit an der Universität wieder aufzunehmen. Doch sein körperlicher und seelischer Zustand wurde immer unerträglicher. Schließlich hatte die Baseler Universität ein Einsehen, akzeptierte seine Kündigung und erklärte sich bereit, dem Fünfunddreißigjährigen nach zehnjähriger Dienstzeit eine kleine Pension zu zahlen. Ergänzt durch das Erbe der Großmutter Erdmuthe reichten die Mittel für den anspruchslosen Wanderer, um sein unabhängiges Leben finanzieren zu können.

Seinen Niederschlag fand Nietzsches Neuorientierung in der Aphorismensammlung *Menschliches, Allzumenschliches. Ein Buch für freie Geister«* (1878) Dieser freie Geist war er selbst. Sogar Schopenhauer und Wagner erschienen ihm nun als gebundene Geister. Nietzsche trat aus der Deckung. Er wollte keine Vorbilder, Väter, Erzieher mehr. Für ihn und die freien Geister zählte nur noch der Wille zu einem freien Willen. »Wer nur einigermaßen zur Freiheit der Vernunft gekommen ist«, heißt es unter dem Eintrag »Der Wanderer«, »kann sich auf Erden nicht anders fühlen, denn als Wanderer, – wenn auch nicht als Reisender nach einem letzten Ziele: denn dieses giebt es nicht. Wohl aber will er zusehen und die Augen dafür offen haben, was Alles in der Welt eigentlich vorgeht; deshalb darf er sein Herz nicht allzufest an alles Einzelne anhängen; es muß in ihm selber etwas Wanderndes sein, das seine Freude an dem Wechsel und der Vergänglichkeit habe.«[53]

In der Vorrede betonte Nietzsche die »unbedingte Verschiedenheit des Blicks«, sprach vom entscheidenden Ereignis »einer grossen Loslösung«. Sie komme für jeden bis dahin Gebundenen »plötzlich, wie ein Erdstoss: die junge Seele wird mit Einem Male erschüttert, losgerissen, herausgerissen, – sie selbst versteht nicht, was sich begiebt. Ein Antrieb und Andrang waltet und wird Herr über sie wie ein Befehl; ein Wille und Wunsch erwacht, fortzugehen, irgend wohin, um jeden Preis; eine heftige gefährliche Neugierde nach einer unentdeckten Welt flammt und flackert in allen ihren Sinnen. ›Lieber sterben als hier leben‹ – so klingt die gebieterische

Stimme und Verführung: und dies ›hier‹, dies ›zu Hause‹ ist alles, was sie bis dahin geliebt hatte! Ein plötzlicher Argwohn gegen Das, was sie liebte, ein Blitz von Verachtung gegen Das, was ihr ›Pflicht‹ hiess, ein aufrührerisches, willkürliches, vulkanisch stoßendes Verlangen nach Wanderschaft, Fremde, Entfremdung [...]. Er zerreißt, was ihn reizt. Mit einem bösen Lachen dreht er um, was er verhüllt, durch irgendeine Scham geschont findet: er versucht, wie diese Dinge aussehen, wenn man sie umkehrt.«[54] Mit einem »tiefen Verdachte« sieht er in die Welt, »theologisch zu reden, als Feind und Vorforderer Gottes«.

Unter der Überschrift »Mit Vorteil religiös sein« schreibt Nietzsche: »Es gibt nüchterne und gewerbstüchtige Leute, denen die Religion wie ein Saum höheren Menschentums angestickt ist: diese tun sehr wohl, religiös zu bleiben, es verschönert sie. – Alle Menschen, welche sich nicht auf irgend ein Waffenhandwerk verstehen – Mund und Feder als Waffe eingerechnet – werden servil: für solche ist die christliche Religion sehr nützlich, denn die Servilität nimmt darin den Anschein einer christlichen Tugend an und wird erstaunlich verschönert. – Leute, welchen ihr tägliches Leben zu leer und eintönig vorkommt, werden leicht religiös: dies ist begreiflich und verzeihlich; nur haben sie kein Recht, Religiosität von denen zu fordern, denen das tägliche Leben nicht leer und eintönig verfließt.«[55]

Wendungen dieser Art verstand Elisabeth. Sie nahm sie persönlich und war entrüstet. Erstmals ging sie auf Distanz und wagte die offene Konfrontation. Das Buch sei ein Schlag ins Gesicht der Familie, besonders der Mutter. Um dennoch ihr Idealbild vom Bruder retten zu können, griff sie zu einem Trick. Sie behauptete, der neue Freund Paul Rée habe mit seinem Zynismus ihren guten Bruder vom rechten Wege abgebracht. In Übereinstimmung mit Försters und Wagners Antisemitismus meinte sie, daß der böse Jude Paul Rée an allem schuld wäre.

Bernhard Förster

Bereits 1873 gehörte Rée zu den Hörern von Nietzsches Vorlesung »Die vorplatonischen Philosophen«. 1875 überreichte er ihm seine Dissertation über Fragen der Ethik bei Aristoteles und seine anonym veröffentlichte Aphorismensammlung *Psychologische Beobachtungen*, für die sich Nietzsche enthusiastisch bedankte. Rées psychologische Beobachtungen wie auch seine zentrale These von der geschichtlichen Erklärbarkeit des Gewissens haben Nietzsche so sehr beeindruckt, daß er ihn in *Menschliches, Allzumenschliches* einen der kühnsten und kältesten Denker nannte.

Paul Rée hatte Friedrich Nietzsche in seiner Krise zur Seite gestanden und war mit seinem eigenen Lebensstil des freien Herumziehens vielleicht sogar beispielhaft für ihn. Der Philosoph geriet in ein furchtbares Dilemma. Er konnte und wollte nicht auf seine Entlarvung der allzumenschlichen Tücken des Seelischen verzichten, aber er konnte auch die Feindlichkeit der Menschen nicht ertragen, die so nicht gesehen werden wollten.

Außerdem beschlich ihn die Angst, sein Leben könnte genau so kurz bemessen sein wie das des Vaters. Kopfschmerzen und Übelkeit spitzten sich beängstigend zu. An Malwida von Meysenbug schickte er einen Abschiedsbrief. Er erwarte, daß er nicht mehr lange zu leben habe. Darin steckte gewiß auch eine Kindheitsreminiszenz. Als könnte sich das Schicksal rächen für seine Loslösung von den hochgehaltenen Werten der christlichen Kultur.

Elisabeth mußte großes Geschick entwickeln, um im Hause Wagner klarzustellen, daß sie die Auffassungen ihres Bruder nicht teilte. Das kam einem Drahtseilakt gleich. Selbst Cosima Wagner, mit der Elisabeth inzwischen auf Du und Du stand, hatte das Band der Freundschaft mit Friedrich zerrissen. Elisabeth wollte unbedingt vermeiden, daß ihr das Gleiche widerfuhr.

Lang ersehnt und einer Notwendigkeit folgend wagte Nietzsche schließlich den Sprung in ein kompromißloses Künstlerleben. Manche Biographen, allen voran der Arzt Paul Julius Möbius, wollten später in der Freisetzung seiner Gedanken und seiner Lebensweise rauschähnliche Auswirkungen der Lues-Erkrankung sehen, mit der sich der Student in Bonn oder Leipzig infiziert haben soll. Das klingt plausibel, läßt sich aber nicht schlüssig nachweisen. Und was trüge denn auch ein solches Wissen bei zum Verständnis einer Sinn produzierenden Lebensgeschichte? Viele Menschen haben unter Lues gelitten, ohne daß es zu umstürzenden Einsichten gekommen wäre.

Losgelöst von den Fesseln des bürgerlichen Amtes samt Regelwerk, losgelöst auch von der intimen Gebundenheit an Mutter und Schwester, mußte Nietzsche sein Künstlertum nicht länger hinter dem Philologen-Dasein verbergen. Seinem Leben, seinen Beobachtungen und Gedanken wollte er endlich freien Lauf lassen, um ihnen ohne Anlehnung an vorgegebene Muster nachgehen zu können. Sein Wanderstab war die Sprache. Nicht die des Alltags, nicht die der herkömmlichen Philosophie, schon gar nicht die der Gelehrten, der Wissenschaftler und Journalisten, sondern seine eigene. Glücklich machten ihn Einsichten, die das Leben, sein Leben, anfeuern und befruchten konnten. Daran wirkten auch einzelne Menschen seiner Wahl mit. Aber es sollten keine Autoritäten sein, nicht nach Art von Schopenhauer oder Wagner und schon gar nicht nach Art von Mutter und Schwester.

Über eine vieldiskutierte Umarmung

Eine wißbegierige junge Frau aus dem fernen Sankt Petersburg und daselbst gesellschaftlich im Umfeld des Zaren situiert und der rastlose Künstler-Philosoph, der das Leben suchte und diesen Vorgang bereits für »lüstern« hielt, wanderten im Jahre 1882 auf einen Berg mit dem schönen Namen Monte Sacro. Über dieses Ereignis haben der Wanderer selbst, seine Schwester und mancher Biograph in einer Weise berichtet, als handelte es sich um den Venusberg aus Wagners *Tannhäuser*. Auch ein anderes Geschehen, diesmal aus den *Nibelungen*, wirft ein Licht auf das Geschehen, das der Bergbesteigung folgte. Es geht um die Analogie einer Atmosphäre, nicht um eine Eins-zu-eins-Zuordnung von Personen.

Brünhild, die Frau des König Gunther, gerät in einen Zwist mit dessen Schwester Kriemhild, die Gunthers »Leibeigenen« Siegfried geheiratet hat. Jede begehrt, ganz und gar unbescheiden, den ersten und höchsten Rang im gesellschaftlichen Gefüge.

»›Du willst zu hoch hinaus‹, sagte die Frau des Königs, ›jetzt möchte ich gerne sehen, ob man dir ebensolche Ehren erweist wie mir.‹ Die Damen wurden beide sehr zornig erregt. Da sagte Frau Kriemhild: ›[…] Du sollst heute erkennen, daß ich aus adelsfreiem Geschlecht stamme und daß mein Mann mehr gilt als der deine. Deshalb will ich mich nicht beschimpfen lassen. Du sollst noch heute sehen, wie die Frau deines

Lou von Salomé,
1882 in Zürich

Leibeigenen die Spitze des Gefolges am burgundischen Hof
anführt. Ich will selbst mehr Ehre erwiesen bekommen als
jede Königin, […]‹. Da brach zwischen den beiden Damen ein
unversöhnlicher Haß aus.«[56]

Nach dem Muster dieser Szene sah Elisabeth Nietzsche 1882
ihre eigene Situation. Ihre Position war bedroht. Keine Frau
hatte ihrem Bruder bislang so nahegestanden wie sie selbst. In
der Gestalt der Russin Lou von Salomé kam Elisabeth erst-
malig eine Frau in die Quere, noch dazu eine hübsche junge

Studentin der Philosophie, »eine Emanzipierte« also, die etwas vom Denken verstand. Eine gute Partie hätte sie ihrem Bruder vielleicht gegönnt, aber eine Frau, die seinen Gedanken näherstehen würde als sie selbst – diese Vorstellung quälte Elisabeth.

Im Frühjahr hatten Paul Rée und Malwida von Meysenbug Friedrich Nietzsche nach Rom eingeladen. Sie schrieben ihm von Lous Interesse an seiner Philosophie und beschrieben Lou als »ein sehr merkwürdiges Mädchen«, das »im philosophischen Denken zu denselben Resultaten« gelangt sei wie Nietzsche. Rée, der mit Lou befreundet war, hatte immer das Gefühl, er müßte Lou unsterblich machen. Sie mit Nietzsche zusammenzuführen sollte sich als erfolgreiche Methode erweisen.

Mit ihren einundzwanzig Jahren war die Tochter des Generals Gustav von Salomé am Petersburger Hof eine lebensneugierige, eigenwillige, etwas melancholische junge Frau, die Gedichte und Aphorismen schrieb und das Leben denkend bewältigen wollte. Bereits in Petersburg und dann als Studentin in Zürich hatte sie so intensiv gearbeitet, daß sie an Bluthusten erkrankt war. Im Süden sollte sie sich erholen. Nach der Begegnung mit Nietzsche, der sich, wie vorher Paul Rée, in sie verliebte, hatte sie einen Traum, der die Gestaltung der nächsten Jahre bestimmen sollte: »Da erblickte ich nämlich eine angenehme Arbeitsstube voller Bücher und Blumen, flankiert von zwei Schlafstuben und, zwischen uns hin und her gehend, Arbeitskameraden, zu ernstem und heiterem Kreis geschlossen.«[57] Lou faßte den Plan eines Studiums zu dritt. Dem geliebten Mentor ihrer Jugendjahre, Pastor Hendrik Gillot, hatte sie erklärt, sie könne weder Vorbildern nachleben noch werde sie selbst jemals ein Vorbild darstellen, »hingegen mein eigenes Leben nach mir selber bilden, das werde ich ganz gewiß«. Gillot war darüber genauso bestürzt wie ihre Mutter. Beide hielten die Beschäftigung mit »rein geistigen« Themen lediglich für ein Vorspiel mit dem Definitivum der Ehe, eine Übergangserscheinung eben. Lou antwortete: »Ja, was nennen sie ›Übergang‹? Wenn dahinter andere Endziele stehen sollen, solche, für die man das Herrlichste und Schwersterrungene auf Erden aufgeben muß, nämlich die Freiheit, dann will ich immer im Übergang stecken bleiben, denn das geb ich nicht dran [...]. Wir wollen doch sehen, ob nicht die allermeisten, unübersteiglichen Schranken, die die Welt zieht, sich als harmlose Kreidestriche herausstellen!«[58]

Diese Haltung war ganz nach Nietzsches Geschmack. So konsequent hatte sich Elisabeth nicht für eine intellektuelle Lebensform ausgesprochen. Die erste Begegnung mit Friedrich Nietzsche fand im Petersdom zu Rom statt. Nietzsche begrüßte die junge Frau mit den Worten: »Von welchen Sternen sind wir uns hier einander zugefallen?« Das wirkte recht feierlich. Im übrigen waren sie einander nicht zugefallen, sondern Rée hatte alles sorgfältig arrangiert. Wußte er das denn nicht?

Ende April 1882 reiste Lou in Begleitung ihrer Mutter fort von Rom. In Mailand trafen sie wieder mit Rée und Nietzsche zusammen, um gemeinsam zu den oberitalienischen Seen weiterzureisen. Auf dem Monte Sacro, oberhalb der kleinen Stadt Orta am Ortasee, waren Nietzsche und Lou einmal ohne Begleitpersonen zusammen. Vielleicht war es ihm wirklich geglückt, das zarte Geschöpf seiner Begierde nicht nur mit Ideen zu befruchten, sondern auch einmal zu umarmen und zu küssen. Ihm wurde so leicht zumute. Er schwebte. Die Erde wurde farbig, Gräser und Bäume verwandelten sich endlich in Lebendiges, über die Tönung eines Schwarzweißfilms hinaus. Jedenfalls beschrieb der Philosoph diesen Ausflug als den »entzückendsten Traum« seines Lebens. Wie lange hatte er sich insgeheim nach einem solchen glücklichen Augenblick gesehnt. Unbedingt sollte der verweilen.

Also trat er endlich aus der Deckung und machte Lou einen Heiratsantrag. Die junge Frau schätzte ihn aber vor allem als philosophischen Lehrer. Sie fand zwar auch seine Ohren hübsch geformt und konnte auch den Augen ihre eigenartige

Schönheit nicht absprechen, aber sie war jung. Das Abenteuer ihres Lebens begann gerade erst. Was für eine krause Vorstellung, sie würde sich jetzt in einer Ehe binden. Im übrigen war sie mit Rée befreundet, der sie liebte und ihr dennoch nicht die Freiheit nehmen wollte. In Luzern entstand das merkwürdige Photo mit den beiden Philosophen, die die Stange eines kleinen Leiterwagens halten, während Lou auf dem Wagen hockt mit einer Peitsche in der Hand, die an ein Kinderspielzeug erinnert. Das von Nietzsche in übermütiger Stimmung arrangierte Bild, das in die Geschichte einging, sollte manchen Nietzsche-Verehrer später in Rage bringen – allen voran seine Schwester Elisabeth.

Lou ließ sich von niemandem einfangen. Um die Aufsicht der Mutter abschütteln zu können, begleitete sie Paul Rée in seine Heimat nach Hinterpommern. Rées Mutter versprach, sich um die Tochter zu kümmern. So konnte die Generalswitwe von Salomé in Ruhe allein nach Petersburg zurückkehren.

Nietzsche träumte weiter davon, Lou für sich zu gewinnen. Er schrieb, er wolle ihr Lehrer sein, ihr Wegweiser zu philosophischer und literarischer Tätigkeit. Nietzsche suchte damals dringend Menschen, die seine geistigen Erben sein könnten. Und Lou stellte in Aussicht, ihm vorzulesen und für ihn zu schreiben. Nietzsche jubilierte, als sie der langersehnten Begegnung – ohne Rée – zustimmte. »Nun ist der Himmel über mir hell! … Ich will nicht mehr einsam sein und wieder lernen, Mensch zu werden. Ah, an diesem Pensum habe ich fast Alles noch zu lernen.«[59]

Am 24. Juli 1882 traf Lou in Leipzig mit Elisabeth Nietzsche zusammen, um in deren Begleitung zunächst nach Bayreuth zu fahren und an der Uraufführung des *Parsifal* teilzunehmen. Danach wollte sie Nietzsche für einige Wochen gemeinsamen Philosophierens im thüringischen Tautenburg treffen. Elisabeth war alarmiert. Warum denn Lou, wieso nicht ich? Getrieben von Eifersucht ließ Elisabeth den Bruder wissen, daß sich Lou vor Wagner und seinem Kreis über ihn lustig gemacht hätte. Lous unkonventioneller Umgang mit dem russischen Maler Paul von Joukowski, der ihr ein Kleid auf den Körper zuschnitt, fand sie schamlos. Auch wollte es der Zufall, daß Lou bei der Abreise von Bayreuth mit Bernhard Förster in einem Abteil saß und unbefangen mit ihm scherzte. Sie konnte ja nicht ahnen, daß Elisabeth darin einen Übergriff sah. Die Schwester befürchtete nicht nur, daß Lou ihr den Rang beim Bruder ablaufen könnte, sondern auch, daß sie sich in ihrer Domäne bei den Wagnerianern einnisten könnte. Als Lou ihr dann noch erzählte, Nietzsche habe nach dem abgelehnten Heiratsantrag zu Rée gesagt, da sei wohl auch eine »wilde Ehe« nicht das Richtige, reagierte Elisabeth mit einem hysterischen Anfall samt Erbrechen.

Nietzsche irritierten die Erzählungen der Schwester zunächst, aber auf seinen Wanderungen und im Gespräch mit Lou in Tautenburg vergaß er sie bald. Lou wirkte damals auf ihn »scharfsinnig wie ein Adler und mutig wie ein Löwe und zuletzt doch wie ein mädchenhaftes Kind, welches vielleicht nicht lange leben wird«. Er bewunderte ihren unglaublich sicheren Charakter und hatte den Eindruck, daß sie sehr genau wußte, was sie wollte – ohne die Welt zu fragen und sich um die Welt zu kümmern. So frei hatte sich Nietzsche selbst selten gefühlt. Er liebe in ihr auch seine Hoffnungen, hatte er ihr einmal geschrieben. Lou erschien ihm wie eine Vision, wie ein Ideal auf Erden, und er hielt es für möglich, sie Schritt für Schritt bis zur letzten Konsequenz in seine Philosophie einzuführen – und seinerseits von ihr wieder leben zu lernen.

Es schmeichelte der Einundzwanzigjährigen, daß der Professor so viel von ihr hielt. Mit großen Erwartungen legte sie ihm ihre Aufzeichnungen zur Begutachtung vor. Darunter waren auch Aphorismen, die Nietzsche korrigierte und eine Abhandlung »Über die Frau«. Nietzsche »findet den Stil abscheulich, sagt aber, schreiben lernen könnte ich in einem

Tage, weil ich dazu vorbereitet wäre. Ich habe übergroßes Vertrauen zu seiner Lehrerkraft.« Sie notiert die Gespräche und ihre Gedanken über den Menschen Friedrich Nietzsche im »Tautenburger Tagebuch«, um später darüber noch einmal mit Paul Rée zu sprechen. »Wir erleben es noch«, notiert sie, »daß er als Verkünder einer neuen Religion auftritt und dann wird es eine solche sein, welche Helden zu ihren Jüngern wirbt.« Das fasziniert Lou. Doch bald nach ihrer Rückkehr zu Rée in Stibbe hat sie das Gefühl, sie müsse sich Nietzsches Einfluß entwinden, »um Klarheit zu finden«.

Manche Gedanken fließen in ihren ersten Roman *Im Kampf um Gott* (1885). Die Aufzeichnungen über den Zusammenhang zwischen Nietzsches Persönlichkeit und der Eigenart seines Denkens führen 1894 zu einer der ersten Nietzsche-Monographien überhaupt. In Tautenburg notiert sie: »N. verhält sich seinem Erkenntnißziel gegenüber noch so, wie der Gläubige zu seinem Gott, der Metaphysiker zu seiner metaphysischen Wesenheit und stellt seinen Kopf wie seine Charakterkraft in dessen Dienst.« Dieser Dienst sei bei Nietzsche, anders als bei Rée, »religiös überhaucht«.[60]

Während Nietzsche im Bauernhaus des Ehepaars Hahnemann wohnte, hatte Lou im nahegelegenen Pfarrhaus des Pastor Hermann Otto Stölten ein Zimmer genommen. Dort wohnte auch Elisabeth Nietzsche in der Funktion einer Anstandsdame für ihren achtunddreißigjährigen Bruder. Voller Neid beäugte sie aus der Distanz die verschworene Gemeinschaft der beiden. Elisabeth wurde nicht einbezogen. Sie war geladen vor Wut. Nach Lous Abreise eröffnete sie eine regelrechte Kampagne mit dem Ziel, ihren Bruder gegen Lou einzunehmen, und wenn irgend möglich, die Russin aus dem Land zu jagen. In Briefen und in Gesprächen mit Naumburger Freundinnen entwickelte sich Elisabeth zu einer moralischen Dreckschleuder. Der Nietzsche-Biograph Werner Ross hielt sie für hysterisch und ließ kein gutes Haar an ihr: »Sie log wie gedruckt bei vollkommen gutem Gewissen.«[61]

Von Elisabeth aufgehetzt, warf die Pastorenwitwe Franziska Nietzsche ihrem Sohn, dem ehemaligen Theologiestudenten vor, er sei eine Schande für das Grab seines Vaters. Das war zu viel. Nietzsche brach den Aufenthalt bei der Mutter ohne Vorwarnung und ohne Angabe eines Reiseziels ab und tauchte in Leipzig unter. Er hatte das begründete Gefühl, daß Schwester und Mutter im Sinne der »Naumburger Tugend« Jagd auf ihn machten. Auf den, der er geworden war. Auf den falschen Friedrich also – nach deren Einschätzung. Auf den, der böse Gedanken veröffentlichte und nun auch noch böse gehandelt hatte.

Außer sich vor Entrüstung brach Friedrich mit der Familie. Dem Papier konnte er seinen Zorn anvertrauen. Er entwarf folgenden Brief: »Ich kenne e r s t r e c h t, und von Kindheit an, die moralische Distanz, die mich und Euch trennt, und habe all meine Milde, Geduld und Stillschweigen nöthig gehabt, um sie Euch nicht allzufühlbar zu machen. Begreift Ihr denn Nichts von dem Widerwillen, den ich zu überwinden habe, mit solchen Menschen, wie Ihr seid, so nahe verwandt zu sein! Was bringt mich denn zum Erbrechen, wenn ich Briefe meiner Schwester lese und diese Mischung von Blödsinn und Dreistigkeit, die sich gar noch moralisch aufputzt, hinunterschlucken muß? Ich habe nun ein paar Jahre wie ein zu Tode gemartertes Thier gegen L[isbeth] mich gewehrt und geflüchtet; ich habe sie beschworen, mich in Ruhe zu lassen und sie hat nicht einen Moment aufgehört, mich zu martern.«[62] Es blieb bei dem Entwurf, er wagte nicht, diesen Brief abzuschikken.

Er mußte leiden. Seine Abwendung von Mutter und Schwester konnte er nicht lange ertragen. Dann brach er mit Lou und warf ihr die »ausbeutende Lust einer Katze« vor, »fehlendes Feingefühl für Geben und Nehmen« und »Unfähigkeit zur Liebe«. Dennoch vermittelte sich der Nachwelt ihre Verbundenheit. Nietzsche vertonte das Gedicht »An das Leben«, das Lou von Salomé ihm im Juli überreicht hatte. Dieses Gedicht hatte Nietzsche berührt. »Es gehört zu den Dingen, die eine vollständige Gewalt über mich haben«, schrieb er an Malwida von Meysenbug, »ich habe es noch nie ohne Thränen lesen können; es klingt wie eine Stimme, auf welche ich seit meiner Kindheit gewartet und gewartet habe.« Die letzte Strophe lautet: »Jahrtausende zu sein! Zu denken! / Schließ mich in beide Arme ein: / Hast Du kein Glück mehr mir zu schenken – / Wohlan – noch hast Du Deine Pein«.

In verzweifeltem Trotz wie ein kleiner Junge trat Nietzsche nach allen Seiten und machte sich unmöglich, rechtfertigte sich vor Freunden, verwickelte sie in die Angelegenheit, bat um Parteinahme, was manchem geradezu peinlich war. Auch den Freund Paul Rée bombardierte er mit häßlichen Briefen voller Unterstellungen, die an Wahnvorstellungen grenzten. Dann wieder ertrug er seine eigene Feindseligkeit nicht und versuchte einzulenken. Sie wären doch seine einzigen Freunde. Mit der Familie konnte er sich wieder versöhnen. Lou und Rée verlor er für immer.

Sein Leid behandelte der einsame Nietzsche mit dem vertrauten Mittel des Schreibens. Er entwarf eine rettende Gestalt – auch und besonders gegen das Christentum. In beglückend rauschhaften Ekstasen der Selbsterhöhung legte er seine Ansichten dem »Zarathustra« in den Mund. In der visionären Findung eines allmächtigen Menschen, der imstande ist, allen Menschen – auch Friedrich Nietzsche – einen Weg zu weisen, tröstete er sich über den Verlust.

Nach dem literarischen Muster biblischer Texte gestaltete Nietzsche mit dem *Zarathustra* ein Kunstwerk ganz eigener Art. In einer furiosen Mischung aus Pubertätslyrik und sprachlichen Glückstreffern formulierte er banale Alltagsprobleme, menschlich-allzumenschliche Wünsche, rührende Träume, visionäre Entwürfe, überschäumende Gefühlsergüsse, weise Sprüche, herbe Einsichten und pathetische Größenphantasien. Von heute betrachtet, kann man Analogien entdecken zu manchem Werk Salvador Dalís, das der spanische Maler selbst als »Kitschkunst« oder auch »Pomp-Art« bezeichnet hat. Dalí beschrieb damit eine Kunstform, die sich über herkömmlich streng getrennte Gattungen hinwegsetzt. Täuschung, Illusion oder Lüge folgen im Werk beider Künstler einem »außermoralischen« Sinn.

Wie kein anderer Denker der zweiten Hälfte des 19. Jahrhunderts betrachtete Nietzsche die Phänomene des menschlichen Lebens aus einer ästhetischen Perspektive. Er ging so weit zu behaupten, das Dasein sei nur als ästhetisches Phänomen gerechtfertigt. Es liege kein höherer Sinn im Leben, nicht danach, nicht darüber oder dahinter. Daß das Leben ist – darin liegt sein ganzer Sinn und sein Reiz und seine Schönheit. In der Wendung »das ist schön« steckte für Nietzsche eine Bejahung. Vom ästhetischen Standpunkt aus betrachtet figuriert das Leben als Schauspiel. Nietzsches Interesse galt den seelischen Entstehungsbedingungen (»Genealogie«) und Mechanismen, nach denen dieses Spiel funktioniert. Philosophische Kategorien wie Vernunft und Moral gewinnen ihre Bedeutung nur als Instrumente des Lebens. Sie dienen bestimmten Interessen. Also müssen sie hergeleitet werden aus ihrer Leben gestaltenden Wirkung. Mit der ästhetischen Betrachtungsweise öffnete Nietzsche den Blick für seelische Tiefen-Strukturen des menschlichen, allzumenschlichen Lebens.

Die Schwester teilte seine Perspektive nicht, einmal vorausgesetzt, daß sie sie überhaupt verstand. Sie verharrte in einer moralisch-ideologischen Betrachtungsweise, die stets ein Wissen um »gut« und »böse«, um »falsch« und »richtig« beansprucht. Im Bereich des Ideologischen fand sie ihren Ehemann und ihre unverfrorene Sicherheit in der Handhabung menschlicher Verhältnisse.

Die Bruder-Puppe

Am 3. Januar 1889, während Elisabeth in Paraguay verzweifelt die Realisierung ihrer Utopie verfolgte, fiel Friedrich Nietzsche in Turin unter Tränen und Wehklagen einem Pferd um den Hals, das von einem Droschkenkutscher mißhandelt wurde – und erlitt einen Zusammenbruch. Er sah sich umstellt von einer Wirklichkeit, die er mit den anderen nicht mehr teilte. Franz Overbeck reiste zu ihm und brachte den Freund wenige Tage später in die Baseler Nervenklinik. Diagnose: Paralysis progressiva. Mitte Januar wurde Nietzsche in der Anstalt von Professor Ludwig Binswanger in Jena aufgenommen. Der Psychiater vermutete, daß die Paralyse syphilitischen Ursprungs sei. Man nimmt an, daß sich Friedrich Nietzsche, der Theologiestudent, in Köln oder Leipzig in einem Bordell infiziert hatte.

Das »alte Kind«, wie die Mutter den Professor der Altphilologie in ihren Briefen manchmal genannt hatte, wurde von da an jahrelang von ihr im eigenen Haus versorgt. In den Anfangsjahren wechselten Zustände des Außersichseins mit zornigen Schreien und Zerstörungswut mit solchen der Apathie. Bald verblödete er gänzlich und war auch nicht mehr in der Lage, sich selbständig zu bewegen. Freunde waren bestürzt. Sie mußten erleben, daß er sie nicht mehr erkannte.

Als die Witwe Elisabeth Förster nach ihrer Rückkehr aus Paraguay den Bruder wiedersah, war sie erschüttert. Es ist fraglich, ob Fritz sein Lieschen überhaupt erkannte. Wie einer Puppe drückte man ihm einen Blumenstrauß in die Hand, den er der Schwester reichen sollte. Das glückte erst, nachdem die Mutter ihn eigens dazu aufgefordert hatte. Elisabeth brauchte geraume Zeit, um zu realisieren, daß beide Führergestalten ihres bisherigen Lebens sie allein gelassen hatten. So sah jedenfalls die eine Seite der Medaille aus. Aber es gab auch die andere Seite. Elisabeth spürte allmählich, daß sie nun frei

*Franziska
Nietzsche mit
ihrem kranken
Sohn*

war, endlich ihr Leben in eigener Regie zu gestalten. Vom Griff der Mutter hatte sie sich mit der Eheschließung und durch die Paraguay-Erfahrung gelöst. Von den beiden allwissenden Männern hatte sie keinen Einspruch mehr zu befürchten. Aber was wollte und konnte sie denn ohne deren Rückendeckung?

Elisabeth widmete die zweite Hälfte ihres Lebens einer Umdeutung ihrer Vergangenheit. In einer großangelegten Aktion nährte sie sich vampirgleich vom Material der bereits durchlebten Jahre. Dadurch gewann sie, paradox oder nicht, einen Stand in der Gegenwart, und das heißt auch, eine Handhabe für die Gestaltung ihrer Zukunft. Elisabeth Nietzsches Stunde hatte geschlagen. Endlich würde sie einmal selbst groß herauskommen.

Zum Material der Vergangenheit gehörte, ganz praktisch, das Werk ihres Bruders wie das Werk ihres Ehemannes. Ein erster Schachzug der Witwe Eli Förster lag darin, daß sie sich als beiden vermählt präsentierte. Künftig unterzeichnete Nietzsches Schwester mit einem Doppelnamen, den sie sich amtlich sichern ließ: Elisabeth Förster-Nietzsche.

Ein zweiter Schachzug hing mit einer Art Zwillingsphantasie zusammen. Elisabeth wollte nachweisen, daß sie und der umherwandernde Philosoph Friedrich Nietzsche ihr ganzes Leben lang – nach dem Bild der Kindheitsliebe von Fritz und Lieschen – ein Herz und eine Seele und ein Kopf gewesen waren. Sie erfand ihre Geschichte mit dem Bruder neu.

Das mit dem Kopf war allerdings nicht so einfach. Der Begründer der Anthroposophie, Rudolf Steiner, äußerte sich einmal «Zur Charakteristik der Frau Elisabeth Förster-Nietzsche». Sie hatte ihn gebeten, ihr »Privatstunden über die Philosophie ihres Bruders« zu geben, und er hatte feststellen müssen, »*daß Frau Förster-Nietzsche in allem, was die Lehre ihres Bruders angeht, vollständig Laie ist*«. Ihr »fehlt aller Sinn für feinere, ja selbst für gröbere logische Unterscheidungen; ihrem Denken wohnt auch nicht die geringste logische Folgerichtigkeit inne; es geht ihr jeder Sinn für Sachlichkeit und Objektivität ab. […] Sie *glaubt* in jedem Augenblicke, was sie sagt. Sie redet sich heute selbst ein, daß gestern rot war, was ganz sicher blaue Farbe trug.«[63]

Noch zu Lebzeiten des Bruders, der in geistiger Umnachtung vor sich hindämmerte, veränderte Elisabeth das Naumburger Haus der Mutter dergestalt, daß es einen eigenen Raum für ein Nietzsche-Archiv hergab. Wenig später nahm sie dem treuen Freund des Bruders, Heinrich Köselitz, von Nietzsche Peter Gast genannt, die späten Manuskripte weg und verfügte selbst mit Mitarbeitern ihrer Wahl darüber.

Elisabeth Nietzsche konnte mit Fug und Recht beanspruchen, daß sie von ihrem Bruder wußte, was kein einziger anderer wissen konnte. Mit diesem Bonus spielte sie nach Gutdünken, indem sie Neugier weckte, vage Hinweise gab, Anspielungen machte und die besondere Bedeutung ihres Wissens für das Verständnis des Gesamtwerks betonte. Walter Kaufmann merkte ironisch an, daß Elisabeth im Lauf der Jahre sich immer genauer an das zu erinnern vorgab, was ihr der Bruder in Gesprächen mitgeteilt hatte. Niemand konnte das überprüfen, wie auch niemand kontrollieren konnte, was geschah, wenn nachgelassene Manuskripte zu veröffentlichten Werken mit bestimmtem Titel zusammengestellt wurden. Elisabeth achtete sorgfältig darauf, daß ihr niemand in die Karten schauen konnte.

So ging Frau Förster-Nietzsche zügig ans Werk, begab sich in ihre eigene »Papier-Fabrik« und erfand ihren Bruder samt seiner Philosophie nach ihrem eigenen Bild. Sie würde der Welt schon noch zeigen, wozu sie imstande war. Von wegen, sie würde lediglich »über ihren Novellen-Eierchen brüten«! Diese ironische Bemerkung des Bruders über ihre eigenen Schreibversuche hatte sie nie vergessen können. Und es gab da noch mehr Kränkungen. Einerseits hatte der Fritz ihr alles zugetraut. Er hatte sie angespornt und ihren Extra-Kurs gefördert, wenn es darum ging, sich dem Frauenbild von Mutter und Tanten nicht zu unterwerfen. Aber das war eigennützig. Sie sollte für ihn da sein. Außerdem hatte er auch diese unerträglich gönnerhafte Männer-Attitüde des Von-oben-herab. Doch Erinnerungen dieser Art behielt sie für sich – und wie Friedrich Nietzsche formulierte: Schließlich gab das Gedächtnis nach.

Elisabeth begann zu einem Zeitpunkt über den Bruder zu schreiben, als dessen Werke allmählich von der Öffentlichkeit wahrgenommen wurden – jenseits des kleinen Kreises der Freunde. Der dänische »Cultur-Missionär«, Georg Brandes (alias Morris Cohen, 1842-1927), dessen Werke in alle großen europäischen Sprachen übersetzt wurden, hatte mit seiner Vorlesungsreihe über Nietzsches Philosophie im Jahr 1888 an der Universität Kopenhagen den Stein ins Rollen gebracht.

Als Friedrich Nietzsche seiner Schwester erfreut darüber berichtete, hatte sie von Paraguay aus noch mit Häme geschrieben: Er wolle nun wohl auch anfangen, berühmt zu werden. Und was für Gesindel er sich ausgesucht habe, Juden wie Georg Brandes, die an allen Töpfen geleckt hätten.[64]

Die Veröffentlichung des Buches *Friedrich Nietzsche in seinen Werken* von Lou Andreas-Salomé im Jahr 1894 ärgerte Elisabeth über alle Maßen. Sie beeilte sich, mit ihrer eigenen Darstellung: *Das Leben Friedrich Nietzsches* nachzurücken. Im Lauf der Jahre – 1895, 1897, 1904 – schwoll die Biographie auf drei Bände an. 1912 folgte eine weitere Version mit dem Titel *Der junge Nietzsche* und 1914 erschien die Variante *Der einsame Nietzsche*. Jetzt interessierten sich verschiedene Verlage für Nietzsche. Man konnte Geld mit ihm machen.

Mit ihrer Biographie ergriff die Schwester endgültig die Macht über ihren Bruder. Aus Fritz, dem idealisierten Vater-Ersatz des Kindes, der zugleich doch auch ihr lebenslanger Rivale war, machte sie einen Götzen. Ausgerechnet dem Denker, der den Tod Gottes verkündet hatte, wies die Schwester den Platz eines Stellvertreters Gottes zu. Die Mutter beklagte sich, daß sie selbst, anders als die Großmutter Erdmuthe, in der Geschichte ihrer Kinder so gar keine Rolle gespielt haben soll. In Briefen beanstandete sie das »falsche Bild«, das die Tochter »hervorgezaubert« hätte. »Lieschen will eben durchaus nicht den geringsten geistigen Einfluß meinerseits, eben ›Oehlerschen‹ dulden und alles nur dem ›Nietzscheschen‹ zuschreiben, und so bleibt nur das einzige, was sie mir nicht abstreiten kann, daß ich Fritz geboren habe.«[65] Allzugern hätte die Mutter eine Gegendarstellung geschrieben, aber über Notizen kam sie nicht hinaus.

Neben der Unzertrennlichkeit der Geschwister wollte Elisabeth nachweisen, daß der Bruder wie die Familie Nietzsche überhaupt immer schon durch Gesundheit ausgezeichnet waren. Seine Erkrankung wäre allein auf eine Überdosis von

Chloral zurückzuführen, ein Medikament, das Nietzsche aus Verzweiflung darüber genommen hätte, daß die Zeitgenossen seinem Werk mit Gleichgültigkeit begegnet waren. Die Frage nach der inneren Nähe von Genie und Wahnsinn, ein Thema, das damals großes Interesse fand, fand sie abgeschmackt. Elisabeth Förster-Nietzsche befürchtete, man könnte Nietzsches Philosophie als Ausgeburt eines kranken Geistes abtun – eine These, die in der Luft lag und von dem Nervenarzt Dr. Möbius in einer Studie *Über das Pathologische bei Nietzsche* dann auch vertreten wurde.

Ab 1895 erschien unter Elisabeths Oberhoheit eine Gesamtausgabe von Nietzsches Werken im Verlag Naumann in Leipzig. Bereits der erste Band ihrer Nietzsche-Biographie war sehr positiv aufgenommen worden. Auch die ersten beiden Bände der Gesamtausgabe verkauften sich gut. Von den 14 000 Mark Autorenhonorar ließ die Mutter, die sich die Vormundschaft mit Elisabeth und dem Neffen Dr. Adalbert Oehler teilte, der Tochter 6000 Mark zukommen. Den Rest behielt sie für die Pflege des Autors, der immer noch lebte, ohne jedoch begreifen zu können, was um ihn herum eigentlich geschah. Er selbst konnte nicht mehr Stellung nehmen.

Elisabeth merkte, daß die Texte des Bruders keinen schlechten Marktwert hatten. Mit Winkelzügen, Intrigen und Lügen beschaffte sie sich noch im selben Jahr die vertraglich verbrieften alleinigen Rechte am Gesamt-Werk des Bruders, indem sie in Vorleistung ging. Sie zahlte die Mutter mit einem Pauschalbetrag von 30 000 Mark aus.

Das alles geschah gegen den Willen der Mutter, die von der Tochter drangsaliert und in Streitereien verwickelt wurde. Die Briefe des Bruders an die Mutter hatte Elisabeth ihr schlicht entwendet. Jetzt klagte die Mutter Adalbert Oehler ihr Leid: »Ich traue der ganzen Sache so wenig da mir so in der Eile die Pistole auf die Brust gesetzt wird u. zuletzt denke ich bestimmt das Alles [wird nur in Szene gesetzt,] Dich und mich einfach los zu werden u. ich gebe mein Recht vereint mit Dir nicht

gern auf, denn man ist sich nicht sicher was dahinter steckt. [...]
ich weiß in Angst und Sorge nicht was ich in meiner Noth
anfangen soll, dazu diese Szenen wie in halber Verzweiflung,
auch es ist aufregend u. mein lieber lauter Kranker heute.«
Am aufschlußreichsten ist allerdings ein Zettel, den die Mutter diesem Brief beilegte: »Die soeben gethane Unterschrift
hinsichtlich des Geistesschatzes meines Sohnes, um fremdes
Geld, habe ich nur auf Bitten und Drängen meiner Tochter
Frau Dr. Förster gethan u. es ist somit durch eine gewisse
Nöthigung geschehen, welches durch Namensunterschrift
bezeugen.«[66]

Dr. Fritz Koegel, ein junger Mann, mit dem die zwanzig
Jahre Ältere kokettierte und den sie fallen ließ, als er sich im
Dezember 1896 mit der hübschen jungen Emily Gelzer aus
Naumburg verlobte, wurde von Elisabeth zum Herausgeber
der nachgelassenen Schriften Friedrich Nietzsches bestimmt.
Er selbst sowie der Rechtsanwalt Dr. Hermann Hecker in Berlin, Harry Graf Kessler und Dr. Raoul Richter bürgten für die
Bankanleihe von 30 000 Mark und trugen auf diese Weise zur
formellen Gründung des Nietzsche-Archivs bei, zu dessen
Aufsichtsrat sie gehörten. Unter ihnen war auch die Philoso-
phin Dr. Meta von Salis, die Nietzsches Gedanken so aufregend fand, daß sie ihn in Sils Maria aufgesucht hatte. Auch sie
veröffentlichte eine Nietzsche-Biographie: *Nietzsche. Philosoph und Edelmensch*.

Bei der Herausgabe seiner nachgelassenen Schriften hob
Elisabeth die weltanschaulichen und intellektuellen Differen-
zen mit dem Bruder dadurch auf, daß sie sie im Sinne der
Ideologie Försters zurechtstutzte – der unlauteren Devise folgend: Was nicht paßt, wird passend gemacht. Endlich konnte
sie mit dem Bruder nach eigenem Gutdünken verfahren. Sie
wählte und akzentuierte, was ihr tauglich erschien für eine
Vergötterung des Bruders. Dabei verleibte sie sich den Bruder
ein. Sie »vernaschte« ihn – wie eine Gottesanbeterin, die im
Liebesakt ihr Männchen verschlingt.

Als bedenklich ist ihre plane Sicht der Dinge einzuschätzen. Denkfiguren von der Art wie sie Nietzsche im *Willen zur Macht* entwickelt hatte, etwa daß noch im Beglücken eines Menschen ein Interesse verborgen ist, sich selbst der fremden Seele einzudrücken und deren Form so zu verändern, daß sie verfügbar wird, sind für die Schwester als Denkfiguren nicht faßbar, wiewohl (oder weil?) sie in deren Rahmen agiert.

Während Nietzsche der Lust des Fragens nachging und eine besondere Leistung gerade darin lag, daß er neue Fragen stellte, suchte und brauchte Elisabeth die Sicherheit, die das immer schon Bestimmte bietet. Damit war und ist sie nicht allein. Die meisten Menschen können und wollen das von Nietzsche aufgedeckte Doppelbödige in den menschlichen Unternehmungen nicht akzeptieren und leugnen es. Ähnlich ergeht es der Psychoanalyse Sigmund Freuds und den folgenden tiefenpsychologischen Ansätzen, die allesamt von Nietzsches entlarvender Psychologie ausgehen.

Geradezu unerträglich ist Elisabeth Nietzsches theatralische Hochjubelei, mit der sie ihren Mangel an differenziertem Verstehen wettzumachen sucht: »Nietzsche war ein königlicher Geist; folglich wurde alles, was er erfaßte, an sich königlich; er war ein königlicher Psychologe, ein königlicher Philosoph, ein königlicher Stilist.« Im Schatten dieses Formulierens, das sich in ihrem Nachwort zu *Ecce homo* findet, läuft nur allzu deutlich die Aussage mit: Und ich bin die königliche Schwester!

In diesem eigenwilligen, egoistischen Umgang der Elisabeth Förster-Nietzsche mit den Gedanken des Bruders steckt eine delikate Paradoxie. Unter dem Mantel der Fürsorge für das Werk des Bruders ging sie schamlos ihren eigenen Interessen nach – und doch erwies sie dem Bruder einen Dienst. Das darf man nicht übersehen. Indem sie das Nietzsche-Archiv gründete, Manuskripte und Briefe zusammenhielt und deren Veröffentlichung vorantrieb, belebte, schürte und befriedigte sie das Interesse der Öffentlichkeit an seinen Gedanken. Mit

eiserner Energie gelang ihr, was dem Bruder Zeit seines akti-
ven Lebens nicht glücken wollte. So kam sie in den Genuß von
Ruhm und Geld, was dem Bruder versagt geblieben war.

Als die Mutter 1897 starb, entschied die Einundfünfzigjäh-
rige, Bruder und Archiv nach Weimar zu verlagern. Dort
suchte sie einen standesgemäßen Rahmen – nicht zuletzt für
sich selbst. Meta von Salis war so großzügig, die kürzlich auf
einer Anhöhe vor Weimar erbaute »Villa Silberblick« zu kaufen und für eine geringe Miete zur Verfügung zu stellen, damit
das Nietzsche-Archiv und der von ihr liebevoll verehrte Philosoph gut aufgehoben wären. Elisabeth hatte nichts Eiligeres
zu tun, als das dreistöckige, geräumige Gebäude samt Garten,
ohne Absprache mit der Eigentümerin, umbauen zu lassen,
damit großzügigere Räume entstanden. Wände wurden
durchbrochen, neue Kachelböden verlegt, eine Veranda ange-
baut, sogar neue Waschbecken eingebaut.

Mit durchtriebener Naivität schrieb sie in aufgesetzter
Herzlichkeit an die Freundin. »Ich bin Deinen Intentionen
gefolgt und habe aus den beiden kleinen Räumen einen Erker
gemacht. Das Zimmer ist nun hell und freundlich und macht
in seiner originellen Form einen ganz reizenden Eindruck.«[67]
Meta antwortete empört: »Liebe Elisabeth, frage Dich einmal
ruhig und mit Hinteransetzung alles Persönlichen, wie wür-
dest Du über eine Frau denken, die gegen Deinen ausgespro-
chenen Willen in Deinem Haus und in den ihr reservierten
Räumen bauliche Veränderungen träfe. Denn daß Du meine
Intentionen ausgeführt hättest, ist denn doch eine gewagte
Umschreibung des Sachverhalts. Von meinen langjährigen
Freunden, Frauen und Männern, würde niemand einer der-
artigen Verletzung – nicht nur meiner Rechte – meiner persönlichen Wünsche fähig gewesen sein.« Meta attestierte
Elisabeths Persönlichkeit einen »Grundmangel«, weshalb sie
unmöglich mit ihr zusammenleben könnte: »Du liebst äuße-
ren Prunk, Bequemlichkeit und was den Menschen in die
Augen fällt und meinst damit dem vornehmen Menschentum

Deines Bruders zu dienen – ich würde es für das Schönste achten, dem Kranken alle mögliche Erheiterung oder Erleichterung seines Schicksals zu verschaffen und im übrigen durch Sparsamkeit und Anspruchslosigkeit sein Vermögen durch die Einnahmen aus seinen Büchern zu häufen und seinem Geisteswerk ein dauerndes Asyl zu schaffen.«

Voller Unschuld und durchaus pampig meinte Elisabeth, dann wäre es wohl das Beste, wenn sie ihr das Haus für 40 000 Mark abkaufen würde. Allein, Meta von Salis hatte nicht die Absicht, das Haus zu verkaufen, so lange Friedrich Nietzsche lebte, denn für ihn habe sie es erworben. Schon bald lenkte sie ein, schon allein, um sich nicht weiter über Elisabeth ärgern zu müssen: »Es ist überhaupt besser, wir schreiben uns fürs erste nicht mehr. Siehst Du, in Deinen beiden Briefen sind wieder Stellen, die auf einer gänzlichen Umkehr des Tatbestandes beruhen und mich nötigen würden, Seiten und Seiten zur Richtigstellung zu schreiben.« Über den Verkauf werde sie mit Oehler korrespondieren. Dem teilte sie mit: »Glauben Sie mir, die Stellung als Schwester des berühmten Bruders ist dieser Frau über den Kopf gewachsen.« Sie warf Elisabeth vor, Nietzsche auch dadurch zu schaden, daß sie ihn gelegentlich Besuchern vorführte. Im Zeitungsbericht eines gewissen Böttcher werde in wenig feiner Weise erzählt, »wie er den armen Kranken zuerst schlafen, dann wachen sehen durfte, wie dieser auf einem Stuhl hockte und mit Kuchen gefüttert wurde.« Sie könne nicht verhehlen, daß es ihr unfaßbar sei, daß der in gesunden Tagen so überaus sensitive Mann als hilfloser Kranker dergestalt preisgegeben werde.

Elisabeth blieb ungerührt und spielte weiter die Naiv-Unschuldige: »Es tut mir herzlich leid, daß es mit unserer Freundschaft wohl für immer zu Ende ist, denn ich habe Dich so gern, wirklich lieb gehabt und Du fehlst mir so bei meinem jetzigen Triumph über all die Männer und Männlein«.[68]

Diese Vorgänge waren prototypisch für Elisabeths Strategie, ihren Willen durchzusetzen. Der Verleger Naumann konnte ein Liedchen davon singen, mit welch selbstherrlicher Willkür, mit welcher Verlogenheit und welcher Lust am Intrigieren sie das Einsetzen und Absetzen von Herausgebern betrieb. Trotz dieser abstoßenden Züge arrangierten sich die Menschen zumeist mit Nietzsches Schwester, da sie wegen des Bruders kamen. Und der Weg zu ihm, das mußte jeder sehen, führte nun einmal durch das Nadelöhr Elisabeth Förster-Nietzsche. Potente Förderer und Geldgeber sowie Menschen höheren Standes, die zu anderen Menschen höheren Standes gute Beziehungen unterhielten, lud sie gern und häufig und mit großem gesellschaftlichem Aufwand ein. So etwa den jungen Adligen, Harry Graf Kessler, der Nietzsches provozierende Thesen liebte und schon zur ersten Garde der Geldgeber gehört hatte.

Der von Kind an Tagebuch schreibende Graf gilt als Chronist seiner Zeit. Über seinen Besuch schrieb er: »Weimar, 7. August 1897, Sonnabend. Um 5 1/2 Uhr hier an. Nietzsches Diener am Bahnhof; in Livrée; auf den Knöpfen fünfzackige Krone. Das Haus liegt oberhalb der Stadt an einem Hügel in einem neu gepflanzten, noch ziemlich kahlen Garten, aber die Aussicht auf Stadt und Land hübsch. Innen ist viel Raum; Parterre Archiv und Empfangszimmer, in der ersten Etage die Privatwohnung von Nietzsche und seiner Schwester, in der zweiten mein Fremdenzimmer: hier kein Federbett mehr, aber auch noch kein tub. Alles andere kulturell dementsprechend; wohlhabend, aber ohne Rücksicht auf die raffinierten Kulturbedürfnisse eingerichtet. Es ist wie bei einem recht gut situierten Universitätsprofessor oder Staatsbeamten.«

Über Elisabeth: »Wenn sie eifrig wird, fängt sie an zu sächseln und manchmal wird sie auch larmoyant. [...] Über Nietzsches jetziges Leben spricht sie seit der Übersiedlung hoffnungsvoller. Das neue Haus gefällt ihm. [...] Wenn Frau Förster von ihrem Bruder erzählt, so klingt es, als ob sie von einem ganz kleinen Kinde berichtet, das eben anfinge, sprechen zu lernen; sie scheint sich so daran gewöhnt zu haben, ihren Bruder als lallendes Kind zu betrachten, daß sie gar nicht mehr die entsetzliche Tragödie, die in alledem liegt, zu empfinden scheint. [...] Nach Tisch die neuen Ausgaben des ›Zarathustra‹ und der Gedichte besprochen; die Förster bot mir an, für diese an Koegels Stelle als Herausgeber zu figurieren. Ich lehnte ab.«

Auch diesem Besucher wurde Friedrich Nietzsche vorgeführt. »Er lag schlafend auf einem Sopha, der mächtige Kopf ruhte, als ob er für den Hals zu schwer wäre, halb nach rechts herunter gesunken. Die Stirn ist ganz kolossal; das mähnenartige Haar noch dunkelbraun; und ebenso der struppige wulstige Schnurrbart; unter den Augen sind breite, schwarzbraune Ränder tief in die Wangen eingesunken; man erkennt noch im matten, schlaffen Gesicht einige tiefe, vom Denken und Wollen eingegrabene Falten, aber gleichsam verwischt und allmählich sich wieder glättend. Im Ausdruck liegt eine unendliche Müdigkeit. Die Hände sind wie Wachs, grünlich und violett geädert und etwas geschwollen; wie bei einer Leiche. Ein Tisch und ein hoher Lehnstuhl waren ans Sopha gerückt, damit der schwere Körper bei einer ungeschickten Bewegung nicht herunterfalle. Er war von der schwülen Gewitterluft ermattet und, trotzdem die Schwester ihn mehrmals streichelte und kosend ›Liebling, Liebling‹ rief, nicht zu wecken. So glich er nicht einem Kranken, sondern eher einem Toten.«

Bei einem nächsten Besuch wurde Kessler in der Nacht vom Brüllen des Kranken geweckt: »Ich stand halb auf und hörte noch zwei-, dreimal die langen rauhen wie stöhnenden Laute, die er mit ganzer Kraft in die Nacht hinaus schrie; dann war wieder alles still.«[69]

Das Unheimliche lebt noch.

Als Gast, alias Köselitz, für die Entzifferung von Nietzsches letzten Notizen wieder in Gnaden aufgenommen wurde, schrieb er im August 1900 an Overbeck: »Frau Förster tut keinen Schritt in die Stadt: sie fährt nur noch in der Equipage mit Kutscher und Diener in Livrée auf dem Bock. Sie ist die reine Hofdame geworden, als unterhaltliches Wesen in aristokratischen und Hofkreisen viel begehrt.«[70]

Am Sonnabend, dem 25. August 1900, konnte Friedrich Nietzsche endlich sterben. Die Schwester ließ ihn, den »Antichrist«, mit allem kirchlichen Pomp in Naumburg beerdigen. Zuvor inszenierte die trauernde Schwester eine Abschiedszeremonie mit ausgewählten Gästen angesichts des aufgebahrten Toten in den Räumen des »Archivs«. Ein Augenzeuge, der von Nietzsche begeisterte Architekt Fritz Schumacher, berichtet: Der Berliner Kunsthistoriker Kurt Breysig zog »ein dickleibiges Manuskript aus der Tasche und fing an vorzulesen. Da dies nicht recht gelang, wurde ihm schnell aus Frau Försters Nähkasten ein Pult improvisiert und nun las er erbarmungslos eine kulturhistorische Zergliederung der Erscheinung Nietzsches. Selten habe ich grimmigere Augenblicke erlebt. Noch bis zum Sarge verfolgte diesen Mann die Gelehrsamkeit im Gewande der Kultur, gegen die er so tapfer gekämpft hatte wie selten einer. Wäre er jetzt aufgestanden, er hätte den Redner zum Fenster hinausgeworfen und uns aus dem Tempel gejagt – auch uns Unschuldige.« Und Graf Kessler notierte verwundert, daß unter den Trauernden nur »lauter ganz gute, aber ganz mittelmäßige Menschen« seien; »nichts an Geist oder Charakter, das hervorragt.«[71]

Das Nietzsche-Archiv als Kind der Schwester

Nur zwei Jahre jünger als der Bruder überlebte Elisabeth ihn um fünfunddreißig Jahre. Während Friedrich Nietzsches Körper mit dem 19. Jahrhundert endgültig gestorben war, sorgte Elisabeth dafür, daß das Werk des »Unzeitgemäßen« am Leben blieb und immer lebendiger wurde. Das gelang ihr mit modern anmutenden Strategien des Marketings und der PR-Arbeit.

*Elisabeth
Förster-Nietzsche,
1916*

Public-Relations-Aktivitäten waren ihr Steckenpferd. Elisabeth Nietzsche gerierte sich als moderne Managerin mit Biedermeier-Reminiszenzen. Dazu gehörten ein Kapotthütchen und knöchellange schwarze Seiden- und Samtgewänder mit Rüschen und weitem Wurf. Oben heraus schaute ein mopsiges Gesicht, dessen Augen im Alter denn doch eine Brille brauchten.

Als Leiterin eines großangelegten Unternehmens scharte sie einen Mitarbeiter-Stab um sich, der ihr zu Diensten war. Elisabeth Förster-Nietzsche diktierte. Allererste Voraussetzung für die Werbewirksamkeit der Institution »Nietzsche-Archiv« blieb für Elisabeth der äußere Rahmen. Die Stätte selbst mußte zum Blickfang werden. So bestand eine erste Aktion nach des Bruders Tod darin, der »Villa Silberblick« ein interessanteres Aussehen zu geben. Dieses Mal wurde das Haus von Grund auf umgebaut. Die Hausherrin engagierte den jungen Jugendstil-Architekten Henry van de Velde und ließ ihn mit der Maßgabe, alles recht großzügig zu gestalten, frei walten. Ein ganzes Jahr lang. Währenddessen reiste, recherchierte und schrieb Elisabeth.

Inzwischen war sie selbst zu einer anerkannten und von manchem bewunderten Schriftstellerin geworden – nicht mit ihren »Novelleneierchen«, sondern mit biographischen Berichten über den Bruder, mit Einleitungen zu einzelnen Werken, mit Aufsätzen in den bedeutenden Literatur-, Kunst- und Kulturzeitschriften wie *Die Zukunft, Pan* oder *Neue deutsche Rundschau.* Ihre Wirkung ging so weit, daß ein Kreis von Professoren sie für den Nobel-Preis für Literatur vorschlug. Die Jury in Stockholm entschied sich allerdings für den irischen Dichter William Butler Yeats. Von der Universität Jena erhielt Elisabeth zum fünfundsiebzigsten Geburtstag eine Art Trostpreis, den »Dr. h. c.«. Es geht die Rede, sie hätte lieber den Titel »Eminenz« verliehen bekommen.

Elisabeth Förster wußte Fäden zu spinnen – zum Weimarer Hof, zu den Ministern, zu Intellektuellen und zu den Kultur-Mäzenen der Zeit. Sie war eine Meisterin im strategischen Knüpfen von Kontakten und Beziehungen. Zu ihren Werbemaßnahmen gehörte auch, daß das Archiv in den Medien präsent war. Also sorgte sie für Anlässe, über die berichtet werden konnte. Das Archiv mußte immer in der Weimarer Kulturszene präsent sein. Es mußte dergestalt in den Blick der Öffentlichkeit geraten, daß den Sponsoren die Förderung des Archivs zur Ehre gereichte. Und, last not least, es mußten laufend Neuigkeiten von und über Friedrich Nietzsche auf den Markt gebracht werden. Die Erhöhung der kulturellen Bedeutung des Nietzsche-Archivs gelang durch Aussetzung eines Preises für besondere schriftstellerische Leistungen. Thomas Mann erhielt als erster den Preis – für seine *Betrachtungen eines Unpolitischen.*

Das ganze Gebilde, versehen mit dem Kürzel »Nietzsche-Archiv«, nannte Elisabeth Förster-Nietzsche ihr »Kind«. Die Frucht des Bruders war der Schwester in den Schoß gefallen. Allein in ihrer Obhut und Pflege sollte es wachsen und gedeihen. Rücksichtslos hat die Schwester dafür gesorgt, daß das »Kind« ihre Züge trug.

Trotz allem kommt man nicht umhin, ihren Kampf für das Archiv-Kind auch zu bewundern. Immer wieder gelang es, finanzielle Engpässe zu überwinden. Und wenn gar nichts mehr zu gehen schien, schwebte ein Engel mit Füllhorn hernieder. So geschehen 1905, als der schwedische Bankier und Industrielle Ernst Thiel sich aus freien Stücken an Elisabeth wandte, um dem »guten Europäer« Friedrich Nietzsche dafür zu danken, daß er seinem Leben eine Richtungsänderung erlaubte. Wenige Zeilen im *Zarathustra* waren bei dem Bankier auf gut vorbereiteten Boden gefallen: »Aber das, was die Viel-zu-vielen Ehe nennen, diese Überflüssigen, – ach, wie nenne ich das? Ach, diese Armut der Seele zu zweien! Ach, dieser Schmutz der Seele zu zweien! Ach, dies erbärmliche Behagen zu zweien!«

Nach der Lektüre des *Zarathustra* hatte Thiel den Mut gefunden, sich aus einer halbherzigen Ehe zu lösen, sich aus seinen Ämtern zu verabschieden, seine Geliebte zu heiraten und mit ihr zusammen ganz den kulturellen und philanthropischen Interessen nachzugehen, die ihm wirklich wichtig waren. Thiel war auch maßgeblich beteiligt an der Gründung einer Nietzsche-Stiftung als gemeinnütziger wissenschaftlicher und kultureller Institution, mit der verbunden Elisabeth ein jährliches Einkommen zuerkannt wurde. Bis zu ihrem Tod erreichten Thiels Schenkungen die Höhe von etwa einer halben Million Mark.

Die neue »Villa Silberblick« wurde zu einer Stätte der Begegnung, Elisabeths Biograph, H. F. Peters, bezeichnet sie sogar als Wallfahrtsort: »Im ersten Jahrzehnt des Zwanzigsten Jahrhunderts hatte Nietzsches Lehre mehr Anhänger und

*Elisabeth Förster-Nietzsche in der »Villa Silberblick«
vor ihren Devotionalien*

überzeugte Jünger als jede andere kulturelle Bewegung der
Zeit.«[72]

Doch letztlich erwies sich Elisabeths Dienst am Image des
Bruders als Bärendienst. Selbst heute, nachdem man hat aufdecken können, welche Briefe sie gefälscht, welche Manuskripte sie unterdrückt oder vernichtet, welche Aussagen über
den Bruder sie erlogen hat, ist gegen die Legende, die die
Schwester schuf, kaum anzukommen.

Nietzsches Breitenwirkung verdankte sich verhängnisvol-
lerweise der Instrumentalisierung bestimmter Sentenzen zu
politischen Zwecken. Während des Ersten Weltkriegs wurde
eine Sonderausgabe des *Zarathustra* in einer Auflage von
160 000 gedruckt; allein 1917 wurden 40 000 Exemplare verkauft. Begriffe und Sentenzen wie »der Übermensch«, »die

Überflüssigen«, »die großen Führer«, »gelobt sei, was stark macht«, der Hinweis auf fällige »große Kriege«, Huldigungen an das »Böse« – alles zusammen literarische Bewältigungsversuche des enttäuschten Dichters und experimentelle Gedanken eines psychologischen Philosophen aus den Jahren 1883 und danach – werden über dreißig Jahre später wörtlich genommen und zu Handlungsanweisungen.

Elisabeth, kriegsbegeistert wie es zu Beginn des Ersten Weltkrieges die meisten Deutschen waren, freute sich über die üppigen Einnahmen und trat keineswegs dem Mißbrauch der Idee vom »Übermenschen« entgegen. Im Gegenteil. Sie sprach vom Willen des deutschen Volkes zum Endsieg und wurde wie ihre Freunde Mitglied der neu gegründeten »Deutschen Volkspartei«.

Nietzsches Gestalt des Übermenschen gehörte jedoch in einen anderen Kontext. Zunächst und zuerst erinnert der Übermensch an ein vaterloses Kind, das sein schutzloses Alleingelassen-Sein überwinden muß, indem es selbst an dessen Stelle rückt. »Gott ist tot«, diesen Sachverhalt bezeichnete Nietzsche stets als »Ereignis«. Ganz ähnlich war der frühe Tod des eigenen Vaters für den kleinen Jungen das zentrale, erschütternde Ereignis. Diese lebensgeschichtliche Erfahrung wurde zum Stachel für Nietzsches eigen-williges Denken. Sie hat sein Bild vom Menschen mitgeformt. »Was groß ist am Menschen«, läßt er Zarathustra sagen, »das ist, dass er eine Brücke und kein Zweck ist: was geliebt werden kann am Menschen, das ist, dass er ein *Übergang* und ein *Untergang* ist.«[73]

Als Handelnder war Nietzsche stets ein durch übermäßige Rücksichtnahme gehemmter Mensch. Die literarische Gestalt des zornigen Übermenschen fungierte als Projektionsfigur für seine ungelebte Härte. Mit der Erfindung dieser Gestalt war es ihm persönlich möglich, den Verdruß über seine eigene Zaghaftigkeit zu behandeln.

Elisabeths Vergehen gegen den Bruder bestand darin, daß sie die Vision des Bruders vom »Übermenschen« mit dem von

Förster favorisierten Bild vom antisemitischen Arier und Herrenmenschen amalgamierte. Die Weimarer Republik war ihr ein Greuel. Ohne Kaiser, ohne Führergestalt konnte es nach ihrer Meinung kein schönes Leben geben. Die Revolution nach dem verlorenen Krieg bezeichnete sie schlicht als »Pöbelaufstand«. Sie sah sich in ihrem »Herrenmenschentum« bedroht. Angesichts der Inflation mit nachfolgender Währungsreform, die ihr gesamtes Vermögen vernichtete, flüchtete sie in die Arme der neuen Führergestalten.

Im Juni 1928 wurde in der »Villa Silberblick« der »Faschismus als geistige Bewegung« thematisiert. Ein Konsul Mann hielt einen Vortrag, und Elisabeth schwang eine »Rede der Bewunderung« auf Mussolini. Elisabeths Vetter Max Oehler, Mitarbeiter des Archivs, schrieb einen Artikel über Nietzsche und Mussolini. Als junger Lehrer hatte Mussolini 1908 einen Aufsatz über die »Philosophie der Stärke« geschrieben, indem er Bezug nahm auf Nietzsches *Wille zur Macht,* eine Sammlung von Texten, die Elisabeth posthum veröffentlicht hatte. Als Mussolini an die Macht kam, schickte Elisabeth ein Glückwunschschreiben mit einem Bildnis ihres Bruders an den Duce, der herzlich dankte und seine Bewunderung für Nietzsches Schriften zum Ausdruck brachte. Er hätte sie alle gelesen. Auf dem kommenden Faschistenkongreß in Rom werde er Nietzsches Gedanken über Zucht und Züchtigung sowie über Ordnung und Disziplin vortragen. Später unterstützte Mussolini das Archiv mit einer Schenkung von 20 000 Lire. Das ließ Elisabeths Herz wieder höher schlagen.

Sie nahm Kontakt auf zu Wilhelm Frick, der 1930 als Innen- und Bildungsminister Thüringens der erste nationalsozialistische Minister in einer Landesregierung war. Frick setzte sich für das Nietzsche-Archiv ein, gewährte ihm öffentliche Unterstützung und gehörte bald zu den Besuchern des Archivs. Auch Adolf Hitler erkannte, daß er mit Nietzsche Propaganda für seine Politik machen konnte. Im Februar 1932 kam es anläßlich einer Aufführung des Theaterstücks über Napoleon,

Elisabeth Förster-Nietzsche begrüßt Adolf Hitler bei seinem Besuch des Nietzsche-Archivs 1934

Campo di Maggio (Koautor war Mussolini) zur ersten Begegnung mit Adolf Hitler. Er überreichte der alten Dame in ihrer Ehrenloge einen üppigen Blumenstrauß. Fasziniert erzählte Nietzsches Schwester Harry Graf Kessler von den Augen des Führers; sein Blick gehe einem »durch und durch«. Hitler besuchte etwa siebenmal das Archiv, 1934 in Begleitung seines Architekten Albert Speer, um die Möglichkeiten der Errichtung einer Nietzsche-Gedenkhalle neben der »Villa Silberblick« zu erkunden. Auch stiftete Hitler einen Nietzsche-Gedächtnisfonds.

Mit wachem Instinkt hat Elisabeth Förster-Nietzsche gewittert, daß Försters Gesinnung und der gemeinsame Traum von »Nueva Germania« durch Adolf Hitler nun doch noch realisierbar wurde.

Oswald Spengler, der jahrelang im Vorstand der Stiftung Nietzsche-Archiv tätig war und Vorträge hielt, sah das Problem und brachte es auf den Punkt: Man könne entweder die Philosophie Nietzsches pflegen oder die des Nietzschearchivs, und wenn beide sich in dem Grade widersprechen, wie es der Fall sei, dann müsse man sich entscheiden. Wie Romain

Rolland und manch anderer nahm der Philosoph sein Bündel und kehrte dem Archiv und den neuen Machthabern den Rücken.

Elisabeths schielender Blick nach eigener Größe, die ihr das Archiv-Kind bescheren sollte, führte zu einer letzten bizarren Drehung: Im Abglanz des von ihr mit Hilfe der Nazis ideologisch präparierten Bruders genoß sie die Gunst der neuen Zuchtmeister. Ihr zwielichtiges Können bewährte sich noch in hohem Alter: Menschen zu gewinnen und dergestalt zu bestimmen, zu verwickeln und zu manipulieren, daß sie zu Handlangern ihrer Besessenheit wurden. Kein Preis schien ihr zu hoch. Darin lag Blindheit: Sie sah nicht, wie sie ihrerseits in Dienst genommen wurde von gefährlicheren Mächten.

Am 8. November 1935 starb die Schwester Friedrich Nietzsches im Alter von neunundachtzig Jahren. Mit Genugtuung hätte sie das Staatsbegräbnis betrachtet, mit dem die Nationalsozialisten der »Herrenmenschin« Dr. h. c. Elisabeth Förster-Nietzsche am 11. November 1935 in Weimar die letzte Ehre erwiesen – in Anwesenheit Adolf Hitlers und Baldur von Schirachs – mit einer Ehrengarde aus SA, SS und Hitlerjugend, mit Hakenkreuzen, Fahnen, Uniformen, Pomp und theatralischen »Heil!«-Gebärden.

DIE ÜBERHOLERIN
oder
Hase und Igel

GERTRUDE UND LEO STEIN

Kunst oder Leben

Ihr halbes Leben verbrachten Gertrude und Leo Stein zusammen. Während des Studiums an der Ostküste Nordamerikas und später in der Rue de Fleurus in Paris lebten sie wie ein Paar. Leo Steins Liebe galt der Malerei. Die Werke der Alten betrachtete er mit Wohlgefallen. Und mit seiner Schwester gehörte er zu den Ersten, die sich auch für die Bilder der »Moderne« begeisterten, die unter ihren Augen entstand. Gemeinsam mit seiner Schwester stellte er ihnen nach und erwarb eine Menge. Gemälde von Cézanne, Picasso, Matisse, Renoir, Picabia und anderen bedeckten über und über die Wände ihres Salons – wie in den Galerien alten Stils. Die Geschwister empfingen Kunstinteressierte von überall her. Und Leo Stein sprach zu ihnen. Gern teilte er seine Gedanken mit.

Schließlich versuchte er es selbst mit der Malerei. Es quälte ihn, daß seine eigenen Werke nicht gut genug waren. Leo Stein war ein Kritiker, ein Nachdenker und vor allem ein Erklärer. Zudem wollte er so hoch hinaus, daß er schließlich zum Zweifler wurde. Er konnte nicht ertragen, daß die fertiggestellten Gemälde hinter seinen perfekt imaginierten Bildentwürfen zurückblieben. Als Künstler hinterließ der große Bruder weniger Spuren als seine mit ihrem eigenwilligen Stil berühmt werdende Schriftsteller-Schwester. Man schätzt Leo Stein vor allem als Aufspürer und Sammler der Kunst der inzwischen klassischen Moderne.

In ihrem vierten Lebensjahrzehnt trennten sich die Geschwister. Erst kam es angeschlichen, und dann brach es herein. Der Bruder verläßt das Haus. Die gemeinsame Sammlung wird aufgeteilt. Die Picassos bleiben bei Gertrude. Leo und Gertrude Stein werden nie wieder ein Wort miteinander wechseln. Die Freunde sind verwundert. Bruder und Schwester auch. Wie konnte das geschehen?

Weiterhin kamen Besucher in die Rue de Fleurus. Aber nun sprachen sie im Raum der Bilder mit Gertrude Stein – zumeist über ihre Auffassung vom Schreiben. »Ich und Pablo«, hieß es dann – wir grübeln nicht, wir suchen nicht, wir finden. Wie das echte Genies eben machen.

Vom Anrichten der Wörter

Auf manchen Bildern wirkt Gertrude Stein wie ein gebackenes Brot, eingeschlagen in dunkles Tuch. Innen drin sind die Wörter. Wäre es nicht so, würde sie anders aussehen. Nicht so voluminös. Da hätte sie so lang und schlank sein müssen wie Leo. Aber der ist ihr Bruder. Der ist anders. Leo Stein hatte Probleme mit den Speisen. Oftmals konnte er die Happen, die ihm sein Leben reicht, nicht schlucken, schon gar nicht verdauen. Sein Magen, hieß es, verlangte nach Schonkost. In Krisenzeiten fastete er bis zu acht Tagen. Dann fühlte er sich für kurze Zeit geläutert und hob ab.

Gertrude Stein liebte die Fülle. Sie aß gern und richtete die Wörter so an, daß sie genießbar wurden wie Speisen aus einem fernen Land. Sehr gern nahm sie auch Bücher zu sich. Gegessen, gelesen – für sie lief es auf dasselbe hinaus. Alles wollte sie sich einverleiben.

Gern und behende kamen die Buchstaben in der Nacht. Mit dem Rücken zum Fenster saß Gertrude Stein an einem Tisch.

Meistens war es ein Holztisch mit einer Geschichte, älter als ihre eigene. Auf dem Tisch oder dem Möbel mit dem Hilfe versprechenden Namen »Sekretär« lag das Papier, das die Spuren einer in Tinte getauchten Feder aufnahm. Weitläufig und leicht hingehuscht, von einem anderen kaum zu entziffern. Am nächsten Tag wußte die Schreiberin selbst nicht mehr so genau, was da stand. Sie wußte nur, daß es köstlich war.

Ein Künstler, sagte sie, muß ganz »innen drin« leben. Sonst kann er nichts herausbringen. Wenn jemand zu ihr kam, und da kamen viele, nahm sie es auf die Lippen und verlautbarte es. Dann konnte einer, der zuhörte, selbst spüren, wie es schmeckte. Dieser Kreislauf des Sinnlichen gefiel ihr. Manchmal servierte sie kleine, rätselhafte Brühwürfel. Manchmal, und das geschah meistens, bildeten sich schier endlose Spiralen der Wiederholung. Wie beim Essen nach der Empfehlung eines gewissen Herrn Fletscher. Der empfahl, man solle die Nahrung so lange im Mund bearbeiten, bis man sich das eßbare Material wirklich angeeignet hat. Erst dann gebe es seine ganze Geschmacksfülle frei und ließe sich auf bekömmliche Weise genießen.

Bücher mit Rezepten für das Anrichten von Sätzen mochte Gertrude Stein nicht. Grammatik und Interpunktion konnten ihr jede geistige Nahrung verderben. Oder der Mißbrauch von Wörtern, wenn sie in Dienst gestellt wurden für die Verbreitung von Meinungen. Was sich in der Stille der Nacht bildete, folgte anderen Wendungen. Mehr nach Art der Musik. Wiederholung und Rhythmus, Verzweigungen, Wellen. Und noch einmal zurück zum Ausgangspunkt. Dasselbe noch einmal mit kubistisch ver-rücktem Akzent. Verschachteln und Öffnen, Einkreisen, Intensivieren. Und immer wieder Wiederholen. Redend oder schreibend einander informieren, Meinungen austauschen, Geschichten erzählen, das kann doch jeder. Aber mit Buchstaben und Wörtern das vermeintlich Vertraute so lange walken, bis es einen neuen, fremden Geschmack gewinnt, das konnte nur Gertrude Stein. So sah sie das.

Später, als sie einmal darüber nachdenken mußte, nannte sie ihren Umgang mit Wörtern Komponieren. Da saß sie, eine bäuerlich wirkende, gedrungene Gestalt von zweiundfünfzig Jahren und hundert Kilo, eingehüllt in ein weites Gewand, vor einer Werkstatt auf dem Trittbrett eines Autos, während der Motor ihres Fords auseinandergenommen und wieder zusammengesetzt wurde und schrieb, schrieb über ihr eigenes Schreiben. Darüber sollte sie in Oxford und Cambridge berichten. Komponieren war ihre Erklärung. Komponieren von Teilen und Ersatzteilen, bis der Wagen wieder fahren, der Text in Schwung kommen kann.

Man sollte immer die Jüngste in der Familie sein

Wo das alles herkommt? Ganz einfach. Gertrude Stein empfahl, man sollte immer das jüngste Mitglied einer Familie sein. Es ersparte einem eine Menge Ärger, denn jeder würde sich um einen kümmern. Ganz besonders kümmerte sich der zwei Jahre ältere Leo um seine Schwester, das kleine Mädchen mit dem alten Gesicht.

Am 3. Februar 1874 wurde Gertrude Stein in Allegheny geboren, einem Vorort der Stadt Pittsburgh im amerikanischen Bundesstaat Pennsylvania. Dort lebte die deutsch-jüdische Immigrantenfamilie mit ihren fünf Kindern in einem Doppelhaus, dessen andere Hälfte von der Familie Solomon Steins, einem Bruder des Vaters, bewohnt wurde. Gertrude war das fünfte und letzte Kind von Daniel Stein und Amelia Keyser. Am 11. Mai 1874 feierte Leo seinen zweiten Geburtstag. Der älteste Bruder, Michael, wurde in diesem Jahr neun, Simon sieben und Bertha vier Jahre alt.

Tausende von Juden verließen Mitte des 19. Jahrhunderts Europa, um Armut und politischer Verfolgung zu entfliehen. Die Familie der Steins stammte aus Bayern, wo sie als Juden

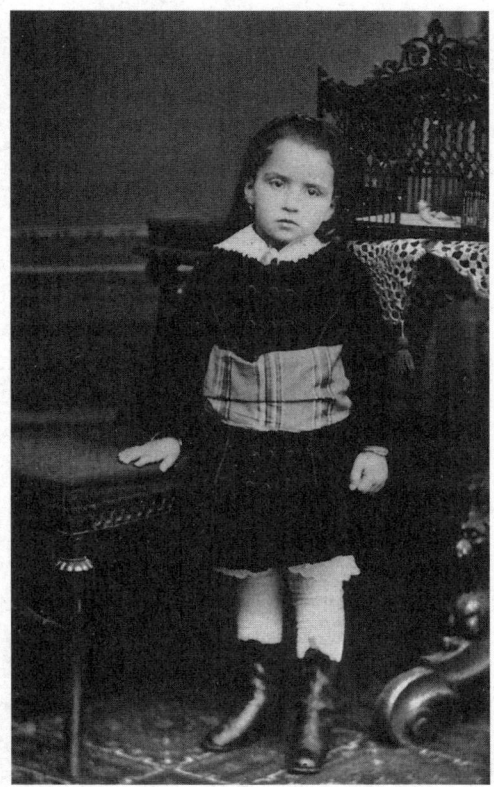

Gertrude Stein,
etwa vier Jahre,
Wien 1878

keine rechten Chancen hatten. Gertrudes Vater war mit Eltern und Geschwistern seinem ältesten Bruder in die Neue Welt gefolgt. Dem schien, daß man dort sein Glück machen konnte. In Gertrudes Geburtsjahr hatte sich ihr Vater zusammen mit seinem jüngeren Bruder Solomon mit einem eigenen Textilgeschäft in Pittsburgh selbständig gemacht.

Gertrudes Mutter, Amelia Keyser, stammte ebenfalls aus einer deutsch-jüdischen Familie. 1864 hatte sie Daniel Stein geheiratet. Sie litt unter den Streitereien, die bald zwischen den Familien ausbrachen. Amelia überwarf sich mit ihrer

Schwägerin und sprach nie wieder ein Wort mit ihr. 1875 trennten sich die Brüder, nachdem sie mit dem Geschäft recht gut verdient hatten. Solomon lebte künftig in New York, übernahm einen Job im Bankgewerbe und wurde richtig reich.

Gertrudes Vater ging mit seiner Familie zurück in die Alte Welt, um seinen Kindern eine angemessene Bildung zukommen zu lassen. Gertrude war gerade ein Jahr und vier Monate alt. In Wien nahm die hochachtbare bürgerliche Familie am allgemeinen kulturellen Leben teil, besuchte Vorträge in der Hebräischen Gesellschaft und selbstverständlich auch Konzerte und Opernaufführungen. Im Hause wurde die Mutter entlastet von der Köchin Betty und weiterem Personal. Die Kinder bekamen einen Medizinstudenten als Privatlehrer. Der verstand es, das Interesse der Kinder an der Naturkunde zu entfachen. Sie sammelten Schmetterlinge, Käfer und Pflanzen. Jedes Kind wurde zudem mit einem Musikinstrument vertraut gemacht. Bertha lernte Klavierspielen, und Gertrude bekam später Geigenunterricht. Auch Reiten lernten sie.

Der Vater war viel auf Reisen, in Europa und für mehrere Monate auch wieder in Amerika. Die Eltern reisten allein. Wenn sie in die Schweiz oder nach Italien fuhren, lebten die Kinder in der Obhut der Gouvernante und der Tante Rachel, einer Schwester der Mutter, die in den ersten Jahren bei ihnen wohnte.

Gertrudes früheste Erinnerungen an diese Zeit hielten befremdliche Szenen fest. Als sie einmal den Raum betrat, in dem die Brüder unterrichtet wurden, mimte der Privatlehrer gerade einen fauchenden Tiger. Erschreckt und gebannt schaute die Kleine zu. Auch ein Bilderbuch der Brüder behielt sie im Sinn: die Wanderungen des Odysseus. Daß Odysseus, wenn er einmal saß, auf einem Eßzimmer-Rohrholzstuhl saß, fand sie rückblickend bemerkenswert. Die Kinder spielten gern in den öffentlichen Parkanlagen. Dort kam manchmal hoch zu Roß ein Herr Kaiser vorbei, der Franz Joseph hieß.

Die Kinder der Familie Stein mit Gouvernante und Lehrer, Wien 1877.
Ganz links: Gertrude, vorn liegend: Leo

Aber der war nicht verwandt mit den Tanten und Onkeln Keyser.

1878 führten die Geschäfte des Vaters die Familie nach Passy, nicht weit von Paris. Dort besuchte Gertrude mit der vier Jahre älteren Schwester Bertha eine Schule. Vor kleinen Mädchen, die kratzen, wurde das Kind gewarnt. Hammelfleisch, das Gertrude nicht mochte, tauschte sie beim Mittagessen gegen Spinat. Die Brüder kamen manchmal hoch zu Pferde und statteten den Schwestern einen Besuch ab. Die kleinen Mädchen trugen schwarze Schürzen. Später erinnerte sich Gertrude Stein gern an die französischen Straßen und Parks, die so gut nach Pferdeäpfeln rochen.

Nach etwa einem Jahr wurden die schönsten Kleidungsstücke für die ganze Familie gekauft. Unzählbar viele Handschuhe, Mäntel aus Seehundfell, Hüte, Reitkostüme; aber auch ein Mikroskop und eine vollständige Ausgabe einer französischen Geschichte der Zoologie. Die Familie bereitete sich vor, nach Amerika zurückzugehen.

Daniel Stein wollte partout höher hinaus. 1879 wagte er noch einmal einen Neubeginn in Amerika; dieses Mal, ohne Kompromisse mit seinem Bruder schließen zu müssen. Zunächst kamen die erneuten Immigranten bei der Familie der Mutter in der Hafenstadt Baltimore unter. Dort lebten die Kinder behütet im Hause des Großvaters mit Tanten und Onkeln. Deren Sprache ist das typische, wenig elaborierte Immigranten-Englisch.

1880 folgte Daniel Stein mit seiner ganzen Familie dem Ruf des Westens, der damals wirklich noch »wild« war. Der Goldrausch, in den die Einwanderer seit J. A. Sutters Goldfunden auf seinem eigenen Land gerieten, hatte Kalifornien seit der Mitte des 19. Jahrhunderts zum Symbol gemacht für Freiheit, Selbständigkeit, Glück und Reichtum. 1850 war Kalifornien, das zu Mexiko gehört hatte, in die Union aufgenommen worden als jüngster Grenzstaat. Amerika wurde vom Osten her erschlossen. Nach und nach drangen die neuen Siedler immer weiter in Richtung Westen vor, um ihren eigenen Traum vom Leben in der Neuen Welt zu realisieren. Land gab es zu günstigsten Bedingungen. Wenn man tüchtig war und bereit, es zu beackern, konnte man gut leben. So kultivierten die neuen Siedler, die im alten Europa keinen Raum fanden, das rohe Land. So »machten die Amerikaner ihre Unternehmungen«: *The Making of Americans* wird der Titel des Tausend-Seiten-Werks lauten, das Gertrude Stein über die Geschichte ihrer Familie schrieb.

Auf der Bahnreise von Ost nach West trugen ihre Schwester und sie selbst große rote österreichische Filzhüte mit einer wunderschönen Straußenfeder. Berthas Hut, der aus dem Fenster fiel, wurde vom Vater, der die Notbremse zog, gerettet. Das hat auf die kleinen Mädchen einen starken Eindruck gemacht. Wer konnte schon einen Zug anhalten. Später wird Gertrude Stein schreiben, ihr Vater sei für sie so groß gewesen wie die ganze Außenwelt. Natürlich erinnerte sie sich auch an den mit einem Truthahn prallgefüllten Proviantkorb und weitere Speisen, die sie erstanden, wenn der Zug auf seinem langen Weg gelegentlich Station machte. Zum ersten Mal probierte sie Pfirsiche, die köstlich schmeckten, und sah echte Indianer, die auf Pferden ritten und so fremd aussahen wie die Pfirsiche schmeckten. Die weiten, weiten Ebenen, die hohen Berge und schließlich der gewaltige Pazifik – alles sah anders aus als in Frankreich.

Der Vater wollte reich werden – wie sein Bruder Solomon. In East Oakland, nahe San Francisco, siedelte sich die Familie auf einer Orangenfarm mit zehn Morgen Land im »Old Stratton House« an, einem Paradies für Kinder. Erste Anschaffungen waren eine Kuh und ein Klavier. Kultiviertes Leben auf dem Lande. Pfeffersträuche, Pfirsichbäume, Gummibäume und große melancholische Eukalyptusbäume umgaben das Haus. Es gab eine riesige Scheune, weite Kornfelder und üppig blühende Rosenstöcke. Ein Gärtner und weitere Gehilfen besorgten den Garten und bestellten das Feld, und ein Koch sowie eine Schneiderin halfen der Mutter.

»Im Sommer war es um reichlich zu schwitzen gut den Männern zu helfen das Heu zum Aufbewahren zu Ballen zu binden und es war gut für Heranwachsende Radieschen zu essen an denen beim Herausziehen die schwarze Erde hing und Senfsamen zu kauen und Wurzeln mit allen möglichen Geschmacksrichtungen darin zu suchen, und seine Mütze mit Obst zu füllen und auf der trockenen gepflügten Erde zu sitzen und zu essen und zu denken und zu schlafen und zu lesen und zu träumen und sie nie zu hören wenn sie einen alle riefen; und dann wenn die Wachteln kamen machte es Spaß jagen zu gehen, und dann wenn der Wind und der Regen und der Erdboden soweit waren den Samen bei ihrem Wachstum zu helfen, machte es großen Spaß sie pflanzen zu helfen, und der Wind war so stark daß er die Blätter und Zweige von den Bäumen und um sie herum blies und man konnte rufen und arbeiten und naß werden und völlig durchnäßt sein und direkt in starken Wind hinauslaufen und von ihm getrocknet werden, zwischen den Regenböen die einen durchnäßt zurückließen. Sie machten Spaß all die Dinge die damals dort das ganze Jahr geschahen.«[1]

Daniel Stein bezeichnete sich selbst als Kaufmann. Das Branchenverzeichnis von San Francisco führte ihn als Unternehmer. Er machte Geschäfte, mal mit landwirtschaftlichem Gerät, mal mit Wertpapieren und Pfandbriefen, bis er 1889 Vizepräsident der Omnibus Cable Company wurde und Konzepte für die Zusammenlegung der städtischen Straßenbahnlinien entwarf.

Die lichte und leichte Atmosphäre Kaliforniens, die klare Luft, der warme Wind, die unter der Sonne golden glänzenden Felder und die Prärie wurden für die Kinder Stein zum Sinnbild von freiem Bewegungsspielraum. Wann immer Leo und Gertrude später – in der Toskana, in Spanien oder in Südfrankreich – die nämlichen Verhältnisse in der Natur fanden, belebte sich ein Gefühl des Zuhause-Seins. Nach dem Hin und Her der frühen Jahre mit dem Wechsel von Gouvernanten, Privatlehrern, Musiklehrern, Reitlehrern, mit dem Wechsel der Sprachen – erst Deutsch, dann Französisch – konsolidierten sich jetzt ihre Lebensverhältnisse in Kalifornien. Das Englische wurde von nun an, da die Sechsjährige das Lesen erlernte, für Gertrude zu ihrer eigenen und einzigen Sprache, wie sie später immer wieder betonte.

Auf Fotos sieht das Kind Gertrude Stein aus wie die Miniaturausgabe einer erwachsenen Frau. Schnürstiefelchen und Kleidchen mit Rüschen, das Haar streng zurückgebunden, lehnt sie ihr Köpfchen mit reserviertem Ausdruck an das Knie des Vaters. Leo, ihr ständiger Begleiter, wirkt wie ein kleiner Herr. Ein Kind weiß nichts von sich als Kind, meinte Gertrude Stein später, es wähne sich selbst in einer Sonderform von Erwachsenheit. Bereits als Kind hat sie sich selbst sehr ernst genommen.

Der Bruder Leo war ein zartes Kind, das häufig kränkelte und besondere Fürsorge verlangte. Die älteren Geschwister ließen ihn spüren, daß er nur ein unzulänglicher Kleiner war. Aber in seinen Unternehmungen mit der Kleinsten störte das nicht. Im Spiel mit Gertrude kam ihm die Rolle des »großen« Bruders zu. Leo ging der kleinen Gertrude in allem voran. Immer war er schon zwei Jahre klüger. Gertrude war sehr bemüht, mit ihm Schritt zu halten. Während Leo in einer merkwürdigen Zwiegestalt des Zu-klein-Sein- und Zu-groß-Sein-Spielens steckenblieb, war Gertrudes Position eindeutig: Als Kleinste setzte sie alles daran, »größer« zu werden.

Die Geschwister Bertha und Simon gehörten nicht in ihre Welt. Stolz schauten die auf die wenig Jüngeren herab und merkten gar nicht, daß sie von »den Kleinen« überholt wurden. Die Kleinen beobachteten sehr genau, daß Bertha und Simon mit dem Lesen und Lernen wenig Erfolg und wenig Vergnügen hatten. Für Simon war nichts schöner als die Befriedigung seiner Lust am Essen. Er war noch ein junger Mann, als sein Körper so unförmig und schwer wurde, daß seine Beine die Last kaum noch tragen konnten. Michael, neun Jahre älter als Gertrude, war schon Bürger einer ganz anderen Welt. Er sei für sie immer sechzehn Jahre alt gewesen, sinnierte Gertrude später, als hätte sie ihn erst in der Zeit überhaupt als Bruder wahrgenommen.

»Wenn man das jüngste Mädchen in einer Familie ist dann ist es besser einen zwei Jahre älteren Bruder zu haben, weil das alles zum Vergnügen macht, man geht überall hin und tut alles weil er alles für einen tut und mit einem tut was eine vergnügliche Art ist alles zu erleben, manchmal geschehen Unfälle aber schließlich ist es sehr leicht sich dabei nicht verletzen zu lassen und jedenfalls ist es eine durchaus angenehme Aufregung für einen. Er lernte zuerst lesen und ich lernte danach lesen, aber Lesen ist etwas was wir nie gemeinsam taten. Lesen ist etwas, was man allein tun muß, und es war etwas was ich immer völlig allein tat.«[2] Aber sie erzählten einander von der

Welt, die sie in dem jeweiligen Buch fanden, bis der andere sich dort selbst aufhalten wollte und dasselbe Buch las. Lange Zeit war es Leo, der Gertrude mit Büchern versorgte. Ihr ganzes Geld gaben sie für Bücher aus. Sie lasen die Romane des 19. Jahrhunderts, Mark Twain, Jules Verne, aber auch Shakespeare, und gingen mit Enzyklopädien und wissenschaftlichen Handbüchern um, die sie in Vaters Bücherschrank fanden.

Wie Bertha und Leo besuchte Gertrude erst die Franklin-Grundschule, dann die Swett School in East Oakland. Ein besonderes Können und viel Lob errang Gertrude mit ihren Aufsätzen, die sie manchmal sogar vor einer größeren Gruppe vortragen durfte. Zusammen mit Leo versuchte sie sich auch im Dramen-Schreiben. Gertrude verfaßte das Melodram *Snatched from Death, or The Sundered Sisters* (*Dem Tode entrissen oder Die getrennten Schwestern*). Gemeinsam besuchten sie eine Musik- und Zeichenschule. Im Zeichnen wird ihr Leo unerreichbar vorausbleiben.

Dem Vater war sehr daran gelegen, seine Kinder mit Kunst und Kultur vertraut zu machen. Häufig nahm er sie mit nach San Francisco. Diese Fahrten mit der Fähre über die San Francisco Bay zur großen Stadt liebten die Kinder sehr. Dort sahen sie dann eine Theateraufführung von *Onkel Toms Hütte* oder in der Oper Donizettis *Regimentstochter* oder Wagners *Lohengrin*.

Falsch wäre es allerdings, würde man sich Gertrude und Leo als vergeistigte Stubenhocker vorstellen. Mit Leo erkundete Gertrude die nähere Welt. Sie stromerten herum, sammelten fremdartige Pflanzen und Steine, beobachteten die Tiere der Prärie und gingen gemeinsam auf die Jagd. Jeder besaß einen Revolver. Bald konnte die kleine Schwester genau so gut reiten und schießen wie ihr »großer« Bruder. Auch Schwimmen, Bootfahren und Fischen gefiel ihnen sehr gut.

Wenn sie wieder im Haus waren, suchten die Kinder Geborgenheit. Doch die Mutter schien ihnen dieses Gefühl nicht schenken zu können. Gelegentlich schmiegten sie sich an, aber sie fühlten sich bei ihr nicht aufgehoben. Zwar war die Mutter nicht streng, im Gegenteil, den Kindern war fast alles erlaubt, sogar Rollschuhlaufen im Salon des Hauses, aber die Kinder hatten das Gefühl, daß die Mutter nicht wirklich an ihrem Leben Anteil nahm. Leo, der nach eigener Aussage unterwürfig wie ein kleiner Diener um die Liebe der Mutter warb, erinnerte sich später enttäuscht und manchmal voller Zorn an eine Mutter, die nicht für ihn da war. Wut, Streit und Arroganz wurden seine Waffen gegen den Vater, auch gegen den überlegenen Michael. Sie schienen der Mutter näherzustehen und kamen ihm häufig in die Quere. Auch Gertrude schrieb rückblickend über ihre Mutter beinahe wie über einen fremden Menschen.

So gaben die beiden Kleinen einander, was sie in den Armen der Eltern vergeblich suchten: Schutz, Trost, Interesse, unverbrüchliche Gemeinsamkeit. Leo genoß es regelrecht, daß er für Gertrude »Größe« hatte. Vergnügt folgte sie seinen Unternehmungen und Spielanweisungen und hörte aufmerksam zu, wenn er ihr erzählend die Welt erklärte.

Sieben Kinder hatte Amelia Stein geboren; zwei von ihnen starben bald nach der Geburt. Als höhere Tochter aus gutem Haus war sie in bürgerlichem Wohlstand aufgewachsen. Von Biographen wird sie als selbständige, doch irgendwie gehemmte Frau geschildert, die großen Wert auf bürgerliche Umgangsformen legte. Zwischen den Eltern soll es häufig zu Streitereien gekommen sein, stets mit schlechtem Ausgang für die Mutter. Mehr und mehr führte sie ein zurückgezogenes Leben, bis sie 1885 ernsthaft erkrankte. Um sie zu entlasten, bezog die Familie ein kleineres Haus. 1888 starb die Mutter an Krebs.

In einem Alter, da die Welt ohnehin ihre Stabilität zu verlieren drohte – Gertrude war vierzehn, Leo sechzehn Jahre alt –, erfuhr das Leben der beiden Jüngsten eine Erschütterung mit nachhaltiger Wirkung. Sie schlossen sich noch enger aneinander an und bildeten eine Einheit, für die jeder Dritte ein Außenstehender blieb. Leo fand keinen Zugang zu Mädchen, und Gertrude interessierte sich nicht für junge Männer. Sie waren sich selbst genug und bauten ihre eigene Welt, deren Herzstück die Bücher bildeten, die Musik und die Bilder. Gemeinsam entdeckten sie das Stadtleben von San Francisco mit seinen Buchhandlungen, Bibliotheken, Theatervorstellungen und Konzerten. Bis zum Morgengrauen lösten sie diskutierend die Rätsel der Welt und verbrachten oftmals den Tag mit Schlafen. Rückblickend nannten sie diese von jeder konventionellen Ordnung entbundenen Jahre ihre glückliche Zeit.

Den Vater erlebten sie jetzt als hilflos. Manchmal schloß er sich ganze Tage ein. Nach dem Tod seiner Frau meinte er, sich in das Leben der Kinder einmischen zu müssen, doch fanden die großen Kinder seine Anweisungen zumeist unsinnig und widersprüchlich. Er wurde launisch und unberechenbar. Drei Jahre später starb auch er.

Die Kultivierung des Lebens hatte Daniel Stein am Herzen gelegen. Seine Kinder sollten es nicht nur im Sinne des wirtschaftlichen Erfolges zu etwas bringen. Besonders dem Sohn Simon schärfte er immer wieder ein, daß Geist und Willenskraft einen Mann auszeichneten. Er müsse sich durch Beobachtung, Lesen, Studieren weiterbilden und lernen, selbständig zu denken. Er solle sich pflegen und pünktlich sein in allem, was er sich vornimmt. Der Geist müsse erzogen, trainiert und gestärkt werden, sonst kann er den Körper nicht beherrschen, und das hieße, auf der Stufe des niedrigsten Tieres sein Leben fristen.

Gertrude und Leo brauchten keine Predigten dieser Art. Im Hause Stein gab es eine umfangreiche Bibliothek mit Werken von Wordsworth und anderen Dichtern, eine Shakespeare-Gesamtausgabe, Bunyans *Pilgerreise*, Bücher mit Illustrationen historischer Ereignisse und vieles mehr, von dem Gertrude sagte, daß sie sonst vielleicht nie darauf gestoßen wäre.

Daniel Stein war ein unruhiger, energiegeladener Mann, der rastlos arbeitete und in seinen freien Stunden »studierte«. Doch trotz aller Erfolge war er mit seinem Los unzufrieden. Etwas hinderte ihn, seinen eigenen Ambitionen gerecht zu werden.

Jugend in eigener Regie

Michael, der Älteste, der nach dem Tod der Mutter vom Studium an der Johns Hopkins University in Baltimore zurückkam, versuchte nun das Familienleben zu organisieren. Er wurde bald Manager einer Zweiglinie der Verkehrsbetriebe von San Francisco, stellte die kompliziertesten Fahrpläne auf und warb selbständig weitere Mitarbeiter an. Als er 1891 die Familiengeschäfte übernahm, zeigte sich, daß der Vater zwar Schulden hinterlassen hatte, aber auch ein beträchtliches Vermögen mit Grundbesitz, Immobilien und Aktien. Der Sechsundzwanzigjährige wurde Vormund und Hüter von Gertrude und Leo. Ihm hatten sie es zu verdanken, daß sie die längste Zeit ihres Lebens von finanziellem Druck frei waren. Er verwaltete und vermehrte ihr Geld und kontrollierte ihre Ausgaben, indem er ihnen monatlich eine bestimmte Summe zur Verfügung stellte.

Ein Jahr lang leben die elternlosen Geschwister in der Turk Street in San Francisco in einem dieser typischen amerikanischen Holzhäuser. Und jeder lebte, wie es ihm beliebte. Anders als früher gab es nicht mehr die selbstverständlichen Begegnungen bei gemeinsamen Mahlzeiten zu festgelegten Zeiten. Die Ordnung zerfiel. Michael kämpfte gegen das Durcheinander und drohte, den ganzen Kram hinzuschmeißen, wenn sich keiner mehr an Regeln hielt. Leo studierte in Berkeley englische Literatur und Geschichte, las nach Einschätzung seiner Mitstudenten unsinniges Zeug, wie De Quincey, weshalb sie ihn für »schwul« hielten, was soviel heißen sollte wie »nicht normal«, eben anders als sie selbst. In dieser Zeit verließ Gertrude die Oakland Highschool. Sie suchte verstärkt Zuflucht in Bibliotheken und fragte sich schließlich enttäuscht, wo sie mit ihrem Lebensüberschwang, ihrer sexuellen Sehnsucht, ihren bedrückenden Gedanken über den Tod hin sollte. Unzufrieden stellte sie fest, daß das Füttern der intellektuellen Neugier ihre Lebenslust zu kurz kommen ließ.

1892 trennten sich die Wege der Geschwister. Michael und Simon, dem der Ältere eine Stellung bei der Bahn als Rangierer beschaffte, blieben in San Francisco. Leo begann ein Studium an der berühmten Harvard Universität in Cambridge, Massachusetts. Gertrude und Bertha zogen zu Verwandten der Mutter nach Baltimore, New Maryland, nordöstlich von Washington. Baltimore war gleichsam ein Schnittpunkt zwischen dem puritanischen Norden Amerikas und dem legereren Süden. Umsorgt von den Tanten genoß Gertrude eine Welt, deren Sinnbild sie in der Lebensart der Schwarzen findet. Sie schienen es nicht eilig zu haben. Wenn sie Lieder singend ihre Karren durch die Straßen schoben, lullten sie das junge Mädchen mit ihren Stimmen in melancholische Träumereien ein.

Leo stand unter einem merkwürdigen Druck. Er mußte immer zeigen, daß er mehr wußte als die anderen. Deshalb nannten ihn seine Schulfreunde »die Enzyklopädie«. Das gefiel ihm, aber zugleich fühlte er sich auch unbehaglich damit. Ihm war klar, daß sein Besserwissen keine solide Basis hatte. Ein Studium in Harvard sollte dazu verhelfen.

1893 besuchte Gertrude den Bruder in Cambridge und hörte fasziniert zu, wenn er von seinem Studium erzählte. Leo wirbelte mit neuen Ideen nur so herum. Der Philosoph und Psychologe William James zum Beispiel behauptete, Leben sei Bewegung, ständig im Fluß, auch das Bewußtsein sei keine feste Instanz, sondern komme einem Strömen gleich. Wahrheit sei nicht von der Art wie Dinge, die man vorfindet, sondern werde hergestellt. Und der Philosoph George Santayana vertrat wahrhaftig die Auffassung, die Erfahrung des Schönen sei eine ganz vitale Angelegenheit, denn sie bestehe in der sinnlichen Vergegenwärtigung, das heißt im Gefühl von Lust und Vergnügen. Hugo Münsterberg, ein Professor aus Deutschland, wies in seinen Vorlesungen über angewandte Psychologie nach, daß man nicht im Spekulieren steckenbleiben müsse, wenn man Aussagen über den Menschen macht. Man könne feine seelische Prozesse ganz konkret und systematisch untersuchen, so wie man es auch in den Naturwissenschaften macht.

Nach Ablauf eines Jahres fühlte sich Gertrude in Baltimore nicht mehr wohl. Ihr Leben lag brach. Die Tanten wollten sie umgestalten. Aus einem leicht verwilderten jungen Mädchen, das im Westen das Fluchen erlernt hatte und sich insgesamt eher verhielt wie ein Junge, das einen etwas plumpen Körper hatte, das durch sein körperliches Begehren beunruhigt wurde, wollten sie partout eine gepflegte junge Dame machen, die auf ihr Äußeres achtete. Und das bedeutete damals unter anderem, daß sie ein Korsett tragen sollte – und all das, um attraktiv für einen Mann zu werden oder, in den Worten der Tanten, um »eine gute Partie zu machen« wie ihre Schwester Bertha.

Es ist nicht allein die finanzielle Unabhängigkeit, die Gertrude Stein vor dem Schicksal eines vorschnell angepaßten Lebens bewahrte. In Kindheit und Jugend hatte sie sich an ihrem Bruder orientiert, Interessen und Unternehmungen mit ihm geteilt. Warum sollte sich das jetzt ändern? Um ein Leben wie ihre Mutter zu führen? Davon ging für die Tochter kein Reiz aus. Das Leben der Mutter war durch Abhängigkeit, Unterordnung, Unsicherheit und eng begrenzten Entfaltungsspielraum gekennzeichnet gewesen. Sie schien gar nicht recht zu sich gekommen zu sein. Ambitioniert und auf Entfaltung erpicht war zwar auch Amelia Stein gewesen. Sie wollte etwas verstehen von der Arbeit ihres Mannes. Aber viel mehr als ein

Kurs in Buchführung, an dem sie freiwillig teilnahm, war für sie nicht drin gewesen.

Leo wählte seinen Weg nach eigenen Vorstellungen; das wollte Gertrude auch – am liebsten mit ihm zusammen.

»Bewahren Sie sich einen beweglichen Geist«

Kurz entschlossen bewarb sich Gertrude Stein 1893 als außerordentliche Studentin am Harvard Annex, ab 1894 als Radcliffe College bekannt. Dort unterrichteten Dozenten der Harvard University junge Frauen, die sich für eine wissenschaftliche Ausbildung interessierten. Gertrude schrieb sich mit 250 Studentinnen ein, von denen hundert ein vollständiges Studium absolvieren wollten. Das war in jenen Jahren auch in Amerika eher eine Seltenheit.

Gertrude bezog ein Zimmer in einer Pension. Ihre »Westerner«-Art wie auch ihre jüdische Herkunft machten es ihr nicht gerade leicht, unter den meist aus Neuengland stammenden Mitstudentinnen akzeptiert zu werden. Man ließ sie spüren, daß sie anders sei. Gertrude konterte mit stolzer Überlegenheit: anders ja, und zwar besser, klüger und freundlicher, eben auserwählt. So seien die Juden nun einmal – was sie mit ihrem eigenen Leben zu beweisen gedächte. Auch wenn den Tanten ihr unkonventionelles, wenig weibliches Auftreten nicht gefallen hatte, so wußte Gertrude doch, daß sie im weitläufigen Kreis ihrer Familie stets mit Unterstützung, Schutz und Rückendeckung rechnen konnte. Wenn ein Jude in Schwierigkeiten gerät, wird er sich an einen Juden wenden, nicht an einen Christen, meinte sie. Denn ein historisch gewachsenes Zusammengehörigkeitsgefühl verbände die Juden, weshalb man sich auf deren Hilfe stets und allerorten verlassen könne.

Die Aufnahmeprüfungen in Deutsch, Englisch, Geschichte, elementarer Algebra und Geometrie absolvierte sie mit Erfolg.

Ihre Neigung galt der Psychologie. Ihr Bruder Michael, der zunächst für Biologie eingeschrieben war, hatte bereits 1887 bei Granville Stanley Hall (der 1909 Sigmund Freud zu Vorlesungen an der Clark University einladen wird) Vorlesungen über Physiologische Psychologie gehört.

Durch das Studium der Psychologie wollte Gertrude Stein herausfinden, was in ihr steckte. Sie wollte verstehen, warum sie so war, wie sie war – anders als die anderen. Die interessierten sie auch. Und wenn es den Mitstudentinnen gelang, hinter ihre unkonventionelle Schale zu blicken, dann waren sie durchaus fasziniert von ihrem Bildungswissen, von ihrer aufmerksamen Zugewandtheit und ganz besonders von ihrem Humor. Nahezu eingeschüchtert waren sie von der Unmenge von Büchern, die eine ganze Wand in ihrem Zimmer bedeckten.

Das Erkunden des menschlichen Verhaltens und Erlebens mit den Methoden der Wissenschaft barg für die junge Studentin das große Versprechen, über landläufiges Reden, das meist in der Kundgabe von Meinungen besteht, hinauszugelangen. Sie suchte einen Standpunkt, etwas Unumstößliches. Gewiß hoffte sie auch für die intellektuellen Diskurse mit Leo, die neuerdings zu Streitigkeiten führten, da er nach wie vor die Rolle des Erklärers beanspruchte, schärfere Waffen zu finden. Leo wußte immer so gut Bescheid, daß es sie manchmal wirklich ärgerte.

Gertrude Stein entwickelte sich schnell zur Musterschülerin des Psychologen Hugo Münsterberg, in dessen Labor sie unter Anleitung selbständig Experimente durchführte. Das Psychologielabor von Harvard war eine eigene Welt mit Nachbildungen von zerlegbaren Gehirnen, Augen, Ohren, ordentlich in Glaskästen untergebracht. Mikroskope und allerlei Gerät standen neben Wachspräparaten und in Alkohol schwebenden, sezierten Mustern. Gertrude kam sich vor, als säße sie in Fausts Studierstube. Münsterberg vertrat die These vom psychophysischen Parallelismus. Er wollte nachweisen, daß psychische Vorgänge ihre physiologische Entsprechung haben, wiewohl sie unabhängig voneinander verlaufen.

Der in Deutschland an der Universität Freiburg lehrende jüdische Dozent war 1892 dem Wunsch William James' nachgekommen, ihn eine Zeitlang im Psychologielabor von Harvard zu vertreten. Münsterberg war wie James und Santayana der Kunst ebenso zugetan wie der Wissenschaft. William James, Bruder des Schriftstellers Henry James, hatte eigentlich Maler werden wollen und lange Zeit gezögert, bevor er sich, seinem Vater zuliebe, der Wissenschaft zuwandte. Santayana machte neben seiner Lehrtätigkeit Aufzeichnungen für einen zukünftigen Roman (*Der letzte Puritaner),* und Münsterberg schrieb Gedichte und spielte in einem Streichquartett Cello – keine Fach-Idioten also.

Leo Stein lebte in seiner eigenen Wohnung in der Irving Street wie ein Privatgelehrter, der sich zudem das Flair eines Bohemien gibt. Mit der Pfeife im Mund saß er in seinem Schaukelstuhl und las. Bücher in den Regalen, Bücher auf den Tischen, Bücher auf dem Sofa, Bücher auf dem Fußboden. Und Kunstdrucke an den Wänden. Freunde fanden ihn charmant und verspielt und bewunderten besonders seine Art und Weise, Vorurteile aufzuspüren und zu bekämpfen, um sich mit den Mitteln seines eigenen Verstandes ein Urteil zu bilden. Sie erwarteten viel von ihm, wenigstens, daß er demnächst ein Buch schreiben würde. Leo Stein war eigensinnig und stritt gern – auch mit seiner Schwester, die ihrerseits keinem Disput aus dem Wege ging. Beide hatten sie einen Dickschädel, was ihrer gegenseitigen Zuneigung jedoch keinen Abbruch tat. Diskutieren, Debattieren, Redeschlachten gewinnen, andere denkfauler Argumente überführen – darin lag Leo Steins großes Vergnügen. Mit Gertrude besuchte er das Theater, das Museum of Fine Arts, die Konzerte des Boston Symphony Orchestra. Außerdem spielten sie Tennis miteinander, und im Winter liefen sie Schlittschuh.

*Gertrude und
Leo, 1897,
in Cambridge,
Massachusetts*

Sein offizielles Studium erledigte Leo Stein gleichsam nebenher. Sein Einsatz begrenzte sich auf das für den Erwerb des Magisters notwendige Minimum, ein Abschluß, den er für die Zulassung zum Jurastudium in Harvard brauchte; selbst den Philosophiekurs bei James ließ er fallen.

Nach zwei Semestern hatte Leo auch die Juristerei satt, exmatrikulierte sich im März 1895 und ließ Gertrude allein in Cambridge zurück, um mit seinem Freund Ben Oppenheimer durch Europa zu reisen. Im Sinne von Montaigne entdeckte er die Welt als das Buch, das er studieren wollte. Eine besondere Bedeutung erhielt für ihn die Welt der Bilder.

Leo Stein war begierig, den Malern hinter die Schliche zu kommen. Als Vierzehnjähriger hatte er eine Grafik mit Apfelbäumen, die Michael aus dem Westen mitgebracht hatte, in

119

den Garten getragen, um die künstlerisch gestalteten Bäume mit den Bäumen der Natur zu vergleichen. Der Junge beobachtete, daß die Maler vereinfachen und zuspitzen. Darüber mochte er nun mehr wissen; wo lagen die Axiome, Prinzipien, Argumente der Maler? Leo wollte herausfinden, wie sie es machen und wie sie es machen müssen, um es gut zu machen. Kunstgenuß und Überlegenheitssucht führten ihn mehr und mehr in das Fahrwasser eines Kritikers.

Gertrude Stein wollte dem Seelischen in die Werkstatt schauen. Lapidar könnte man sagen, sie wollte verstehen, wie das Leben so geht und woran es liegt, daß es so geht und nicht anders. Manchmal hat man den Eindruck, sie suchte in der Psychologie den Schlüssel, um selbst in das Leben hineinzukommen.

Bruder und Schwester wollten über ein landläufiges Verstehen des Lebens hinausgelangen. Neugierig waren sie, das steht einmal fest. Außerdem waren beide unzufrieden mit den festgefügten herkömmlichen Lebensbildern. Leo verlor die Luft zum Atmen, wenn er sich ausdachte, wie sein Leben als Jurist aussehen sollte: korrekt, geregelt, jeden Tag das Gleiche. Erfolg und Geld waren für ihn, anders als für seinen Vater und die amerikanische Gesellschaft, keine Stimulantien. Und Gertrude wurde es ganz flau, wenn sie sich vorstellte, sie sollte wie Mutter und Tanten alle Ambitionen begraben, um Kinder, Küche, Synagoge und den Erfolg eines Ehemannes zu ihrem Zentrum zu machen. Der Witz des Geldes bestand für sie nicht in der Vergrößerung des Schatzes, der in bürgerlichem Glanz und verfeinerter Lebensart demonstrierbar wäre, sondern allein darin, daß ihr Leben einen weiteren Radius ziehen konnte und mehr Spielraum für das eigene Erkunden öffnete.

In Paris studierte Leo die großen Werke der Kunst. Jeden Vormittag konnte man ihn im Louvre finden auf der Suche nach seinen eigenen Möglichkeiten, die Gemälde und Skulpturen zu interpretieren. Dabei folgte er einer selbstgesetzten

Maxime: »Laß deine Gedanken spielen, während du das Werk betrachtest«. Wenn es ein Erlebnis von Einheit (»unity«) bewirkte, dann hatte es Bedeutung. Lange und immer wieder betrachtete er die »Kreuzigung« von Andrea Mantegna. Für ihn war es jahrelang »das« Gemälde. Wie kein zweites symbolisierte es für ihn Einheit. Seine Beobachtungen und Gedanken verglich er mit anderen Kunsttheorien, die er in den Bibliotheken studierte. Außerdem genoß er die unverbindliche Intimität mit den Grisetten von Paris.

Im Herbst 1895 erreichte ihn das Angebot seines Onkels Solomon aus New York, die Unkosten für eine Weltreise zu übernehmen, wenn er bereit wäre, dessen Sohn, Vetter Fred, zu begleiten. Nichts lieber als das. Die Fortsetzung des Jurastudiums lief ihm ja nicht davon.

Gertrude umgab sich in dieser bruderlosen Zeit mit Freundinnen und mit zwei Ersatzbrüdern, die ihr ermöglichten, wenigstens den Namen des Bruders aussprechen zu können. Leo Friedman und Leon Solomons waren ihr im Studium um einige Semester voraus. Außerdem übernahm sie die Aufgabe einer Sekretärin des Radcliffe Philosophy Clubs, die darin bestand, mit den Rednern zu verhandeln, die der Club zu Vorträgen einlud. Metaphysik und Experimentelle Psychologie fungierten für sie in dieser Zeit als Spiel- und Standbein. Die Philosophie Richard Wagners fand sie genauso spannend wie eine Untersuchung zur Identifizierung von Objekten in unterschiedlichem Licht. Mit Leon Solomons erforschte sie die Verhältnisse zwischen subjektiven Erfahrungen und objektiven Gegebenheiten. Der gemeinsam verfaßte Artikel »The Saturation of Colors« wurde in der *Psychological Review,* dem neuen Organ der American Psychological Association, veröffentlicht.

William James beschäftigte sich in dieser Zeit mit den Phänomenen der Hypnose und Hysterie. Es interessierte ihn die Frage nach der Reichweite des Bewußtseins. Wie Pierre Janet und Jean-Martin Charcot in Paris und dessen Schüler Sig-

mund Freud in Wien nahm er an, daß es unterschiedliche
Organisationsformen des Seelischen gibt. Das Selbst gliedere
sich in ein aufmerksames Über-Ich und ein sogenanntes
Unter-Ich, das unabhängig davon tätig sei. Diese Tätigkeit
ließe sich z. B. untersuchen, indem man die Aufmerksamkeit
band und den Probanden aufforderte, gleichzeitig Schriftzüge
auf ein Blatt Papier zu bringen. Monatelang war auch Gertrude mit Untersuchungen dieser Art beschäftigt. Zusammen
mit Leon Solomons veröffentlichte sie den Artikel »Normal
Motor Automatism«, wiederum in der *Psychological Review.*
Stolz präsentierte Gertrude ihrer Schwägerin Sarah, der Frau
ihres Bruders Michael, den Artikel – und wurde bewundert.
Sarah ging nach ihrem Kunststudium ganz in der Rolle der
Mutter auf und verglich häufig ihre Situation mit der von
Gertrude und Leo, wobei sie sorgfältig Vor- und Nachteile
bedachte.

In diese strenge Arbeitswelt flatterten Leos Berichte über
die Zustände in der großen weiten Welt. Honolulu, China,
Singapur, Ceylon, Ägypten. In Kyoto mietete er mit dem Vetter Fred und Hutchins Hapgood, der unterwegs zu ihnen
stieß, für ein paar Wochen ein Haus. Sie stellten einen Koch
ein, der nicht nur die köstlichsten Speisen zubereitete, sondern ihnen auch reizende japanische Frauen zuführte. Die
drei jungen Männer inszenierten das aufregende Spiel: Reicher Mann der überlegenen westlichen Kultur gestattet Gei-
sha, ihm zu Diensten zu sein. Das schien allen Beteiligten zu
gefallen – so what! Schriftstücke wurden unterschrieben, die
Eltern der jungen Frauen erhielten eine kleine Summe Geldes,
was so viel bedeutete, daß jeder die Seine pro forma geheiratet hatte. Mit größerer Ausführlichkeit berichtete Leo der
Schwester über die japanischen Holzschnitte, die er erwarb
und über die Bedeutung des Dekorativen in der japanischen
Kunst überhaupt, das ihm zu Anfang gar nicht gefallen hatte.

Als sich für Gertrude Stein nach drei Jahren die Frage stellte,
wie es mit ihrer Karriere weitergehen sollte, folgte sie dem Rat

ihres Professors William James, sich ganz der Psychologie zu widmen. Das hieß damals, daß sie ein Medizinstudium zu absolvieren hatte, also weitere vier Jahre an einer Universität. Voraussetzung dafür war der Studienabschluß des Bachelor of Arts. Biologie, Botanik, Zoologie und Chemiekurse absolvierte sie mit Erfolg. Daß sie jedoch auch ein Examen in Latein bewältigen mußte, war ihr offenbar zuviel. Zwar nahm sie sich einen Privatlehrer, aber als im Sommer 1896 zur Wahl stand, Latein zu pauken oder Leo nach Antwerpen entgegenzufahren, war sie schon unterwegs, um an Bord eines Dampfers nach Europa zu gehen.

Natürlich konnte sie auch ohne den Bruder ihren Weg machen, aber das Aufgehobensein in der vertrauten Einheit versprach soviel mehr. Leo schrieb dem Bruder Michael, sie würden zwanzig von vierundzwanzig Stunden nur Blödsinn quatschen und soviel rumquasseln, daß er nur rumsitze und gar nicht mehr zum Lesen komme. In Antwerpen, Den Haag und Amsterdam brachte Leo der »kleinen« Schwester die holländische Malerei nahe, um sie ebenfalls zu einem »Connoisseur der Kunst« zu machen, wie Gertrude ihrer Schwägerin mitteilte. Nichts war schöner für Leo, als zu erzählen, wie er die Malerei betrachtete, und in der Schwester dieselbe Liebe zur Kunst zu entfachen. Weiter ging die Reise nach Köln, Heidelberg und Paris. Für den September mieteten sie in London eine Wohnung, unmittelbar am British Museum, wo sie die monumentalen ägyptischen Steinskulpturen bewunderten. In der British Library saßen sie, wie weiland Karl Marx, in dem gewaltigen Zentralbau unter der Glaskuppel und ließen sich Bücher an ihren Platz bringen, die man nirgendwo sonst in die Finger bekam. Dennoch drängte Leo zur Rückkehr.

Nach eineinhalb Jahren des Vagabundierens hatte Leo Stein Sehnsucht nach zu Hause und war überglücklich, wieder in Amerika zu sein. Allerdings fiel es ihm enorm schwer, sich wieder in den kleineren Kreis eines geregelten Lebens einzufügen. Er wußte nicht, wie es weitergehen sollte. Also folgte er nun einmal der kleinen Schwester, der es gelang, an der Johns Hopkins University in Baltimore am Medical Center als Studentin aufgenommen zu werden. Leo schrieb sich für Biologie ein und hoffte, an der Seite der diszipliniert und beharrlich studierenden Schwester selbst wieder auf eine Spur zu kommen.

Die Geschwister entschieden sich für das Zusammenleben in einem Haus mit zwei Etagen. Für die lästigen Seiten des Alltags stellten sie eine Haushälterin ein. Lena Lebender, die aus Deutschland stammte, bekochte und bemutterte die großen Kinder. Bruder Michael kritisierte die hohen Geldausgaben.

In Baltimore gehörte Gertrude Stein bald zu einem Kreis emanzipierter Frauen, die in öffentlichen Vorträgen ein neues Bild der Frau propagierten. Frauen sollten studieren, nicht allein wegen der Ausbildung ihrer intellektuellen Fähigkeiten in einer wissenschaftlichen Disziplin, sondern besonders auch, um während der Studienjahre, ganz auf sich allein gestellt, eine von elterlicher Bevormundung unabhängige Lebensart und -ansicht zu entwickeln. Herkommen, Stand, Privilegien galten nichts. Allein ihr eigenes Können sollte die Grundlage für Selbstverständnis und Selbstvertrauen bilden. Individualität und Unabhängigkeit waren die Schlagworte. Gertrude Stein beobachtete allerdings, daß der Gruppendruck unter den Studentinnen seinerseits Unmündigkeit erzeugen konnte, nämlich dann, wenn das College die Funktion erhielt, die früher die Familie hatte.

Leo und Gertrude fanden Freunde, die ihre liberalen Ansichten und ihr wenig förmliches Auftreten akzeptierten. Zu ihnen gehörte Hortense Guggenheimer sowie deren Cousinen Etta und Claribel Cone. Letztere war Professorin für Pathologie am Womens' Medical Center, dessen Präsidentin sie wurde. An Samstagabenden empfing sie Gäste, mit denen Probleme des gesellschaftlichen Lebens, der Kunst und Kultur diskutiert wurden. Die Geschwister Stein waren häufig dabei. Leo führte das Wort, und Gertrude hörte ihm, wie die anderen, gern zu.

Medizinstudentinnen hatten es damals nicht leicht; manche Professoren und die meisten männlichen Studenten bezeichneten sie schlichtweg als »Medizinhennen« und liebten es, die jungen Frauen, die im Begriff waren, in ihre Domäne einzudringen, mit rüden Reden zu verprellen, um sie bald wieder loszuwerden. Medizinstudentinnen konnte man vielleicht in der Forschung einsetzen, aber am Krankenbett? Allenfalls wenn es um den Umgang mit Schwangeren oder Kindern ging. Die Kommilitonin Gertrude Stein soll, nach Aussagen von Mitstudenten, betont haben, daß sie nach den Gründungsbestimmungen der medizinischen Fakultät durchaus berechtigt sei, auch geschlechtskranke Männer zu untersuchen. Das kam gar nicht gut an. Man hielt die Harvardabsolventin, die ihre von William James geschätzte Teilnahme an seinem Oberseminar nicht gerade verschwieg, für arrogant und eingebildet.

Die Anwesenheit der Studentinnen hatte nach Ansicht der meisten Studenten allerdings den Vorteil, daß Partnerinnen für sexuelle Vergnügungen zur Verfügung standen. Aber zu denen gehörte Gertrude Stein nicht. Ihr Aussehen fanden manche abstoßend. Fett, unbeholfen, mit unordentlichem schwarzem Haar erschien sie wenig attraktiv. Die Herren Medizinstudenten fragten sich, ob ihr das eigene Aussehen wirklich gleichgültig war oder ob sie in ihrem Äußeren das Negative absichtlich zuspitzte, um die eigene Individualität pronociert herauszustellen. Gertrude wurde als stämmig, schwerfällig, mit schleppendem Gang und nachlässig in Kleidung und Erscheinung beschrieben. Es verunsicherte die Studenten, daß Gertrude sich so gar keine Mühe gab, dem Bild der Frau zu entsprechen, das männlichen Studenten gefiel. Außerdem wirkte ihre tiefe Stimme zwar samtig, aber nicht wirklich feminin.

Gertrude Stein folgte aber einer anderen Maxime. Sie meinte, nur eine Frau, die redlich studiert und ihre Sache so gut macht wie ein Mann, sollte akzeptiert werden. Gleichberechtigung machte nur Sinn auf dem Hintergrund vergleichbarer Leistung. Die Studenten witterten Konkurrenz, die damit natürlich auch verbunden war. Im übrigen waren sie auch eingeschüchtert von ihrem intellektuellen Background und ihrer selbstverständlichen Vertrautheit mit Kunst und Kultur. Mit Kollegialität konnte sie nicht rechnen; manche machten sich einen Spaß mit ihr, indem sie ihre Versuchsanordnungen heimlich manipulierten oder ihr Fehlinformationen gaben. Heute würde man das Mobben nennen.

Ausgesprochenes Glück hatte Gertrude Stein mit dem Professor der Anatomie, Franklin P. Mall. Der vertrat die Auffassung, man solle den Studenten keine besonderen Anweisungen für das Sezieren geben, denn jeder müsse selbst seine eigene Technik entwickeln. Das war ganz nach Gertrudes Geschmack. Sie haßte es, bevormundet zu werden. Sie wollte selbst herausfinden, wie sie das, was sie zu tun hatte, tun konnte. Das Zeichnen fiel ihr schwer. Sie fand keine Technik, wie sich Konkaves und Konvexes sichtbar machen ließen.

Die junge Frau war eine wißbegierige, engagierte und sehr fleißige Studentin. Jeder konnte sehen, daß sie vorankommen und etwas Besonderes schaffen wollte. Natürlich war sie ehrgeizig; immer gewesen. Mit Ausdauer und Geduld sezierte sie Gehirnpräparate, machte Aufzeichnungen, schrieb Berichte, studierte die Bücher. In der Histologie des zentralen Nervensystems erhielt sie die Aufgabe, den »Darkschewitschen Nukleus« zu erforschen. Semesterlang arbeitete sie in einem Raum über ein Mikroskop gebeugt, neben ihr ein Menschenskelett, auf dem Arbeitstisch ein Totenschädel, im Regal Embryonen verschiedener Entwicklungsstadien. Ihre Arbeit wurde von den Professoren geschätzt und in Artikeln zitiert. Die Anatomie wurde ihr Schwerpunkt. Sie liebte diese diffizile Tätigkeit.

*Als Medizin-
studentin
an der Johns
Hopkins School
of Medicine,
Baltimore
um 1898*

Im dritten Studienjahr mußte sie feststellen, daß ihr die klinische Arbeit mit Kranken sehr schwerfiel. Krankheiten weckten traurige Erinnerungen an den frühen Tod der Mutter. Sie machten ihr angst. Später tat sie so, als habe sie aus freien Stücken entschieden: Das Abnorme interessiere sie nicht, sie finde das Normale hinreichend kompliziert und aufregend; immer sei es ihr wichtiger gewesen, die Ausdrucksformen des Normalen zu untersuchen. Sie wolle verstehen, nicht behandeln. »Ich frage mich ob jeder etwas Interessantes ist indem er einer ist der am Leben ist. Ich frage mich das.«

Zur Ausbildung im letzten Studienjahr gehörte auch, daß die Studentinnen etwa zehn Geburtsvorgänge zu begleiten hatten. Ihr Interesse an diesem Geschehen wurde Gertrude Stein durch den Professor John Whitridge Williams verdorben, der, gelinde gesagt, Schwierigkeiten mit Studentinnen hatte. Die Studenten nannten ihn »den Stier«. In Vorlesungen und Seminaren ließ er keine Gelegenheit aus, Geschichten mit sexuellen Anspielungen in Stammtischmanier zum besten zu

geben, woran ihn die Anwesenheit der sechs Medizinstudentinnen nicht hinderte. Im Gegenteil. Gertrude beschwerte sich
über ihn. Williams sei so taktlos und sinnlos unverblümt, daß
sie, wenn er seinen Ton nicht ändere, seine Veranstaltungen
boykottieren werde. Da seine Kurse zum Curriculum gehörten, meinte Williams, könne Fräulein Stein wählen, ob sie
seine Reden ertragen oder die Fakultät verlassen wolle. Gertrude blieb, erhielt den Spitznamen »Streitaxt« und wurde
von den männlichen Studierenden noch mehr abgelehnt.

Allmählich dämmerte es Gertrude Stein, daß das Medizinstudium für sie kein sinnvoller Weg zur Psychologie war. Als
ihr das im vierten Studienjahr klar wurde, erlahmte ihr
Arbeitseifer. Aber einmal auf die Bahn gesetzt und ohne klare
Alternative blieb sie nolens volens dabei.

Halbherzig und durchaus schlecht vorbereitet ging sie in
die Abschlußprüfungen. Zu den einfachsten Fragen fiel ihr
nichts ein. Sie nahm Zuflucht zur Maske des Lächelns, und
mancher Professor meinte, daß sie ein ironisches Spiel mit
ihm treibe und nur demonstriere, daß sie sich unterfordert
fühlte. Die meisten ließen sie dennoch bestehen. Nur einer
meinte, ihr eine Lektion erteilen zu müssen, und ließ sie
durchfallen. Auf den Vorschlag, sie solle Sommerkurse besuchen, dann werde ihr im Herbst nach einer Wiederholungs-
prüfung selbstverständlich das Diplom zuerkannt, soll Gertrude Stein gesagt haben: »Bewahre! Sie glauben gar nicht,
wie dankbar ich Ihnen bin. Ich habe solches Beharrungsver-
mögen und so wenig Initiative, daß ich mich, wenn Sie mich
nicht hätten durchfallen lassen, sehr wahrscheinlich, nun ja,
nicht gerade der praktischen Medizin, aber doch immerhin
der pathologischen Psychologie zugewandt haben würde, und
Sie können sich gar nicht vorstellen, wie wenig mich die
pathologische Psychologie interessiert und wie mich die ganze
Medizin langweilt.«[3]

Als eine Kommission von Professoren im Juni 1901 tatsächlich beschloß, der Studentin Gertrude Stein keinen akademi-

schen Grad zuzuerkennen, war sie sehr betroffen. Sehr merkwürdig. Hatte sie wirklich gedacht, die Professoren würden es
nicht wagen? Wie ist es zu verstehen, daß sie ganz selbstverständlich mit den Graduierten für das Abschlußphoto posiert,
was zur Folge hat, daß die Legende zum Photo sie als einzige
mit der Bemerkung »nicht graduiert« ausweist? Was mutete
sie sich da zu? Suchte sie das Scheitern?

Fest steht jedenfalls, daß Gertrude Stein ihr Leben – halb
gewollt und halb erlitten – jetzt aus der Umlaufbahn sprengt,
in der es sich in den letzten sieben Jahren ganz selbstverständlich bewegt hat. Die Leichtigkeit, mit der Leo sich frei seinen
jeweils wechselnden Interessen widmete, hat bei ihr untergründig eine Art Unbehagen an der eigenen Beständigkeit
aufkommen lassen. Warum machte nicht auch sie sich ihr
Leben ein bißchen leichter?

»Bewahren Sie sich einen beweglichen Geist«, hatte William James ihr empfohlen, aber war er das noch? Und was
überhaupt war mit ihrem Körper? Und mit der Sehnsucht?
Und mit dem Wunsch nach Liebe? Ließ sich das wirklich alles
über »den Geist« erledigen? Gertrude Stein fragte sich, ob ihr
langer Aufenthalt an der Universität nicht eine Flucht vor dem
Leben gewesen war.

Angewandte Psychologie der besonderen Art

Zu Gertrude Steins Freundinnen gehörten einige, die am Bryn
Mawr-College in Baltimore studierten, selbstbewußte Frauen,
die einen neuen Typus Frau darstellten und darüber an ihren
Teenachmittagen diskutierten. Latein-, Griechisch-, Mathe-
matik-Kenntnisse gehörten zu den Aufnahmebedingungen
des Colleges. Unter der Leitung der Dekanin M. Carey Thomas verwaltete sich das College selbst. Liebesbeziehungen
zwischen Frauen waren dort keine Seltenheit. Das Verhältnis
der Dekanin war ein öffentliches Geheimnis, an dem niemand

Anstoß nahm, eher daran, daß sie gleichzeitig die Geliebte eines gewissen Alfred Hodder war, der am College eine Zeitlang Literatur unterrichtete.

Eine Liebesaffäre mit May Bookstaver, einer Absolventin dieses Colleges, holte Gertrude Stein aus ihrem Schneckenhaus und wurde Auslöser für eine Kursänderung in Gertrudes Leben. Eine wichtige Rolle in diesem Liebeserlebnis spielte die Selbstbeobachtung, der sie sich unterzog. Am nachhaltigsten wirksam aber war die Erfahrung, daß sich die beschreibende Vergegenwärtigung ihrer seelischen Situation als wirksame Methode der Selbstbehandlung erwies. Auf diese Weise entdeckte Gertrude Stein eine Form der angewandten Psychologie, die an der Universität nicht gelehrt wurde: Sie schrieb ihren ersten Roman. Nicht die akademische Psychologie, sondern das Schreiben wurde für sie der Schlüssel, der ihr das Tor zu einem individuell gestaltbaren Leben öffnete.

Der Text erhielt den Titel *Q. E. D.*[4] und erschien posthum im Jahre 1950 als *Things As They Are* oder: Wie die Dinge nun einmal liegen. Dieses Buch brachte Gertrude Steins Erfahrungen auf den Punkt. Sie mußte sich selbst eingestehen, daß das Leben, machte man es nicht zum Gegenstand wissenschaftlicher Erforschung, in eigenwilligen Sprüngen von Ereignissen verläuft. Eine Liebesbeziehung ließ sich nicht konstruieren nach dem Modell durchzudiskutierender Hypothesen und darauffolgender Engführung der Ereignisse dergestalt, daß Verifizierung oder Verwerfung der Hypothese eindeutig hätten festgestellt werden können.

Eine flüchtige Berührung, ein Kuß, eine plötzliche Umarmung wühlt die Siebenundzwanzigjährige auf. Bin ich gemeint? Ist es Ernst oder Spiel? Gilt das länger als für den Augenblick? Muß es nicht zuvor vereinbart, diskutiert, festgeschnürt und verbindlich gemacht werden? Nein, zeigte das autobiographische Romangeschehen, das Leben geschieht. Die Dinge sind, wie sie sind.

May Bookstaver, im Roman heißt sie Helen Thomas, nimmt sich die Freiheit des Verführens, wie es ihr beliebt. Sie jongliert mit zwei Beziehungen gleichzeitig, einmal zur Freundin Mabel Haynes (im Roman: Mabel Neathe) und dann zu Gertrude Stein (Adele). Für Helen stellt sich nicht die Frage, ob das geht oder was wohl daraus werden könnte. Adele dagegen kann kaum mit der intimen Nähe umgehen, erlebt Ekel, kann sich nicht fallenlassen. Und findet sich leidend am Schnittpunkt zwischen einer Haltung ruhigen, distanzierten Erörterns und der Lust, sich ohne Sicherung von Gefühlen davontragen zu lassen.

Für den Roman hatte Gertrude Stein ihren Briefwechsel mit May benutzt. Rückblickend erschien ihr die gelernte wissenschaftlich betrachtende Einstellung zum Leben als Bollwerk gegen die Erfahrung des Fassungslos-Werdens. Vor allem waren es Angst vor Enttäuschung, Verlassen- und Verletztwerden und moralische Bedenken, die sie in den Elfenbeinturm getrieben hatten. Als hätte sie um keinen Preis den Überblick verlieren dürfen.

Eine ganz ähnliche Funktion hat ihr eheähnliches Zusammenleben mit Leo. Vor den Augen der anderen hatte sie einen männlichen Begleiter. Außerdem liebte und bewunderte sie ihn. Sie mochte seine lässige Art, seinen schlaksigen Gang, seine schmale Gestalt, seine Überlegenheit, seine unkonventionelle Selbständigkeit, seine Weltläufigkeit. Und sie liebte auch ihre intellektuellen Balgereien. Aufs Intimste waren die Geschwister im Streit verbunden. Sie schmiegte sich auch gern an ihn, ganz kindlich weich konnte sie dann werden. Sie hakte sich unter, wenn sie spazierengingen. Dann sahen sie aus wie ein Paar. Aber das waren nur Bilder aus frühester Zeit, als sie drei- und fünfjährig »Vater und Mutter« oder »Großsein« gespielt hatten. Das waren Rollenspiele, die mit der sexuellen Intimität Erwachsener wenig zu tun hatten. Leo war für sie *der* Mann – geschützt durch ein Tabu.

Wenn überhaupt Intimität, dann nicht mit einem Mann.

Sie haderte mit der Frauenrolle. Im Roman frappiert Adele den Leser mit der Bemerkung: »Ich habe Gott ja schon immer gedankt, daß ich nicht als Frau geboren wurde.«[5]

Überrascht stellt Adele fest, daß ihr Helens Überrumpelung zu Herzen geht. In feurigen Briefen öffnet sie sich. Aber sie weiß auch, daß Helen trotz aller Liebe nie an erster Stelle bei ihr stehen kann. Dieser Platz ist reserviert für Leo und ihre eigenen Ambitionen. Sehr fein beobachtet Gertrude Stein, wie sich im Laufe der Beziehung der beiden Frauen die Verhältnisse umpolen. Während zu Beginn die Aktivität ganz bei Helen liegt und Adele eher die Bedrängte ist, kehrt sich das zu Ende der Beziehung um, ohne daß Adele bemerken kann, wie es dazu kam.

Diese »aufgebauschte und komplexe Welt, schwierig zu verstehen«, sagt Adele einmal und geht auf Distanz. Sie braucht das Heilmittel »offensichtlicher, oberflächlicher, sauberer Einfachheit«.

Bremsen, Zögern, Diskutieren, Annähern, Voranpreschen, sich Fallenlassen, Abhängigwerden, Mißtrauen, ausgebootet und betrogen werden, Leiden – all das rhythmisiert den spannungsvollen Verlauf der Beziehung. Mabel finanziert Helen, weshalb Helen auch bei ihr bleiben wird; »verdammte kleine Prostituierte«, denkt Adele.

Zwischendurch brachte die Medizinstudentin Gertrude Stein auch das gelernte Psychologie-Wissen in ihrem ersten Roman unter. Adele sah in Helen die Konstruktion einer »doppelten Persönlichkeit«. Die eine war hart, kalt, fordernd, die andere dagegen bis zur Überwältigung sanft, geduldig und zart. Adele alias Gertrude schützte sich mit der ironisch-humoristischen Bemerkung: »Du bist zweifellos eine zuviel für mich.«[6]

Leo hatte nach anfänglicher Begeisterung für die Biologie, da sie ihn zum Beobachten erzog und vom Kritisieren befreite, bereits 1899 seinen Aufenthalt an der Universität beendet. Er wurde zum Aussteiger. Ein Jahr lang pendelte er unentschieden zwischen Baltimore und New York. In dieser Zeit faßte er eine Zuneigung zu Mabel Foot Weeks, Absolventin des Harvard Annex und spätere Präsidentin des Barnard College. Mit ihr konnte er sich auf demselben Niveau unterhalten wie mit Gertrude. Nach einer kurzen Affäre reduzierte sich jedoch die Beziehung wieder auf Gespräche – über Kunst und Literatur. Es sieht so aus, als hätte er sich nicht binden können oder wollen – nicht an ein Fachstudium, nicht an ein bestimmtes Projekt, nicht an ein Land, nicht an eine Frau. Über amouröse Abenteuer kam er nicht hinaus. Wenn es ihm nicht zuflog, sagte er, würde er, bevor es richtig schwierig wird, lieber den Schauplatz wechseln. So sei er nun einmal. Erst später, in langen Jahren der Psychoanalyse und fortgesetzter Selbstanalyse, durchforstete er sein Leben auf der vergeblichen Suche nach dem Hebel, der seine Geschichte aus den Angeln heben könnte. Im Rahmen dieser Selbsterkundung notierte er einmal, daß seine sexuelle Identifikation mit der Frau so stark sei, daß ein völliges Aufgehen darin stattgefunden hätte, wäre der Selbstschutz nicht so stark gewesen.

Tauschten Bruder und Schwester ihre Identitäten? Auf dem Hintergrund seiner eigenen Ausweichmanöver bewunderte er Gertrudes beharrlichen Einsatz im Studium. Er meinte, sie sei die einzige in der Familie, die es so weit gebracht hätte, für irgend etwas adäquat ausstaffiert zu sein.

Mit Mabel und Gertrude reiste er im Jahr 1900 zur Weltausstellung nach Paris, wo der frisch vergoldete Eiffelturm glänzte. Eine Art Karneval der Kulturen. Pavillons der verschiedenen Länder voller Plüsch und Verzierungen standen neben dem neuen zentralen Kraftwerk, das als exotischer Palast verkleidet war und in der Dunkelheit durch das Licht unzähliger Lampen wie verzaubert erschien. Technologische Errungenschaften zeigten ihre praktische Seite im Verbund mit den Formen des Jugendstil: die von Hector Guimard entworfenen Blumengewinde aus Schmiedeisen bildeten die Eingangstore über den Stationen der ersten Métro-Linie von der Porte Maillot bis zur Bastille. Die Besucher konnten das riesige Ausstellungsgelände mit einer Ausstellungsbahn durchfahren oder auf drei endlosen, nebeneinander montierten Rollbändern überqueren, die in abgestuften Geschwindigkeiten liefen. Außerdem gab es zwei riesige Ausstellungen moderner Malerei im Grand Palais mit weit über tausend Exponaten. Die französische Kunst der letzten zehn Jahre fand sich in unmittelbarer Nachbarschaft zur amerikanischen Kunst (Whistler, Sargent, Winslow Homer u. a.) und zur Kunst der anderen europäischen Länder (Millais, Beardsley, Burne-Jones, Lenbach, Franz von Stuck, Ferdinand Hodler, Gustav Klimt, James Ensor, Fernand Khnopff, Serow, Zuloaga und viele andere).

Doch in ihren Briefen berichteten die Reisenden weniger von Paris als von ihren Fußwanderungen durch die italienische Landschaft: in vier Tagen beinahe 130 Kilometer. Leo wollte für die nächste Zeit in Florenz leben, um sich dort ohne die Ablenkungen von Baltimore oder New York ganz der Kunstbetrachtung widmen zu können. Es ging schon länger die Rede, daß er an einem Werk über den Renaissancemaler Andrea Mantegna arbeitete, dessen »Kreuzigung« ihn immer wieder beschäftigte. Freunde erwarteten ein großartiges Buch – das nicht entstand. Leo kam einfach nicht »zu Potte«. Er verharrte vor der Tat.

Das Reisen war für ihn die Umgangsform mit der Welt. Nach Lust und Laune verweilen, sich eine Zeitlang vertiefen, in tagtraumähnlichen Verfassungen eigene Werke imaginieren – und wieder weiterziehen. Jedenfalls reisten die Geschwister im Herbst 1901 nach Spanien und Nordafrika und erfuhren einmal mehr, daß es die unterschiedlichsten Formen gab, sein Glück zu machen. Sie würden die eigene schon noch finden.

Gertrude und Leo Stein wurden, jeder auf seine Weise, getrieben durch einen Traum von etwas unfaßbar Großartigem, das Gestalt annehmen sollte. Das verband sie. Im übrigen begegneten sie einander auf der Basis familiär-vertrauter Kumpanei und mußten nicht befürchten, miteinander die Grenze zu überschreiten, hinter welcher »Ekel« und »unerträgliche Komplexität« lauern. Welche Gestalt das Großartige annehmen könnte, das wußten sie beide immer noch nicht. Leo träumte vom großen Durchbruch. Auch Gertrude war, wie Mabel Weeks beobachtete, auf Ruhm aus. Nach ihren schnellen Anfangserfolgen in der Anatomie mochte Gertrude Stein gedacht haben, da läge das Feld ihrer Großartigkeit. Doch ihr Wunsch nach Besonderheit ließ sich auf diese Weise nicht stillen. In Q. E. D. schrieb sie, ein wenig habe sie verstanden, jedenfalls einen Schimmer erhascht. Ganz allmählich und fast unbemerkt entwickelte sich eine Ahnung, daß für sie nicht Skalpell und Mikroskop, sondern die Wörter die geeigneten Instrumente sein könnten. Die Bindung an ein eigenes Werk könnte ihrem Leben Halt geben, jenseits der wechselnden Gebundenheit an Menschen – und ihr das Gefühl geben, daß sie im Leben etwas galt.

In den nächsten zwei, drei Jahren bewegte sich Gertrude in einer Zwischenwelt. Im Herbst 1901 gab ihr die Universität doch noch einmal eine Chance. Wochenlang arbeitete sie an der Sektion und Rekonstruktion eines menschlichen Gehirns – aber offenbar lustlos und dann auch noch ohne Erfolg. Nebenher schrieb sie eine Abhandlung über die Frau, ein Plädoyer für die vielseitige Frau. Denn auch die Mutterschaft sei wichtig, da die Gesellschaft neue Mitglieder brauche. Außerdem bewarb sie sich um eine Stelle bei dem Psychiater Adolf Meyer, dem führenden Neuropathologen am »Massachusetts State Hospital for the Insane« in Worcester. Sie wußte, daß Meyer neben dem physiologischen Befund auch die Krankengeschichte interessierte. Das wäre immerhin interessantes Material für erzählbare Geschichten …

Häufig besuchte sie Leo in Florenz, der dort den amerikanischen Kunsttheoretiker Bernard Berenson kennengelernt hatte. Beeinflußt von William James' *Prinzipien der Psychologie* hatte Berenson ein Werk über die italienischen Maler der Renaissance verfaßt und eine Theorie darüber aufgestellt, wie sich die Malerei dem Betrachter erschließt. In der Frage nach dem Zusammenwirken von Seh- und Tastsinn meinte er einen Schlüssel gefunden zu haben – alles sehr kompliziert, aber Leo liebte diese Art intellektueller Tüftelei über alles und war ein gern gesehener Gast. Durch den Bruder geriet auch Gertrude in einen Kreis von Menschen, die sich mit Malerei, Literatur und Ästhetik beschäftigten. Vermutlich hielt keiner von ihnen Gehirnwindungen für besonders interessant. Gertrude genoß diese freie Form des Studierens, wie Leo sie gewählt hatte.

Im Sommer 1902 besuchten die Geschwister die Berensons auf ihrem Landsitz in England. Berensons Schwager, Bertrand Russell, der 1896 am Bryn Mawr-College unterrichtet hatte, erzählte von der Liebesgeschichte zwischen einem jungen Professor und der späteren Dekanin des Colleges – und schenkte damit Gertrude Stein einen literarischen Gegenstand. »Fernhurst«, den Namen des Cottages, in dem Leo und Gertrude wohnten, wählte sie als Titel »ihrer« Erzählung. Im Herbst mieteten die Geschwister eine Wohnung in London, Bloomsbury Square 20. Vermittelt durch die Berensons kamen sie in Kontakt mit der Gruppe von Künstlern und Intellektuellen, die als Bloomsbury-Kreis bekannt werden sollte. Leo kaufte sein erstes Gemälde, ein Werk des Engländers Wilson Steer.

Gertrude ging jeden Tag in die British Library. Dort las sie nicht nur, sondern sie studierte die Literatur – ganz so wie Leo in den Museen die Malerei studierte. Sie ließ sich die Elisabethaner, John Donne, Christopher Marlowe und Ben Jonson, bringen und arbeitete sich nach und nach durch die Geschichte des englischen Romans. Gewiß war sie auch früher keine naive Leserin gewesen, aber nun begann sie Aufzeichnungen zu machen von Sentenzen und Formulierungen, die ihr besonders gefielen. Ihr Interesse galt dem Handwerk des Schreibens.

Sieben Jahre lag es zurück, daß sie in Harvard an Schreibkursen teilgenommen hatte. In kleinen grauen Schreibheften, wie Kinder sie lieben, fertigte sie Übersichten an von Schriftstellern, Titeln, Themen. Sie befaßte sich auch mit der Entwicklung des japanischen Holzschnitts, notierte die wichtigsten Namen und Jahreszahlen und fügte Kommentare hinzu: »das zwölfte Jahrhundert als Anfang des jap. individuellen Genies«, oder nannte das Werk Toba Sojos »stark in der Wirkung« oder schrieb über Nobuzane, er sei Japans »größter Kolorist«.

Mit dem Fleiß, den sie als Medizinstudentin bewiesen hatte, rüstete sich Gertrude nunmehr für den intellektuellen Austausch mit den Gesprächspartnern in Leos Umkreis – und für ihr eigenes Werk. Sie bereitete sich darauf vor, aus dem Windschatten des großen Bruders herauszutreten, der als brillanter Gesprächspartner stets im Vordergrund stand und allenthalben geschätzt wurde.

Aber es hielt sie in London nicht lange. Der trübe Nebel, die schweren Himmel lasteten genauso auf ihrem Gemüt wie die Ungewißheit, ob sie überhaupt das Zeug für ein eigenes Werk habe. Es überwältigte sie eine Traurigkeit, die sie von Kindertagen her kannte. Sie wollte nur noch nach Hause. Nach New York zurückgekehrt, wohnte sie mit Freundinnen in dem schönen und geräumigen Fachwerkhaus, Ecke 100th Street/Riverside Drive. Sie spürte den Sog depressiver Gestimmtheit. Es gelang ihr ein zweites Mal, sich schreibend aus dem Sumpf der Seelenlähmung herauszuziehen. Gertrude Stein begann nun mit Entschiedenheit zu schreiben.

Der Kern ihres Hauptwerkes *The Making of Americans* entstand, ein siebzig Seiten umfassendes Manuskript. Anders als Leo verlor sie sich nicht im tagträumenden Ausmalen ihrer Möglichkeiten, sondern folgte der Devise des Pragmatismus: Der Mensch ist, was er bewerkstelligt. Ein Werk läßt sich eben nicht ausdenken, man muß es machen. Allein das Tagewerk zählt. Dieses Hin- und Herschieben von Gedanken, all das Reden über Malerei, Literatur, Amerika und Europa, Gott und die Welt kann sich zu einem Hemmnis auswachsen. Bei ihrem Bruder beobachtete sie das seit längerer Zeit mit Mißbehagen.

Leo Stein fuhr von London nach Paris, wanderte durch die Straßen, besuchte den Louvre, sah sich in den Galerien um – und befand, daß Paris der Ort ist, an dem er bleiben möchte. Er spürte jetzt noch intensiver als früher, daß in Paris die Kunst geradezu in der Luft lag. Immer noch laborierte er an der Frage, welche Richtung sein Leben nehmen könnte und sollte. Ein Freund der Familie, Pablo Casals, half ihm auf die Sprünge. Als Leo bei einer Flasche Wein zu ihm sagte, wäre er dreißig Jahre früher geboren, wäre er vielleicht ein Maler geworden, bemerkte der junge Cellist trocken: »Warum nicht jetzt?«[7] Das saß. Zurückgekehrt in sein Hotelzimmer, begann Leo zu zeichnen – das Bild eines dünnen, nackten einunddreißigjährigen Mannes, den er im Spiegel sieht: Leo Stein, der Narziß.

Es überkam ihn die Lust zu malen, und er war jetzt bereit, noch einmal in die Schule zu gehen. Er schrieb sich an der »Académie Julien«, Rue de Dragon, als Student der Malerei ein. Wie Gertrude wagte er, sein Leben an eine Tätigkeit zu binden. Wenn er jetzt den Louvre besuchte, »dachte« er mit dem Zeichenstift. Er fertigte Skizzen von Skulpturen an, von unendlich geduldigen Modellen, die ganz still standen. Immer wieder konnte er drum herum gehen, die Perspektive wechseln, bis er seine eigene gefunden hatte. Und die hielt er fest. An der Académie traf er viele amerikanische Studenten. Sein Vetter Ernest Keyser, die Künstler Robert Henri und Edward Steichen waren dort, auch der irische Romancier George Moore, der britische Kunstkritiker Roger Fry, der Maler Wilson Steer und, last not least, Henri Matisse.

Ein Maler braucht ein Atelier, und Leo fand eines mit hoher Decke und Nordlicht im Innenhof der Rue de Fleurus 27, in unmittelbarer Nähe des Jardin du Luxembourg. Dazu gehörte ein Wohnhaus, ein zweistöckiger Pavillon. Dort richtete er sich ein mit seiner erlesenen Bibliothek und der Sammlung von Renaissanceobjekten, -möbeln und -zeichnungen, die er in Florenz antiquarisch aufgestöbert hatte. Die leeren Wände verlangten geradezu nach Bildern.

In gehobener Stimmung teilte er Mabel Weeks mit: »Jetzt kommt mir alles so anders vor, daß es zwischen dem heutigen Lebensstil und dem früheren kaum noch Berührungspunkte gibt. ... Stell Dir vor, seit zwei Monaten habe ich kein Buch außer ein paar Romanen von Flaubert gelesen. ... Es spielt für mich keine Rolle ob Logik bloße Symbolik ist oder nicht ich könnte glaube ich sogar einem Mann zuhören der behauptet, Kunst sei im wesentlichen, in welcher Gestalt und Form auch immer, eine Wiedergabe der Natur ohne ihm den Kopf einschlagen zu wollen, über letzteres bin ich mir allerdings nicht ganz so sicher.«[8]

Wie jeden Maler schüchterte ihn die leere weiße Fläche der Leinwand ein, zumal wenn sie das Ausmaß von zwei Metern auf einsfünfzig hat. Aber er wagte es. Vom Morgen bis zum Mittag arbeitete er in der Académie nach lebenden Modellen. Dann arbeitete er bis zum Abend weiter im eigenen Atelier, um danach wieder in der Académie zu erscheinen. Adolphe-William Bouguereau, der etwa sechzig Jahre später von Salvador Dalí wiederentdeckt wird, gehörte zu seinen Lehrern. Mythologische Themen, Schlachtengemälde und Landschaften, konventionell im akademischen Stil gemalt, waren dessen Spezialität. Leo wollte es »richtig« machen. Mit den Modernen war er noch nicht vertraut. Wenn er durch die Galerien streifte und die Einzelausstellungen zeitgenössischer Maler betrachtete, bestanden wenige vor seinem kritischen Blick: nicht gut gemacht, urteilte er meist.

Im August in Florenz fragte ihn Berenson, ob er Cézanne kenne; nein, der war ihm unbekannt. Jeden Tag pilgerte er darauf zum Haus des Amerikaners Charles Loeser, der neben anderen Kunstobjekten eine umfangreiche Cézanne-Samm-

Leo Stein in seinem Atelier in Paris, Rue de Fleurus 27, um 1904

lung besaß. Die Bilder gefielen Leo außerordentlich, auch die Geschichten über den zurückgezogen lebenden Künstler, den Gesellschaft stets befangen machte.

Zurück in Paris, suchte Leo Stein unverzüglich den Kunsthändler Ambroise Vollard auf, der kleine oder wenig ausgeführte Stilleben von Cézanne schon für hundert Dollar anbot. Mit dem Verkaufserlös einiger japanischer Farbholzschnitte und anderer Kunstobjekte wurden Leo und Gertrude, die Leo bei seinen Käufen begleitete, in den nächsten Jahren Besitzer einer umfänglichen Cézanne-Sammlung. Das erste Werk war ein Portrait von Madame Cézanne. Es folgten »Mann mit der Pfeife«, »Raucher«, zwei mittelgroße Gruppen von Badenden und weitere Aquarelle. Die »nicht aufhörende Spannung der Form« faszinierte den Kunststudenten und die ständige Auseinandersetzung »mit dem Problem, Materie dauerhaft und organische Form stofflich wiederzugeben«.[9]

Im Paris des beginnenden 20. Jahrhunderts zeigten sich Malerei, Musik, Theater, Tanz in einem breiten Spektrum. Werke der Historienmalerei wetteiferten mit denen des Impressionismus, Jugendstils, Symbolismus, Fauvismus, Kubismus. Unzählige Ateliers, Künstlerkneipen und -cafés waren über die Stadt verstreut und ballten sich in der Gegend des Montmartre. Leo Stein geriet in einen Strudel der Kunstbegeisterung. Er kleidete sich mit weichen Samtcordhosen, ließ sich einen Bart wachsen und trug ausladende Hüte. So lebendig hatte er sich lange nicht gefühlt. Das war ansteckend.

Gertrude Stein hatte bislang nicht ernsthaft daran gedacht, Amerika den Rücken zu kehren; sie liebte Amerika und fühlte sich dort zu Hause. Doch als sogar ihr großer Bruder Michael 1903 mit achtunddreißig Jahren seinen Beruf in San Francisco aufgab und 1904 mit seiner Frau Sarah und Sohn Daniel nach Paris ging, hielt es auch Gertrude nicht länger. Im übrigen könne sie ja jederzeit zurück, sagte sie sich, die Schiffspassage über den Atlantik war ihr längst zur Selbstverständlichkeit geworden.

Michael hatte gerechnet und befunden, daß seine Immobilien in San Francisco so viel abwarfen, daß er in Paris bequem

Leo Stein, »Stehender Akt«
(Öl auf Leinwand)

davon leben konnte. Wie den jüngeren Geschwistern, würde auch ihm ein bißchen mehr Freiheit wohltun. Schon in San Francisco hatte er mit seiner kunstverständigen Frau Sarah einige Kunstwerke gekauft. Beide waren auf das Pariser Angebot neugierig. Vielleicht würden sie ja in den Kunst- und Antiquitätenhandel einsteigen können. Ganz in Leos Nähe bezogen sie eine geräumige Wohnung mit einem repräsentativen Wohnzimmer von 160 Quadratmetern. Viel Raum für schöne alte Möbel, Antiquitäten und neue Kunst …

Leos Schwung geriet angesichts der Bilder Cézannes ins Stocken. Was er an der Académie machte, nannte er nun »Vokabeln lernen«, und es beschlichen ihn Zweifel. Objekte nachbuchstabieren, das hatte doch mit Kunst nichts zu tun. Leo Stein suchte nach einer Methode »der Eliminierung des Unwesentlichen«. Dem östlichen Künstler, der »von innen nach außen« arbeitete, sei das gelungen – aus der Haltung des Buddhismus heraus. »Die Investitur des körperlosen ästhetisch Realen« und dessen Wiedergabe im Werk, so daß es Gestalt annahm und eine sinnliche Erfahrung bewirkte, war nach Leo Stein die wirkliche Aufgabe der Kunst. Cézanne sei es gelungen, das Unwesentliche zu eliminieren und »fluktuierenden Werten Stabilität und Dauer zu verleihen«. Cézanne habe die akademischen Konventionen durchbrochen und »das Feld kompositorischen Experimentierens«[10] neu erschlossen. Das wollte er selbst auch gern tun, wenn er nur wüßte, wie das zu machen war.

Die Schriftstellerin und der Maler

Ab 1904 blieb Gertrude Stein in Paris. Sie setzte sich in das von Leo gemachte Nest und profitierte von der schöpferischen Atmosphäre. Ob die wiedergewonnene Einheit für Leo Steins Entwicklung als Mann und Künstler besonders fruchtbar war, kann man rückblickend bezweifeln. Jedenfalls lebten die

Geschwister nun wieder wie Mann und Frau in einem Haushalt, den sie gemeinsam finanzierten. Leo fuhr fort, die Schwester mit seinen neuesten Einsichten vertraut zu machen, und Gertrude betrieb die Idealisierung ihres Bruders weiter. Immer noch hielt sie ihn für den besten Dozenten der Ästhetik. Er wußte einfach alles, und er teilte es gern mit. Und er war im Begriff, ein passionierter Maler zu werden. Wenn Leo in den Spätsommermonaten nach Florenz reiste, begleitete ihn die Schwester in aller Regel und Selbstverständlichkeit. Leo malte und Gertrude schrieb. Briefe an die Freunde wurden gemeinsam verfaßt, die Gemälde gemeinsam erworben.

Nun gab es zwei amerikanische Sammlerpaare namens Stein in Paris, die sich auf die Jagd nach Neuem machten. 1905 kauften Leo und Gertrude im Salon d'Automne mit dem Gemälde »Frau mit Hut« ihren ersten Matisse, der wegen seiner wilden Farbigkeit Entrüstung ausgelöst hatte. 1906 folgte die »Lebensfreude«, das Gemälde, das Matisse den Beinamen »Fauve« (Wilder) einbrachte. Leo steckte die Schwägerin mit seiner Begeisterung an; Matisse wurde zum Künstler ihrer Wahl. Michael und Sarah Stein unterstützten den Maler mit dem Kauf seiner Bilder. Außerdem richteten sie ihm eine Malschule ein. Und manchmal liehen sie ihm Geld. Sarah Stein nutzte die Gelegenheit und versuchte es in seiner Schule nun auch mit der Malerei.

Leo Stein entdeckte eines Tages in einer kleinen Galerie in der Rue Lafitte, die der ehemalige Clown Clovis Sagot eröffnet hatte, Bilder in Blau- und Rosatönen von einem fünfundzwanzigjährigen spanischen Künstler. Ein gewisser Picasso habe sie gemalt; der Name sagte ihm nichts. Gertrude sollte unbedingt mitkommen, die Bilder müsse sie sehen. Sie kauften das Bild mit einem Clown, einer Frau, einem Kind und einem Affen, ein Gemälde, das heute jedermann kennt. Immer wieder erschien es auf Kunstkalendern, wurde abgetrennt und an die Wand unzählbarer Zimmer geheftet. Leo erwarb auch das Gemälde eines nackt scheinenden Mädchens mit einem

Blumenkorb. Das Bild mochte Gertrude nicht. Sie sagte, es
gefalle ihr nicht, wie die Beine und Füße gemalt seien. Aber an
denen ist eigentlich nichts auszusetzen. Vermutlich ist es die
Sexualisierung der Kindfrau, die sie nicht leiden konnte. Die
Form des Blumenkörbchens spielt auf Vaginales und Phalli-
sches zugleich an.

Dennoch war sie dabei, als Leo wenig später einen Freund
begleitete, der ihn mit Picasso bekanntmachen sollte. Das Atelier, das der junge Maler seit April 1904 bewohnte, bestand aus
einem kleinen, kärglich ausgestatteten Raum, den er mit seiner Geliebten Fernande Olivier teilte. Fernande beschrieb den
Auftritt: »Zu Picassos und meiner Überraschung kamen eines
Tages zwei Amerikaner zu ihm, Bruder und Schwester, Leo
und Gertrude Stein. Er mit dem Aussehen eines Professors,
Glatze, goldene Brille, langer, rötlich schimmernder Bart,
schlauer Blick. Eine große, schlanke, steife Gestalt mit kultivierten Umgangsformen. Sie, beleibt, klein, schöner kräftiger
Kopf mit edlen Zügen, die Augen intelligent, klarblickend,
geistvoll. Männlich in ihrer Stimme, in ihrer ganzen Erscheinung ... Beide trugen haselnußbraune Kordsamtanzüge und
Sandalen. Sie waren sich ihrer selbst zu sicher, um sich darum
zu kümmern, was andere Leute dachten.«[11]

Leo war fasziniert von den Bildern – und kaufte auf der
Stelle mehrere für insgesamt 800 Francs. Picasso erschien ihm
damals als Prototyp eines Malers. Alles schien er sich mit den
Augen einzuverleiben.

Gertrude Stein und der sieben Jahre jüngere Pablo Ruiz
y Picasso fühlten sich in einer Art Seelenverwandtschaft
miteinander verbunden Ob er Gertrude Stein portraitieren
dürfe? Aber gern! An etwa achtzig Nachmittagen der Jahres-
wende 1905/1906 wanderte Gertrude Stein vom Jardin du
Luxembourg zum Odéon, um dort einen von Pferden gezo-
genen Omnibus zum Place Blanche zu nehmen. Dann ging
sie noch ein wenig durch die Rue Lépic, bog um die Straßen-
ecke und stieg beinahe senkrecht hoch zu einem niedrigen

*Leo Stein,
Zeichnung von
Pablo Picasso,
1905/06*

Holzgebäude mit Ateliers in der Rue de Ravignan 13, dem von
Max Jacob so genannten »Bateau-Lavoir«.

Ob Gertrude Stein nun die Anzahl der Sitzungen übertrieben hat oder nicht – Picasso brauchte lange für das Portrait
dieser Frau. Das ist verwunderlich, denn sonst war er stolz
darauf, daß seine Bilder sehr schnell gelingen. An manchen
Tagen entstanden gleich mehrere Werke. Schließlich sah es so
aus, als würde das Gesicht nicht glücken. Immer wieder legte
er einige Züge fest, um sie bald darauf zu verwischen und
erneut zu übermalen. Gertrude Stein erinnerte sich. »Der
Frühling nahte, und die Sitzungen nahmen ein Ende. Plötzlich eines Tages übermalte Picasso den ganzen Kopf. Ich sehe
dich nicht mehr, wenn ich hinsehe, sagte er gereizt. Und also
wurde das Bild so gelassen.«[12]

Gertrude Stein,
Gemälde von
Pablo Picasso,
1905/06

Was hinderte ihn, das Bild zu vollenden? Hatte Picasso Angst, daß er Gertrude vielleicht »überhaupt nicht mehr« sah, wenn das Gemälde fertig war? Was war das überhaupt für eine Begegnung zwischen diesem Maler und diesem Modell? Gertrude Stein saß ihm nicht nackt gegenüber, sondern war in eines ihrer weiten, dunklen Gewänder aus festem Tuch eingehüllt. Gab es vielleicht eine intimere Form des Nacktseins als die körperliche? Eine seelisch nackte, körperlose oder unmittelbare Intimität? Beunruhigte ihn die Frage, was er eigentlich in ihr sah?

Norman Mailer meinte, Picasso habe in jener Zeit das Phänomen des Androgynen, das Ineinander-Übergehen aller Formen, fasziniert und beunruhigt. Zweimal in der Woche sei er mit Fernande unter Opium zu psychischen Odysseen aufgebrochen, auf denen er gespürt habe, daß die Dinge nicht –

auch nicht Mann und Frau – in getrennten Formen da sind, sondern sich treffen und verschmelzen derart, daß die Geschlechter ineinander überwechseln können, daß Männlichkeit und Weiblichkeit sich unaufhörlich ins Gegenteil verwandeln. Mailer meinte in seiner Picasso-Biographie *Portrait des Künstlers als junger Mann*[13], Pablo und Gertrude müßten ihre Sitzungen mit unausgesprochenen psychischen Übertragungen verbracht haben. Im Umgang mit Gertrude Stein hätte Picasso die Möglichkeit genossen, sich in die Persönlichkeit einer Frau einzuschließen. »Nicht alle Liebesaffären sind sexueller Natur; manche beruhen auf den tiefen Meditationen, zu denen sich beide Partner gegenseitig inspirieren.«[14]

Als Picasso nach den Sommermonaten aus Spanien zurückkehrte, konnte er Gertrude Steins Gesicht in eine Form bringen, die seinem inneren Bild von der Portraitierten und seiner Kunstauffassung entsprach. Es entstand ein Gemälde in erdfarbenen Grau- und Brauntönen von einem kraftvollen, bäuerlich sitzenden Menschen mit hoher Stirn und melancholisch strengem Blick, der nicht nach außen gerichtet ist. Der Ausdruck ist unheimlich, geheimnisvoll wie der einer Maske.

Die Portraitierte berichtete: »Gertrude Stein bearbeitete immer wieder den Anfang von ›The Making of Americans‹ und kam zurück nach Paris gebannt von dem, was sie gerade machte. Es war zu dieser Zeit, daß sie weil sie jede Nacht arbeitete oft von der Morgendämmerung ertappt wurde die anbrach während sie noch arbeitete. Sie kam zurück in ein ziemlich aufregendes Paris. Zunächst kam sie zurück zu ihrem vollendeten Portrait. An dem Tag als er aus Spanien zurückkehrte setzte Picasso sich hin und malte aus dem Kopf den Kopf hinein ohne Gertrude Stein wiedergesehen zu haben. Und als sie ihn sah waren er und sie zufrieden. Es ist sehr eigenartig aber keiner von beiden kann sich auch nur im geringsten daran erinnern wie der Kopf aussah als er ihn übermalte.«[15]

Dem Künstler wie dem Modell gefiel das Portrait über alle Maßen besser als allen anderen. Es ist etwas in dem Gesicht, besonders in den Augen, das auf Picassos Entwicklung einer kubistischen Bildgestaltung hindeutet. »Vor dem Hintergrund dessen, was noch kommen sollte«, schrieb Mailer, »sitzt ihr Bildnis wie ein großer Gott aus Stein [sic!] am Wegesrand.«[16] 1906 malte Picasso mehrere voluminöse weibliche Akte mit Gesichtern, die aussehen wie eine Mischform von Gertrude und Fernande. Gertrude Stein spürte, daß Picasso in ihr etwas sah, das Größe hatte und Unausgelotetes. Das Gefühl hatte Leo ihr nie gegeben.

Leo Stein war von dem Portrait nicht begeistert. Das Gemälde, das seinen Platz auf der Mitte der Wand in der Rue de Fleurus eroberte, gab seiner »kleinen« Schwester mit einem Mal »große« Bedeutung. »Alle sagen, sie sähe nicht so aus, aber das ist völlig einerlei, denn mal wird sie so aussehen«, soll Picasso gesagt haben. Und es stimmte, Gertrude Stein wuchs im Laufe ihres Lebens in diesen Bildentwurf hinein, den Picasso aus ihr herausgeholt hatte.

Aber wir, Pablo und ich, sehen das ganz anders, mußte Leo Stein fortan häufig hören, wenn er sich in Theorien verstieg. Mit Picasso ist sich Gertrude Stein einig, daß zuviel Theoretisieren dem künstlerischen Schaffen nur im Wege steht. Der Bruder merkte, daß sich da ein neues »Wir« bildete, ein Künstler-Wir, das Leo ausschloß. Die kleine Schwester folgte seinen Erklärungen nicht mehr ergeben. Das war neu. Das ärgerte Leo Stein. Und es verunsicherte ihn. Das Geschwister-Wir erlitt einen ersten Bruch.

Wenn an den Samstagabenden der Bilderraum in der Rue de Fleurus mit Gästen angefüllt war und Leo seine Reden schwingen wollte, machte sich Gertrude schon allein dadurch breit, daß sie auf dem Picasso-Gemälde figurierte – inmitten der Werke anderer Künstler. »Damals waren alle möglichen Bilder da, es war noch nicht die Zeit, als bloß Cézannes, Renoirs, Matisses und Picassos dahingen, und erst recht nicht, wie noch später, bloß Cézannes und Picassos. Damals war mancherlei von Matisse, Picasso, Renoir und Cézanne da, aber auch sehr viel andre Sachen. Zwei Gauguins waren da und Manguins und ein großer Akt von Vallotton, der so aussah wie die Odaliske von Manet, war's aber nicht, und auch ein Toulouse-Lautrec war da. In jener frühen Zeit sah sich's Picasso mal an und rief ganz tollkühn, einerlei, ich kann doch besser malen als der. Toulouse-Lautrec hatte ihn in seinen ersten Anfängen am meisten beeinflußt. Später habe ich ein winzig kleines Bild von Picasso aus jener Zeit gekauft. Im Atelier war auch ein Bildnis Gertrude Steins von Vallotton, das so aussah wie ein David, war's aber nicht, und ein Maurice Denis hing da und ein kleiner Daumier und viele Aquarelle von Cézanne, kurz und gut, einfach alles, sogar ein kleiner Delacroix und ein etwas größerer Greco. Es waren riesige Picassos aus der Harlekin-Periode da, dann zwei Reihen Matisse, das große Bild einer Frau von Cézanne und ein paar kleinere Cézannes, und alle Bilder hatten ihre Geschichte«[17], so beschrieb Gertrude Stein die gesammelten Schätze. Leo Stein bemerkte in einem unveröffentlichten Notizbuch: »Ich habe mich oft gefragt, warum ich bereit war, eine Summe für ein Bild zu zahlen, für die ich mir ein Grundstück hätte kaufen können … Natürlich hatten die Bilder einen spekulativen Wert, aber darüber habe ich nie nachgedacht. Das Interesse glich eher einer Liebesgeschichte, einem unwiderstehlichen Verlangen. Ähnliches empfinde ich, wenn ich Shakespeare, und seltener, wenn ich andere Dichter lese; aber im allgemeinen ist diese seltsame Leidenschaft eher mit Liebe vergleichbar.«[18]

Die Samstagabende in der Rue de Fleurus 27 wurden zu einer festen Einrichtung. Auch die Künstler kamen. Häufig erschien Picasso mit Fernande oder Braque, manchmal Matisse und Freunde und Freunde von Freunden mit ihren Frauen, Freunde aus Amerika und aller Welt, die von der sagenhaften Sammlung und dem unkonventionellen Geschwisterpaar gehört hatten. Jeder, der auch nur irgendwie mit moderner Kunst zu tun hatte, ist einmal dort gewesen. Darunter war mancher arme Künstler, der sich besonders über die Bewirtung freute. Helène, das Mädchen für alles, das zwischen 1905 und 1913 den Geschwistern den Haushalt führte, war dabei mit ihrer Bereitung von Soufflés ganz unentbehrlich. Auch Galeristen kamen. Vollard, der ebenfalls Freunde mitbrachte, beschrieb die Szene: »Nichteingeweihte hätten durchaus annehmen können, sie befänden sich in einer öffentlichen Galerie; niemand beachtete sie. Leute kamen und gingen, und Leo Stein wich nicht von seinem bevorzugten Platz: er saß zurückgelehnt in einem Sessel, die Füße auf ein Bücherregal gelegt. ›Ausgezeichnet für die Verdauung‹, pflegte er zu sagen.«[19] Zu den »Leuten« gehörten auch die Dichter. Picasso brachte Apollinaire mit und Max Jacob, die aus ihren Gedichten lasen.

Irritierend fand Leo die Begeisterung seiner Schwester für Picasso. 1907 war er sich zwar noch mit Gertrude einig, daß dieser Künstler gefördert werden mußte; sie mieteten für ihn ein zweites, größeres Atelier im »Bateau-Lavoir«. Aber untergründig arbeitete es in Leo. Im Gegensatz zu Matisse mit seinen brillanten didaktischen Beiträgen wirkte Picasso ungehobelt. Man konnte merken, daß er sich unter Intellektuellen nicht wohlfühlte. Im übrigen war Leo so niederträchtig, keine Gelegenheit auszulassen, um ihm von Matisse vorzuschwärmen.

Picassos Beiträge an den Samstagabenden hatten etwas von einem plötzlichen Wetterleuchten an einem stummen Himmel. Intuition war seine Stärke, meinte Leo, aber das war in seinen Augen nicht viel. Das Französische hemmte Picasso noch dazu. Sein Wortschatz beschränkte sich auf eine Art »basic«-Französisch. Wenn er sprach, wirkte es primitiv, grob und schwerfällig, das Spanische klang durch. Gertrude liebte gerade das. »Pablo«, wie sie ihn immer nannte, saß zumeist an ihrer Seite. Wie Kinder benahmen sich die beiden, stritten sich um das Brot. Picasso nahm es ihr einfach aus der Hand: »Das ist mein Brot!« – während Leo wieder einmal wie ein Florett-fechter die Moderne herleitete aus dem Geiste der Ästhetik akademischer Malerei. Gertrude und Pablo spielten, witzel-ten, kicherten, machten Mätzchen. Keiner konnte übersehen, wie sehr ihnen das gefiel, das kindlich Einfache. Im Umgang mit Picasso fühlte sich Gertrude frei und leicht, entlastet von der Rolle des altklugen Kindes, die sie, um neben Leo bestehen zu können, oftmals meinte spielen zu müssen.

Leos Kindlichkeit zeigte sich weniger im Übermut als im Verzagtsein eines sehr kleinen Jungen. Dann half ihm all sein gescheites Denken und Wissen nicht mehr, er war nieder-geschlagen, mochte nicht essen oder vertrug nicht, was er gegessen hatte. Verdauungsschwierigkeiten und ein empfind-licher Magen zwangen ihn zum Verzicht. Schließlich verlor er allen Lebensmut und ließ sich mit besonders schonender Kost betütteln.

Als Picasso mit seinen kubistischen Bildern experimen-tierte, wandte sich der Bruder von dem Künstler ab, während sich Gertrudes Bewunderung noch steigerte. Das hatte den-selben Grund. Picasso spielte ohne Rücksicht auf jeden her-kömmlichen Realismus mit kubischen Formelementen. Und er verfolgte auf seine ganz eigene Weise das Vorhaben einer »ehrlichen« Malerei, was bedeutet, daß er sich an das hielt, was er sehen konnte, ohne das Erwachsenenwissen von den Dingen ins Spiel zu bringen. Gertrude verglich seinen Stand-punkt mit dem perspektivischen Blick des Kindes auf das Gesicht der Mutter – aus »unmittelbarer« Nähe. Dieser Blick kennt nicht die Anordnung der Teile, wie sie der sogenannte Realismus der Kamera zeigt; er kennt nicht die andere Seite, wenn er auf die eine gerichtet ist.

Gertrude Stein gefiel es, daß Picasso geschaute Dinge nicht so ausdrückte, »wie man sie kennt, sondern so, wie sie sind, wenn man sie sieht, ohne sich zu erinnern, daß man sie betrachtet hat... Man sieht, was man sieht, das übrige ist eine

Rekonstruktion aus dem Gedächtnis, und Maler haben mit
Rekonstruktionen nichts zu tun ...; sie befassen sich lediglich
mit sichtbaren Dingen, und so war der Kubismus Picassos ein
Bestreben, ein Bild von diesen sichtbaren Dingen zu machen.
Das Ergebnis war beunruhigend für ihn und die anderen;
doch was blieb ihm anderes übrig – der schöpferische Mensch
kann nur eines tun, er kann nur fortfahren, etwas anderes
bleibt ihm nicht übrig.«[20] Außerdem beachtete Gertrude Stein
eine Art Gleichberechtigung der Bildelemente. So machte sie
das selber auch, wenn sie schrieb. Die Verwendung des »und«
in dem Portrait »Melanctha«, ein erneuter Versuch, ihrer
Erschütterung durch das Liebeserlebnis mit May Bookstaver
in verschlüsselter Weise literarisch Form zu verleihen, ist ein
Beleg dafür.

»Und Jeff nahm sie jetzt offen an, und er liebte sie, und er
empfand stark die Freude an diesem Dasein, und sie ging voll
auf in ihm, und er strömte sie ganz zu ihr zurück in Freiheit,
in zärtlicher Güte und in Freude und in sanfter brüderlicher
Liebe. Und Melanctha liebte ihn jetzt immer darum, ihren Jeff
Campbell, der die Dinge niemals widerlich machte für sie, wie
es alle Männer die sie früher gekannt hatte für sie getan hatten. Und sie waren immer lieber zusammen in diesen langen
warmen Sommertagen, mit diesem neuen Gefühl das sie jetzt
hatten; sie, die jetzt immer zusammen waren, nur sie zwei, die
einander immer lieben würden, und die Sommerabende, an
denen sie wanderten, und der Lärm in den vollen Straßen und
die Drehorgelmusik und das Tanzen und der warme Geruch
von Menschen und von Hunden und von Pferden und die
ganze Freude des kräftigen süß-stechenden, schmutzigen,
feuchten, warmen südlichen Negersommers.«[21]

Untergründig beunruhigte Leo die Konsequenz, mit der
Gertrude das Schreiben betrieb, ganze Nächte hindurch. Als
Picasso sie portraitierte, arbeitete sie selbst an literarischen
Portraits. Im Laufe ihres Lebens wird sie sehr viele Menschen
ihres Umgangs mit immer neuen stilistischen Mitteln portrai-

tieren, wie Picasso das auch getan hat. Da sie keinen Verlag für die Veröffentlichung von *Drei Leben* gewinnen konnte, ließ sie das Buch 1909 auf eigene Kosten drucken.

Wie Leo die Texte gefielen, wollte sie wissen. Ganz gut, aber vielleicht zu privat, gab er zu bedenken. Er bezweifelte, daß jemand Interesse an den Portraits hatte, der die Portraitierten nicht persönlich kannte. Ein verletzendes Urteil, denn es zeigte, daß er die literarische Qualität, die Kunst ihrer Darstellung nicht beachtenswert fand. Das galt auch für Leos Einschätzung von *The Making of Americans*, ihrer Familiengeschichte, in der sie Strukturen, Grundzüge, das Überzeitliche in den geschichtlichen Erscheinungen menschlichen Lebens in den Blick zu rücken versucht hatte. Oder, simpel formuliert: das Leben, wie es nun einmal ist. Trotzig hatte sie diesem Tausend-Seiten-Werk die Zeile vorangestellt: »Ich schreibe für mich selbst und Fremde.«

Gertrude Stein schützte ihre literarische Arbeit vor Leos nicht gerade ermutigenden Kommentaren. Das Geschwister-Wir erfuhr einen weiteren Bruch. Gertrude kapselte sich mit ihrem Schreiben ab. Und Leo war einmal mehr davon verstört, daß er, der Vielversprechende, so unsicher und wankelmütig mit seinen intellektuellen und künstlerischen Ambitionen umging, während die kleine Schwester so unbefangen und unverschämt selbstbewußt auf ihrem eigenen Weg voranschritt – einfach an ihm vorbei. Das Verhältnis der Geschwister war nicht mehr, was es bis dahin gewesen war. Mit stupender Selbstsicherheit wird Gertrude Stein später konstatieren: »Ich war das Genie; dazu bestand kein Grund aber ich war eins und er nicht.«

Bitter und äußerst bissig urteilte Leo Stein 1913 in einem Brief an Mabel Weeks: Beide, Picasso und Gertrude, versuchten ihren Intellekt, den sie nicht hätten, zu benutzen, um etwas zu tun, was das genaueste kritische Feingefühl verlangen würde, das sie auch nicht hätten. Seiner Meinung nach produzierten sie den größten Quatsch, den man finden könne.

Geradezu rührend komisch wirkte Leo Stein mit seiner Empfehlung, Picasso sollte seine Malerei disziplinieren, indem er
sich an der Realität von Modellen orientierte. Leo Steins Herz
hing doch mehr an der traditionellen akademischen Malerei.
So verpaßte er den Kauf eines Gemäldes, um den ihn heute
die ganze Welt beneiden würde:»Les Demoiselles d'Avignon«,
das Ursprungswerk des Kubismus. Leo sah nichts darin, noch
1947, im Jahr seines Todes, hielt er es lediglich für ein »fürch-
terliches Durcheinander«.

Das Erscheinen der Muse

Nach dem großen Erdbeben in San Francisco im Jahr 1906
fuhren Michael und Sarah Stein in die Heimat, um ihre Häuser zu inspizieren. Schornsteine waren auf die Dächer gestürzt,
die nun repariert werden mußten. Außerdem trafen sie
Freunde und zeigten die mitgebrachten Gemälde, mit beson-
derem Stolz die Werke von Matisse. Sie schwärmten vom
gesellschaftlichen Leben mit den modernen Künstlern. Sarah
erzählte, welch neuen Schwung die Malerei in ihr Leben
gebracht hatte. Eine Bekannte, Alice B. Toklas, die noch nach
Höhepunkten ihres Lebens suchte, hörte dies und fing Feuer.
1907 reiste sie mit ihrer Freundin Harriett Levy nach Paris.
    Ungebührlicherweise wußte Gertrude manches Private aus
dem Leben der Alice B. Toklas. Annette Rosenshine, eine
Freundin, hatte Gertrude mit interessanten Histörchen versorgt. Von wechselnden Affären dieser Frau mit Frauen war
die Rede – vertraulich, versteht sich. Sie benimmt sich wie
eine Prostituierte, soll Gertrudes Kommentar gewesen sein.
Als werdende Schriftstellerin bat sie manche Freunde um solche Berichte aus dem alltäglichen Leben – Klatsch hinter dem
Rücken der Betroffenen und gleichzeitig Stoff für erzählbare
Geschichten.
    Alice B. Toklas stammte wie Gertrude Stein aus einer bür-

*Alice B. Toklas,
Fotografie von
Arnold Genthe,
1906*

gerlichen jüdischen Familie. 1877 in San Francisco geboren, hatte sie einen Teil ihrer Kindheit in Europa verbracht, um dann in Kalifornien zu leben, das sie wie Gertrude Stein über alles liebte. Auch ihre Mutter war früh gestorben. Als höhere Tochter des ausgehenden 19. Jahrhunderts hatte sie Klavier spielen gelernt. Nach dem Wunsch ihrer Großmutter, die selbst bei Robert Schumanns Vater Klavierstunden genommen hatte, sollte aus ihr eine Pianistin werden. Auch sonst hatte sie sich um die Bildung ihrer Enkelin gekümmert, hatte sie mit der Literatur vertraut gemacht und zu Theateraufführungen und Konzerten mitgenommen. Schließlich studierte Alice an der University of Washington.

Wie aus heiterem Himmel kam 1907 in Gestalt dieser jungen unkonventionellen Frau eine Mitstreiterin für Gertrude Stein in die Rue de Fleurus. Schwester und Bruder wetteiferten inzwischen um den ersten Rang, was ihre Künstlerkarriere anging. Gertrude konnte Unterstützung gebrauchen. Wie bei der Affäre mit Bookstaver zögerte und warb sie, verlor sich in Erwägungen, suchte nach Absicherungen und geriet unversehens in ein Liebesverhältnis mit dieser schillernden Gestalt, die sich flugs der Lebensform der Schriftstellerin ganz und gar anpassen wird – ein Leben lang. Alice bot sich als dienende Gestalt an. Sie war bereit, ihre ganze Arbeitskraft dem Wohlergehen der Person und des Werkes von Gertrude Stein zur Verfügung zu stellen. Sie war bereit, Gertrudes unleserliche Manuskripte, die in den Nächten entstanden, am Tage abzutippen. In die Gesellschaft der Rue de Fleurus 27 wurde sie als Sekretärin eingeführt, bis sie ganz selbstverständlich als Gertrudes Vertraute zum Hause gehörte.

Gertrude hatte Gefallen an der drei Jahre Jüngeren, die auf geheimnisvolle Weise exaltierte Eleganz mit lebenspraktischer Bodenhaftung verband. Ganz besonders aber liebte die Schriftstellerin an ihr, daß sie im Gegensatz zu Leo alles liebte, was sie schrieb. Wie Gertrude bislang ihren Bruder idealisiert hatte, wurde sie nun selbst zum idealisierten Objekt der Begierde dieser abenteuerlustigen Frau. Das wirkte auf Gertrude Stein wie eine Infusion, die auch ihr Schreiben vitalisierte.

Alice B. Toklas fungierte als Muse, und Gertrude gab ihrem irdischen Leben eine neue Form. Zunächst sorgte sie dafür, daß die Freundin Französisch lernte – bei Picassos Freundin Fernande Olivier, die Geld verdienen mußte, da sie im Begriff war, sich von Picasso zu lösen. Ab 1909 traten Gertrude Stein und Alice nur noch zusammen auf. Sie besuchten Picasso im Atelier; sie gingen zur Vernissage der ersten Kubistenausstellung mit Werken von Georges Braque in der Galerie Daniel Henry Kahnweilers; sie nahmen teil an dem großen Fest, das

Picasso für seinen Künstlerfreund Henri Rousseau ausrichtete. Eine ausgelassene und trunkene Gesellschaft; Leo spielte Gitarre, Braque nahm das Akkordeon, Ramón Pichot präsentierte spanische Tänze und Apollinaire rezitierte ein Gedicht zu Ehren Rousseaus. Gegen Morgen zogen sie weiter durch die Pariser Bars. Doch als im Bistro »Lapin Agile« der Esel Lolo die Blumendekoration vom Hut der Toklas knabberte, zogen sich die beiden distinguierten amerikanischen Ladys zurück.

Leo Stein arbeitete, wenn auch verzagt, an seiner Malerkarriere. Jeden Nachmittag versuchte er sich an der Académie Colarossi, Rue de la Grande-Chaumière, in der Aktmalerei. Eine Zeitlang besuchte er auch den Unterricht von Matisse und mit ihm viele andere wie Annette Rosenshine, Sarah Stein, Hans Purrmann, Rudolf Levy, Greta und Oskar Moll. Disziplin verlangte Matisse, vor allem Disziplin und: »die Antike wird Ihnen helfen, die Fülle der Form zu erfassen«. Matisse sah es nicht gern, wenn ihn die Schüler kopierten; sie sollten erst das Handwerk erlernen und dann – ihren eigenen Stil finden. Als unerbittlicher Lehrer kommentierte er jede einzelne Arbeit auf der Staffelei. Der deutsche Maler Hans Purrmann wurde nervös und verlor Gewicht. Leo Stein ertrug die Kluft zwischen seinem Bild-Sehen und Bild-Wissen auf der einen Seite und seinem Bild-Realisieren auf der anderen immer weniger. Nach kurzer Zeit verschwand er als Schüler und kam nur noch gelegentlich als Besucher zurück.

Im April 1908 organisierte der amerikanische Fotograf Edward Steichen für Matisse eine erste Ausstellung in New York, in Alfred Stieglitz' Galerie »291«. Das bedeutete, daß die Preise für seine Gemälde stiegen. Gertrude nahm es Matisse übel, daß er auch bei ihr keine Ausnahme machen wollte, und nannte ihn hämisch »Maitre Matisse«. Nach der Skizze zum Gemälde »Musik« und »Blauer Akt« kaufte sie fortan kein Bild mehr von ihm.

Den Sommer verbrachten Gertrude und Leo mit einigen Freunden, darunter Leos Reisefreund Hutchins Hapgood, in Fiesole bei Florenz. Er malte. Sie schrieb. Auch Alice B. Toklas reiste mit, noch in Begleitung ihrer Freundin Harriett Levy. Sie wohnten in einem Hotel. Dort konnte Alice ungestört die neuen Texte von Gertrude in die Maschine tippen. In den ersten zwei Jahren nach ihrer Begegnung hatte Alice noch zwischen ihrer Liebe zu Harriett und Gertrude geschwankt. Erst 1909 fiel ihre Entscheidung. Von da an lebte sie mit Gertrude Stein unter einem Dach in der Rue de Fleurus. Geographisch gesehen lebten die Steins in Europa, aber ihr soziales Leben spielte weitgehend im Kreis amerikanischer Freunde. Bevor die sogenannten Expatriates Paris zu ihrem Stammsitz erklärten, gab es eine mobile Clique von amerikanischen Künstlern und Intellektuellen, welche die Kunst zu ihrer Heimat erklärte. Dank des hohen Dollarkurses konnten sie in Frankreich gut auskommen. Auch Michael und Sarah gehörten zu diesem Kreis. An Samstagnachmittagen besuchte man ihre Sammlung in der Rue Madame und zog dann am Abend weiter in die Rue de Fleurus, um dort die neuen »Spielsachen« der Sammler zu betrachten. Die Steins, besonders Leo und Gertrude, richteten ihr Leben nach dem Muster der elternlosen Zeit in San Francisco ein.

Im Sommer 1907 kamen die Schwestern Etta und Claribel Cone aus Baltimore hinzu, die sich ebenfalls aufs Sammeln verlegten. Sie werden die Pariser Moderne des beginnenden 20. Jahrhunderts in Amerika bekanntmachen. Anders als die Steins, die immer wieder Werke kauften und verkauften, meist mit Gewinn, hielten sie ihre Bilder zusammen. Matisse wurde zum Schwerpunkt ihrer Sammlung. Finanziell gut ausstaffiert, konnten sie sich dessen Gemälde auch in der Zeit leisten, als sie teurer wurden.

Anders als Gertrude amüsierte sich Leo in Paris auch ohne Schwester mit den Künstlern und den attraktiven Modellen der Szene. In der Atmosphäre der Bohèmiens, die sich häufig im »Café du Dôme« trafen, fühlte er sich wohl, in gelockerter Verfassung, frei von dem Druck, die großen Werke zu gestalten, die immer noch auf sich warten ließen. Dort begegnete er »Nina de Montparnasse«, alias Eugénie Auzias. Eine gescheiterte Gesangsstudentin, die ihren Lebensunterhalt mit Straßengesang verdiente oder mit Modellstehen und, wenn das Geld nicht reichte, manchmal auch mit Prostitution.

»Was für ein pikantes kleines Ding Nina doch war«, erinnerte sich Hutchins Hapgood. Leo bat sie, für ihn Modell zu stehen, und verliebte sich – das erste Mal nachhaltig. Nina wollte kein Geld von ihm nehmen. Leo ging wieder auf Abstand. Er brauchte Zeit. Nina aber brauchte einen Liebhaber, der sich um sie kümmerte, und ließ sich auf weitere Beziehungen ein. Sie trafen sich wieder und trennten sich wieder und kamen wieder zusammen und gingen wieder auseinander. Leo flüchtete vor sich selbst, vor der Intensität des Gefühls, das ihn unfrei machte und verunsicherte. Sein intellektueller Überbau erwies sich als Strohhalm, an den er sich in der Gefahr klammerte, im Konkurrenzkampf mit den Großen zu unterliegen.

Als Alice B. Toklas im Winter 1909/1910 in die Rue de Fleurus einzog, wurde ihm klar, daß sich das Bündnis des Geschwister-Wir endgültig auflöste. Damit verlor er seine insgeheime Lebenskonstruktion, die ihm bislang Halt gegeben hatte. Solange Gertrude ihm folgte, solange sie ihn liebte, bewunderte, verehrte, solange sie seinem Urteil im großen und ganzen vertraute, solange sie zu ihm aufschaute, hatte er seinen Wunsch nach Größe noch träumen, aber auch im Vagen halten können. Als er begann, für die Schwester unwichtiger zu werden, verlor Leo die Fassung. Seine Magenprobleme spitzten sich zu. Er setzte auf Diät und fastete so extrem, als wolle er sein körperlich irdisches Leben zu etwas ganz Kleinem zurückbilden. An den gemeinsamen Mahlzeiten nahm er nicht mehr teil. Seine speziellen Speisen bereitete er selbst für sich ganz allein – schwesterseelenallein.

Bruder und Schwester gingen jetzt einander aus dem Weg. Leos privater Feldzug fand hinter dem Rücken der Schwester statt. Er hielt ihre Texte für unverständlichen Unsinn, so schrieb und erzählte er es anderen. Mabel Weeks gegenüber ließ er sich darüber aus, daß Gertrude nach Ruhm hungern und dürsten würde und daß es natürlich eine schlimme Sache für sie wäre, daß er ihr Zeug nicht ausstehen kann und es abscheulich findet. Rückblickend befand Gertrude Stein, daß seine Reaktion auf ihr Schreiben ihre innige Bindung gelöst hatte. Sie entzog ihm seine Bedeutung, und er machte dasselbe mit ihr. Während Leo weiterhin an das glaube, was er sagte, wenn er stritt, hätte sie es einfach nicht mehr interessant finden können. Gertrude Stein ließ sich nicht in die Unterwerfungskämpfe des Bruders verwickeln. Die sonst so viel miteinander geredet hatten, konnten sich mit Worten nicht mehr erreichen.

Paradoxerweise formulierte Leo Stein, wiederum in einem Brief an Mabel Weeks, zu dieser Zeit just dieselben Gedanken über Denken, Bewußtsein und künstlerisches Schaffen, die in den Texten seiner Schwester gleichsam verkörpert waren. Leo Stein entwickelte die Vorstellung, daß wir die Dinge, unsere Emotionen, unseren Willen, unsere Einstellungen und alles übrige im Grunde nur vorfinden. Falsch wäre es, sie aus einem Vorgang abzuleiten, den wir »Erfahrung« zu nennen gewohnt sind. Wenn man genauer hinschaue, zeige sich vielmehr, daß »die Dinge geschehen«. Und was wir denken, sei im Grunde nur eine Funktion dessen, was wir sehen, wenn wir stehen, wo wir stehen.

Genau das spürt man beim Lesen der Texte von Gertrude Stein. Unter eben diesem Aspekt macht sie das menschliche Leben mit ihrer kunstvoll einfachen Sprache und mit den aufgebrochenen Sätzen sichtbar. Jede beliebige Seite ihres Tausend-Seiten-Romans *The Making of Americans*, den sie gerade abgeschlossen hatte, brachte zum Ausdruck, daß die Dinge geschehen. Es liegt kein Fortschritt und auch kein tieferer

Sinn im Tun der Menschen. Mit eherner Gleichförmigkeit nehmen die Dinge, verborgenen Mustern gemäß, ihren Lauf. Keine Methode wäre passender als das Variieren von Themen durch kaum merkliches Hinzufügen und Umstellen von Wörtern oder Satzfolgen, die in unzähligen Wiederholungsschleifen den Sinn eines Textes anreichern und vertiefen. Das passiert allerdings nur, solange man aufmerksam liest. Wird man als Leser ungeduldig und will schnell vorankommen, entzieht sich der Sinn. Dann kann sich Verdruß über Wörterschüttelei einstellen.

Sehr merkwürdig, daß sich die Geschwister nicht mehr auf den Umgang miteinander verstanden. Für Leo wurde es offenbar immer unerträglicher zu sehen, daß er zwar sehr viel weiß, klug analysieren und differenziert denken kann, nicht aber in der Lage ist, Werke zu schaffen. Die Idealisierung, die Gertrude ein halbes Leben lang dem Bruder zuteil werden ließ, gilt nach der Trennung ausschließlich ihrem eigenen Werk.

»Ich bin das Genie, nicht er«

1913 zog sich Leo Stein mit Sack und Pack, mit Möbeln, Büchern und Bildern seiner Wahl zurück. Gertrude ließ den Bruder gewähren; sie bestand nur auf dem Cézanne-Portrait, das auch Leo beanspruchte. Und ging zur Tagesordnung des Schreibens über. Er würde es schon noch begreifen, und wenn nicht, es gibt auch andere Menschen auf der Welt.

Während Gertrude sich zu ihrer Beziehung mit Alice B. Toklas bekannte, brauchte Leo noch ein paar Jahre voller Irrungen und Wirrungen, bis er es 1921 wagte, Nina Auzias zu heiraten.

Gertrude Stein blieb bis 1933 als Schriftstellerin ein Geheimtip. Die großen Verlage hielten ihre Texte für unverkäuflich, da sie den Leser nicht in spannende Geschichten verwickelten, sondern Betrachtungen bieten würden, deren Genuß zudem

Gertrude Stein und Alice B. Toklas in den zwanziger Jahren

durch ihre eigenwillig manierierte Handhabung der Sprache erschwert werde. Sie selbst und Alice waren stets von der Bedeutung ihrer Texte überzeugt – und die jungen amerikanischen Schriftsteller. Zu den Besuchern der Rue de Fleurus gehörten neben vielen anderen Sherwood Anderson, Ezra Pound, Ernest Hemingway, Scott Fitzgerald, Paul Bowles. Für sie war Gertrude Stein *die* Autorität, was Sichtweise und Sprache der neuen Literatur anging. Thornton Wilder verlieh ihr den Titel der »Mother of us All«.

Welch ein Umschwung von der Kleinen zu einer Gestalt, die den gerade beginnenden Schriftstellern die Richtung wies! Die auf das Einfache reduzierte, entschnörkelte Sprache, die experimentellen Sprachspiele – Vorformen des absurden Theaters und der Verhinderung oder Demontage von Sinn in der »Lyrik« –, all das faszinierte die Neuen, die Jungen, die Modernen, zu denen auch der junge T.S. Eliot oder Tristan Tzara gehörten.

Großer Bruder, dachte Gertrude Stein jetzt, du warst einfach immer schon zwei Jahre zu alt.

Stets waren einige Freunde darum bemüht, Gertrude Steins Texte »unterzubringen«. Darunter auch Mabel Dodge, eine außerordentlich wohlhabende, exzentrische Amerikanerin mit wechselnden Beziehungen zu Frauen und Männern, die mit Mann und Kind in den Hügeln nördlich von Florenz in der Villa Curonia residierte – wenn sie nicht auf Reisen war. Später hatte sie ihren Salon in New York, wo auch Leo manchmal erschien.

Über das Manuskript von *The Making of Americans* schrieb Mabel Dodge 1912 an Gertrude: »Hier werden Dinge aus dem Bewußtsein in Schwarz und Weiß gemeißelt, die noch nie zuvor ausgedrückt worden sind – jedenfalls soweit ich es übersehen kann. Seinszustände sind in Worte gefaßt, das *noumenon* erfaßt worden – wie es nur wenige getan haben. Ein Ding benennen heißt praktisch es schaffen, & das ist was ihr Werk ist – wahre Schöpfung. Und ihre Palette ist eine so simple – die Primärfarben in der Wortmalerei & sie drücken damit jede bekannte & unbekannte Schattierung aus. Das ist auf seine Art so neu & kraftvoll & gewaltig wie der Nachimpressionismus & ich bin vollkommen überzeugt, daß es der Vorläufer einer ganzen Epoche neuer Form & neuen Ausdrucks ist.«[22] Einschätzungen wie diese verliehen der Arbeit Gertrude Steins Flügel. Dodge beschrieb auch die Arbeitsweise der Schriftstellerin. Es ginge darum, den konventionellen, vorgefaßten Bildern eine Absage zu erteilen und statt dessen den sich einstellenden Wörtern und Gruppen von Wörtern Raum zu geben. Das entspreche Henri Bergsons Würdigung der Intuition.

Gertrude Stein,
Fotografie von Man Ray,
1926

»Sie [die Intuition] sucht nicht nach Wörtern – sie wartet und läßt sie auf sich zukommen, und das tun sie« – am besten in der Nacht, das heißt in einer dem Tagesgeschehen entrückten Verfassung. Erst in einem zweiten Schritt geht es um die gezielte Formung eines Textes als Sinneinheit.

1912 verfaßte Gertrude Stein den Text *Portrait of Mabel Dodge at the Villa Curonia.* Dodge läßt ihn in einer privaten bibliophilen Ausgabe von 300 Exemplaren in Florenz drucken und verteilt ihn an wichtige »Multiplikatoren«. Die Autorin schickte das Bändchen ebenfalls an Freunde, Bekannte, Verwandte und Verleger. Außerdem begab sich Mabel Dodge auf einen Werbefeldzug auf der Armory Show in New York (1913). Dort zeigte sich die geballte europäische und amerikanische Kunst der Moderne. Mabel Dodge machte auf die Schriftstellerin aufmerksam, natürlich auch auf die im Text Portraitierte. Das erboste Gertrude zwar, aber von da an war ihr Name in Amerika im Gespräch, ob ihre Art von Literatur nun gefiel oder nicht. Sie löste Kontroversen und Debatten aus – nichts war ihr lieber als das.

1912 veröffentlichte Alfred Stieglitz Gertrude Steins literarische Portraits von Picasso und Matisse in seiner Zeitschrift *Camera Work*. 1914 erschien *Tender Buttons* (Zarte Knöpfe), eine Sammlung von Momentaufnahmen aus dem alltäglichen Leben. 1922 wurde *Geography and Plays* veröffentlicht, das mit der »Médaille de la Reconnaissance Française« ausgezeichnet wird. Und 1925, endlich, kommt *The Making of Americans* auf den Markt, im Verlag Contact Editions in Paris.

Der Kreis der Connoisseure wurde immer größer, bis endlich, 1933, der große Durchbruch gelang – allerdings mit einem Text in einem ganz anderen Stil als alle bisherigen. Das Buch trägt den Titel: *Autobiographie von Alice B. Toklas*. Gertrude Stein erzählte ihre eigene Geschichte, als würde Alice B. Toklas das tun. Die fingierte Autorin fingiert sozusagen einen Text über Gertrude Stein im unprätentiösen unterhaltsamen Erzählstil à la Toklas. Und damit hat sie Erfolg. In diesem Lebensbericht schilderte die Autorin ihre Begegnungen mit Künstlern, Intellektuellen, Freunden und Nachbarn, mit Hunden, Häusern, Haushälterinnen, ein Zeitgemälde über das alltägliche-gar-nicht-alltägliche Leben einer Künstlerin, die zur richtigen Zeit in der richtigen Atmosphäre lebte.

Eine per Zufall ausgewählte Kostprobe: »Es war ein sehr heißer italienischer Sommertag und wir brachen wie üblich gegen Mittag auf, weil das Gertrude Steins liebste Stunde für Spaziergänge ist und vermutlich war auch Franz von Assisi dann am häufigsten diese Straße gegangen, da er ohnehin jeder Zeit hier gegangen war. Wir brachen von Perugia auf und durchquerten das heiße Tal. Allmählich zog ich immer mehr Sachen aus, denn damals hatte man viel mehr Sachen an als heutzutage, ich zog mir sogar, was gar nicht üblich war, die Strümpfe aus, doch selbst dann noch vergoß ich einige Tränen, ehe wir ankamen, und schließlich kamen wir ja an. Gertrude Stein liebte Assisi aus zwei Gründen, erstens wegen des heiligen Franz und der Schönheit seiner Stadt und zweitens wegen der alten Frauen, die an Stelle von Ziegen immer kleine

Ferkel auf den Hängen von Assisi spazieren führten. So ein kleines schwarzes Ferkel trug immer ein rotes Band um den Hals. Gertrude hatte kleine Ferkel immer sehr gern gehabt und sie sagt, daß sie auf ihre alten Tage bestimmt mit einem schwarzen Ferkel über die Hänge von Assisi wandern will. Jetzt wandert sie über die Hügel von Ain, aber mit einem großen weißen und einem kleinen schwarzen Hund und das tut's vielleicht auch.

Schweine hatte sie immer gern und deshalb zeichnete Picasso wohl einige herrliche Zeichnungen vom Verlorenen Sohn unter den Schweinen und schenkte sie ihr. Und eine köstliche Zeichnung, auf der nur Schweine sind. Um diese Zeit war es auch, daß er für sie eine winzige Deckendekoration auf einem winzigen Holzpaneel anfertigte und es war gedacht als *Hommage à Gertrude Stein*, mit Frauen und Engeln, die Früchte trugen und Trompete bliesen. Jahrelang hatte sie es oberhalb ihres Bettes an der Zimmerdecke befestigt.«[23]

Kurz vor ihrem sechzigsten Geburtstag 1934 verdiente Gertrude Stein das erste Mal mit einem Buch viel Geld. Gekrönt wurde das Ganze durch eine monatelange Vortragstour durch die Vereinigten Staaten von Amerika. Sie zwängte ihren üppigen Körper in ein enges Reisekostüm, bedeckte das kurz geschnittene Haar und die Stirn mit einem Käppchen und schiffte sich am 17. Oktober 1934 in Begleitung der eleganten Alice auf der »Champlain« nach New York ein.

Am Times Square lief in Leuchtschrift nonstop ein Text: »Gertrude Stein ist in New York angekommen Gertrude Stein ist in New York angekommen Gertrude Stein ist …« – als wär's ein Text von ihr. Schon auf dem Schiff wurde sie wie eine Berühmtheit behandelt, und in Amerika avancierte sie zum Star. Sie las aus ihren Werken und hielt Vorträge über Literatur, über Bilder und über alle möglichen Themen – stets in der Überzeugung, daß sie Wesentliches zu sagen hatte, und stets vor einer großen Zuhörerschaft, die diese Ansicht teilte. Dabei wirkte sie wie eine merkwürdige Mischung aus unbefangen munterem Kind und weise gewordener Frau. Selbst im Weißen Haus wurden die beiden Ladys empfangen, wo Eleanor Roosevelt den Tee mit ihnen nahm.

Die Zeitungen überschlugen sich vor Begeisterung und Ehrfurcht. Gertrude Steins Photo erschien auf der Titelseite der Zeitungen, sie gab Interviews, sprach im Radio und wurde für die Wochenschau gefilmt. In der Columbia University sprach sie vor tausend Zuhörern über »Das allmähliche Entstehen von *The Making of Americans*«. Der Verlag Harcourt Brace hatte gerade eine gekürzte Fassung des Buches veröffentlicht. Die Schriftstellerin las aus ihrem Werk, erläuterte und begründete ihr Experimentieren mit der Sprache, das zum Beispiel auf Seite 669 so klingt:

»Er war jemand der am Leben war und manche die er damals kannte waren sicher daß sie ihn nie gesehen hatten und sie hatten ihn gesehen aber sie hatten sich nicht erinnert daß er dieser war der den sie gesehen hatten. Er war jemand der am Leben war und er kannte manche die damals lebten und er wußte damals zweifellos daß manche von ihnen wußten daß er damals am Leben war. Er war am Leben, damals als er ein ziemlich Junger war und manche wußten daß er damals am Leben war. Er war am Leben damals und manche wußten daß manche damals dort am Leben waren und deshalb wußten sie daß er damals am Leben war. Er war am Leben damals und manche wußten daß er damals am Leben war und manche von ihnen wußten daß manche damals am Leben waren und zweifellos war er einer von ihnen einer von jenen die damals am Leben waren.

Er war am Leben, damals als er ein ziemlich Junger war, und er kannte manche damals, manche, die damals am Leben waren, und manche kannten ihn damals, und manche wußten daß er damals am Leben war, und manche wußten daß manche damals am Leben waren.

Manche wissen daß jemand nicht jemand anderer ist und manche wissen nicht daß jemand nicht jemand anders ist.«[24]

Der Text gehörte eigentlich unter der Rubrik »längstes Gedicht« in das Guinness-Buch der Rekorde.

Ein Leser, der eine klar erzählte, zusammenhängende Geschichte erwartet, wird es mit diesem Text schwer haben. Was soll der Quatsch? Aber wenn er sich bewußt macht, wieviel Quatsch er täglich liest, ohne sich diese Frage zu stellen, dann hat Gertrude Steins Text ihn immerhin gestört und wachgemacht. In der wiederholten Wendung »daß manche damals am Leben waren«, klingt etwas mit, was ihn auch nicht täglich staunen läßt: daß sein »am Leben sein« sich nicht von selbst versteht. Damals waren sie am Leben – und sind es jetzt nicht mehr. Oftmals gewinnen Steins Texte die Qualität eines Memento Mori. In *The Making of Americans* gibt es eine ganz kurze Verbindung zwischen dem banal selbstverständlichen Leben in der Zeit und einer transzendenten Ebene.

Manchmal, so auch bei einem Mittagessen in Berkeley, wurde der Schriftstellerin die Frage gestellt, warum sie nicht so schreibe, wie sie spricht. Schlagfertig entgegnete sie: »Wenn Keats zum Mittagessen eingeladen worden wäre, und man stellte ihm eine einfache Frage, würde man erwarten, daß er mit der ›Ode an die Nachtigall‹ antwortete?« Immer gelang es ihr, das Publikum zu erheitern, zu verwirren, zu belehren und dadurch zu begeistern, daß sie eine andere Dimension ins Spiel brachte.

Die Reise durch die Vereinigten Staaten von Amerika hatte die Qualität eines Tagtraums, der Wirklichkeit wird. Sein Thema: Wenn ich einmal groß bin, dann werdet ihr staunen; mir gelingt das Besondere! In vollen Zügen genoß die Schriftstellerin ihren Triumph. Es war auch eine Reise in die Vergangenheit. In Kalifornien mieteten die beiden Damen einen Wagen und suchten die Plätze ihrer Kindheit auf. Wie sehr sich alles verändert hatte – nicht nur sie selbst.

Gertrude Stein hatte von der Neuen Welt die Bestätigung erhalten, daß sie imstande war, etwas Großartiges zu schaffen.

GERTRUDE UND LEO STEIN

Spätestens nach den spektakulären Erfolgen an den berühmten Universitäten von New York, Chicago, Berkeley und anderen Städten verblaßten die Kränkungen, die der Bruder ihr
zugefügt hatte. Damit verlor Leo Stein endgültig seine Macht
über die Schwester. Einmal schickte er einen versöhnlich ge-
meinten Brief, berichtete von der Überwindung psychischer
Krisen. Doch sein betuliches Kreisen um die Dramatik des
eigenen Innenlebens interessierte die Schwester nicht mehr.
Gertrude Stein antwortete nicht. Nach vielen Jahren war ihr
einmal, als hätte sie ihn in Paris vom Auto aus auf der Straße
gesehen. »Gertrude Stein habe sich plötzlich aufgerichtet und
beim Anblick eines Mannes, der, wenn auch nur ganz leicht,
seinen Hut zog, verneigt. Wer war das, fragte Toklas. Das war
Leo, antwortete Gertrude. Mehr sei nicht gesagt worden. Aber
der Ausdruck auf Gertrudes Gesicht, bemerkte Toklas, sei ›ein
wenig süffisant und doch zärtlich gewesen, und ließ eine Spur
von Bedauern erkennen ... und ein klein wenig Liebe‹.«[25] Leo,
der sie ebenfalls erkannt hatte, meinte, sie sei ihm aus dem
Weg gegangen.

Nach der Trennung verbrachte Leo Stein einige Jahre in
Amerika. Er schrieb kunsttheoretische Artikel und Ausstel-
lungskritiken für die amerikanische Zeitschrift *The New Repu-
blic*. Nach einer langen Zeit melancholischer Verstimmtheit,
unglücklicher Affären und krampfhafter Anstrengungen, in
Amerika mit einem Buch groß rauszukommen, versuchte es
Leo Stein mit der Kultivierung einer ruhigen Lebensform – in
Taos, New Mexiko. Doch das währte nicht lange. Erst als er
sich mit Nina Auzias nach Settignano in der Toskana zurück-
zog, ging es ihm nach und nach wieder besser. Das Zusammensein mit dieser Frau in der Landschaft seiner Sehnsucht,
der Aufenthalt in dem schönen alten Haus mit großem Garten befreite ihn von Motiv und Nachwirkung der Trennung.
Leo Stein gelang es schließlich, sich aus dem Bann zu lösen,
mit dem die Schwester ihn belegt hatte. Viel zu hohe Erwartungen waren von jeher an ihn gestellt worden – auch von ihm

selbst. Gewiß, er hatte viel versprochen, und die Art, wie Gertrude ihn von klein auf idealisierte, hatte ihn auch beflügelt. Aber mit den Jahren, als er sehen mußte, daß aus ihm kein großartiger Schreiber und erst recht kein Picasso wurde, hielt er dem Druck nicht mehr stand. Zum Teil war seine Wut über Picassos kubistische Malerei auch darin begründet. Es störte ihn, mit welcher Unverfrorenheit Picasso die Formen der Dinge und Menschen kubistisch kaputtmachte – nicht zuletzt auch die Lebensform von Gertrude und Leo Stein.

1927 hoffte Leo mit dem Erscheinen seines Büchleins *A-B-C of Aesthetics* noch einmal auf einen Höhenflug. Aber die Kritiken fielen schlecht aus; auf einer Lecture-Tour in Amerika brach er während einer Vorlesungsreihe in der New Yorker New School of Social Research zusammen. Eine sich zuspitzende Schwerhörigkeit isolierte ihn mehr und mehr. Schließlich folgte Leo Stein Voltaires Empfehlung des »cultivez vôtre jardin« im wörtlichen und übertragenen Sinn. Er zog sich zurück, machte sich nur noch Notizen über die Kunst. Zu seiner eigenen Überraschung kam in der Entsagung auch die Lust am Malen zurück. Er schrieb und malte jetzt zu seinem eigenen Vergnügen. Darüber war er glücklich, auch darüber, daß es Nina stets gefiel, wie und was er schrieb, wie und was er malte.

Als die einundsechzigjährige Gertrude Stein von ihrem amerikanischen Höhentaumel nach Paris zurückkehrte, erwies sich das Schreiben als schwierig. Der Erfolg zeigte seine Kehrseite. Nach sieben Monaten Berühmtheit saß sie eingeschüchtert vor dem weißen Papier. Mit der errungenen Fallhöhe stellte sich die Frage quer: Und wenn das nächste Buch niemandem gefällt? So geht das mit dem Schreiben und mit dem Ruhm. Bislang hatte sie ihre Texte mit Vergnügen nach eigenem Gutdünken verfaßt. Nach dem großartigen Verkauf der *Autobiographie* litt sie nun unter dem lähmenden Gefühl, daß ihr die potentiellen Leser, die wieder Großartiges erwarteten, über die Schulter schauten. Es beschlich sie die bange Frage: War vielleicht alles nur eine Täuschung, und ist die Enttäuschung unvermeidbar?

Doch nach und nach verringerte sich der Druck. Sie konnte das alltägliche Leben wieder liebgewinnen, besonders in dem schönen Haus aus dem 16. Jahrhundert im Dorf Bilignin in Südfrankreich, wo sie mit Alice B. Toklas die Sommer verbrachte und wo beide während der Kriegsjahre ihre Zuflucht fanden. Schließlich kamen auch die Wörter wieder und mit ihnen die Texte und Bücher. In dieser glücklichen Situation wollen wir ihre Geschichte verlassen.

Gertrude Stein starb am 27. Juli 1946 unmittelbar nach einer Krebsoperation. Leo Stein starb ein Jahr danach ebenfalls an Krebs, am 29. Juli 1947. Ein paar Tage vorher, er war schon im Krankenhaus, freute er sich auf die Lektüre der Kritiken über sein gerade erschienenes Buch *Appreciation: Painting, Poetry and Prose*, das mancher für »umwerfend« hielt. Die *New York Herald Tribune* wählte für die Besprechung die Überschrift: »Leo, bekannt als Gertrudes Bruder, Stein«. Betroffen soll er geäußert haben, alle seien sie so besessen von Gertrude.[26] Warum nur? In ihren übermütigen Jahren der Gipfelstürmerei hatte Gertrude Stein darauf eine schlichte Antwort: Ich bin das Genie, nicht er. Es gibt keinen Grund dafür. Es ist einfach so. Leo behauptete dagegen: »Sie ist von Grund auf dumm und ich bin von Grund auf intelligent.«[27]

DIE ENTLASSENE MUSE
oder
Gekränkte Liebe

ANA MARÍA UND SALVADOR DALÍ

Häuser sind wie Menschen

Auch der große Salvador Dalí, der spanische Künstler mit dem gezwirbelten Antennenbart, den schrägen Bildern und starken Sprüchen, der neben Pablo Picasso bekannteste Maler des 20. Jahrhunderts, hatte eine Schwester. Sie hieß Ana María und lebte von 1908 bis 1989 in Spanien. Von ihr wissen allerdings nur wenige. Dalí selbst hat sie mehr oder weniger verschwiegen. In der eigenwilligen Darstellung seiner Geschichte *Das geheime Leben des Salvador Dalí* gibt es Mutter und Vater, Tante und Onkel, auch allerlei Freunde, selbst eine Freundin – aber eine Schwester gibt es nicht. Das ist doch merkwürdig. Warum übergeht dieser Mann, der sich ansonsten zu den intimsten Fragen seines Lebens äußert und mit einem Minimum an Privatheit auszukommen scheint, ausgerechnet seine Schwester?

Man muß kein Sherlock Holmes in psychologischen Angelegenheiten sein, um hier ein Geheimnis zu wittern. Was mag Salvador Dalí veranlaßt haben, seine Schwester der Öffentlichkeit vorzuenthalten?

Voller Neugier habe ich mich auf den Weg gemacht – nach Cadaqués. Dort steht noch das Haus, in dem Ana María Dalí den größten Teil ihres Lebens verbracht hat. Jetzt ärgere ich mich, daß ich nicht früher auf die Idee gekommen bin. Schließlich ist sie erst 1989 gestorben. Aber damals wollte ich mir nur ein Bild von der Landschaft machen, die Dalí zum Malen inspiriert hat. Womöglich ist mir die Schwester sogar über den Weg gelaufen; ich hätte es nicht bemerkt.

2004 bin ich also noch einmal nach Barcelona geflogen, um von dort mit Bus, Bahn und Taxe weiterzukommen. Mitten in der Nacht erreichte ich Cadaqués und entschied, jetzt gleich nach Port Lligat weiterzufahren. Dort liegt das Haus des Künstlers. Das Hotel direkt nebenan hatte ein Zimmer in der ersten Etage frei, das hinter der Flügeltür in eine große Terrasse übergeht. Ein warmer Septemberwind, ein Mond in Rugbyballform, kleine Lichtpunkte schwankender Boote mit ihrer Spiegelung im Wasser und ein in Intervallen monoton wiederkehrender Klang der gegen die Masten schlagenden Taue nahmen alle Aufgeregtheit des Tages fort. In der Welt zu Hause sein, hat das mal jemand genannt. Wenn ich jetzt noch den braunen Übergang der Nacht in den sonnenglänzenden Morgen beschriebe, würde es vermutlich richtig kitschig. Nur soviel: ein schwarzer Felsenrücken umarmte die Bucht, während das leichte Gewölk vor Erscheinen der Sonne sich so farbig verwandelte, daß man »Dalí« dazu hätte sagen können. Es war dieselbe Farbigkeit, die man auf manchem seiner Bilder finden kann.

Vor fünfzehn Jahren waren beide Geschwister gestorben, erst Salvador und wenige Monate später Ana María. Es müßten sich doch noch Menschen finden lassen, die sie persönlich gekannt haben. Das ist geglückt. Unten im Pueblo, so nennen die Leute ihr Cadaqués, erklärt mir eine Frau mit lauten katalanischen Wörtern und filmreifen Gebärden, da gäbe es interessante Geschichten, aber die »Fundación« – das ist die Stiftung, die über Salvador Dalís Nachlaß wacht – würde deren Veröffentlichung zensieren. Deshalb könne sie mir nichts sagen, obwohl es »historias auténticas« seien. Über die Formulierung muß sie selber lachen: »wahre Geschichten«.

Ihr Mann ist nicht ganz so zurückhaltend. Ich begegne ihm in einem Geschäft am Fuß der Kirche »Santa Maria«. Er verkauft Seidentücher mit Motiven nach Picasso, Miró und Dalí, ein paar Bücher, Sommerkleidung, Keramik und allerlei hübsche Dinge, die man zwar nicht braucht, in der abgehobenen Verfassung des Urlaubs jedoch gern als Andenken erwirbt. Außerdem liegt da ein Kalender mit Dalí-Photos. In den Schaufenstern des Städtchens ist Dalí im Jahr 2004 überall präsent, das heißt präsentiert. Der Geburtstag des Künstlers jährt sich zum hundertsten Mal.

Ob er Ana María Dalí gekannt hat? O ja! Selbstverständlich! Wie sie gewesen ist? Irgendwie »etwas Besseres«. Allerdings habe sie wohl nicht viel Geld gehabt. Weshalb man sie selten einmal in einem Restaurant angetroffen hätte. Dalí hätte sie finanziell unterstützen wollen, aber sie sei zu stolz gewesen und hätte stets bekundet, sie brauche nichts.

Dalí sei übrigens, entgegen der Darstellung vieler Restaurantbesitzer, die mit dem »Gast« Dalí werben, auch nur selten zum Essen ausgegangen. Er sei zweimal erkrankt, weil er etwas Verdorbenes vorgesetzt bekommen hatte, und habe es deshalb vorgezogen, die Meeresfrüchte frisch bei den Fischern zu erwerben. Im übrigen habe er das einfache Essen zu Hause geliebt.

Woher er das weiß? Seine Mutter habe im Haus in Port Lligat für Salvador Dalí gearbeitet – als »gobernador«, so habe Dalí sie scherzhaft genannt. Sie habe sogar in seinem Atelier aufräumen, Pinsel und Farben sortieren dürfen. Sie habe auch manchmal für ihn geschrieben. Wenn sie einmal nach der Rechtschreibung eines katalanischen Wortes fragte, habe er gemeint, das könne sie so handhaben, wie es ihr gefiele, man würde ihn sowieso für verrückt halten, er sei also frei in der Wahl der Buchstaben. Auch für Dalís Frau Gala habe die Mutter manchmal heimliche Nachrichten geschrieben und überbracht. Gala hätte Humor gehabt. Nachdem sie ihr einmal einen Brief diktiert hatte, habe sie scherzend gesagt, die Überbringerin dürfe den Brief auf keinen Fall lesen, es sei eine geheime Nachricht!

An dieser Stelle unterbricht der freundliche Mann und meint, wenn ich mich nur unterhalten wollte, sollte ich bitte mit ihm in den anderen Raum gehen, dann könnte er während unseres Gesprächs weiterarbeiten. Vor ihm liegen auf einem niedrigen Tisch etwa zehn T-Shirts, bedruckt mit Strichzeichnungen nach Miró-Motiven, ein Plastikfläschchen mit blauer Farbe und ein mit noch feuchtem Blau versehener Pinsel. Frei nach Alice in Wonderland: Wir malen die T-Shirts blau … Behende malt er blaue Kreisflächen an bestimmter Stelle und füllt andere Formen mit Blau; das tut er nicht zum ersten Mal, das hat Routine. Währenddessen erzählt er weiter. Neugierig setze ich mich auf einen kleinen Schemel: erst das Blau auf die Vorlagen, später das Rot und zum Schluß überall das Gelb? Genau!

Zwischendurch fallen ein paar Touristen in den Laden ein. Zwei Seidentücher werden gekauft. Andere fragen und mäkeln. Er guckt zu mir hin mit dem Ausdruck, da könne man sehen, was er hier auszuhalten habe. Aber die Touristen, die wegen Dalí in den Sommermonaten zu Tausenden kommen, geben ihm die Möglichkeit, Geld zu verdienen. Im Winter sei es in der Hinsicht einfach trostlos.

Ana María hätte wohl einen Olivenhain besessen, unterhalb des Hotels »Rocamar«, und früher habe sie Ferienhäuser vermittelt oder vermietet, aber das wisse er nicht genau.

Als Junge habe er selbst manchmal Botengänge für Salvador Dalí erledigt. Einmal im Jahr hätte Dalí ihm eins seiner Bücher in die Hand gedrückt und ihm aufgetragen, es zu seiner Schwester Ana María zu bringen. In den Büchern hätte immer eine Widmung mit Gruß an die Schwester gestanden. Ana María Dalí hätte das Buch angenommen, dem Boten kurz gedankt, und das war's – kein Gruß, keine Fragen.

Wieder fällt ein Schwarm Touristen in den Laden ein. »So, nun haben Sie eine Geschichte. Ich muß mich jetzt um die

Kunden kümmern.« Ich kaufe den letzten 2004-Dalí-Kalender, und er ruft mir nach, ich könnte ja Señora Pomés, die unten im Haus am Strand lebt, fragen, ob alles stimmt.

In der Buchhandlung am alten Weg von Port Lligat nach Cadaqués, der durch Olivenhaine führt, hatte man mir ebenfalls nahegelegt, zu ihr zu gehen. Emilia Pomés sei eine liebenswürdige Frau und würde sicher etwas zu erzählen haben.

In der Bucht von Es Llanes hatte der Vater, Notar Salvador Dalí y Cusí, ein Ferienhaus erworben, einen kleinen, weißen Kubus auf dunklem Schieferstrand. Der Vater liebte diese Gegend, in der er selbst als kleines Kind glücklich gewesen war, bevor seine Familie nach Barcelona zog. Eine Landschaft, in der die schroffen Felsen der Pyrenäen ins Meer zu rutschen scheinen. Lebendig sieht das aus, wenn die Wellen weiße Schleier darüber legen, die sie vorschieben, um sie alsbald wieder zurückziehen.

Ich gehe also zum Strand hinunter und rätsele, welches der Häuser es sein mag, ziehe zwei in die engere Wahl, überwinde meine Befangenheit, da ich bei diesem Sprachgemisch von Katalanisch und Kastilisch, was man weltweit als »die« spanische Sprache ansieht, nun auch noch die »drei spanischen Wörter« einzubüßen drohe, über die ich bislang verfügte, und spreche durch einen Mauerspalt einen Mann an, der im Garten mit einem Wasserschlauch hantiert. »Tengo una pregunta ...«, so fange ich immer an – »ich habe eine Frage ...« – dann wird man aufmerksam, wendet sich mir zu, und ich gewinne Zeit, wie eine Sprachbehinderte nach weiteren Wörtern zu suchen und sie so anzuordnen, daß ... Ob dieses das Haus sei, in dem Ana María Dalí gewohnt hat? Ein freundlich lächelnd hervorgebrachtes »Si! Si!« wird laut, gefolgt von Erläuterungen, die mich wieder einmal denken lassen, wenigstens Spanisch hättest du richtig lernen sollen. Dann wieder bin ich überrascht, doch mehr zu verstehen, als ich für möglich hielt. Also, hier hat sie seit Ausbruch des spanischen Bürgerkriegs gelebt. So muß ich mir das vorstellen. Das Haus, gepflegt, weiß gestrichen, durch einige Umbauten vergrößert, steht zwar nicht mehr am Strand, sondern wird durch eine Straße von ihm getrennt, die auch in der Nachsaison noch sehr befahren ist.

Señora Emilia Pomés steht im Garten vor dem Haus in einem langen Blümchen-Morgenrock und knipst aus den Geranien ein paar abgeblühte Stengel – durchaus freundlich und bereit, auf Fragen zu antworten. Wir finden mit einem Gemisch aus Spanisch und Französisch einen kleinsten gemeinsamen Verständigungs-Nenner.

Ana María Dalí kannte sie von klein auf, da ihre Mutter schon in Figueres für den Notar den Haushalt besorgt hatte. Ana María Dalí sei eine sehr feine Persönlichkeit gewesen, die ein kultiviertes, bescheidenes, häusliches Leben geführt hat und freundlich zu allen Menschen war. Kinder habe sie besonders gern gehabt. Für sie selbst wäre Ana María wie eine Tante gewesen. Später dann habe sie während der letzten dreizehn Lebensjahre mit Ana María hier in diesem Haus gelebt. Zwar gibt es nur einen Haupteingang, aber dahinter verbergen sich zwei ganz und gar getrennte Wohneinheiten, nicht einmal die Küche hätten sie geteilt. Das betont sie mehrfach, vielleicht um dem Gerücht entgegenzusteuern, es könnte sich um eine lesbische Beziehung gehandelt haben. Ana María hätte viel gelesen und gern klassische Musik gehört. Befreundet mit Künstlern der Region habe sie auch selbst Bücher verfaßt. Ob ich mir die vielleicht einmal ansehen könnte? Gern! Am Nachmittag um fünf darf ich wiederkommen.

Wir gehen durch einen kleinen Eingangsflur in ein großes rechteckiges Zimmer mit Aussicht auf das Meer. An den Wänden halbhohe Bücherregale, alte spanische Kommoden aus dunklem Holz. Darüber Bilder bis zur Zimmerdecke. In einer Nische ein Radio mit Plattenspieler, ein paar Photos: der kleine Salvador, Ana María als junges Mädchen, Vater, Mutter,

Tante, Verwandte, Freunde. Bücher von García Lorca, einzelne Bände, Gesamtausgaben, auch in deutscher Sprache. Bilder vom mächtigen Kopf des Vaters, den der Junge Salvador gemalt hat, und Reproduktionen der berühmt gewordenen Gemälde, die Ana María zeigen. Darunter gemischt andere realistische Landschaftsgemälde, -zeichnungen und -aquarelle von Malern ohne besondere künstlerische Vision – ähnlich wie man sie auf dem Platz vor dem Meer heute noch kaufen kann.

Das wundert mich. Hat der Qualitätsunterschied sie nicht gestört? Oder gefielen ihr diese Nachbildungen der Gegend vielleicht sogar besser als die eigenwillig zugespitzten Umbildungen der Wirklichkeit, die sich auf den Gemälden des Bruders finden? Ich weiß, daß sie Salvadors frühe Bilder verkauft hat. Die amerikanische Sammlerin R. Eleanor Morse, die mit ihrem Mann A. Reynolds Morse das große Dalí Museum in St. Petersburg, Florida, mit ihrer Dalí-Sammlung bestückt hat (fast hundert Ölgemälde, viele Zeichnungen, Graphiken, Lithographien und Skulpturen), hat mir erzählt, daß sie Mitte der fünfziger Jahre bei Ana María einige Werke erstanden hätten. Wenn es aus Geldnot geschah, war Ana María Dalí wohl wirklich zu stolz, dem Bruder zu zeigen, daß sie seine Hilfe hätte brauchen können. Sie wußte, daß ihm die Verteilung seiner Bilder, die er während seines Amerika-Aufenthalts im Haus des Vaters zwischengelagert hatte, nicht recht war. Eine letzte Möglichkeit, über ihn zu verfügen?

Vor dem Fenster eine senfgelbe Ledersitzecke mit einem kleinen, runden Tisch. An einer Wand ein alter Bücherschrank mit Glastüren. Darin stehen wahrhaftig die schön und auffällig gestalteten Bücher von Salvador Dalí – mit Widmung. Ein paar Stufen tiefer die Küche, alte Holzmöbel, schön, solide und praktisch. Nichts »Barockes«, nichts Überflüssiges.

Auf der Rückfahrt zum Bahnhof in Figueres sagt Olé, der Taxifahrer: »Ist das nicht merkwürdig, sie hat alles genauso gelassen, wie es immer war. Sie scheint nichts angerührt zu

haben«. Er meint Emilia Pomés. Ich denke, ja, ebenso wie Ana
María nichts verändert hat, sondern in Konservierung der
gefügten Welt ihres Vaters lebte, so wie sie nach dem Rückzug
aus Figueres unter diesen begrenzten Möglichkeiten eingerichtet worden war. In diesem Raum scheinen Zeit und Leben
stillzustehen. Hier gilt ein »Ein für allemal«.

Seelenräume, denke ich, das Haus der Schwester, das Haus
des Bruders – material verfestigte Seelenräume, die neben den
Geschichten der Leute ihre eigenen Auskünfte geben.

Das Haus von Salvador Dalí, hinter den Bergen in Port Lligat,
das sich hinter hohen, weißgestrichenen Gartenmauern verbirgt, wirkt demgegenüber wie eine Kunst-Festung. Schon
von weitem sieht man riesengroße Ei-Skulpturen und zwei
überdimensionierte, eiförmige Köpfe, einer in der Mitte gespalten, vor dem tiefblauen Himmel, die aus einem Olivenhain herausragen. Wenn man näherkommt, beeindruckt die
melancholische Bewegung der Eukalyptuszweige im Meeres-
wind.

Dieses Haus ist kein Kasten mit Dach, sondern ein gelenkig
verbundenes Gefüge unterschiedlich hoher und breiter Mau-
ern, die einen Garten in sich zu bergen scheinen. Dieses Haus
wirkt mit der differenzierten Vielfalt seiner Elemente wie ein
Organismus besonderer Art.

Wenn sich dem touristischen Besucher die erste der Türen
öffnet, tritt er hinter der Mauer auf Kieselsteinen in einen
zum Himmel offenen Raum, der wie eine Luft- und Pflanzen-
verschalung das Haus weitläufig umrahmt. Der schroffe Fels,
auf dem das Haus ruht, ist zu Bänken überformt, die sich an
die zur Bucht hin konkave Gebäudefront schmiegen. Dann
geht man ein paar Stufen hoch und tritt in die Ursprungszelle
des Hauses, einen kleinen, quadratischen Raum mit niedriger
Decke, mit großem Kamin, der dem Bootsschuppen entspricht, den Dalí 1930 von der Fischersfrau Lídia Nogués erworben hat – nachdem sein Vater ihn hinausgeworfen hatte.

Wie sich die hinzugebauten Räume im einzelnen anordnen, von wo man wohin gelangt, das weiß ich nicht mehr. Was in Erinnerung bleibt, ist die Qualität des Labyrinthischen. Schmale Treppen führen hinauf und hinab, lassen den Blick in »angeschnittene« Räume frei; das Atelier spielt ins Große, Hohe, mit Fenstern, die die Bucht mit Segelbooten gleichsam ins Haus holen und Weite hineinbringen. Keine Form scheint sich zu wiederholen. Weiter als diese kann sich eine Architektur von Bauhaus-Ambitionen kaum entfernen. Stattdessen Anklänge an die Vision des von Dalí bewunderten Architekten Antoni Gaudí, der in Barcelona den Jugendstil mit auf den Weg gebracht hat: In dem geschwungen gemauerten Treppengeländer vom Atelier zu einem Raum mit Malmaterial wird es ganz deutlich, auch in den Überschneidungen der Linien, Winkel, Rundungen. Es gibt schräge Decken, gerade Decken, Decken mit sichtbaren Balken, mal weiß gestrichen, mal nacktes Holz. Jeder Raum hat seine eigene Art. Offene Durchgänge ziehen den Blick in andere Räume; selten mal eine Tür; ganz selten Rechtwinkliges; viel Schräges bei den Kaminüberhängen wie auch bei den Durchgängen. Der Kamin des jeweiligen Raumes hat seine eigene Physiognomie. Im Schlafzimmer, das man über eine große Freitreppe erreicht, steht der Kamin in der Mitte des Raumes. Gala hat einen eigenen kleinen, runden Raum, eine Art »Whispering Galery« mit flachen Schießscharten als Fenstern und Mauernischen für Andenken-Objekte. Kein Fenstermaß gleicht einem anderen, der Fußboden mancher Räume mit weißen und grauen Kacheln zieht sich ebenfalls nicht über alle Ebenen. Ein organisch gewachsenes Gebilde.

Salvador Dalís Haus in Port Lligat zeugt als »Entwicklungs-Ding« von einer Lebens-Geschichte voller Verwandlungen: Alle Räume, die sich nacheinander geöffnet und erschlossen haben, sind gleichzeitig da und simultan belebbar – wie es sonst nur im Traum möglich ist.

Salvador und Ana María sind zusammen aufgewachsen, in derselben Landschaft, mit denselben Menschen. Wie ist es möglich, daß sie so verschieden sind? Gewiß, die spanische Gesellschaft und Kultur des beginnenden 20. Jahrhunderts stellte unterschiedliche Lebensbilder für einen Sohn und für eine Tochter bereit. Aber das erklärt noch nicht, warum sie einander so fremd wurden und im Alter keinerlei Umgang miteinander hatten.

Salvador, der Einzige

Ein dunkelgekleideter, korpulenter Mann, der Notar Don Salvador Dalí y Cusí, hält seinen kleinen Jungen, dünn wie ein Fädchen, fest an der Hand. Scharf zeichnen sich ihre Schatten ab. Sie gehen von der Calle de Monturiol hinüber auf den von Platanen gesäumten Platz. Am Denkmal vorbei mit den Engeln und dem bärtigen Gesicht eines streng blickenden Mannes, der denselben Namen trägt wie die Straße, in der Salvador und Ana María in der Obhut ihrer Eltern, der lieben Großmutter und der guten Tante in Figueres leben. Sie wirken alle sehr aufgeregt an diesem Morgen. Übertrieben findet Salvador ihren lächelnden Zuspruch.

An anderen Tagen hört man vom Platz her die Rufe der Händler, die Salat, Obst, Fisch oder Fleisch feilbieten, auch Spielzeug, Kleidung und allerlei Gerät. Esel stehen vor ihren Karren am Rand der Straße und versuchen mit Ohrenzucken, Schwanzgewedel und dem Aufstampfen der Hufe das lästige Gekrabbel der Fliegen loszuwerden.

Jetzt hört man nur das Schreien eines kleinen Jungen, der vergeblich versucht, sein Händchen aus dem festen Griff des Vaters zu befreien, um nach Hause zurückzulaufen. An diesem Morgen hat ihn nicht die sanfte Stimme der Mutter geweckt mit der Frage: »Was wünschst du dir, mein Kleiner? Herz, was möchtest du tun?« Nach einem kurzen Frühstück

Salvador Dalí
im Alter von
fünf Jahren,
1909

hat sie ihn in den feinen schwarzen Samtanzug gesteckt, die Füße mit schwarzen Socken in glänzende Schuhchen mit goldener Schnalle. »Heute darfst du in die Schule gehen. Vater begleitet dich. Bist du stolz?« Nein, ist er nicht. Wieso denn? Er möchte viel lieber auf das Dach des Hauses gehen. Wie immer. In sein Reich. Er möchte seinen Königsmantel umwerfen, die Krone auf das schwarze Haar setzen und hinauf in »sein Atelier«, das nun niemand mehr Waschküche nennen darf. Dort hat er kleine Bilder an die Wände gepinnt. Seine eigenen und die seiner bewunderten Vorgänger. Ingres zum Beispiel, eine nackte Frau mit einem tönernen Krug auf der Schulter, aus dem Wasser rinnt.

Überhaupt ist die Mutter nicht mehr so selbstverständlich verfügbar, seit in der Wiege etwas lag, das wie eine Katze schrie. Da durfte er nicht allein nahe herangehen. »Vorsicht, Salvador! Paß doch auf! Mach nicht so viel Schwung. Das tut ihr nicht gut!«

Gemeint ist Ana María. Die soll aus dem Bauch der Mutter gekommen sein. Glaubt ja wohl keiner. Wie denn? Wie ist sie denn da hineingekommen? Auf diese Frage erhält er keine Antwort, die ihn zufriedenstellt. Die können viel erzählen. Jetzt lügen sie wohl. Oder wissen sie selbst nicht so genau, was geschieht, wenn ein neuer Mensch auf die Welt kommt? Und was ist das überhaupt?

Hier oben, über den Dächern von Figueres wird Salvadors Welt wieder weit. Wenn die Häuser, die Eukalyptusbäume und der Himmel über der Ebene des Empurdan mit den Farben spielen – wie er selbst. Dann wird das Leben des kleinen Jungen nicht durchkreuzt durch das befremdliche Ansinnen der Großen. Dann gehen seine Beobachtungen unmerklich über in imaginierte Schlachtenszenen zwischen Schatten- und Lichttheeren. Und Salvador selbst führt als allmächtiger König Regie. Er ist es, der die Truppen aufmarschieren läßt. Er bestimmt Sieg oder Untergang. Er hält großartige Reden an seine Untertanen. Das Gemurmel, das von der Straße zu ihm heraufdringt, bildet sich um zu einem Lang-lebe-der-König! Viva-el-Rey! Seht Salvador, den Großen, den Einzigen! Er wird uns alle retten!

Doch jetzt soll er sich in die Schule begeben. Vergeblich ist all sein Zetern und Schreien. Wenig später sitzt er eingezwängt in einem Raum zwischen lauter kleinen Jungen, die er nicht kennt. So viele, daß die Zahlen, die ihm die Mutter schon beigebracht hat, nicht ausreichen. Wieviele kleine Jungen es gibt auf der Welt. Zu viele; viel zu viele. Niemand ist interessiert daran, welche Wünsche Salvador wohl hat. Als wäre er gar nicht da. Da stimmt etwas nicht. Das macht Salvador ganz still.

Der Lehrer mit dem Namen Señor Traite und dem langen Bart, dessen zwei Zipfel bis zur Taille reichen, trägt einen abgewetzten schwarzen Anzug und verlangt, daß Salvador genau das verrichtet, was er ihm wie den anderen aufträgt. Striche auf eine Tafel setzen. Das findet Salvador langweilig. Er kann Besseres. Er zeichnet kleine Männchen und läßt sie tanzen. Nein, so nicht. Das ist falsch. Er soll bestimmte Striche machen, genau die, die an der Tafel vorgezeichnet sind. Unerträglich, so gebremst zu werden. Also schaut Salvador aus dem Fenster und träumt sich in schönere Welten. Er verliert sich in der Betrachtung von zwei dunkelblauen Zypressen, die sich leicht im Gleichklang bewegen, als würden zwei Menschen miteinander tanzen. Vater und Mutter? Nein, es ist die Mutter, die sich mit Salvador, dem Großartigen, stets im Einklang befindet.

Wäre da nicht der Vater, der Notar, dem alle mit Respekt begegnen. Mögen mag Salvador ihn schon. Schließlich hat er ihm diese kleinen Bücher geschenkt, angefüllt mit den schönsten Bildern der großen Maler. Art Govens heißt die Reihe. Unbekleidete Frauen sind dabei, üppige Körper mit weichen Rundungen zum Anschmiegen. Oder Landschaften mit Bäumen, Bergen, Flüssen und Himmel. Die gefallen ihm so gut, daß Salvador sie manchmal gedankenverloren mit den Händen streichelt. Unbedingt möchte er herausfinden, wie man das macht, daß auf Papier Welten entstehen mit Menschen und Blumen und Obst, das leuchtet wie die Früchte auf dem Markt. Er kann richtig sehen, wie das schmeckt.

Aber der Vater kann ihm auch seine Spiele verderben. Morgens beim Frühstück zum Beispiel. Salvador fühlt das so gern, wenn der warme Milchkaffee versehentlich am Mund entlang den Hals herunterläuft. Es kitzelt ein bißchen auf der Haut. Aus unerfindlichem Grund mißfällt das dem Vater. Mit strengem Blick und deutlicher Sprache fordert der, Salvador solle vernünftig essen und nicht schlabbern, schließlich sei er nun ein Schulkind. Oder abends, wenn der Vater aus seinen

Arbeitsräumen kommt, dann beansprucht er alle Aufmerksamkeit der Mutter für sich. Unerträglich!

Doch damit wird Salvador fertig. Er hat herausgefunden, daß man sich um ihn kümmert, sobald er sich verschluckt und husten muß. Husten kann er auch so, und siehe da, es funktioniert. Sobald er einen Hustenanfall inszeniert, steht er wieder im Zentrum. Einfallsreich und beharrlich richtet sich Salvadors Aktivität darauf, den mächtigen Mann, der sein Vater ist, in den Hintergrund zu drängen. Stets hält die Mutter zu ihm, so weitgehend, daß er das Gefühl entwickelt, auch seine »bösen« Seiten müßten wohl etwas Liebenswertes haben.

Als Ana María wider Erwarten dann doch das Laufen und Sprechen erlernt hat und sich der Vater dem Töchterchen liebevoll zuwendet, beobachtet Salvador das mit Mißbehagen. Süß soll sie sein, so niedlich, einfach ein Herzchen, das der Vater gern auf den Arm nimmt. Aber sie kann nicht malen, denkt Salvador. Sie bringt überhaupt nichts zustande, was ihm gefallen könnte. Später ist sie manchmal ganz passabel, wenn er sie als Figur in seinen selbst entworfenen Spielen einsetzen kann.

Hauptdarsteller und Nebenrolle

Ana María ist eines der lieben kleinen Mädchen, die arglos hinterherzockeln und tun, was einer der Großen von ihr verlangt. So ist Ana froh, wenn sie in den Inszenierungen des großen Bruders einmal eine Rolle erhält. Sie bewundert ihn wegen seiner Einfälle. Aber sie hat auch Angst vor den jähen Heftigkeiten des Jungen. Ohne erfindlichen Grund schubst er sie manchmal und wirft sie ganz einfach um und lacht auch noch vergnügt darüber. In der schönsten Gemeinsamkeit des Spielens kommt das über ihn. Er nimmt sich einfach das Recht des Ersten und Stärkeren. Wenn sie mit den kleinen Celluloid-

Schwänen und -Enten spielen, die in einer Schüssel schwimmen wie auf einem richtigen Teich, dann nimmt Salvador einige heraus und haut sie mit einem Hammer einfach platt. Ana kann das kaum ertragen. Es tut ihr weh.

Aber so eine kleine Schwester wie Ana kann wirklich lästig sein. Ständig dackelt sie hinter ihm her, will bei allem dabei sein und mitmachen. Und das Schlimmste, die Mutter verlangt von ihm, daß er auf die Kleine Rücksicht nimmt. Unerträglich! Er rennt dann so schnell, wie er kann, und hängt sie einfach ab. Oder er geht nach oben in sein Atelier, wie der Vater nach unten in sein Büro geht. Da darf auch nicht jedermann hineinspazieren. In dieser Hinsicht fühlt sich Salvador dem Vater verbunden: wir Männer. Wenn Salvador spürt, daß der Vater die Entwicklung seiner kindlichen Malkünste mit Bewunderung begleitet, dann mag er ihn auch. Könnte der nur aufhören, sich mit seinen Verboten querzustellen. Die Mutter erlaubt ihm doch alles, warum nicht der Vater? Er kann ihn nicht leiden.

Als die Eltern ihm eines Tages eröffnen, daß der hübsche, liebe kleine Junge auf dem Photo im schwarzen Rahmen, das auf Mutters Nachttisch steht, sein wunderbares, großartiges Brüderchen sein soll, das schon vor ihm bei den Eltern war, verwirrt ihn das einigermaßen. Wo ist der denn hin? So einer wie ich, denkt Salvador, aber tot? Wie soll das gehen? Was ist das überhaupt: Tot-Sein? Ist das so wie der Igel, den er unter der Platane gefunden hat? Der konnte sich nicht mehr selbst bewegen. Das sah nur so aus. Wenn man genau hinschaute, sah man dieses Ameisengewimmel im Bauch. Ekelhaft. Ganz schnell mußte sich Salvador abwenden. Und weg! Kommt der Junge auf dem Photo vielleicht nochmal wieder? Später kann der lebendige Salvador Felipe Jacinto Dalí den Namen Salvador Galo Anselmo Dalí selbst auf einem Grabstein lesen. Das ist unheimlich. Und wenn es einmal heißt, er sei genauso wie sein Bruder, dann teufelt er herum. Ich bin ich, einzig und allein!

Salvador, der Lebendige, ist nicht Nachbild oder Fälschung eines Originals, das nicht mehr lebt. Die Willküraktionen, die ihn selbst wie die anderen überraschen, zeigen doch seine Originalität. Eigenwillig sein heißt für Salvador und die anderen, unverwechselbar, ein einziger sein.

Geduld und liebevolle Nachsicht der Mutter, wenn Salvador mit Vehemenz auf der Erfüllung seiner Wünsche besteht, hat er, was er nicht weiß, zum Teil dem toten Bruder zu verdanken. Mag sein, die Mutter denkt, Salvador I hätte unter einem Übermaß an Strenge gelitten. Der Herr Notar konnte unbeherrschbar heftige Wutanfälle bekommen. »Tramuntana« nennt sie das Naturphänomen. Wenn der Wind von den Bergen her übers Meer weht, kann einen Katalanen das ganz aus der Fassung bringen. Mag sein, daß der Vater im Gedanken an seine eigene Unbeherrschtheit bei den Wutausbrüchen von Salvador II meistens einlenkt.

Wenn er Weihnachten bei den lieben Großeltern in Barcelona ist, fällt Salvador das Bravsein besonders schwer. Er gerät außer sich angesichts der vielen Geschenke. Was soll er zuerst ergreifen? Die Eisenbahn, den Teddy, die Süßigkeiten, das Bilderbuch, die neuen Handschuhe mit dem schönen Muster? Das macht ihn fertig. Es zerreißt ihn regelrecht. Er findet keinen Anfang, kein Nacheinander, keine Form. Am liebsten alles auf einmal, aber das geht nicht. Wenn er im Bilderbuch blättert, reißt es ihn fort in die Küche. Doch dort stört Salvador. Er soll Geduld haben und warten. Aber es riecht so gut. Da steht alles voller Leckereien. Die Töpfe dampfen, die Fensterscheiben sind beschlagen. Er malt kleine Brezeln in das Feuchte. Aber wo ist die Mutter? Er braucht sie, wird weinerlich, wenn sie sich ihm nicht gleich zuwendet. Immer endet es in einem quengelnden Gezeter.

Während Salvador immer wieder die Fassung verliert, ist Ana einfach nur lieb, strahlt dankbar, lächelt und wandert von einem Schoß auf den anderen. Beseligt hält sie ihre neue Puppe im Arm. Lieb wie ein Engelchen. Aber langweilig, denkt

Salvador, diese Schwester ist genauso lieb und langweilig wie ihre Puppe. Man muß sie provozieren, sonst werden sie nicht lebendig.

Am Abend, wenn alle Dinge verschwinden und die Kinder Abschied nehmen müssen vom Tag, ist es manchmal gut, daß die Schwester da ist. Lucia, die geliebte Kinderfrau, singt: »Der Engel des Schlafes schwebt mit sehr weißen Schwingen, goldenem Haar und silbernem Gewand vom Himmel nieder – im Angesicht aller Sterne. Der Engel des Schlafes erhebt seine Schwingen in der Morgendämmerung und kehrt zurück in das Paradies, während die Lerchen singen, die Blumen sich öffnen und die Sonne am Horizont aufsteigt.«[1] Für die Kinder hat diese Situation der Geborgenheit den Duft von Lavendel und den Gesang der Kanarienvögel.

Doch anders als Ana kann Salvador erst einschlafen, wenn die Mutter ihn noch einmal in den Armen wiegt. Kein Lied kann die Wärme ihres weichen Körpers ersetzen. Nur zögernd kann sich dieser Junge aus der Einheit mit seiner Mutter lösen. Salvador liebt die Atmosphäre der Küche. Wie in seinem Atelier wird dort eine Art eßbarer Schönheit bereitet. Er möchte »Köchin« werden. Oft stiehlt er sich hinein und stibitzt eine Köstlichkeit. Mit sieben Jahren möchte der Junge, der immer noch gelegentlich einnäßt, Napoleon werden. Den kennt er von dem Bild auf der Packung des Matetees, der ihm manchmal bei den Matas, die im selben Haus wie er eine halbe Treppe tiefer wohnen, serviert wird. Napoleon mit der stattlichen Figur, dem schönen Hut und dem souveränen Ausdruck wird von allen bewundert. Ein Herrscher sein, das entspricht Salvadors eigenem Drang. Doch sein Ehrgeiz geht weiter. Bald schon will er nichts anderes werden als das Genie Salvador Dalí.

Als der kleine Salvador einmal auf dem Balkontisch die rote Farbe von der Tischplatte pult und die weißen Figuren, die dabei herauskommen, zu Enten und Schwänen erklärt, ist die Mutter begeistert. Wenn er sagt, er will einen Schwan zeichnen, dann ist das, was er zeichnet, ein Schwan; und wenn er sagt, er will eine Ente machen, dann ist es eben eine Ente. Die Mutter ist bereit und fähig, die Dinge genau so zu sehen wie Salvador. Ana beobachtet das ganz genau. Sie muß sich wieder einmal wundern, daß es keinen Ärger gibt. Den Tisch verkratzen, das würde Ana niemals tun.

Das kindliche Vergnügen, die eigenen Imaginationen als Realität durchzusetzen, stößt bei Erwachsenen selten auf so viel Verständnis, schon gar nicht, wenn die intakten Gegenstände darunter zu leiden haben. Meist werden die visionären Umbildungen und Auslegungen der Wirklichkeit, an denen Kinder Gefallen haben, zugunsten eines allgemein als verbindlich anerkannten Realismus zurechtgerückt. Ana María, die sich beflissen den allgemeinen Standards anpaßt, fragt sich, wie Salvador das macht, daß er mit seinem Unsinn so gut durchkommt.

In der Schule, besonders mit seinem Lehrer, Señor Traite, hat sich Salvador inzwischen arrangiert. Traite hat bald bemerkt, daß Salvador nicht nur ein zurückgezogener Träumer ist. Angesichts der Horde von etwa achtzig anderen kleinen Jungen verhält er sich scheu. Er stürzt sich nicht in den Wirbel gemeinsamer Aktionen, sondern verliert sich eher in Betrachtungen. Traite bemerkt die Sensibilität dieses kleinen Prinzen und schützt ihn vor der Wildheit der anderen.

Nach der Schule nimmt der Lehrer den Jungen manchmal mit in sein Haus, und Salvador glaubt, an einen verzauberten Ort versetzt zu sein. Traites Arbeitszimmer ist für ihn der geheimnisvollste Raum überhaupt. Später meint er, so müsse es bei Faust ausgesehen haben. Ein getrockneter Frosch hängt als Wetteranzeiger an einer Schnur; eine Mephistophelesfigur, deren Teufelsdreizack aufleuchtet, wenn man deren Arm bewegt, steht im Bücherregal neben staubigen Folianten, medizinischem Gerät und halbverhüllten Objekten. Einen riesigen Rosenkranz aus Zedernholz vom Ölberg hat Traite selbst aus Jerusalem mitgebracht. Außerdem finden sich in dem Haus allerlei gotische Kapitelle und Figuren aus zerfallenden Dorf-kirchen. Am meisten und nachhaltigsten jedoch beeindruk-ken Salvador die Bilder, die ihm Traite im Stereoskop, einer Art optischen Theaters, zeigt. Später meint Dalí, man hätte alles wie auf dem Grund eines Gewässers gesehen, das sich allmählich färbte, bis es in den verschiedensten Tönen schil-lerte. Die plastischen Bilder wandelten ihre Gestalt, ohne daß er mitverfolgen konnte, wie das geschah – wie die Metamor-phosen hypnagogischer Bilder im Halbschlaf, wird er später sagen. Auf einem der Bilder erblickt er ein russisches Mäd-chen, das ihm bei einem Spaziergang wiederzubegegnen scheint. Manchmal gewinnt man den Eindruck, als wäre das Erwachsenenleben des Salvador Dalí ein großartiges Nach-Bild seiner frühen und frühesten Wirklichkeitserfah-rung.

Illusion oder Wirklichkeit, dieser Aufspaltung wird sich Salvador niemals anschließen; wenn schon ein Konzept, dann das der Untrennbarkeit von Dichtung und Wahrheit.

Salvadors und Anas Heimatstadt Figueres liegt nur etwa zwanzig Kilometer von der französichen Grenze entfernt. Die Kultur der spanischen Provinz Catalunya hat sich immer stär-ker an Frankreich orientiert als an der Kultur des spanischen Südens, der Jahrhunderte lang arabisch überformt wurde. Die Moderne entfaltet sich in Barcelona, der Hauptstadt der Kata-lanen, nicht im konservativen Madrid.

Inzwischen ist Salvador zwölf Jahre alt und im Begriff, Schüler des Instituto de Figueres zu werden, dessen Ausbil-dung mit dem Abitur, dem sogenannten Bachillerato abschließt. Der Schulwechsel sei fällig, meint Don Salvador Dalí y Cusí, denn es sei an der Zeit für seinen Sohn, sich dem Ernst des Lebens zu stellen. Träume, Spiele und Kunst wie Malerei oder Musik seien gut zur Entspannung, aber damit könne man das Leben nicht bestehen. Die Pflicht eines Bür-gers bestehe darin, vernünftig zu handeln, und das heißt, ebenso wie alle anderen Erwachsenen.

Alberto Savinio, der jüngere Bruder des Malers Giorgio de Chirico, hat eine Antwort auf die Frage gefunden, was Eltern eigentlich befürchten, wenn ihr Kind Künstler werden will. »Die Angst vor dem Künstler in der Familie – die man mit den Entbehrungen, den Ungewißheiten des Künstlerlebens recht-fertigen will – ist die Schreckensvorstellung, daß sich inmitten der Familie, unter ›reduzierten‹ Menschen, ein voll entwickel-ter Mensch ausbilden werde: ein Gigant. [...] Nur bei den Künstlern – das ist bekannt – ist das Erwachsenenleben die natürliche Fortsetzung der Kindheit.«[2] Die Tragödie der Kind-heit sieht Savinio im erzieherischen Interesse der erwachse-nen Repräsentanten von Gesellschaft und Kultur. Sie fordern vom Kind, daß es abläßt von seinem Grundgefühl, daß das Leben ein Geheimnis sei. Nüchtern wie sie selbst soll es das Leben aus der Perspektive von Nutzen-Kosten-Rechnungen wahrnehmen lernen – so daß schließlich nur noch die Verhal-tensweisen übrigbleiben, die genau zu dem passen, was *man* tut.

Für Salvador Dalí ist es ein Glücksfall, daß neben seiner Mutter noch andere Erwachsene da sind, die diese Auffassung nicht teilen. Der Bruder der Mutter, Salvadors Onkel und Pate Anselm Domènech, der in Barcelona eine Buchhandlung führt, unterstützt den Kleinen; auch der Bruder des Vaters, Rafael, ist stolz auf seinen Neffen und hebt jede Zeichnung des Kindes auf. Ebenso begeistert reagiert auf Salvadors Mal-versuche ein enger Freund des Vaters, Pepito Pitxot. Auf des-sen Urteil kann man etwas geben. Schließlich war sein Bruder Ramon ebenfalls Maler. In Paris teilte er ein Atelier mit sei-nem Freund Pablo Picasso. Ramón Pitxots Gemälde gehören zu den ersten Originalen, die Salvador aufmerksam betrachtet hat. 1913 erwirbt Dalís Vater ein Stilleben mit Granatäpfeln von ihm.

Bei Pepito Pitxot, der zu seinem Leidwesen keine eigenen Kinder hat, verbringt Salvador oftmals die Ferien. Auf dem Lande in »El Molí de la Torre« oder in Cadaqués direkt am

Meer lebt der körperlich zarte kleine Junge auf und sammelt Kräfte. Hier wird er wieder als einziger geliebt, frei von den Blicken des Vaters und befreit von der Forderung, auf die kleine Schwester Rücksicht zu nehmen.

Das Werden eines Malers

Bereits als Sechsjähriger konnte Salvador stundenlang zuschauen, wenn der Hobbymaler Juan Salleras, ein Bekannter der Eltern aus dem Dorf El Sortell, vor der Natur malte. Es beeindruckt den Jungen, mit welcher Geduld der Maler aus der verwirrenden Vielzahl von Einzelheiten etwas heraushebt, das den Charakter eines Bildes hat, das heißt: ein Gebilde, in dem alle Einzelheiten ihren festen Platz haben und einander zugeordnet sind. Das Kind Salvador spürt schon früh, daß das Malen hilft, seine Lebenslust zu formen. Manchmal gerät Salvador in Zustände der Begeisterung, die sich so steigern können, daß es ihn glatt zerreißen könnte. Alles könnte er umarmen, alles möchte er essen, alles tun und erfahren, aber wie fängt man an? Wenn er dagegen Pinsel, Farben und Leinwand nimmt und sich dem zuwendet, das vor Augen liegt, ergibt sich wie von selbst ein Nacheinander seiner Tätigkeiten. Aufmerksam beobachtet er, wie sich Einzelnes zum Ganzen eines Bildes konstelliert. Das findet er schön.

Ähnliche Erfahrungen macht Salvador bei der Betrachtung der leuchtenden Gemälde des Ramon Pitxot, die er in »El Molí de la Torre« (Turmmühle) während des Frühstücks vor Augen hat. Diese Frühstücke bedeuteten für ihn die Entdeckung des französischen Impressionismus, der Schule, die auf das Kind den größten Eindruck gemacht hat. Der erwachsene Maler Dalí erinnert sich: »Meine Augen reichten nicht aus, all das zu sehen, was ich in jenen dicken, formlosen Farbklecksen, die wie zufällig, höchst launenhaft und unbekümmert auf die Leinwand gespritzt schienen, sehen wollte. Blickte man jedoch aus einer gewissen Entfernung und mit zugekniffenen Augen auf sie, ereignete sich plötzlich jenes unglaubliche Wunder der Vision, wodurch dieses farbige Potpourri sich organisierte, in reine Realität verwandelte. Luft, Entfernungen, momentane Beleuchtung, die ganze Welt der Erscheinungen erstand aus dem Chaos! Das systematische Nebeneinander von Orange und Violett erzeugte in mir eine Art Illusion und Entzücken, wie ich sie immer empfunden hatte, wenn ich Gegenstände durch ein Prisma sah, das sie mit Regenbogenfarben umrandete. Im Eßzimmer gab es einen Karaffenverschluß aus Kristall, durch den alles ›impressionistisch‹ wurde.«[3]

Als Salvador einmal die Leinwand ausging, nahm er eine ausrangierte Tür als Malfläche. Rückblickend berichtete er: »Sie war aus sehr schönem alten Holz, und ich wollte nur die Füllung bemalen, so daß die Rahmung als Rahmen für mein Bild diente. Ich begann ein Bild darauf zu malen, das mich schon seit mehreren Tagen verfolgt hatte – ein Stilleben einer riesigen Menge Kirschen. Ich schüttete einen ganzen Korb auf meinem Tisch als Vorlage aus. Die Sonne, die durch das Fenster flutete, traf auf die Kirschen und erhitzte meine Inspiration. Ich beschloß, das Bild mit nur drei Farben zu malen, die ich direkt aus der Tube heraus auftragen würde. Dazu nahm ich eine Tube Zinnoberrot für die beleuchtete Seite der Kirschen und eine Tube Karminrot für ihre Schatten zwischen die Finger meiner linken Hand. In meiner Rechten hielt ich eine Tube mit Weiß für die hellste Stelle auf jeder Kirsche.

So bewaffnet, begann ich meinen Angriff auf das Bild, den Sturm auf die Kirschen. Jede Kirsche – drei Striche! Tack, tack, tack – hell, dunkel, Glanzlicht, hell, dunkel, Glanzlicht. Fast im Nu paßte ich meinen Arbeitsrhythmus dem Geräusch der Mühle an – tack, tack, tack … tack, tack, tack … tack, tack, tack … Mein Bild entwickelte sich zu einem faszinierenden Geschicklichkeitsspiel.«[4]

Für den Jungen wird die Gestaltung dieses Bildes zu einer Schlüsselerfahrung. Bis zum Verdruß kannte er dieses aufgeregte Zerrspiel des Auseinanderklaffens von Wunsch und Erfüllung, von Zappeligkeit und Bewältigung, von Abhängigkeit und Selbstherrlichkeit. Aber wenn er malt, dann kann er spüren, daß sein Handeln, sein Begehren und die Dinge um ihn herum ihren Platz in der Ordnung eines Werkes erhalten. Er muß gar nicht zetern und quengeln, er ist gar nicht von den Handreichungen der Großen abhängig, er muß auch nicht die Spieldinge oder die Spielwünsche der kleinen Schwester mit Gewalt seiner Willkür unterwerfen. Im Gestalten eines Werkes fügt sich, was er sonst als disparat erleidet.

Und noch etwas: während des Malvorgangs entstehen Ergänzungen. Die Körperbewegungen des Jungen werden tänzerisch-akrobatisch, so daß sie dem rhythmischen Geräusch der Mühle entsprechen. Als er die Holzwurmlöcher in der Tür entdeckt, löst er die Würmer mit einer Nadel heraus, ißt ein paar Kirschen und steckt die Stengel hinein. Er hat bereits vier oder fünf dieser bizarren, verrückten Umwandlungen vorgenommen, als er von Señor Pitxots überrascht wird. Der kommt nicht umhin, vor sich hinzumurmeln: das zeigt Genie! »Ich war überzeugt, daß ich wirklich ›Außergewöhnliches‹ zustande bringen könnte, wesentlich Außergewöhnlicheres als das. Ich war entschlossen und sicher, es zu erreichen, egal um welchen Preis! Eines Tages würde jeder über meine Kunst erstaunt sein!«[4] Eine Prophezeiung, die Dalí selbst erfüllen wird.

Als er Stunden später zum Mittagessen ins Eßzimmer gerufen wird, sagt Señor Pitxot, er habe beschlossen, mit seinem Vater darüber zu reden, daß Salvador Zeichenunterricht erhält. Überraschenderweise ist der Junge empört. Er will keinen Zeichenlehrer, denn er sei ein »impressionistischer Maler« – was wohl soviel heißen soll wie: Ich folge nur meinen eigenen Impulsen! Señora Pitxot, völlig verblüfft, soll in schallendes Gelächter ausgebrochen sein.

Ana María als Zuschauerin

Die kleine Schwester stellte fest, daß aus dem ungebärdigen Bruder ein Junge wird, der etwas ganz Besonderes kann. Ana María war inzwischen ebenfalls ein Schulkind geworden. Sie lernte Rechnen und Schreiben und gab sich große Mühe, daß alles besonders ordentlich aussah. Das fand sie schön. Im übrigen schloß sie sich ganz dem häuslichen Leben der Frauen an. Da Salvador die Mutter in Beschlag nahm und der Vater tagsüber zu arbeiten hatte, machte Ana aus Tante Catalina, der jüngeren Schwester der Mutter, die von allen »Tieta« (Tantchen) genannt wurde, die Mutter ihrer Wahl. Wie Mutter, Großmutter und »Tieta« fertigte das Mädchen Handarbeiten an, lernte Stricken, Sticken und Nähen. Ana teilte auch die Bewunderung, die die Erwachsenen dem Bruder entgegenbrachten. Mein großer Bruder – der ist etwas ganz Besonderes! Das fand auch die Cousine Montserrat, die genauso alt war wie Salvador. Aber Anas kleine Freundinnen hörten das nicht gern. Sie mochten Salvador nicht so sehr. Sie fanden ihn heimtückisch und unberechenbar. Auf alles mußte man gefaßt sein, wenn man ihm begegnete. Außerdem log er das Blaue vom Himmel herunter, und von seinen Süßigkeiten gab er nie etwas ab.

Salvador spielte stets die Rolle des großen Bruders, der mit Wichtigerem beschäftigt ist. Stickereien – was ist das schon; doch nur Weiberkram; nichts im Vergleich mit seinen eigenen unsterblichen Werken. Anders war es mit dem Singen und Musizieren, das ließ er sich gefallen.

Die schulische Erziehung bereitete Ana María, wie alle anderen kleinen spanischen Mädchen des beginnenden 20. Jahrhunderts, darauf vor, daß sie, im Geiste des katholischen Glaubens, zu einer Frau wurde, die früh heiratete, einen Haushalt führen konnte und an der Seite ihres Mannes das kultivierte Leben einer kinderreichen Familie gestaltete. Sie führte das

Ana María Dalí als Kind

sittsame Leben einer höheren Tochter, die zu allererst gepflegte Umgangsformen erlernte, damit sie gesellschaftsfähig wurde. Die jüngste Schwester von Luis Buñuel, Conchita, schreibt über ihre eigene Situation in dieser Zeit: »Luis studierte und wir genossen die unnütze Ausbildung junger Mädchen aus gutem Hause.«[6] Was darüber hinausschießt, so legte es das gesellschaftlich klar umgrenzte Bild der Frau fest, wird sich im Hervorbringen und Aufziehen der eigenen Kinder abspielen. Solange die Frau selbst noch Kind ist, delegiert sie gleichsam die Realisierung der eigenen Träume an den Bruder. Mit dessen Unternehmungen kann sie sich mitbewegen und glauben, daß sie Anteil an seinen Leistungen hat.

Während der gemeinsamen Mahlzeiten diskutieren Vater und Sohn – meist kontrovers – die unterschiedlichsten Themen, während die Frauen gespannt oder auch erheitert, in jedem Fall aber interessiert zuhörten. Alle Familienmitglieder genossen in der Entwicklung des männlichen Nachkommen eine Steigerung ihres eigenen Lebens. In Salvadors Malversuchen und seinen Extravaganzen entwickelte sich für die Familie Dalí das Außerordentliche – auch für den Vater, der seinen Sohn förderte, indem er ihn an der Städtischen Zeichenschule von Figueres anmeldete. Dergestalt bewundert, gewann der Junge mehr und mehr die Überzeugung, daß Genie in ihm steckte. Wie ein Besessener malte er in den Ferien von Sonnenaufgang bis Sonnenuntergang. Bald richtete der Vater im eigenen Haus eine erste Ausstellung für den Vierzehnjährigen aus, ein Fest für alle Beteiligten. Stolz präsentierte er seinen Freunden die Bilder, welche der Junge in impressionistischer Manier von der Heimat gemalt hatte.

Ebenso stolz berichtete die erwachsene Ana María, auf die gemeinsame Kindheit zurückblickend, auch von ersten Texten ihres fünfzehnjährigen Bruders über die großen Maler der Geschichte – Velázquez, Michelangelo, Goya, El Greco und andere –, welche er in der mit Freunden gemeinsam gestalteten Zeitschrift *Studium* veröffentlichte. Von eigenen Unternehmungen berichtete sie nicht. Sie schien ganz in den Entwicklungen des Bruders aufzugehen und schrieb die Idylle eines gemeinsamen Kindheitsparadieses fest.

Alleingelassen

Der Tod der Mutter im Februar 1921, nach sechs Monaten des Leidens, erschütterte das Familienleben zutiefst. Ana María war gerade dreizehn Jahre alt geworden, Salvador wurde drei Monate später siebzehn. »Tieta«, die Schwester der Mutter, erlitt einen Schock und wurde vom Vater in die Klinik eines befreundeten Arztes gebracht. Fast ein Jahr lang blieb sie dort in Behandlung und kehrte erst dann in die Familie zurück. Im Oktober 1922 starb auch die Großmutter. Wenig später kamen der Herr Notar und Tieta überein, der Form ihres

Zusammenlebens den Status der Ehe zu geben. Salvador sah keinen Grund dafür, doch Ana María war zufrieden mit dem neuen Familienverbund und schloß sich noch enger an ihre Wahlmutter an. Manche Biographen vermuten, daß die Schwester der Mutter schon vorher eine Affäre mit dem Vater hatte.

Für Salvador bedeuteten diese Veränderungen das endgültige Ende seiner Kindheit. Der Verlust der Mutter traf ihn hart. Denn mit der Mutter verlor er den Menschen, der in allen Situationen zu ihm hielt – bei seinen Kämpfen mit dem Vater, bei seinen unmöglichen Auftritten, eigentlich immer. Bislang vollzog sich seine Eigensinnigkeit im Wissen um dieses stabile Netz, das ihn jederzeit auffangen würde. Jetzt würden seine Waghalsigkeiten riskanter sein. Die Malerei bekam in dieser Lebenslage für ihn eine neue Bedeutung. Malen gegen den Tod, nennt er das. Malen gegen den Tod, indem er ein Werk schuf, das die Zeit überdauern sollte. Voller Zorn gegen das Schicksal wollte er der Welt mit den Mitteln der Malerei seine Größe beweisen.

Im Jahr nach dem Tod der Mutter malte Salvador in seinem Atelier in Figueres Zigeunerkinder, die vom Schicksal verletzt dem Leben schutzlos ausgesetzt sind. So fühlte er sich auch. Außerdem schloß er sich einer Gruppe jugendlicher Rebellen an, die politisch aktiv waren und als »Linke« und »Anarchisten« in Figueres für Aufregung sorgten.

Im Tagebuch erkundete der Jugendliche sein Seelenleben. Unter der Überschrift »Gedanken über mich selbst« notierte er im Oktober 1921, er sei, kein Zweifel, ein absolut theatralischer Typ, der nur lebe, um zu »posieren«. Er sei ein »Poseur« in seiner Art, sich zu kleiden, zu reden und zuweilen sogar in seiner Art zu malen. Er sei eben rasend verliebt in sich selbst. Stärker als je vorher wandte sich Salvador nach dem Tod der Mutter sich selbst zu – als würde er deren Idealisierung seiner Person nun mitübernehmen. Unersättlich war der Jugendliche in seinem Hunger nach Wirkung.

Außerdem schrieb er: »Ich bin mehr denn je Kommunist.« Das bedeutete, daß er den bestehenden Verhältnissen und der Obrigkeit, die sie zu verantworten hatte, den Kampf ansagte. In der Schule führte er mit Erfolg einen Kampf gegen den Direktor um die Wiedereinsetzung der Koedukation an. Die Generation der Väter wurde als »putrefacte Bourgeoisie« attackiert. Für die Jugendlichen waren die gebildeten Bürger der Stadt allesamt »verweste Spießbürger«. Nichts davon findet sich in Ana Marías Idylle.

In dem jugendlichen Salvador gärte es. Er wollte mehr und anderes, auf jeden Fall Größe. Vom Onkel in Barcelona wurde er mit Büchern versorgt, außerdem las er sich durch die Bibliothek des Vaters. Dort stieß er auf Nietzsches *Also sprach Zarathustra* und befand, daß er dessen »Kindereien« längst überwunden habe und einmal großartiger sein würde als dieser. Im Tagebuch notierte er seine Wünsche als festen Plan, erst in Madrid, dann in Rom rastlos an seinen Bildern zu arbeiten, dann einen Preis zu gewinnen und im Triumph nach Spanien zurückzukehren. »Ich werde ein Genie sein, und die Welt wird mich bewundern. Vielleicht werde ich verachtet und mißverstanden werden, aber ich werde ein Genie sein, ein großes Genie, dessen bin ich gewiß.«[7]

Die bescheidene Ana María mochte diese hochfahrenden Zukunftsträume ihres Bruders nicht. Sie machen ihr angst. Denn damit verletzte der Bruder ihr eigenes höchstes Gut, das der familiären Gemeinschaft. Er stellte sich selbst mit seinen Kunstambitionen gleichsam darüber.

Salvador selbst verlor sich nicht etwa in den versponnenen Phantasien seiner Gigantomanie. Die Malerei erdete seine Ambitionen und gab seinem Leben einen festen Halt. Seine Kunst war das Feld, das er ganz nach eigenem Gutdünken bestellen wollte. Hier konnte ihn niemand auf die Einhaltung herkömmlicher bürgerlicher Regeln festnageln. In einem Künstlerroman mit dem Titel *Sommernachmittage*, stellte sich der Jugendliche unter dem Pseudonym »Lluis« selbst dar:

»Sein leidenschaftliches Temperament machte, daß er mehr mit dem Herzen malte als mit dem Verstand, und geblendet von der Erhabenheit der Natur, verbrachte er Stunden und Stunden auf der Suche nach dem rechten Licht, nach dieser oder jener Farbe. Lluis warf in diese Mühen sein ganzes Gefühl, seine ganze Seele. Er genoß das schöpferische Leiden. Er schwelgte im schöpferischen Leid. Er versuchte alles, um die Regungen seines Herzens auszudrücken, das, was ihm die Natur zuflüsterte, was ihm der wundervolle, sonnendurchflutete Kirschbaum erzählte. Und er wurde nicht müde, nach Kunst zu dürsten, trunken von Schönheit zu sein, und schaute mit seinen klaren Augen auf die lächelnde Natur, die durchwirkt war von Sonne und Freude, bis er dann in eine kurze Ekstase verfiel.«[8]

Der junge Künstler Salvador Dalí zeigte sich als naturverbundener Romantiker. So hatte Ana María ihren Bruder am liebsten; so sah sie selbst das Leben, so sollte es sein. Diesen Standpunkt wird sie beibehalten.

Romantisch war in dieser Zeit auch Salvadors Beziehung zu dem jungen Mädchen Carme Roget, die ihm die Rolle eines unglücklich Verliebten zu spielen ermöglichte. In einem Brief schrieb er ihr: »…Ich habe auch einst an die Liebe geglaubt… Aber für mich war sie sehr grausam … Ich bin immer ins Unmögliche verliebt gewesen … Ich bin in die Kunst verliebt, und die Kunst ist für mich unmöglich, weil ich studieren muß. Ich bin verliebt in ein Mädchen, das schöner ist als die Kunst, aber das ist noch unmöglicher.« Besonderes Vergnügen fand Salvador darin, das Mädchen mit der ständigen Aufforderung zu quälen, sie sollte begründen, warum sie ihn liebte.

Anders hörte sich ein Bericht von Carme Roget an, als sie sich im Alter an ihre erste Liebe erinnerte: »Ich war seine einzige Freundin, und wir blieben zusammen, bis er nach Madrid ging. Wir waren noch Kinder! Damals war es anders, wir hatten ein romantisches Verhältnis, heute verlieben sich die Leute in ein paar Sekunden, springen sofort ins Bett und haben jedes Jahr zwei oder drei Affären. Wir waren so unschuldig! Unsere Liebe war romantisch, romantisch. Einmal, als er mich küßte, wußte ich kaum, was passierte, und rannte los, um es meinen Freundinnen zu erzählen! Salvador war hübsch, er hatte lange Koteletten, und vor allem war er sehr zärtlich und sehr lustig. Wenn ich bei ihm war, kam ich vor Lachen fast um!«[9]

Besonders stolz war Carme, als ihr Künstlerfreund 1919 den ersten Preis der Städtischen Zeichenschule erhielt. Ebenso stolz trug er die Worte des Bürgermeisters sogar in sein Tagebuch ein: »›Es ist mir ein großes Vergnügen, Ihnen den ersten Preis zu überreichen. Er macht erstens der Familie Dalí und zweitens der Schule große Ehre, von der es heißen wird, daß ein berühmter Künstler aus ihr hervorging.‹ Ich nahm den Preis, den ersten Preis, und unterdrückte meinen Drang loszulachen, weil alles so spaßig war. Dann draußen in der Rambla und später daheim, wo die Familie darüber lächelte, einen Sohn zu haben, der, den genauen Worten eines echten Bürgermeisters zufolge, für sie und die Schule eine Ehre war!«[10]

Ausgerechnet Salvador, der sich selbst als Rebell und Kritiker einer verachtenswerten Gesellschaft stilisierte, wurde von einem ihrer Vertreter als »Ehre« bezeichnet.

1921 gründete er mit den Freunden Marti Vilanova, Rafael Ramis und Jaume Miravitlles die sozialistisch engagierte Gruppe »Renovacio Social« (Soziale Erneuerung). Es gärte in ihnen. Sie fürchteten und haßten nichts stärker als das Mittelmaß. Doch anders als die Freunde setzte Dalí nicht wirklich auf die politische Agitation. Seine erste Wahl blieb die Kunst, beziehungsweise die Lebensform des Künstlers, eine Lebensform, die – dem kindlichen Zustand vergleichbar – frei bleiben mußte von den Zwängen bürgerlicher Anpassung. Allein in der Kunst ließ sich das Prinzip des Anderen, Abseitigen, Gegenteiligen zur Zentralperspektive der eigenen Lebensgestaltung ausbauen.

1922 nahm der Schüler Salvador Dalí an einer Gruppenaus-
stellung in der berühmten Galerie Dalmau in Barcelona teil,
die wegen ihrer Präsentationen der modernen Kunst in Spanien berühmt war. Der Rektor der Universität verlieh Dalí
einen Preis für Malerei. Die Zeitungen schrieben voller Lob
über den begabten jungen Künstler und sagten ihm eine
glanzvolle Zukunft voraus.

Einer für alle

Nach dem Abitur verließ Salvador Dalí im Oktober 1922 den
vertrauten Ort seiner Kindheit, um in Madrid an der altehr-
würdigen »Königlichen Akademie der Schönen Künste San
Fernando« die Malerei zu studieren. Der Vater sah das mit
gemischten Gefühlen. Er befürchtete, sein Sohn könnte zum
Hungerkünstler werden. Deshalb verlangte er von ihm, ein
Hochschulstudium zu absolvieren, um notfalls als Lehrer
Geld verdienen zu können.

Mit seinen schulterlangen Haaren, den langen Koteletten
nach ausländischer Manier, mit einem Cape, dessen Saum
den Boden streifte, einem Spazierstock mit vergoldetem Knauf
präsentierte sich der exaltiert stilisierte junge Mann einem
jeden als Künstler. In rührendem Kontrast dazu stand, daß
Salvador auf seiner Reise in die Hauptstadt des spanischen
Königreichs von Vater und Schwester ans Händchen genommen wurde. Nach bestandener Aufnahmeprüfung brachten
sie Salvador unter in der »Residencia de Estudiantes«, einem
von kirchlicher Bevormundung freien Studentenwohnheim.
Außerdem bat der Vater seinen Freund, den Dichter Eduardo
Marguina, ein Auge auf seinen Sohn zu haben. Nolens volens
reiste Ana mit ihrem Vater wieder nach Hause. Sie vermißten
Salvador, »denn er brachte Leben ins Haus«, notierte die
Schwester.[11]

Salvador bewegte sich nun in einer ganz anderen Welt als Ana María. Mit Eifer wollte er das Handwerk der Malerei erlernen. Schon bald überwand er seine Befangenheit und fand Freunde in einem Kreis von Kunstbegeisterten, die sich mit Literatur, Theater, Film und Malerei und last not least mit Psychoanalyse beschäftigten. Der werdende spanische Dichter Federico García Lorca wurde sein Intimus, ebenso Luis Buñuel, der als Regisseur surrealistischer Filme mit sozialkritischen Akzenten später weltberühmt werden sollte. Eine unruhestiftende Bande von Künstlern und Intellektuellen, die darauf aus war, die starre, traditionalistische spanische Kultur aus ihrem Dornröschenschlaf zu wecken, suchte mit allen Mitteln den Anschluß an die Moderne. Gemeinsam bewunderten sie die französischen Dichter Apollinaire, Pierre Reverdy, Jean Cocteau, die Maler Pablo Picasso, Juan Gris, Joan Miró, den russischen Tänzer und Impresario Sergej Diaghilew, den italienischen Futuristen Filippo Tommaso Marinetti und den aus Chile stammenden Dichter Vicente Huidobro. Die Szene der Avantgarde lag in Paris, welches zum Ort ihrer Sehnsucht wurde. Was dort geschah, hatte Geltung, da mußten sie hin.

Unter den Spaniern schätzten sie die Philosophen und Dichter Ortega y Gasset, Miguel de Unamuno y Jugo, Ramón María del Valle-Inclan, Eugenio d'Ors und Moreno Villa. Besonders interessant fanden sie den Dichter Ramón Gómez de la Serna, weil der während des Ersten Weltkriegs in der Schweiz und in Frankreich den Dadaisten begegnet war. Er kannte Tristan Tzara und Picasso persönlich und war täglich im Café Pombo nahe der Porta del Sol anzutreffen.

De la Serna hatte, ähnlich wie Francis Picabia, eine Vorliebe für die vergleichende Zusammenstellung sinnlicher Eindrücke, die vermeintlich getrennten Wirklichkeitsbereichen zugehören: »Der Mond wandert schneller und steigt höher, wenn die Hunde ihn anbellen.« Sein Blick wurde bestimmt durch eine Perspektive, die animistisch-physiognomische Analogien liebte: »Schrauben sind Nägel, die eine Frisur mit Mittelscheitel tragen.« Er trieb sein Spiel mit der Dekomposition des Vernünftigen: »Vorlesung: die längste der Menschheit bekannte Methode, Abschied zu nehmen.« Wie den Dadaisten gelang es de la Serna, unbewußte Zusammenhänge freizulegen. Er nannte diese Texte »Greguerías«, was soviel heißt wie Gequiek der Ferkel, Kauderwelsch, verworrenes Geschrei. Es sind Momentaufnahmen, die einen weiten Bedeutungskreis öffnen, verfremdend, bewußt anti-vernünftig, antiklassisch.

Luis Buñuel nahm Dalí mit ins Café Pombo, wo die Jungen mit den Alten gemeinsam über die neuesten Veröffentlichungen, Gedichte, Politik, ausländische Zeitschriften und Bücher diskutierten. Dalí fühlte sich wohl im Erkunden einer Welt, die Raum ließ für den Entwurf von Gegenbildern. Nächtliche Besäufnisse in den Bars, provozierendes Sich-Verkleiden und -Schminken und sonstige studentische Bürgerschreck-Aktionen gehörten genauso dazu wie gewissenhaft fleißiges Malen, Studieren, Schreiben und Diskutieren philosophischer, psychologischer und dichterischer Texte, Gestaltung von Theateraufführungen, Vorträge für das studentische Fußvolk, Kopieren der alten Meister im Prado, Experimentieren mit kubistischen Bild-Konstruktionen. Pünktlich legte der junge Student seine Prüfungen ab.

Zu Beginn des zweiten Studienjahres kam es anläßlich der Neubesetzung eines Lehrstuhls zum Protest der Studenten, da die Berufungskommission den Kandidaten ihrer Wahl nicht berücksichtigte. Dalí soll, entgegen seiner Beteuerung, maßgeblich beteiligt gewesen sein. Für ein Jahr wurde er deshalb vom Studium ausgeschlossen. Señor Dalí y Cusí reiste zwar eigens nach Madrid, führte heftige Auseinandersetzungen mit dem Rektor, setzte juristische Texte auf – konnte aber dennoch nichts bewirken. Der Rektor ließ ihn wissen, Salvador Dalí sei in der Malerei ein Bolschewik.

Plötzlichkeit und Härte der Entscheidung erschreckten

Dalí, allerdings behinderte das Ereignis nicht die Entwicklung seiner Malerei. Er brauchte keinen Lehrer, der ihm Aufgaben stellte, um malen zu können. Er mußte sich auch nicht künstlich disziplinieren. Längst schon galt für ihn die Gleichung: Leben ist Malen. An der Akademie verbrachte Dalí nur wenige Semester – vertane Zeit. Diese Einschätzung teilte er mit den meisten Künstlern, die einer eigenen Vision auf der Spur sind.

Intimität des Betrachtens und des Sich-Zeigens

Im Grunde war die Familie glücklich über Salvadors Heimkehr, besonders Ana María. Gern ging sie mit dem Bruder zum Tanzen. Wenn die Geschwister ihre Verwandten in Barcelona besuchten, nahmen sie auch an Tanzwettbewerben teil und gewannen sogar einmal einen Preis. Bei Anlässen dieser Art erwiesen sich Bruder und Schwester als eingespielte Partner, die sich aufeinander verlassen konnten.

Ana María machte die beglückende Erfahrung, daß Salvador sie wahrzunehmen begann. Offenbar betrachtete er sie gern. Ihm fiel auf, daß der Körper der kleinen Schwester inzwischen weibliche Formen angenommen hatte. Ein Höhepunkt im Leben des heranwachsenden Mädchens war damit verbunden, daß ihr Bruder sie als Modell begehrte. Im intimen Akt des Gemaltwerdens stand nichts und niemand zwischen ihnen. Es ist Ana, als würde sie mit dem Bruder in einer Einheit aufgehen.

Wenn Ana posierte, spürte sie den neugierigen Blick des Malers auf ihrem Körper wie ein zartes Streicheln. Salvador berührte sein Modell mit dem inquisitorischen Blick eines Malers, der die Formen der Weiblichkeit zu erfassen sucht. Die Geschwister genossen diese intime Nähe. Sie spielten im Grenzbereich des Inzests. Betrachtend kam Dalí dem Weiblichen nahe.

*Die Geschwister
in den frühen
zwanziger
Jahren*

Oft gingen sie wie in der Kinderzeit gemeinsam schwimmen. Rückblickend beschrieb Ana ihr seliges Wohlgefühl. Wie schön es war, wenn sie nach der Abkühlung wieder zusammen am Strand saßen und sich die Körper im sonnenerhitzten Sand oder auf den heißen Steinen wärmten. Und wie intensiv sie an den Wimpern des anderen die kleinen Tropfen betrachtet haben, in denen sich das Licht in den Farben des Regenbogens zeigte – bis sie, die miteinander Glücklichen, der Schlaf überkam.

In Cadaqués geht ein Gerücht um. Jemand behauptet, die Geschwister nackt am Strand gesehen zu haben – in intimer Nähe. Die uralte Geschichte vom Geschwister-Inzest, die so häufig vorkommt, wie sie geleugnet wird. Ob und was der Dorfbewohner wirklich beobachtet hat – die stummen Felsen und selbst das beredte Meer bewahren das Geheimnis. Aber es ist eine Geschichte, die jeder interessant, aufregend und schokkierend findet.

»Junges Mädchen, am Fenster stehend«, 1925

Wie alle Maler faszinierte auch Salvador Dalí die Aktmalerei. Wenn Geschwister noch sehr klein sind, machen sie »Doktor-Spiele«: »Mein Körper hat was, was deiner nicht hat. Zeig mal, was ist das denn, wieso hat meiner das nicht?« So sieht man das, seit die kindliche Neugier nicht mehr als Sünde verstanden wird. Es wäre seltsam gewesen, wenn der jugendliche Salvador nur die bekleidete Schwester interessant gefunden hätte. Doch anders als im Fall des Malers Egon Schiele ist es zweifelhaft, ob Salvador seine Schwester je nackt gemalt hat. Zwar gibt es ein Bild mit einem nackten Frauenkörper vor der Bucht von Cadaqués aus dem Jahr 1922 (»Liegende Venus«), aber man kann nicht wissen, ob tatsächlich Ana María dafür Modell gestanden hat.

Betrachten und Zeigen ist das Spiel, in dem Maler und Modell miteinander verbunden sind. Hinschauen und Herzeigen können sich nach psychoanalytischen Untersuchungen zu Formen des Voyeurismus und Exhibitionismus steigern. Dalí bekannte freimütig, daß er voyeuristische Obsessionen hatte. Später noch, als er längst ein alter Mann geworden war, regte ihn besonders die Rückenansicht eines entblößten Körpers zur Selbstbefriedigung an.

In dieser Zeit, in den zwanziger Jahren, trieb ihn der Wunsch nach weiblichem Ausdruck des eigenen Leibes um. Sein Körper ist grazil und seine Bewegungen haben etwas ausgesprochen Feminines. Er liebt es, sich feminin zu kleiden. Seine Haare sind lang wie die eines Mädchens. Photos zeigen ihn mit weiblich kokettem Ausdruck.

Daß der Maler Salvador Dalí sich seines Modells bemächtigte, daß er es zum Medium seiner eigenen Ambitionen machte, daß er sich mit dem Blick einer Weiblichkeit vergewisserte, die ihm selbst versagt blieb, daß er mit Ana Marías Körper ein weibliches Double seiner selbst vor Augen hatte, daß er die Schwester brauchte – all das signalisierte Ana, daß sie etwas Begehrenswertes und Besonderes sein mußte. Wenn das Gemälde vollendet ist, kann jedermann sehen, wie schön Ana von ihrem Bruder dargestellt wird. Ein schönes Gemälde, gewiß, denn Ana ist schön.

Sie braucht sich nicht anzustrengen, damit es so ist. Es kommt zu ihr wie ein Geschenk. Ana María ist glücklich. Kein anderer junger Mann wird Ana María je wieder so rundherum glücklich machen. Sie wird nicht heiraten.

Im April 1925 brachte Dalí erstmals seinen bewunderten Dichterfreund Federico García Lorca mit in das Ferienhaus am Strand von Es Llane. Er will ihm die Schönheit seiner Heimat zeigen, ihn mitnehmen zu den vertrauten Plätzen und Orten. Ana María verliebte sich in den Freund des Bruders, der mit ihr flirtete und sie sehr freundlich behandelte. Sie merkte nicht, daß Federicos spezielle Zuneigung dem Bruder

*Ana María
und Salvador
in Cadaqués,
1925 – 26*

galt. Ausgelassen spielten sie am Strand, brachten den Dichter dazu, seine Angst vor dem Ertrinken zu überwinden. Ana und Salvador stürzten sich begeistert in die Fluten. Lorca brauchte Ana; beim Schwimmen fühlte er sich in ihrer Nähe sicherer. Ana María nahm ihn bei der Hand und beschützte ihn.

Am Strand schoß sie Photos von den beiden Künstlern, die miteinander kokettierten. Lorca spielte den toten Mann. Salvador verwandelte das Photo in ein Gemälde, eines der ersten in surrealistischer Manier nach Art mancher Gemälde von Yves Tanguy oder Joan Miró. Lorca begann ähnliche Zeichnungen anzufertigen, und Dalí schrieb Verse. Lorca sagte Dalí eine Zukunft als Dichter voraus, und Dalí meinte, Lorca habe eine Befähigung zur Malerei.

Dalís Vater fühlte sich durch den Besuch des Dichters geehrt. Als Gastgeschenk für Don Salvador Dalí y Cusí überreichte Federico seine gerade erschienenen *Canciones* – mit persönlicher Widmung. Besonders gefielen dem Vater die Lieder, die der spanischen Volkskunst nahestehen. An den Abenden lud er manchmal Gäste in sein Haus. Am Strand wurden Seeigel zubereitet, die die »Kinder« am Tag gesammelt hatten – ein Lieblingsgericht der Familie. Es wurde musiziert. Die Klänge der Sardanas trug der Wind in die Weite. Und Federico las aus seinem Drama *Mariana Pineda*. Auch dem

Vater blieb verborgen, daß die spezielle Zuneigung des Dichters nicht seiner Tochter, sondern seinem Sohn galt.

Später notierte Salvador Dalí, es »zeichnete sich eine Tendenz ab, meine Beziehung zu Lorca, zu der der Dichter sich selbst bekannte, zu unterschätzen, als sei es ein zuckersüßer Kitschroman, während sie in Wirklichkeit genau das Gegenteil war. Es war eine erotische und tragische Liebe, tragisch, weil sie nicht geteilt werden konnte.« Bei wiederholten Besuchen Lorcas und auch in der »Residencia« in Madrid, wo Dalí und Lorca in einem Zimmer wohnten, kam es zu intimen Berührungen. Später, 1955, erzählte Dalí Alain Bosquet, daß der Dichter zweimal versucht habe, ihn zum Analverkehr zu bewegen, aber es sei nichts geschehen, zumal es wehgetan hätte.[12]

Es hat den Anschein, daß sich Dalí mit Federico, ähnlich wie mit seiner Schwester, spielerisch experimentierend im Grenzbereich der Intimität bewegte. Das wird sich erst später ändern, als ihm Gala Eluard begegnete – und auch dann nur für eine Weile.

Ana María gestaltete ihr Leben im familiären Rahmen. Sie las viel und spielte gern Klavier. Salvador arbeitete dagegen zielstrebig an seiner Karriere, suchte Ausstellungsmöglichkeiten, knüpfte Kontakte. Mit der Kunst sollte es weitergehen. Er wollte endlich wahrgenommen werden mit seinem verrückten Können – nicht nur mit seinen Verrücktheiten.

Für den Herbst des Jahres 1925 stellte ihm die Galerie Dalmau eine Einzelausstellung in Aussicht. Eine großartige Chance, das einzig wirklich Wichtige, das zählt. Im Sommer 1925 malte der Einundzwanzigjährige, als wäre er ein Akkordarbeiter. Die Familie hielt ihm den Rücken frei und nahm ihm alle Alltagspflichten ab. Der Vater handelte den Vertrag für ihn aus, sie sprachen über die Preise. Ana machte mit – als Modell. Und bald sollte sie jeder in Barcelona bewundern, mit acht Portraits war sie in der Ausstellung präsent. Im Katalog hieß es mit einem Ingres-Zitat: »Schöne Formen sind Flächen mit

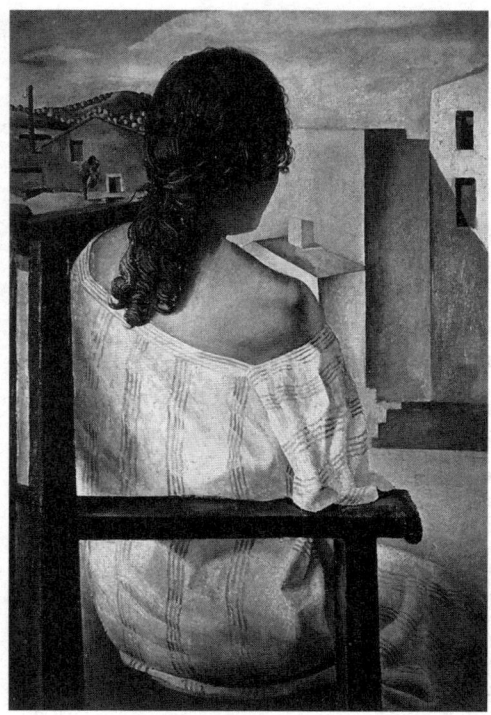

*Plakat für
die Ausstellung
Dalís in
der Galerie
Dalmau in
Barcelona, 1925*

Kurven.« Insgesamt zeigte die Galerie Dalmau während der
zweiten Novemberhälfte des Jahres 1925 siebzehn Gemälde
und fünf Zeichnungen von dem noch unbekannten Künstler.
Der größte Teil der Werke stammte aus dem laufenden Jahr.
Auch ein Portrait des Vaters war darunter.

Dalís Werke wurden außerordentlich positiv aufgenommen. Verkauf und Kritik ließen nichts zu wünschen übrig. Am
21. November ehrte der Galerist seinen jungen Künstler mit
einem Festbankett im Hotel »España« in Barcelona; ein weiteres folgte am 5. Dezember in Figueres. Die Familie hatte
allen Grund, stolz auf den Sprößling zu sein, der in der katalanischen Landeshauptstadt und der regionalen Presse Schlag-

zeilen machte. Penibel schnitt der Anwalt Don Salvador Dalí y Cusí alle Artikel sorgsam aus und klebte sie in ein Buch, das allein den Fortschritten des Sohnes als Künstler gewidmet war. Es muß ihn überrascht haben, daß sein Salvador, der so gar nicht in sein Schema vom erfolgreichen Mann-Menschen paßte, in wirtschaftlicher Hinsicht kein Versager war. Die Verwaltung des Geldes übernahm er vorsichtshalber lieber selbst. Dem Sohn war das ganz recht. Geld, daran hat es bislang nicht gemangelt. Also war es ihm gleichgültig.

Dalí berichtete Lorca ganz aufgeregt und stolz von seinem großen Erfolg – und schwärmte außerdem von schönen Postkarten, die ihm die Freunde Luis Buñuel, José María Hinojosa sowie Juan Vicéns aus Paris mit der Aufforderung schickten, sie dort endlich einmal zu besuchen.

Der Akademie hatte der Vater mitgeteilt, sein Sohn wolle sich privat auf die Prüfungen vorbereiten. Im Frühjahr 1926 schrieb sich Dalí zu den Examina wieder ein. Doch für ihn gehörte ein Besuch in Paris zur Prüfungsvorbereitung. Er wollte über den spanischen Rahmen hinaus Originale der alten Meister studieren. Genauso brannte er natürlich auch darauf, die Atmosphäre, in der die zeitgenössische Kunst im Entstehen war, selbst zu erleben.

Am 11. April reiste Salvador Dalí also das erste Mal nach Paris, in das Mekka der modernen Kunst und Lebensart. Leitung, Schutz und Aufsicht hatte der vorsichtige und besorgte Vater in die Hände von Stiefmutter und Schwester gelegt. Nur unter dieser Bedingung hatte der Vater ihn reisen lassen. Buñuel nimmt die Gäste aus der spanischen Provinz unter seine Fittiche. Der Louvre, eine Begegnung mit Picasso, das Wiedersehen mit den spanischen Freunden und auf dem Rückweg in Brüssel die Gemälde Vermeer van Delfts sind die Höhepunkte der Reise.

Nach seiner Rückkehr erlebte Salvador die Akademie wie einen Klotz am Bein. So wurde er mit dem Examen am 14. Juni 1926 auf seine Art und ganz schnell fertig. Der Prüfungskandidat Salvador Dalí y Domènech verweigerte sich. Dem unmittelbar danach aufgezeichneten Protokoll zufolge sagte er: «Nein. Da alle Lehrer an der San-Fernando-Schule unfähig sind, mich zu beurteilen, ziehe ich mich zurück.»[13] Dalí wurde wieder einmal, jetzt aber endgültig, von der Schule verwiesen, auf königlichen Erlaß vom 20. Oktober 1926.

Mit diesem dreisten Auftritt besteht Salvador Dalí ein ganz anderes Examen. Man könnte es als Trickster-Examen bezeichnen. Der Trickster ist eine mythologische Heldengestalt des nordamerikanischen Indianerstamms der Winnebago. Der Völkerkundler Radin hat ihn beschrieben: Der Trickster hat die Mentalität eines Kindes, ist grausam, zynisch und gefühllos und vollführt eine mutwillige Tat nach der anderen. Während er das tut, verändert er sich allmählich.[14] Henderson betont, jede Kultur habe ihre Trickster und nennt neben anderen Charlie Chaplin als modernes Beispiel.

Im Indianerstamm der Poneys gab es den Typus des »Contra«, eine Gestalt, die konsequent das Gegenteil dessen tut, was den anderen als normal gilt. Salvador, wie manch anderes Kind oder wie junge Erwachsene, suchte mit dem methodischen »Nein«-Sagen Zeit zu gewinnen oder einen unbesetzten Raum zu öffnen, um herauszufinden, was er selbst eigentlich wollte.

Dalí spürte mehr und mehr, daß die Pläne anderer, die es »gut mit ihm meinen« – mit dem rücksichtsvollen Bruder, mit dem erfolgreichen Künstler-Studenten, mit dem belebenden Element der Familie, mit dem anerkannten Maler der Heimatregion –, ihn in Wirklichkeit von seinem Weg abdrängten. Wie dieser aussehen würde und was geschähe, wenn er ihn endlich nach Paris führe, wußte er noch nicht. Aber er wußte, daß er *sein Bild* der Wirklichkeit verfehlen würde, wenn er sich darauf einließe, im Sinne der anderen zu funktionieren. Er wollte auf dem Seinen bestehen, und das hieß für ihn, daß er sich nicht nur aus der Kunstakademie, sondern auch aus der Hülle der Familie herauskatapultieren mußte.

Salvador zieht aus, das Fürchten zu lernen

Seit langem faszinierten ihn die Surrealisten. Wie er selbst wollten sie, in der Folge Dadas, die herkömmlichen Lebens- und Kunstformen sprengen. Mit den Konstruktionen von Vernunft, Religion, Moral und Ästhetik schotteten sich die Bürger ab gegen die Realität des Traumes, der Poesie, des Wahns und der Kindlichkeit. Aber diese Konstrukte waren nicht geeignet, das Leben zu leben und zu sichern. In Wirklichkeit haben sie den Ersten Weltkrieg heraufbeschworen. Denn, so hat bereits der spanische Maler Francisco Goya als unzeitgemäßer Surrealist zu Beginn des 19. Jahrhunderts formuliert: »Der Traum der Vernunft gebiert Ungeheuer« (»El sueño de la razon produce monstruos«).

Die Gruppe der Surrealisten, die André Breton in Paris um sich versammelt hatte, wollte die allem menschlichen Leben zugrundeliegende Wirklichkeit, die sogenannte Sur-Realität, in den Blick rücken und erforschen. Dabei bezogen sie sich unter anderem auf Sigmund Freuds Analysen des Unbewußten. Für Dalí bedeutet der Surrealismus eine Revolution des Lebens und der Moral.

Im April 1929 reiste Salvador Dalí erneut nach Paris – dieses Mal ohne Begleitung. Im Sommer desselben Jahres besuchten ihn die neuen Freunde in Cadaqués. Der französische Dichter Paul Eluard mit seiner Frau Gala und der gemeinsamen Tochter Cecile, René Magritte mit Frau, der Pariser Galerist Goemans mit Freundin – sie alle wurden im besten Hotel am Platz, dem »Rocamar« untergebracht und hatten eine wunderbare Aussicht über die Bucht mit dem Pueblo auf der einen Seite und mit dem Blick auf das weite Mittelmeer auf der anderen Seite. Kaum fünfzig Meter sind es, den Berg hinunter, bis zum Ferienhaus von Salvadors Familie. Um die Geschichte kurz zu machen: Salvador Dalí und Gala Eluard verliebten sich ineinander. Beide spürten, daß sich zusammen mit dem anderen ihr eigenes Leben verwandeln könnte. Beide drängten aus ihren bisherigen Bindungen und wollten miteinander neu beginnen.

Ana María ist entsetzt. Erstmals erlebt sie eine Gruppe von Freunden, die sie nicht einbezieht. Sie versteht ihre Unterhaltungen nicht, weiß nicht, worauf sie anspielen – und steht draußen. Sie spürt, daß der Bruder ihr fremd wird und befürchtet, daß sie ihn an diese Fremden verlieren könnte. Mit Mißbehagen beobachtet sie, welch große Mühe Salvador sich gibt, seine neuen Freunde zu beeindrucken. Er spielt richtig verrückt, putzt sich heraus in einer Verdrehtheit, die ihr Angst macht. Ana leidet darunter, daß in Anwesenheit der Fremden alles, was ihr selbst lieb und wert ist, dem Spott und der Kritik ausgesetzt wird.

Es war nur natürlich, daß die Familie Dalí die Lebensform der surrealistischen Freunde, ihr betont selbstbewußtes Auftreten, die demonstrierte Andersheit und ihre provokanten Ansichten ablehnte. Diese Freunde waren in jeder Hinsicht das Gegenteil des sensiblen, liebenswürdigen, alles Spanische besingenden Dichters García Lorca, den die Familie in ihr Herz geschlossen hatte. Der wäre möglicherweise ein besserer Sohn, ein besserer Bruder und vielleicht sogar ein Mann für Ana María gewesen, meinten Vater und Tochter.

Über die Surrealisten schrieb Ana María zwanzig Jahre nach der Begegnung in Cadaqués: »… mag sein, daß sie intelligent sind, aber es ist eine perverse, destruktive Art. Und selbst als sie meinen Bruder mit sich nahmen, konnten sie doch unser Cadaqués nicht entwerten; es behielt seine Würde und seine Seelenruhe, blieb voller Schönheit, abgestimmt mit dem Rhythmus von Sonne und Mond und den sanften Übergängen vom Dunkel ins Licht. Außerdem kündigte sich eine weitere Tragödie an. Wir konnten sehen, wie Salvador von diesen unmoralischen Subjekten beeinflußt wurde, und wußten, daß es böse enden würde.«[15]

Mit Gala Eluard begegnete der einundzwanzigjährigen Ana María Dalí ein Frauentypus, der ihr fremd war: streng, selbstbewußt, anspruchsvoll, herausfordernd, arrogant und kompromißlos stellte Gala ihre Weiblichkeit zur Schau. Anders als Ana senkte sie niemals den Blick in scheuer Befangenheit. Mit den Männern ging sie um, als wäre sie ihresgleichen. Unzüchtig fand Ana die ganze Art, wie sie sich gab, und unmoralisch. Salvador dagegen faszinierte die Stärke dieser zehn Jahre älteren, verheirateten Frau und Mutter, die von seiner Familie gleich für zwanzig Jahre älter gehalten wurde. Eine Atmosphäre des Ödipalen. Salvador wird läppisch, er muß unentwegt kichern. Wie ein aufgeregtes junges Mädchen benimmt er sich, das seiner Entjungferung entgegenfiebert und zugleich fürchtet, es könnte von einem Abgrund verschlungen werden.

In Paris, dem Blick der Familie entzogen, erhält Dalís Vision von Kunst und Leben seine Kontur. In den Gemälden aus den Jahren 1925 bis 1928 finden sich gleichsam nebeneinander noch unterschiedliche Orientierungen.

Deutlich sind die Wirkungen von Giorgio de Chiricos »metaphysischer Malerei« und von Picassos wuchtigen Körper-Skulptur-Gemälden vom Beginn der zwanziger Jahre. Daneben stehen Werke, in denen Dalí seinen Wettstreit mit den hyperrealistisch gemalten Stilleben der Holländer des sechzehnten und siebzehnten Jahrhunderts austrägt. Er bekennt freimütig seine Liebe zur exakten Zeichnung im Sinne von Jean Auguste Dominique Ingres, den er im Katalog seiner ersten Ausstellung auch mit der Aussage zitiert hatte, Zeichnen sei die Redlichkeit der Kunst. Dazwischen vermitteln Werke, die an den Realismus des Italieners Mario Sironi erinnern; besonders in den Bildnissen von Ana María und dem Vater ist das zu sehen. Schließlich lassen sich Anklänge entdecken an die frühen surrealistischen Arbeiten von André Masson, Yves Tanguy und Joan Miró.

Der Kunststudent, der eigenwillig der Akademie den Abschied gegeben hatte, bewies, daß er mit seinen Talenten wuchern konnte. Er hatte Werke geschaffen, die vor dem Blick der Kunstkritiker bestehen konnten und auch manchen zum Kauf veranlaßten. Aber das alles waren für ihn nur Vorübungen, eine Art Eintrittskarte in die Welt der Kunst. Er wollte mehr.

Salvador Dalí wollte gleichsam sein eigenes Bild von der Welt in die Welt setzen. Für ihn hieß das: Er muß alles Herkömmliche umkrempeln. Und das bedeutete eben auch, die Familie zu verlassen. Denn die reduzierte ihn auf einen realistischen Heimat-Maler. Die Surrealisten dagegen mit ihren drastischen und aufsehenerregenden Spektakeln halfen ihm, sich aus den Fesseln von Tradition und Moral zu lösen. Dalí gewann in der neuen Gruppe Spielraum für den Entwurf von bislang Ungedachtem und Ungemachtem.

Während Salvador Dalí diesen noch nicht vermessenen, vakanten Raum nutzte, um Menschen und Welt aus einer neuen Perspektive darzustellen, sah seine Familie nur, daß ihre Idylle bedroht war. Ana María Dalí hatte keinen Grund, ihre Ansicht vom Leben zu verändern. Für sie war die Welt in ihrem Umkreis vollendet, solange Salvador ihr und den Ihren gehörte. So wie die Natur sich nicht aus ihrem Rhythmus löst, so sollte es auch das heimelige Familienleben nicht.

Wie schon in der Kinderzeit wünschte Ana María Dalí, daß alles immer beim Alten bleiben möge. Sie hatte ein feines Gespür dafür, daß die Surrealisten im Begriff waren, die Büchse der Pandora zu öffnen. Mit allen Gaben ausgestattet, machten sie ihrem Bruder womöglich ein verheerendes Geschenk.

Die Lebenswege der Geschwister verzweigten sich. Ana beschied sich und hielt am tradierten Bild des Lebens fest, das gerahmt wird von den kirchlich verordneten Werten und dem familiären Zusammenhalt. Das gab ihrem Leben Sicherheit. Anders Salvador, er schlug sich auf die Seite der Avantgarde, die das Motto von Sigmund Freuds *Traumdeutung* (1900) zu ihrem eigenen machte: Wenn sich das Hohe (»superos«) nicht dergestalt beugen (»flectere«) läßt, daß es das Leben erweitert, dann sollte man vielleicht einmal versuchen, das Unterste nach oben zu krempeln, indem man die Unterwelt (»acheronta«) ins Spiel bringt. Fest, starr und unverrückbar war seit der Aufklärung das Bild geworden, dem die Menschen meinten entsprechen zu sollen. Die Surrealisten wollten das ändern.

Das Leichte, Heitere und mehr noch das Brodelnde, Unheimliche, bedrohlich Chaotische, das quirlig Üppige, Ungebärdige und Eigenmächtige – wie es jeder Mensch aus seinen Träumen kennen kann – wollten sie, anders als die Bürger, nicht als Gegenbild oder Nachtseite vom menschlichen Alltag abspalten und verdrängen, sondern in seiner Eigenart erkunden und kenntlich machen. Das Sur-Reale, das heißt: das Tabuierte, also alles, was jenseits der Grenzen des traditionell als »normal« Gesetzten liegt, sollte wiederbelebt und in Umsatz gebracht werden. Wenn Gott tot ist, dann ist alles erlaubt, hatte Dostojewskij gesagt. Und mit Nietzsche meinten die Surrealisten, der Mensch müsse sich aus seiner Fesselung lösen, um sich dann auch noch von dieser Emanzipation zu emanzipieren.

In Konflikt und Trennung von Bruder und Schwester spiegelt sich die dramatische Gabelung der westlichen Kultur in eine revoltierende Avantgarde und den Gegenlauf einer restaurativen Belebung der Tradition – bis zur faschistischen Zuspitzung.

Schon bevor Salvador Dalí den Surrealisten persönlich begegnet war, hatte er in einem Essay über Joan Miró formuliert: »Die Bilder von Joan Miró führen uns über einen Weg des Automatismus und der Surrealität dazu, daß wir annähernd die Wirklichkeit selbst erkennen und abschätzen können; damit erweist er den Gedanken André Bretons als richtig, wonach die Surrealität in der Realität enthalten sei und umgekehrt. Durch den passiven Zustand des Automatismus [...] entsteht bei Joan Miró zwischen der Surrealität und der Realität eine Wechselwirkung mit einer unbegrenzten Möglichkeit für Rätselhaftes.«[16]

Das entsprach genau Dalís eigener Vision von der Kunst. Vergegenwärtigung des Rätselhaften wurde zum zentralen Motiv für Dalís Malerei, zu seinem künstlerischen Credo. Er suchte als Maler eine Sprache für das Geheimnis. Er war von dem Paradox besessen, daß das Unfaßbare ein Gesicht habe. Später sagte er: »Die Malerei ist eine mit der Hand verfertigte Farbphotographie von virtuellen, überfeinerten, überspannten und hyperästhetischen Bildern des konkreten Irrationalen.«[17]

Alle diese Gedanken und Herzensanliegen sind der Schwester offenbar fremd. Auch an den Überlegungen und der Arbeit zu einem experimentellen Kurzfilm mit dem Titel *Ein andalusischer Hund* (1928/29) ist Ana María nicht beteiligt. Buñuel berichtet: »Dalí hatte mich eingeladen, ein paar Tage bei ihm in Figueres zu verbringen, und als ich dort ankam, erzählte ich ihm, daß ich kurz vorher geträumt hätte, wie eine langgezogene Wolke den Mond durchschnitt und wie eine Rasierklinge ein Auge aufschlitzte. Er erzählte mir seinerseits, daß er in der voraufgehenden Nacht im Traum eine Hand voller Ameisen gesehen habe, und fügte hinzu: ›Und wenn wir daraus einen Film machten?‹ Ich wußte zunächst nicht, was ich davon halten sollte, aber schon sehr bald gingen wir in Figueres an die Arbeit. Das Drehbuch wurde in weniger als einer Woche nach einer sehr einfachen Regel geschrieben, für die wir uns in voller Übereinstimmung entschieden hatten: keine Idee, kein Bild zuzulassen, zu dem es eine rationale, psychologische oder kulturelle Erklärung gäbe; die Tore des Irrationalen weit zu öffnen; nur Bilder zuzulassen, die sich aufdrängten, ohne in Erfahrung bringen zu wollen, warum. [...] Als es fertig war, stand für mich fest, daß es sich um einen höchst ungewöhnlichen, provozierenden Film handeln würde, den kein normales Produktionssystem akzeptierte. Deshalb bat ich meine Mutter um Geld, damit ich den Film selbst produzieren konnte. Die Fürsprache des Notars [Dalís Vater] überzeugte sie, und sie gab mir das Geld.«[18] Offenbar ahnte Salvadors Vater nicht, welcher Art das Projekt war, für das er sich als Vermittler benutzen ließ. Er ahnte immer noch nicht, daß die Söhne des Bürgertums eine Kehrtwendung gegen die bürgerliche Kultur betrieben.

Ein andalusischer Hund – selbstverständlich kommt im ganzen Film kein Hund vor – erzählt keine Geschichte. Stattdessen entsteht in Bildern eine Atmosphäre von Ekstase, Sehnsucht und Gewalt. In einer Szene erscheint Salvador Dalí als Priester verkleidet mit Eselskadavern auf ein Klavier gebunden. Mit Leichtigkeit und vergnügtem Lachen über ihren Schelmenstreich gestalteten Buñuel und Dalí einen poetischen Film, unterlegt mit der Musik aus Wagners *Tristan und Isolde* sowie mit argentinischen Tangorhythmen.

Mit diesem Kurzfilm präsentierten die beiden spanischen Künstler ihre ästhetische Revolte, noch bevor sie zur Gruppe der Surrealisten gehörten. Jede konventionelle Sinnzuschreibung wird den Zuschauern unmöglich gemacht. Sie werden von einer Bilderfolge bewegt, deren Sinn in der Schwebe bleibt. Jeder Versuch der Interpretation wird durch die nachfolgenden Bilder ad absurdum geführt, so daß der Zuschauer, ob ihm das gefällt oder nicht, in der Atmosphäre eines befremdlichen Rätsels verweilen muß.

Den Surrealisten gefiel der Film außerordentlich. Luis Buñuel und wenig später auch Salvador Dalí wurden in ihren Kreis aufgenommen. Auch das Interesse der Cineasten war groß. Der Film wurde vom Studio 28 in Paris gekauft und erfuhr über fünfzig gut besuchte Aufführungen. Bestrebungen der Gegner, den Film verbieten zu lassen, hatten keinen Erfolg.

Als Buñuel in den Weihnachtstagen 1929 Salvador Dalí wieder zu Hause aufsuchte, um mit ihm an einem weiteren Filmprojekt zu arbeiten, geriet er in eine schräge Szene. Er erinnerte sich später: »Ich [...] wurde Zeuge eines fürchterlichen Wutausbruchs. Die Notarkanzlei von Dalís Vater lag im Parterre, die Familie – Vater, Tante und Dalís Schwester Ana María – wohnten im ersten Stock. Plötzlich reißt der Vater wutentbrannt die Tür auf, wirft seinen Sohn auf die Straße und schimpft, er sei ein erbärmliches Subjekt. Dalí versucht, zu widersprechen und sich zu rechtfertigen. Ich komme näher, der Vater zeigt auf seinen Sohn und sagt zu mir, er wolle dieses Schwein nicht mehr in seinem Hause sehen. Der verständliche Grund des väterlichen Zorns: Bei einer Ausstellung in Barcelona hatte Dalí mit schwarzer Tinte und in ungelenken Lettern auf eins seiner Bilder geschrieben: ›Ich spucke mit Vergnügen auf das Bild meiner Mutter.‹

Nach der Vertreibung bat mich Dalí, mit nach Cadaqués zu kommen. Wir begannen mit der Arbeit. Aber nach zwei oder drei Tagen merkten wir, daß der Zauber vom ›Andalusischen Hund‹ verflogen war. War das schon Galas Einfluß? Wir konnten uns über nichts einig werden. Jeder fand schlecht, was der andere vorschlug, und lehnte es ab. Wir haben uns in Freundschaft getrennt [...].«[19]

In dem Film *Das Goldene Zeitalter (L'Age d'Or)*, dessen Drehbuch Buñuel nach eigener Aussage weitgehend allein verfaßt hatte, unter Einbeziehung einer Szene von Dalí, ließ er keine Gelegenheit aus, Kirche, Moral, Politik und die gesellschaftlichen Begegnungen der Hautevolée in drastischen Bildern lächerlich zu machen. Der ganze Film war auf einen Skandal nach Art der Surrealisten angelegt, und die Uraufführung endete tatsächlich in einer Saalschlacht.

Buñuel schätzte am Surrealismus besonders »die Entschiedenheit des moralischen Anspruchs. Zum ersten Mal in meinem Leben begegnete mir eine stringente und vorbehaltlose Moral, die mir keinen Makel zu haben schien. Natürlich widersprach diese aggressive und scharfsichtige Moral meistens der herrschenden, die wir verabscheuten, und wir lehnten die anerkannten Werte zur Gänze ab. Unsere Moral stützte sich auf andere Kriterien, sie propagierte die Leidenschaft, die Mystifikation, die Beleidigung, das Hohngelächter, den Ruf aus den Tiefen. Innerhalb dieses neuen Geländes, dessen Grenzen sich täglich erweiterten, schien uns jede unserer Gesten, Reflexe, Gedanken gerechtfertigt, über jeden Zweifel erhaben. […] Unsere Moral war anspruchsvoller und gefährlicher.«[20]

In diesem Zusammenhang ist auch Dalís Affront zu verstehen – nicht als individuelle Äußerung des persönlichen Hasses, der seiner individuellen Mutter galt, sondern als demonstrative Verletzung eines zentralen bürgerlichen Tabus. Eine Mutter verehrt man in Dankbarkeit. Daß Dalís surrealistische Aktion eine dergestalt drastische Wirkung in seinem bislang verläßlichen Lebenssystem zeigen würde, hat ihn offenbar überrascht. Vielleicht zielte sie aber, ähnlich wie der Auftritt des Studenten vor der Prüfungskommission in Madrid, auch darauf, sich freizuschlagen von der schützenden und bestimmenden Macht des Vaters. In dessen Obhut – der Vater war Verwalter seiner Verträge und Finanzen – würde sich der Künstler immer bevormundet fühlen.

Daß Dalí mit Besessenheit das Geheimnisvolle des Lebens sichtbar machen wollte, hatte seinen Ursprung nicht allein in der intellektuellen Wende der Avantgarde, sondern auch im näheren, gleichsam banalen Umfeld seiner Familie. Der Biograph Ian Gibson hat herausgefunden, daß Salvadors Vater, der Notar, wie auch dessen Bruder Rafael, der Arzt, unehelich geboren wurden. Salvadors Großvater Galo hatte sie mit einer verheirateten Frau, Teresa Cusí Marcó, gezeugt, die selbst schon eine Tochter, Catalina Berta Cusí, hatte. Erst als der Mann seiner Großmutter tödlich verunglückte, konnte sie ihren Geliebten Galo heiraten. Diese Geschichte wurde in der Familie verschwiegen. Und noch ein Ereignis wurde als Geheimnis behandelt. Dieser Großvater, der in Kuba ein Vermögen gemacht hatte, setzte seinem Leben durch einen Sprung aus dem Fenster ein Ende, als er in Barcelona vom Zusammenbruch des Aktienmarktes erfuhr. Salvadors Nichte Lali Bas Dalí erzählt in ihrem Buch *The Dalís. A Family History* (2004), daß ihre Mutter Montserrat (Tochter des Arztes Rafael Dalí i Cusí) ihr erst im Alter von diesem Familiengeheimnis berichtet hat. Damit Großvater Galo kirchlich bestattet werden konnte, hatte man den Suizid verschwiegen.

In einer Familie, die so vieles verschweigt, vermittelt sich häufig eine kaum faßbare Atmosphäre der Verlogenheit. Man spürt, daß »irgend etwas« nicht stimmt. Oft kommt es dazu, daß einer in der Familie nicht mitmacht. Einer erhält gleichsam die Rolle des Enfant terrible, das ausschert und die geheimnisvollen »Dinge beim Namen nennt«, ohne genau sagen zu können, welche das sind. Er ahnt nur, daß es sie gibt, und muß sie um jeden Preis vor Augen führen.

Im Schatten dieses Schweigens erhält die Heftigkeit der Reaktion des Don Salvador Dalí y Cusí ihren verborgenen Sinn. »Manchmal spucke ich mit Vergnügen auf das Bild meiner Mutter« – er selbst hätte das vielleicht gern getan. Auch die vehemente Ablehnung von Gala Eluard, einer verheirateten Frau mit Kind, die ihrem Sohn schöne Augen machte, mag in der Belebung der eigenen Frühgeschichte des Vaters mitbegründet sein.

Nach Dalís großem Rauswurf wird Gala dem Maler die Familie ersetzen. Darstellungen von Galas familiärer Herkunft – sie wurde in Rußland unter dem Namen Helena Diakonoff Devulina geboren – reichen von »hochwohlgeboren«, aus »besten Verhältnissen« bis »unklare Familienverhältnisse«, ins Legendäre »aufgebauscht«. Man weiß, daß sie als junges Mädchen erkrankte und in einem Schweizer Sanatorium Paul Eluard, ebenfalls von schwacher Gesundheit, kennenlernte. Der Dichter war aus verschiedenen Gründen interessant: als verträumter Poet, als Franzose, als Sohn eines reichen Vaters

*Salvador und
Gala 1929 in
ihrer Pariser
Wohnung*

und nicht zuletzt als versierter Liebhaber. Sie waren noch nicht zwanzig, als sie heirateten, eine Tochter in die Welt setzten und Eluard Soldat werden mußte, als der Erste Weltkrieg ausbrach. Gala war gezwungen, sich mit den Schwiegereltern zu arrangieren, in deren Haus sie lebte. Kompromisse entsprachen nicht gerade ihrer Art, aber sie war intelligent oder lebensklug genug, um zu wissen, was sie hinzunehmen hatte.

Gala und Paul Eluard führten dann eine offene Ehe. Jeder hatte seine Begleitaffären. Gala wurde zur »Muse der Surrealisten«. Giorgio de Chirico, Max Ernst und andere nahmen sie als Modell und Geliebte. Paul Eluard hatte etwas übrig für die sogenannte »Ménage à trois«. Doch als Gala mit Max Ernst ohne ihren Mann um die Welt reiste, ertrug er das nicht. Er fuhr ihnen nach; stets konnte er seinen Vater von der Notwendigkeit finanzieller Unterstützung überzeugen. Gala trennte sich von Max Ernst und kehrte zu ihrem Mann zurück. Um das Töchterchen kümmerten sie sich nur sporadisch, es wuchs bei den Großeltern auf.

Mit dem Auftreten der Gala Eluard vollzog sich in Dalís Leben ein Richtungswechsel mit nachhaltiger Wirkung. Endlich begegnete er der Frau, die den Narziß aus der Reserve seiner Visionen in die Realität lockte. »Gala, du bist Wirklichkeit, sagte ich oft, und hielt die Erfahrung ihres ertasteten Körpers fest.«[21] Die Liebe zu Gala beflügelte seine Sexualität genauso wie seine Malerei. Die weltläufige Frau nahm den jungen Mann, der ihr finanziell damals gar nichts zu bieten hatte, unter ihre Fittiche, froh, eine Aufgabe, eine Arbeit, eine Bedeutung gefunden zu haben, die über ihre weiblichen Begehrlichkeiten hinausging. Erfolgreicher als mancher Geschäftsmann baute sie das »Unternehmen Dalí« auf, das binnen zehn Jahren Millionen abwarf. Gala ist eine tüchtige und praktische Person, und: Sie hat Biß. Als in den dreißiger Jahren Goemans pleite zu sein schien und seine Galerie schließen sollte, unterbrach Gala ihren Urlaub mit Dalí in Südfrankreich, fuhr nach Paris und trieb das Geld ein. Sie konnte unverschämt sein, unterdrückte nie ihre Launen; aber man wußte immer, woran man mit ihr war. Viele hat sie mit dieser kalten und unverbindlichen Art verprellt. Aber Dalís Werke wurden nach und nach so sehr begehrt, daß Käufer sich auf ihre Bedingungen einlassen mußten, wenn sie nicht leer ausgehen wollten.

Eine Zwillingsphantasie hielt beider Leben zusammen. In den dreißiger und vierziger Jahren signierte der Künstler manche Werke mit »Gala Salvador Dalí«. Die Aufgaben waren klar verteilt: Dalí ist frei zu malen; er stellt gleichsam das Produkt her, und Gala geht damit auf den Markt. Sein Dank für Galas Einsatz war die Idealisierung dieser Frau in der Öffentlichkeit, in seinen Schriften und ihre Verewigung in seinen Gemälden – auch nachdem er bei ihr seine Sonderstellung als Liebhaber längst verloren hatte.

Gala als »Leda atomica«, 1949

Verrat an allem, was der Schwester heilig ist

Mit einem drastischen und bitterbösen Gedicht, »Liebe und Gedächtnis«, besiegelte Dalí die Trennung von der Schwester und die Zuwendung zu Gala:

> »Das Bild meiner Schwester
> der Anus rot
> von blutiger Scheiße
> die Rute
> halb erigiert
> elegant
> gegen
> eine riesige

koloniale
und persönliche
Leier gelehnt
der linke Hoden
halb in ein Glas
lauwarmer Milch
getaucht
das Glas Milch
steht
in
einem Damenschuh

das Bild meiner Schwester
die beiden großen Schamlippen
hängen
zu beiden Seiten herunter
und jede
berührt um ein Haar
die beiden Fächer
eines strohernen Kastens eins enthält Mehl
das andre
Maiskörner

das Bild meiner Schwester
zwei Flanellpakete
mit feinen Nähten
sind voller
Scheiße
und unter den Achseln
befestigt
auf ihrer Stirn liegt
ein Tuchsäckchen
gefüllt
mit gekochtem Mais
gesättigt
mit Pferdeurin

das Bild meiner Schwester
zwei
mit einem Faden zusammengebundene
Leinensäckchen
statt
Ohrringen
voller
Ähren.
––––

Fern dem Bild meiner Schwester
Gala
ihre Augen gleichen ihrem Anus
ihr Anus gleicht ihren Knien
ihre Knie gleichen ihren Ohren
ihre Ohren gleichen ihren Brüsten
ihre Brüste gleichen ihren großen Schamlippen
ihre großen Schamlippen gleichen ihrem Nabel
ihr Nabel gleicht ihrem Finger
ihr Finger gleicht ihrer Stimme
ihre Stimme gleicht ihrer Zehe
ihre Zehe gleicht ihrem Achselhaar
ihr Achselhaar gleicht ihrer Stirn
ihre Stirn gleicht ihren Schenkeln
ihre Schenkel gleichen ihrem Zahnfleisch
ihr Zahnfleisch gleicht ihrem Haar
ihr Haar gleicht ihren Beinen
ihre Beine gleichen ihrer Klitoris
ihre Klitoris gleicht ihrem Spiegel
ihr Spiegel gleicht ihrem Gang
ihr Gang gleicht ihren Zehen

Fern dem Bild meiner Schwester
Gala [...]«[22]

Im Kontext dieses Umgangs mit Sexualität, wie sie im Kreis der Surrealisten geschätzt wurde, stellte Salvador nun die Schwester als Unding dar, während er Gala als vollkommenes Werk idealisierte.

Durch die Liebe zu Dalí machte Galas Leben einen Riesensprung. Sie ließ Mann und Tochter allein. Mit Eluard blieb sie freundschaftlich verbunden, was sexuelle Begegnungen und wechselseitige finanzielle Unterstützung einschloß. In seinen zahlreichen Liebesbriefen an Gala versäumte Eluard nicht, herzliche Grüße an den »kleinen Dary« (sein Kosename für Salvador Dalí) zu schicken. Seinem Ansinnen gemeinsamer Sexspiele folgte sie dieses Mal nicht. Paul Eluard bewunderte nicht nur Dalís Kunst, sondern auch seine Geistesschärfe, bat manchmal um Kritik eigener Gedichte, die er dann dankbar beherzigte. Vor allem verstand er, Dalí zur Mitarbeit an der Surrealisten-Zeitschrift *Minotaure* zu gewinnen, verlangte Beiträge und versprach, seine Zeichnungen oder Gemälde abzubilden. 1934 ließ sich Paul Eluard von seiner Frau scheiden. Gala und Salvador Dalí heirateten. Auch Paul Eluard ging eine neue Ehe ein.

Die gemeinsamen Projekte und Aktionen, die Diskussionen mit den anderen, das Aufeinanderprallen unterschiedlicher Auffassungen über die Verhältnisse zwischen Revolution, Kunst und Politik – während der regelmäßigen Treffen der Surrealistengruppe im Café oder in der Rue de Grenelle bei André Breton – versetzten Dalí in einen regelrechten Bewußtseinstaumel. Nun schien wirklich alles möglich; es galten allenfalls noch Grenzen, die er selber setzen könnte. Alle anderen Grenzen durfte und mußte man verletzen. Bald fiel ihm auf, daß Breton entgegen seinen surrealistischen Manifesten doch noch ein paar heilige Kühe pflegte: Über den Kommunismus durfte man nicht scherzen, und das Thema Homosexualität war tabu. Wie ein Junge spielte Dalí mit dem Anführer Kräftemessen. Mit seinem päpstlichen Auftreten stellte sich Breton in dieselbe Schußlinie wie Dalís Vater.

Gala wollte, daß sich Dalí als unschlagbar erwies und war, anders als früher die Schwester Ana María, ganz auf seiner Seite; ja, sie schürte diesen Kampf geradezu. Schließlich kam es zu einem von Bretons inquisitorischen Verfahren, die manchmal mit einem Schuldbekenntnis des »Angeklagten«, oftmals mit dessen Ausschluß aus der Gruppe endeten. Vor Dalí traf es Magritte, Buñuel und viele andere. Breton brauchte diese Inszenierungen, um sich seiner Führungsrolle zu vergewissern.

Am 5. Februar 1934 kam es zu einer Szene, wie sie surrealer kaum hätte sein können. Ein Augenzeuge berichtete, wie es Dalí gelang, ein Spektakel aus der Situation zu machen. Schweißtriefend in einer Überfülle von Pullovern steckend, ein Fieberthermometer im Mund, zog er Jacke und Pullover aus und nahm schließlich »ein Bündel Papiere aus der Tasche, eine Art Gemenge von Manifest und Verteidigungsrede, und fing an zu lesen – wobei er sich ständig unterbrach, um seine Strümpfe hochzuziehen, ein anderes Kleidungsstück abzulegen und seine Temperatur zu überprüfen. [...] An einem Punkt schließlich, als er erklärte, Hitler habe ›vier Eier und sechs Vorhäute‹, unterbrach Breton mit der barschen Frage: ›Wollen Sie uns hier noch lange mit Ihrem Hitler anöden?‹ [...] Doch [...] Dalí [...] erwies sich bald schon als Herr der Situation. Sein komischer Akzent, die Spucke, die wegen des Thermometers beim Sprechen in Bretons Gesicht flog, [...] untergrub die Atmosphäre, die Breton dem Verfahren hatte geben wollen. [...] Sich auf Bretons eigene Maßgaben aus dem ersten ›Manifest‹ berufend, behauptete Dalí, er halte lediglich seine Träume so getreu wie möglich fest – ohne Rücksicht darauf, ob diese Träume von Gala, Dulita, de Sade oder Hitler handelten. ›So, mein lieber Breton‹, schloß er gebieterisch, ›wenn ich heute nacht davon träume, daß ich dich ficke, werde ich morgen früh alle unsere besten Fickstellungen mit dem größten Detailreichtum malen.‹ Breton, dem es diesmal die Sprache verschlug, konnte nur in kalter

Wut hervorstoßen: ›Das würde ich dir nicht raten, mein Freund.‹«[23] Damit hatte sich Dalí als Mischgestalt aus Enfant terrible und pedantischem Surrealisten inszeniert.

Totschweigen

Ana María hat dem Bruder niemals verziehen, daß er sie Gala zuliebe verlassen hat. Bei dem großen Rauswurf schlug sie sich auf die Seite des Vaters. Ihm blieb sie treu, wie auch er ihr treu blieb. Sie wurden füreinander die beschützenden Beschützten. Mit dem »Tantchen« zusammen beeinflußte sie den Vater, ihren Bruder Salvador zu enterben bzw. dessen Erbe auf das gesetzliche Minimum zu beschränken. Salvadors und Ana Marías Nichte, Lali Bas Dalí, schrieb später über ihre Tante Ana María, daß sie eine griechische Tragödie aus dem Verhältnis zu ihrem Bruder gemacht habe. Wer in dieser Zeit wie auch in späteren Jahren den Kontakt zu Salvador nicht abbrach, wie die Cousine Montserrat zum Beispiel, gehörte für Ana zu den Verrätern und wurde mit kühler Distanziertheit behandelt.

Ana María Dalí setzte ihr Leben fort als dem Vater verbundene Tochter. Anders als Salvador hat sie ihn nie enttäuscht. Während des Spanischen Bürgerkriegs, in dem Hunderttausende Menschen umkamen, traf auch sie ein Schicksalsschlag. Arglos verbrachte sie mit einer Freundin einen lustigen Tanzabend auf einem Schiff, das vor der Küste kreuzte, um Francotreue Schiffe rechtzeitig aufzuspüren. Sie wurde rüde mitten aus dem Vergnügen gerissen, weil man sie der Spionage verdächtigte. Ana María wurde gegen den Widerstand des Vaters in das Gefängnis von Barcelona verbracht, wurde gefoltert, vermutlich auch vergewaltigt, und verlor vorübergehend den Verstand. Diese Erfahrung von Demütigung und Lebensgefahr lähmte ihr weiteres Leben. Man sagt, nach dem Gefängnisaufenthalt sei sie ein anderer Mensch gewesen und geblieben. Ängstlich und zurückgezogen verbrachte Ana María ihre Jahre. Wenn es stimmt, daß sie vergewaltigt wurde, mag auch das ein Grund dafür gewesen sein, daß sie nicht geheiratet hat. Bis zum Tod des Vaters im Jahr 1951 lebte sie mit ihm und der Stiefmutter im Ferienhaus ihrer Kindheit am Strand von Cadaqués.

Salvador dagegen zog in die weite Welt hinaus, hatte Ausstellungen in London, Paris, New York – immer mit spektakulären Auftritten verbunden. Besonders in den Vereinigten Staaten verstand er es, als Magier, moderner Schamane, Trickster oder Clown das Publikum zu begeistern. Jedes Spektakel verwandelte sich in Dollars – was ihm insbesondere die kommunistisch gesonnenen Surrealisten verübelten. Sie sahen darin einen Verrat an der Revolution wie an der Kunst. Doch trotz aller Erfolge in den fremden Ländern verließ Salvador Dalí die Heimat nie ganz. In der Bucht von Port Lligat, fünfzehn Gehminuten vom väterlichen Haus entfernt, erwarb er eine Fischerhütte. Nur hier fühlte er sich zu Hause, hier konnte er in Ruhe konzentriert arbeiten. An allen anderen Orten, schrieb er später, hätte er sich nur aufgehalten und, so kann man ergänzen, Auftragsarbeiten erledigt. In Port Lligat aber fuhr er seine Ernte ein, die er dann in den Wintermonaten wieder in Paris, London, Tokio, New York oder Rom auf den Kunstmarkt brachte.

Die Nachricht vom Ausbruch des Spanischen Bürgerkriegs, 1936, erreichte Gala und ihn in London. Von dort aus gingen sie zunächst nach Italien, zusammen mit dem englischen Kunstsammler Edward James, Dichter, Dandy und Multimillionär, der 1936 das verbriefte Recht auf Salvador Dalís künstlerische Produktion der nächsten vier Jahre erwarb. Vor Ausbruch des Zweiten Weltkriegs flüchteten sie 1939 in die Vereinigten Staaten. Besonders in New York und Hollywood machte Dalí Furore als der Surrealist schlechthin. Ausstellungen, zunächst in der Julien Levy Gallery und schließlich im Museum of Modern Art in New York, spektakuläre Auftritte, Verkaufserfolge, Gestaltung von Traumsequenzen für Alfred Hitchcocks Filme, Pläne mit Groucho Marx und Walt Disney, Bühnenbilder für Ballett und Oper am Broadway, die Niederschrift seiner Autobiographie *Das geheime Leben des Salvador Dalí* und eines Romans: *Hidden Faces*, Werbegraphik, die Herausgabe einer eigenen Zeitschrift *The Dalís* (anspielend auf *The Daily Mirror*), Reisen im eigenen Cadillac mit selbstentworfenen farbigen Fenstern von der Westküste zur Ostküste und zurück – und vieles mehr füllten die Jahre.

Im Rausch des beschleunigten Lebens nach amerikanischem Zuschnitt machte der Künstler sein Glück. Doch gleichzeitig vermißte er die Ruhe des Verweilens. Der Vierundvierzigjährige sehnte sich nach einem Leben »zu Hause«. 1948 nahm der Vater den »verlorenen Sohn« mit der ungeliebten Schwiegertochter für eine Übergangszeit in seinem Haus in Cadaqués auf. Währenddessen wurde die Fischerhütte in Port Lligat erweitert und umgestaltet. Ein Atelier kam hinzu und ein runder Raum für Gala, das Badezimmer wurde modernisiert und mit Bequemlichkeiten aller Art eingerichtet.

Sowohl Gala als auch Ana María fanden es nicht gerade angenehm, unversehens unter einem Dach den gemeinsamen Alltag zu gestalten. Sie kratzten einander zwar nicht die Augen aus, aber ihr Verhältnis blieb gespannt. Salvador tat alles, damit die Situation nicht eskalierte. Freundlich begegnete er seinem Vater, einem durch Krieg und Krankheit gebrochenen alten Mann. Salvadors Verhältnis zur Schwester war aufs äußerste gespannt. Aber auch ihr gegenüber bewahrte er die Ruhe. Mehrfach hatte Salvador von Amerika aus der Familie mit Geld geholfen und um Mitteilung gebeten, falls mehr benötigt würde. Als das 1948 der Fall war, da der Vater sich einer Krebsoperation unterziehen mußte, meldete sich Ana nicht. Sie fand es einfacher, eigenmächtig über seine frühen Gemälde zu verfügen, von denen sie manches nach Gutdünken verkaufte. Dalí empörten diese Übergriffe.

Ana María und Salvador mit dem Vater und der Tante,
»La Tieta«, im Sommer 1948

Als wäre das noch nicht genug, arbeitete Ana María in dieser Zeit an einer Korrektur seiner Autobiographie, *Das geheime Leben des Salvador Dalí*, die sie Seite um Seite mit Randbemerkungen versah, sobald sie meinte, einen Fehler entdeckt zu haben. Sie ließ ihn wissen, daß sie sich mit der Absicht trüge, ihre eigene Version seines Werdegangs zu veröffentlichen.

Daß der erwachsene Salvador Dalí sein Kinderleben in der Erinnerung ganz anders akzentuierte, erlebte Ana María als böswillige Fälschung und als Verrat an der Familie. Sie wollte es einfach nicht hinnehmen, daß der Bruder die gemeinsame Kindheit, anders als sie selbst, nicht als romantische Idylle schilderte. Ein Leben lang konnte sie nicht verwinden, daß der erwachsene Künstler ihr den lieben Bruder nahm, und damit zugleich einen wichtigen Teil ihres Lebens.

In ihrem Büchlein über ihren Bruder rief Ana María Ende der vierziger Jahren noch einmal die gemeinsame Kindheit wach und erweckte den Eindruck, daß sie alle Aktivitäten mit ihrem Bruder geteilt habe – von Anfang an. Sie gab vor, aus der Perspektive einer Augenzeugin die Schritte seines künstlerischen Werdegangs im Rahmen der Familie zu beschreiben. Selten formulierte sie Sätze mit »ich«, stets ist von einem »Wir« die Rede. So entstand für den Leser das Bild einer Familieneinheit, in der es keine auseinanderstrebenden Individuen gegeben zu haben scheint. Handelnde »Person« ist eine Art Gesamtkörper, vergleichbar dem Klangkörper eines Orchesters: Wir alle hatten Sinn für Humor…; wir alle zählten die Tage bis…; wir alle liebten es, Seeigel zu essen…; wir alle hatten Gefallen an den Sardanas, der Folklore spanischer Tänze und Lieder.

Dieses Geschwister-Wir gab es im *Geheimen Leben des Salvador Dalí* nicht. Denn Salvador, der Einzige, hatte in seinem »geheimen Leben« keine Schwester. Der Autor schnitt die Schwester einfach aus seiner Geschichte heraus. Um mit diesem Verrat leben zu können, griff Ana María jetzt ihrerseits zu einem Trick: Sie idealisierte und konservierte einen »guten« Salvador. Das ist der Junge, mit dem sie im Paradies ihrer Kindheit und Jugend zusammengelebt hat, der romantische realistische Heimatmaler, der ihr gehörte, bevor Gala auftauchte. Und sie verurteilte und »tötete« einen »bösen« Salvador, zu dem der junge Mann nach dem Sündenfall mit Gala und den Surrealisten geworden war. Diesen Bruder strich sie, gleichsam im Gegenzug, aus ihrem Leben.

Als Salvador seine Frau Gala 1950 als »Madonna von Port Lligat« in den Himmel über die heimatliche Küstenlandschaft setzte, war das durchaus auch als Seitenhieb gegen die Schwester zu verstehen. In all den Jahren nach dem Tod des Vaters

(1951) bis zu ihrem eigenen Tod (1989) werden Bruder und Schwester einander nicht wiedersehen.

Wie sich das Leben des Salvador Dalí in dieser Zeit abgespielt hat, ist in zahlreichen Biographien und Werkmonographien beschrieben worden. Den größeren Teil des Jahres verbrachte er mit Gala in seinem Haus in Port Lligat, um dort zu malen. Er erlernte die Technik der Lithographie, gab ihr und seiner eigenen Bildgestaltung eine neue Wendung durch Einbeziehung von Zufallswirkungen (aleatorisches Prinzip), illustrierte die zentralen Werke der Weltliteratur und schaffte ein graphisches Oeuvre, das später in Massenauflagen nahezu jeden erreicht. In den Wintermonaten reiste das Paar nach New York, Paris, London und in andere Großstädte der Welt, wo die neuen Werke ausgestellt wurden. Salvador Dalí hielt Vorträge, gestaltete Happenings, setzte sich weiter spektakulär in Szene und war stets bereit, zum Stein des Anstoßes zu werden – besonders mit seinen Aussagen über die moderne Kunst, aber auch mit seinen prägnanten Sprüchen über sich selbst: »Der einzige Unterschied zwischen mir und einem Verrückten ist der, daß ich nicht verrückt bin.« Oder: »Wenn ich schon vorher weiß, wie mein Gemälde aussehen wird, brauche ich es nicht zu malen.« Oder: »Ich brauche keine Drogen, meine Droge ist die Malerei.« Er inszenierte sich als das Maler-Genie des 20. Jahrhunderts und übernahm in der westlichen Welt, die auf glatte Abläufe und technologischen Fortschritt setzt, die vakante Stelle eines Verzauberers, Magiers, Mystikers, Gurus oder Schamanen. Gegen Abstraktionen, auch in der Malerei, belebte er die neo-barocke Selbstinszenierung; gegen das Primitive setzte er die abgehobene Perfektion seines zeichnerischen Könnens wie auch eine Merchandise-Produktion, die an Bizarrerie nichts zu wünschen übrigließ. Salvador Dalís Kunstauffassung und Bildgestaltung verwandelten sich noch manches Mal. Er fand immer neue Wege, das Geheimnisvolle und Rätselhafte zu vergegenwärtigen.

Salvador Dalí stellt der Presse sein erstes
Chrono-Hologramm vor, 21. Mai 1973

Eine Phase mystischer Orientierung mit der Renaissance alter Bildvorstellungen aus dem Umfeld des katholischen Glaubens, zu dem er sich bei seiner Rückkehr nach Spanien in Francos Militärdiktatur öffentlich bekannte, folgte den im engeren Sinne surrealistischen Werken der dreißiger Jahre. Er spielte weiter mit morphologischen Analogien bei der Produktion von Doppel-Bildern, sogenannten Vexier-Bildern.

Dalí nutzte die Kulturgeschichte als Steinbruch und griff Fragmente und Muster in seinen eigenen Bildvisionen auf. Dabei entstand auch eine ganz eigene Version der Pop-Art, die sich vor der Grenzüberschreitung zum Kitsch nicht scheut. Dalí verfuhr in postmoderner Manier mit den Bildfindungen der Kunstgeschichte – wie der Pop-Artist Andy Warhol mit der Bilderwelt von Alltagsprodukten, Zeitungsphotos oder Werbeplakaten. Beide Sorten der Pop-Art gingen synkretistisch mit dem Bild-Angebot von Alltag und Kultur um. Jede trug auf ihre Weise zur Begründung einer neuen Massenkultur bei.

In einer weiteren Wendung orientierte sich Dalís Schaffen an den Modellen der Atomphysik. Er entwickelte eine neokubistische Spielart, indem er Landschaften, Körper und Objekte nach Art von Korpuskel-Mustern zerlegte. Dabei entstand zugleich eine eigene Ausdruckswelt der Op-Art.

Schließlich bekannte sich der Künstler zu Pomp und Kitsch als Ausdruckserscheinungen der Massenkultur. Die herkömmliche Trennung von Kitsch und Kunst, von Ernst und Unterhaltung, von hoher Kunst und angewandter Dekorationskunst verlor in einer Zeit der Gleichberechtigung verschiedener Kulturen (Postmoderne) ihre Geltung. Dalí ist mit seiner Kunst-Vision an dieser Aufhebung stark beteiligt. Für die Vergegenwärtigung des Geheimnisvollen war ihm jedes Mittel recht. Das Überraschende und Rätselhafte ist nicht dem »Höheren« oder Esoterischen vorbehalten. Dalí fand es genauso im Banalen: in den Felsen von Cadaqués, in den Extremisierungen der Sexualität, in den Verwirrspielen der Träume, in den Gebärden des Krieges und seiner Heldenverehrung, in der Werbekultur, im Verschönerungstick mancher Menschen, denen kein Schnörkel zuviel ist, in der psychedelisch aufgeladenen Kultur der Hippies, die ihn als Entourage bis nach Cadaqués begleiteten und ihn zum Guru erhoben.

Ana María Dalí sah darin deutliche Zeichen, daß ihr Malerbruder vom rechten Wege abgewichen war.

Skulpturen, Objekte und Gemälde von Dalís Kitsch-Kunst finden sich in besonders deutlicher Ausprägung im Gesamtkunstwerk seines Ein-Mann-Museums und Mausoleums in Figueres. Der kleine, zeternde Junge, der nicht abgeliefert werden wollte in der Institution der Gleichmacherei, Schule genannt, hat es geschafft, seinen eigenen Kulturpalast zu errichten.

1979 wurde der Fünfundsiebzigjährige im Pariser Centre Pompidou mit einer großen Retrospektive seines Werkes geehrt (169 Gemälde, 219 Zeichnungen sowie Graphiken, Bücher und Objekte). Als die Ausstellung 1980 in die Tate Gallery, London, wanderte, defilierten im Zeitraum von vier Monaten etwa eine Million Menschen an den Werken aus allen Schaffensperioden entlang.

1982 wurde ihm die Ehre zuteil, von König Juan Carlos I. mit der Ernennung zum Marqués in den Adelsstand gehoben zu werden.

Das Teatro-Museo in Figueres wurde zu dem Museum Spaniens, das nach dem Prado in Madrid die höchste Besucherzahl hat. Das Haus in Port Lligat, das mit dem gesamten Nachlaß des Künstlers in den Besitz des spanischen Staates übergegangen ist, muß in der Saison fünfhundert Besucher pro Tag verkraften.

Das Leben der Schwester Ana María hat keinen großen Bogen geschlagen. Sie hat ihrer katalanischen Heimat die Treue gehalten und der frühen Gestalt ihres Lebens. Sie übte keinen Beruf aus, sondern führte ein standesgemäßes Leben als Tochter des Notars im väterlichen Haus in Cadaqués. 1908 geboren blieb sie einer Welt verhaftet, die noch Formulierungen kannte, wie »die gnädige Frau läßt bitten«. Betrachtet man ihr Gesicht auf Photos aus den späteren Jahren, kann man etwas Selbstgerechtes im Ausdruck entdecken und Verdacht schöpfen, daß sie Menschen, die ihr Lebensbild nicht teilten, »ungnädig« behandelt hat.

Gelegentlich veröffentlichte sie einen kleinen Text in katalanischer Sprache über die Schönheit von Cadaqués: »Miratges de Cadaqués« und »Tot L'any a Cadaqués«. Sie liebte diesen Ort. Sie verließ ihn selten; allenfalls einmal, um Verwandte in Barcelona zu besuchen. Zwar las sie Bücher in italienischer, französischer und englischer Sprache, aber sie hat, abgesehen von der frühen Reise nach Paris, die Grenze von Katalonien

Ana María in Cadaqués, um 1948

nicht mehr passiert. Ohnehin waren Grenzüberschreitungen nicht ihre Sache – als wäre es zu gefährlich oder nicht schicklich oder unbescheiden.

Meine Einschätzung von Ana María Dalí hat sich im Lauf der Zeit verändert. Anfangs fand ich sie einfach nur ärgerlich. Ich konnte ihre bürgerliche Ignoranz nicht leiden. Meine Begeisterung galt dem Gipfelstürmer, dem kleinen Prinzen, dem es trotz der frühen Verweichlichung gelang, als Trickster die Welt so zu behandeln, daß sie von ihm Notiz nehmen mußte. Er hat sie zu seiner eigenen Bühne gemacht. Ich habe bewundert, wie er sich souverän über ästhetische und moralische Vorurteile seiner Zeit hinweggesetzt hat. Mir hat auch das Schillernde gefallen, dieses Spiel mit dem Kulissenhaften der Wirklichkeit.

Je länger ich jedoch über Ana Marías Geschichte nachgedacht habe und je mehr ich mich bemühte, das Leben aus ihrer Perspektive zu sehen, zeigte sich allmählich eine andere Seite an dieser Frau. Mir scheint, daß zwei katastrophale

Grunderfahrungen ihr Bild vom Leben ganz besonders geformt haben. Da war einmal der mit der Trennung des Bruders verbundene Riß. Wie ein Abgrund erschien ihr die bedrohliche Entzauberung ihrer Kinderwelt. Aber sie hat sich wieder gefangen. Als dann später im Bürgerkrieg ein fröhliches Tanzvergnügen in Willkür und Vergewaltigung endete, zog sie einen Schluß. Für sie lag der Sinn des Lebens nicht in Expansion und waghalsiger Zuspitzung. Eigentlich war alles schon da. Sie mußte es nicht erjagen: die übermächtige Schönheit der Landschaft, die Wärme im kleinen Kreis der Familie, der rhythmische Wechsel des Jahres, die stabilisierende Kraft der Religion …

Worin lag nun für Salvador Dalí letztlich der Grund, die Schwester zu verheimlichen? Was wollte er aus seiner Seele streichen, und was sollte niemand erfahren? Daß die Schwester gewagt hatte, ihn zu verurteilen und zu verraten, indem sie sich auf die Seite des Vaters schlug? Daß ihm seine frühe intime Nähe zur Schwester ein zu schweres Gepäck wurde? Daß er seine Macht, die er in den frühen Jahren über sie hatte, nicht behalten konnte? Das alles hat gewiß eine Rolle gespielt.

Aber es gab noch ein anderes, etwas Tragisches: eine insgeheime Angst, daß all seine Großtaten tönern waren und all sein Haschen nach dem Glück vergeblich. Ich möchte behaupten, daß der verwegene Künstler-Bruder, trotz seiner spektakulären und demonstrativen Gegenbeweise, spürte, daß er alles verlor, als sich Ana von ihm abwandte. Ana María Dalís Lebensweise war ein lebendiger Vorwurf für den Erfolgreichen, der mit seiner ungebärdigen Größensucht das Einfache aufs Spiel gesetzt hatte und die Liebe, die nichts verlangt. Diese Blessur sollte niemand sehen.

Ganz und gar getrennt voneinander verbringen die altgewordenen Geschwister ihr Leben, jeder in seinem besonderen

Gehäuse – nur wenige Kilometer voneinander entfernt. Doch wenn sie einem Menschen begegnen, der beider Wege kreuzt, versäumen sie in den letzten Jahren nicht zu fragen: »Wie geht es meinem Bruder?« – »Wie geht es meiner Schwester?«

Selbst nach Galas Tod, als Salvador einsam, krank und elend darniederliegt, versagt er seiner Schwester den Wunsch nach einem Wiedersehen.[24] *So* kann er sich nicht präsentieren, *so* fühlt er sich unterlegen wie ein Gescheiterter.

Salvador Dalí stirbt am 23. Januar 1989 und wird auf eigenen Wunsch in der Krypta unter der Glaskuppel des Teatro-Museo Salvador y Gala Dalí in Figueres beigesetzt. 15 000 Bürger erweisen dem berühmten Sohn ihrer Stadt die letzte Ehre. Ana María macht das Theater nicht mit. Stattdessen läßt sie in Cadaqués eine Gedächtnismesse für den Bruder halten.

Am 17. Mai 1989 berichtet die Zeitung *La Vanguardia* von ihrem Tod: »Ana María Dalí starb in Figueres in tiefer Depression über den Tod ihres Bruders.«[25]

DIE DOPPELGÄNGER
oder
Brüderchen und Schwesterchen

ERIKA UND KLAUS MANN

Überhitzte Gedanken

Wenn man an einem heißen Julitag mit den Pflichten einer Biographin in seinem viel zu warmen Arbeitszimmer vor dem Computer sitzt und anstelle von Sätzen nur noch ein einziges Bild sieht – ein Fährboot auf dem Zürchersee mit einer Frau auf dem Oberdeck, deren Haare von einem leichten Wind hin- und herbewegt werden, während das Schiff von Ufer zu Ufer kreuzt –, dann sollte man zügig das Haus verlassen. Leichtes Gepäck und rein in den nächsten Zug. Wie lange das dauert? Die Frage stellt sich nicht. Etwas wie Zeit oder gar Zeitdruck ... schon vergessen, was war das noch? Züge kommen meist voran.

Wenig später sitze ich bereits im Bild oben auf dem Fährschiff und betrachte den tiefblauen Himmel im Wasser. An Haltestellen mit fremden Namen – »Pfäffikon« –, wenn der Fahrtwind ausbleibt, dringt das Wasser aus allen Poren. Wie ich das genieße, wenn sich das Schiffchen wieder bewegt und Wellen in die spiegelnde Wasseroberfläche hineinmodelliert. In der Ferne ragen Bergzüge auf mit seltenen weißen Flecken. »Küsnacht« – sprechender Name. Wo wanderte Wilhelm Tell? Wo steht das Haus der Familie Mann? Aber ich will nicht jede Exilzwischenstation betrachten.

Als »Kilchberg« auf dem Schild steht, unterbreche ich die

kleine Rundreise über den See. Mittagshitze, kein Kiosk mit Wasser. Und jetzt nach oben. Meine Wandersandalen tragen mich, mal steilen Treppen, mal Serpentinen folgend, hinauf. Es geht nicht auf den Mont Blanc, aber anstrengend ist es schon. Ein prosaischer Bus fährt vorbei: »Kilchberg Friedhof«. Das wäre nichts für mich. Ich liebe diese sommerlich südliche Anstrengung. Im übrigen kann ich stets nur allmählich an mein Thema herangehen. Am Ende eines steilen Abschnitts meiner Wanderung steht eine freundliche Bank im Schatten. Es pocht mein Herz.

Dort oben auf dem kleinen Friedhof sollen sie liegen, die Gebeine der schreibenden Familie, ausgenommen Klaus Mann, der in Cannes begraben wurde. Wieder schreibe ich über das Leben von Toten. Manchmal wundere ich mich darüber. Gewiß, indem ich über sie schreibe, werden sie wieder lebendig. Aber ich weiß genau, wenn der Text endet, dann sterben sie doch. Schlimmer als im Kriminalroman. Manchmal ist mir, als würde ich sie umbringen oder irgendwie zurückschicken. Überhitzte Gedanken?

Der Friedhof hinter der stattlichen Dorfkirche erweist sich an diesem heißen, trockenen Sonnentag als besonderer Ort. Von weitem schon kann ich das Geräusch von ruckartig sich drehenden Wasserwerfern vernehmen. Das ist kein Friedhof, das ist ein farbenprächtig blühender Garten mit Skulpturen unterschiedlichster Form. Zwischendrin knallrote und weiße Fleißige Lieschen, Rosenstöcke zwischen Pink und Mauve, Margeriten, Salbei, Hortensien. Ich gehe durch Gräberreihen und gerate unversehens in ein kindliches Spiel, mache Sprünge und muß lachen. Wie schnell kann ich den Wasserwerfern entwischen, um nicht ganz naß zu werden, aber doch so viel abzubekommen, daß es kühlt. Wieder vernünftig, setze ich mich auf eine breite Mauer aus grauen Steinen im Schatten eines süßlich duftenden Lindenbaums. Die Kirchturmuhr schlägt: zwei Uhr. Der Wind sprüht Wasser zu mir hin. Hier ist es richtig schön. Der Gottesacker, so hat man früher einen

Friedhof genannt, geht, durch eine niedrige Mauer getrennt, in ein weites, leuchtendes Weizenfeld über. Unten der See. Bis in den Himmel hinein das Gebirge. Kein Wölkchen bis zum Horizont. Dann drehe ich mich um, und mein Blick fällt auf ein Reh – aus Bronze, dahinter ein Quader. Davon habe ich gehört. Das Grab der Familie Mann erkennt man an einem bis zur Hüfte reichenden dunklen Quader aus Stein. Dort gehe ich hin. Auf dem Granitblock lese ich »Thomas Mann MDCCCLXXV – MCMLV«. In der Zeile darunter: »Katia Mann MDCCCLXXXIII – MCMLXXX«. Dem Block gleichsam zu Füßen vier flache Steinrechtecke, die an Schiefertafeln erinnern. Darauf sind die Namen der Kinder gemeißelt: Elisabeth Mann Borgese, Michael Mann, Monika Mann und Erika Mann mit Geburts- und Todestag. Sehr prägnant zeichnen sich die Schatten von Buchenzweigen mit der charakteristischen Blattform darauf ab. Jetzt unterscheiden sie sich nur noch durch Vornamen und Jahreszahlen – nach all den Mühen der Individualisierung.

Golo wollte das nicht. Er wählte weit entfernt vom Familiengrab sein eigenes Grab mit einem senkrechten, ockerfarbenen Stein, aus dem drei stilisierte Rosen herausgehauen wurden.

Dann bin ich noch zur Alten Landstraße 39 gepilgert, um das Haus zu sehen, in dem Erika in den letzten fünfzehn Jahren gelebt hat. Wie sie genieße ich den weiten Blick über den tiefliegenden See und den waldigen Rand auf der gegenüberliegenden Seite.

Der Schreiber-Clan

»Was für eine sonderbare Familie sind wir! Man wird später Bücher über uns – nicht nur über einzelne von uns – schreiben.«[1] Der Schriftsteller Klaus Mann hat es geahnt. Daß sich der Stoff auch für Film und Fernsehen eignet, konnten wir selbst vor ein paar Jahren sehen. Autor und Regisseur Heinrich Breloer montierte die Chronik einer Familie, deren Mitglieder sich bei allem Eigensinn in einem Wir des »Fabelhaften« verbunden fühlten.

Seit *Die Manns* Fernsehereignis geworden sind, meint jedermann, diese distinguierte Familie zu kennen – wie die *Trapp-Familie* oder die *Familie Hesselbach*. Die Schicksale der prominenten Nobelpreis-Familie sind bewegend. Erwachsene Brüder, die einander fertigmachen wie Kain und Abel. Schwägerinnen, die als nicht-standesgemäß geschnitten werden. Junge Menschen, die auf die schiefe Bahn geraten mit Sex, Drogen, Alkohol. Eifersüchtige Geschwister, die um die Liebe von Vater und Mutter wetteifern. Haß und Schuldzuschreibungen: Hätten Vater, Mutter, Bruder, Schwester mich anders behandelt, was für ein glückliches Leben hätte ich führen können! Eine Mutter, die sich bemüht, Spannungen zwischen den einzelnen Figuren auszugleichen, damit es nicht zu Explosionen kommt. Viel Hilflosigkeit im Umgang miteinander, auch Vereinsamung, Verzweiflung, Tändeln mit dem Tod, Suizid sogar.

Außerdem bieten *Die Manns* einen Lehrgang in deutscher Geschichte. Auf dramatische Weise zeigt sich, daß nichts bleibt, wie es einmal war. Ganz eigen allerdings und beständig: der besessene Versuch dieser Menschen, das Leben, auch ihr eigenes, mit den Möglichkeiten der Sprache zu vergegenwärtigen, zu wenden, zu bewältigen. Ich glaube, es war wirklich keine, keiner darunter, die/der kein Buch veröffentlicht hat. Katia Mann betonte, daß sie ihr »ganzes, allzulanges Leben immer im strikt Privaten« halten und nie hervortreten wollte, weil sie »fand, das ziemte sich nicht«. Mit Entschiedenheit vertrat sie den Standpunkt, »in dieser Familie muß es einen Menschen geben, der nicht schreibt!« Doch im Alter von siebenundachtzig Jahren läßt sich die alte Dame verführen, gibt Interviews und stimmt zu, daß sie unter dem Titel *Meine ungeschriebenen Memoiren* als Buch veröffentlicht werden.[2]

Der Film hat nicht jedes Geheimnis lüften können. Dafür hätte es schon eine Serie sein müssen, die heute noch liefe. Im folgenden wird das besondere Verhältnis zwischen Erika und Klaus Mann, den beiden ältesten Kindern von Thomas und Katia Mann, noch einmal in den Blick gerückt. Es geht also um eine Ausschnittsvergrößerung aus dem Familienbild. Warum Klaus und Erika? Nicht weil sie genialer, sondern weil sie intensiver miteinander verwickelt waren. Daß vier weitere »geniale Geschwister« zur Familie gehören, soll damit nicht in Abrede gestellt werden.

Wie im Märchen *Brüderchen und Schwesterchen* würden Klaus und Erika am liebsten aus allen Brunnen trinken, die mit der Verwandlung ins Wilde locken und schrecken. Selbst das Rehlein, in dessen Gestalt sich das Brüderchen flüchtet, um endlich seinen Durst stillen zu können, will auf seine waghalsigen Sprünge nicht verzichten. Wenn es das Hifthorn hört, wird es vom Jagdfieber ergriffen. Viele Jahre bleibt dem Schwesterchen das Sorgen.

Familienwerkstatt im Kaiserreich

In der Mitte der zwanziger Jahre beschreibt Thomas Mann, wie er die Entstehungsbedingungen seiner Kinder sieht. »Die Geschöpfe der eigenen Sehnsucht und des eigenen Schicksals im Fleische wandeln zu sehen als Menschen, die ihr eigenes Schicksal bergen; eine umringende Wirklichkeit anzuschauen, die aus Traum eher entsprungen scheint, denn aus dem Leben –, aus einem Traume eben, der zur ›menschlichen Unternehmung‹ diesmal wunderlich ausgeschlagen, während der Traum sonst nur zum Werke auszuschlagen pflegte. Und so verfehlt nicht das Wort vom ›Abenteuer‹, vom ›krausen Abenteuer‹ sich einzustellen beim Anblick der kleinen Gemeinschaft, ›der traulichsten unter den Menschen‹, welche erwachsen aus Traum und ›lebensgutwilliger Bravheit‹.«[3]

In der Ehe liegt für Thomas Mann »die psychologische Formel aller Sittlichkeit und Sozialität – die Gegenformel zu jenem metaphysischen Individualismus, der als Auflösung der sittlichen Lebensform, als orgiastische Befreiung davon zu begreifen ist, und dem erotisch die ästhetisierend sterile Knabenliebe entspricht.«[4]

Ansichten und Lebensform dieses Vaters haben sehr subtil auf die Kinder gewirkt. Hinweise auf seine Geschichte können ihren Werdegang erhellen. Mit dem Maler Paul Ehrenberg hatte Thomas Mann das erste Mal eine Liebe erfahren, die sein Leiden an der »Kälte« aufheben konnte. In Novellen und Romanen, nicht nur im *Tod in Venedig*, kreisen seine literarischen Tagträume oftmals um die Liebe eines Künstlers zu einem Jüngling. Noch im Alter bekennt er im Tagebuch: »Zweifellos ist mein Enthusiasmus für das Jung-Männliche in letzter Zeit, vielleicht aus Torschluß-Gefühl, stürmisch gewachsen, mein Auge ungeheuer wach und schmerzlich-begierig für alle dergleichen Schönheit, die Nicht-Empfänglichkeit dafür mir bis zur Verachtung unbegreiflich. Daß die Bewunderungswürdigkeit des ›göttlichen Jünglings‹ alles Weibliche weit übertrifft und eine Sehnsucht erregt, vergleichbar mit *nichts* in der Welt, ist mir Axiom.«[5]

Im alltäglichen Leben diszipliniert der Schriftsteller seine homoerotischen Neigungen, wie überhaupt Disziplin, Ordnung und Fleiß für Thomas Mann unantastbar sind. In der »orgiastischen Befreiung« von der »sittlichen Lebensform«, im »metaphysischen Individualismus« sieht er Gefahren für die Kultur. Die Sehnsucht nach dem »göttlichen Jüngling« wird gleichsam für Tagträumereien reserviert. Auf sein schriftstellerisches Phantasieleben wirkt die als unerfüllbar bestimmte Liebe wie ein Stimulans.

Als Thomas Mann in seinem Essay gegen die »Unfruchtbarkeit, Aussichtslosigkeit, Konsequenz- und Verantwortungslosigkeit« der Homoerotik zu Felde zieht, erscheint das zweite Buch seines neunzehnjährigen Sohnes Klaus: *Der fromme Tanz. Das Abenteuerbuch einer Jugend,* das der Autor als »Dokument« bezeichnet. Darin heißt es: »Andreas träumte von Niels' Photographie. Ihm war es, als fände er alles, was in ihm selber Traum, Ahnung, Sehnsucht und Gedanke gewesen war, wieder in der Ruhe dieses Gesichtes … Er gab sich dieser Liebe ganz hin, die er nicht als Verwirrung empfand. Ihm kam es nicht in den Sinn, sie vor sich zu leugnen, sie zu bekämpfen als ›Entartung‹ oder als ›Krankheit‹.«[6] Klaus Mann schreibt mit diesem Buch einen der ersten Homosexuellenromane in deutscher Sprache.

Erika und Klaus fühlen sich gerade von den Ausdrucksformen der Liebe, die der Vater offiziell abwertet, magisch angezogen. Die unterdrückten Wünsche des Vaters wirken stärker auf die Gestaltung ihres Lebens ein, als seine vernünftigen Gedanken.

Die unterschiedlichen Lebensbilder der beiden Generationen finden sich nicht nur in der privaten Welt der Familie Mann. Sie sind Ausdruck eines Kulturwandels. Klaus und Erika entwerfen ihre Geschichte in einer Zeit, da sich die Jugend als eigene Gruppe der Gesellschaft zu begreifen beginnt. Nicht die bürgerliche Mäßigung, sondern Rausch und Ekstase zählen. Die Jugend bewegt sich. Fort mit den altmodischen Förmlichkeiten! Unvermittelt, ungebrochen soll ihr Leben sein – nach dem Bild der Natur. Und grenzenlos – der Dynamik des Industriezeitalters entsprechend.

Telegrafen und Telefon überwinden den Raum, rücken Städte und Länder näher aneinander. Es existiert bereits ein ausgebautes Eisenbahnnetz. Die Konstruktionen von Auto, Luxusliner, Kriegsschiff und Zeppelin befördern ein neues Gefühl der Mobilität und Geschwindigkeit. Das großstädtische Leben lockt die Jugend. Umbruch und Veränderung. Gesellschaftliche Hierarchien beginnen zu verrutschen. Wie die Jugend artikuliert die Arbeiterschaft, bereits als gesellschaftliche Macht organisiert, ihren Anspruch auf Veränderung der Lebensverhältnisse. Auch die Frauen bleiben nicht mehr an dem ihnen zugewiesenen Platz am heimischen Herd. Mit Nachdruck fordern sie, als vollgültige Mitglieder der Gesellschaft anerkannt zu werden, und melden ihre Rechte auf soziale, politische und kulturelle Mitwirkung an. Allmählich öffnen sich auch für sie die Universitäten. 1918 wird ihnen endlich das Wahlrecht zuerkannt.

Als das 20. Jahrhundert beginnt, dessen erstes Jahrzehnt noch »Belle Époque«, aber auch »Imperialistisches Zeitalter« genannt wird, stellen sich die Großmächte, ihre Könige, Kaiser und Zaren mit den Insignien von Männlichkeit, Stolz, Pomp und Potenz, Glanz und Gloria selbst dar. Thomas Mann spiegelt die Haltung dieser Zeit und setzt ihr zugleich distanziert ironisierend ein Denkmal.

Während sich die Eltern noch in der kaiserlichen Ordnung gehalten glaubten, geraten Erika und Klaus Mann schon als Kinder in eine aufgebrochene Welt. Zu Ende des Ersten Weltkriegs, in der Zeit der Weimarer Republik, geraten sie in ein seelisches Niemandsland, das erst noch kartiert werden muß. Mit jugendlicher Ungeduld befragen sie die herkömmliche Moral. Welche Geltung kann sie beanspruchen, wenn sie die Ereignisse des Ersten Weltkriegs möglich machte? Welche Gültigkeit kommt Idealen zu, die Menschen zu Greueltaten veranlassen – »Für Gott, Kaiser und Vaterland!« Steht überhaupt noch irgend etwas fest? Ist vielleicht alles erlaubt? Oder muß man die Grenzen selber ziehen? Und kann man das auch, wenn man noch sehr jung ist?

Außerordentliche Startbedingungen

Wie gestaltet sich das Leben von Kindern, deren Vater zwar im Haus anwesend, aber zumeist nicht erreichbar ist? Als Schriftsteller »spielt« Thomas Mann in einer dem Alltag der Familie entrückten Sonderwelt des eigenen Arbeitszimmers am liebsten mit seinen literarisch geschaffenen Gestalten. Romane,

Erzählungen, Essays fallen dem Autor ja nicht in den Schoß. Er muß sie herstellen, gerät in Verzweiflung, in Kämpfe, manchmal auch in außerordentliche Glückszustände. Die intimen Mitspieler seiner Tagträume können ihn in gehobene Stimmung bringen oder auch scheitern lassen.

Wie gehen Kinder mit solchen unsichtbaren, papierenen Konkurrenten um? Und mit einem solchen Vater, der bereits mit sechsundzwanzig Jahren wegen seines Romans *Buddenbrooks* (1901) ein vielbeachteter Autor war? Gebläht vor Stolz oder in Bewunderung erstarrt und vor Respekt gelähmt? Um Anerkennung werbend und um Aufmerksamkeit für die eigenen Spiele, Schritte, Wünsche und Nöte? Was bedeuten Kinder für einen derart beschäftigten Menschen? Nimmt er sie neben seinem Werk überhaupt wahr?

Am 5. November 1905 wird Thomas Manns erstes Kind geboren, pünktlich neun Monate nach der Eheschließung mit Katia Pringsheim. Der Vater läßt seinen Schriftsteller-Bruder Heinrich wissen: »Es ist also ein Mädchen: eine Enttäuschung für mich, wie ich unter uns zugeben will, denn ich hatte mir sehr einen Sohn gewünscht und höre nicht auf, es zu thun. Warum? ist schwer zu sagen. Ich empfinde einen Sohn als poesievoller, mehr als Fortsetzung und Wiederbeginn meinerselbst unter neuen Bedingungen. Oder so.« Ein Mädchen, meint er, sei doch nichts Ernsthaftes.[7]

Auch die Mutter ist nicht gerade außer sich vor Freude, nach der schweren, vierzig Stunden dauernden Geburt »nur« ein Mädchen hervorgebracht zu haben. Im Alter erzählt sie: »Es war also ein Mädchen, Erika. Ich war sehr verärgert. Ich war immer verärgert, wenn ich ein Mädchen bekam, warum, weiß ich nicht.«[8]

Schon im Jahr darauf, am 18. November 1906, geht der Wunsch nach dem Sohn in Erfüllung. Die Eltern geben ihm den Namen Klaus Heinrich Thomas, worin enthalten sind: der Zwillingsbruder der Mutter, der Bruder des Vaters und der Vater selbst. Vorschuß und Bürde. Voller Stolz schreibt Thomas Mann nun: »Vergnügten Herzens melde ich Dir die glückliche Geburt eines wohlgebildeten Knäbleins.«[9]

So war das damals, als das 20. Jahrhundert begann. Doch Erika Mann wird mit ihrer Geschichte den Nachweis führen, daß durchaus auch eine Tochter das Zeug dazu hat, einen Vater »fortzusetzen« und »unter gänzlich neuen Bedingungen wiederbeginnen zu lassen«. Manchmal sieht es so aus, als würde sie die männliche Seite des androgynen Künstlers schärfer herausarbeiten, während Klaus dessen feminine Seite in den Vordergrund rückt.

Daß es in dieser Familie auch eine äußerst couragierte Mutter mit entschiedenem Realitätssinn gibt, soll damit nicht aus dem Blick verloren werden. Die Mutter der Kinder, Katharina, ist die Tochter des Münchener Mathematikprofessors Alfred Pringsheim, der als Sohn einer erfolgreichen Berliner Unternehmerfamilie der Gründerzeit über Millionen verfügt. Alfred Pringsheim heiratete die Schauspielerin Hedwig Dohm, Tochter der Pazifistin und Frauenrechtlerin gleichen Namens. Katharina, die sich selbst den Namen »Katia« gibt, wächst als einziges Mädchen mit ihrem Zwilling Klaus und drei größeren Brüdern in einer hochkultivierten Atmosphäre der Freiheit auf. Der frühe Umgang mit Kunst und Künstlern sowie mit der gelehrten Welt formt ihr Bild vom gesellschaftlichen Leben.

Daß sie als Mädchen geboren wurde, hält Katia Pringsheim für einen »Irrtum der Natur«. Ihre Schulkarriere entspricht der ihres Zwillingsbruders. 1901 besteht die Siebzehnjährige als externer Prüfling am Münchner Wilhelmsgymnasium das Abitur und studiert von 1901 bis 1905 die Fächer Mathematik und Physik an der Münchner Universität. Im Februar 1905 heiratet sie Thomas Mann – weil er »so intensiv um sie geworben« hat. Später unterzeichnet sie ihre Briefe als »Frau Thomas Mann«. Nach heutigem Sprachgebrauch könnte man sie als Managerin des Literatur- und Familienbetriebs Thomas Mann bezeichnen.

Im Hause Katia und Thomas Mann kommen die Kinder in Paaren – auf daß keines alleine sei. Erika geht allen voran. Kaum kann sie laufen, folgt der Bruder Klaus, den das kleine Mädchen »Eissi« nennen wird, ihren Eissi. Höflich von Anfang an, ließ der Junge dem Mädchen den Vortritt. Mit gebührendem Abstand kommt im Jahr 1909 der Bruder Golo zur Welt. Ihm folgt 1910 sozusagen auf dem Fuß die Gespielin Monika. Die beiden scheinen in den Kinderjahren nur dafür da zu sein, daß die Großen, Fixsternen gleich, ihre Trabanten haben. Nach einer längeren Besinnungspause gesellt sich 1918 Elisabeth hinzu. Sie wird als Nesthäkchen freudig begrüßt, während Michael 1919 nicht mehr ganz so willkommen scheint. Die Eltern hatten erwogen, Nummer sechs den Zutritt zur Erde zu verwehren.

Die Zeit nach dem Ersten Weltkrieg verlangt selbst der wirtschaftlich wohlsituierten Familie Mann ökonomisches Geschick ab. Die Lebensmittel sind knapp, und die politisch unruhige Lage läßt die Welt nicht gerade kinderfreundlich erscheinen. Im übrigen möchte der Dichter, der seine Jüngste besonders liebhat, seine Zuneigung nicht wieder teilen müssen. Doch das Prinzip des Paares setzt sich durch.

Die Kinder der Manns wachsen in ihre eigene kindliche Welt gleichsam als Doppelgestalten hinein. Wenn die zwei, die jeweils ein Paar bilden, einander betrachten, könnten sie meinen, in einen Spiegel zu blicken. Jedes mit Leinenkittel und Pagenfrisur versehen, könnte sich glatt mit dem anderen verwechseln. Die beiden Ältesten werden dieses Zwillingstum in besonderer Weise kultivieren.

So stark ist ihr Lebensgefühl durch die Einheit bestimmt, daß Erika, noch ganz klein, gar nicht begreift, daß es Mädchen geben soll, die keinen kleinen Bruder haben: »… kaum hatte ich mich an […] unser Zwillingsdasein gewöhnt, als ich auch schon der Überzeugung war, jedes kleine Mädchen brauche einen Klaus […]. Wir beide, mit unserer Kinderfrau, trafen ein Mädchen namens Eva, die ohne brüderliche Begleitung

Die
»Zwillinge«:
Klaus und
Erika Mann,
um 1910
in München

unterwegs war – wenn auch natürlich gleichfalls mit Kinder-
frau –. Da fragte ich ganz ratlos: ›Wo hast du denn dein Eissi?
Ein Eissi muß man doch haben!‹ Dieser Ansicht bin ich im
Grunde noch heute.«[10]

Der später gern zurückblickende Klaus Mann[11] berichtet:
»… im Bereich des wirklichen Lebens gehörten Erika und ich
zusammen, […] unsere Solidarität war absolut und ohne Vor-
behalt. Wir traten wie Zwillinge auf.« Wie das Schwesterchen
im Märchen übernimmt Erika die Führung: »Erika war die
Rüstigste von uns. Sie konnte wie zwei Buben turnen und rau-
fen, und sah aus wie ein magerer, dunkel hübscher Zigeuner-
junge, dessen Stirn sich manchmal trotzig verfinsterte.«[12]

Mit der gleichen liebevollen Bewunderung erinnert sich
Erika an ihr Brüderchen. Kaum fünf Jahre alt, beginnt Klaus
Geschichten zu erzählen. Erika ist so beeindruckt, daß sie das
Fabulierte schriftlich fixiert. Sie weiß schon, wie man das mit
den Buchstaben macht. Das könnte der Beginn einer Karriere
als Sekretärin sein. Doch warten wir ab.

Geordnet geht es zu in dieser Familie. Die Mutter, von den Kindern »Mielein« genannt, »herrscht mit sanfter und geheimnisvoller Macht über alle«[13]. Dazu gehört auch das Personal, diverse Kindermädchen, Gouvernanten, Stubenmädchen, Köchinnen und der Chauffeur. Die Mutter »ist uns näher als der Vater, der dem Sohne ein Fremder bleibt«, schreibt Klaus; »sie lehrt uns, zu beten und zu schwimmen und uns die Zähne zu putzen; sie macht den Speisezettel, kauft die Geburtstagsgeschenke, sieht die Schulaufgaben durch, geht mit uns zum Rodeln und zum Schlittschuhlaufen.«[14] Klaus empfindet »abends, beim Gutenachtsagen« manchmal »eine echte, wilde und süße Zärtlichkeit für die Mutter«.[15] Erika fühlt sich dem Vater näher. Entgegen dessen anfänglicher Einschätzung wird dieses Mädchenkind ihm im Lauf der Familiengeschichte ganz besonders nahestehen.

Rücksichtnahme auf den Vater ist für alle Familienmitglieder oberstes Gebot. Abgesehen von den gemeinsamen Mahlzeiten nimmt der Vater, »obwohl er mit uns lebte, an unserem alltäglichen Leben kaum Anteil. Von neun Uhr morgens bis zwölf Uhr mittags muß man sich still verhalten, weil der Vater arbeitet, und von vier bis fünf Uhr nachmittags hat es im Hause auch wieder leise zu sein: Es ist die Stunde der Siesta. Sein Arbeitszimmer zu betreten, während er dort mysteriös beschäftigt ist, wäre die gräßlichste Blasphemie.«[16]

Das spezifische Wort für »arbeiten« heißt im Hause der Manns »schreiben«. Für Frau und Kinder, nicht nur für den Herrn Papa, ist das eine außerordentlich bedeutsame Handlung. Schreiben bedeutet zunächst, daß man das Recht hat, in einem eigenen Raum ungestört einer »mysteriösen Beschäftigung« nachzugehen: träumen, phantasieren, spinnen, sich etwas ausdenken, Menschen schaffen, nachdenken, sich erinnern. Schreiben bedeutet auch, daß der Schreibende nach geraumer Zeit den anderen vorlesend etwas zu bieten hat. Frau und Kinder sind das erste Auditorium. Sie dürfen sogar Kritik äußern. Die erwachsenen Kinder erinnern sich später gern an die besondere Atmosphäre dieser Situation.

Erika erzählt: »Sein Arbeitszimmer, das für uns tabu war, es war für uns eine Art von geheiligter Platz, wir hatten dort nichts zu suchen, in sein Arbeitszimmer hatten wir nicht einzudringen, es sei denn, wenn er uns rief. Und gerufen hat er uns nur, wenn er uns vorlesen wollte. Das war eine besondere Festlichkeit, die aber gar nicht ganz selten sich zutrug. Dann rief er durchs ganze Haus: ›Kinder‹ – das war nach dem Tee –, und wir wußten schon, was bevorstand, wir eilten ins Arbeitszimmer und er las uns vor.«[17]

Solange die Kinder klein sind, liest der Vater auch Märchen vor. Ernstgenommen und geborgen fühlen sich die Kinder dann. Vorlesend ist er ihnen nahe. Anders als in den Zeiten des Schreibens gehört er jetzt ihnen. Sie lieben den Klang seiner Stimme und lauschen gebannt. Da fällt es nicht schwer, sich ruhig zu verhalten.

Es ist die Sprache, die eine besonders intime Verbundenheit mit dem respektierten Vater stiftet. Mit der Sprache zaubert er neue Welten hervor, in der Menschen agieren, die ihrerseits eine eigentümliche Sprache sprechen. Darüber hinaus kann er auch die beängstigenden Phantasiegestalten, die den Kindern manchmal das Einschlafen schwermachen, mit der Macht seiner Worte verbannen. Deshalb verleihen sie ihm den Eigennamen »der Zauberer«.

Die Manns entwickeln eine Art familiärer Regionalsprache mit Wörtern, die nicht im Lexikon stehen und meist ironisierende Tendenz haben. Dazu gehören auch die Nonsenswörter, die Erika und Klaus in ihren kindlichen Spielen erfinden. Im »Gro-Schie-Spiel« bilden sie alle vorfindlichen Requisiten sowie das familiäre Personal um zu einer Luxusliner-Welt, in der die »Üsen«, Geheimwort für »die Lieben« oder »Guten«, bedroht werden von »Klie-Klie«, dem Reich frecher, böser Mächte. Die Figuren erhalten Namen wie »Bobbelchen« und »Komischhasi« oder »Fisefusibema«. Als »wuffig« werden Kinderfräulein bezeichnet, die ihnen nicht behagen.

Selbst in dem Theaterstück *Geschwister*, das Klaus Mann als Erwachsener schreibt, tauchen Wörter auf wie »Kroxe« oder die kindlich-mundartliche Wendung »Nicht-mehr-möga« – als Nachhall der geheimnisvollen Einheit von Bruder und Schwester aus frühester Zeit. In Briefen zwischen den erwachsenen Geschwistern erhält sich die Geheimsprache der Kinderzeit. Als Leser steht man einer hermetischen Eigenwelt gegenüber, in der man sich zuweilen kaum zurechtfinden kann.

Erziehung im engeren Sinne des Vorschriftenmachens, Verbietens und Bestrafens betreibt Thomas Mann nicht – einmal abgesehen von der Forderung, daß sich die Lebhaftigkeit der Kinder dem eigenen Wohlbefinden unterzuordnen hat. Von gelegentlichen Wutausbrüchen abgesehen findet er, »daß es besser sei, uns etwas ›vorzuleben‹ […]. Die Atmosphäre des Hauses, die Luft von geistiger Verantwortlichkeit, die Diszipliniertheit, mit der hier gearbeitet wird, die Regelmäßigkeit des Lebens, die heitere Gelassenheit, der von Ironie und Anführungszeichen nie ganz freie Ernst«[18] verfehlen ihre Wirkung nicht.

Selbst wenn er nach Einschätzung Katia Manns ein väterliches Machtwort sprechen sollte, weist er nicht zurecht, sondern appelliert an die Einsicht der Kinder. Einmal zitiert er Erika, die oftmals mit Lügen brilliert, in sein Zimmer und spricht zu ihr »ungefähr wie folgt: ›Eri‹, sagte er, ›Du bist ja jetzt schon sieben, Du bist ja kein kleines Kind mehr, und Du weißt ja im Grunde, was Du tust, jetzt lügst Du die ganze Zeit, schau, stell Dir bitte einmal vor, was passieren würde, wenn wir alle immerzu lögen. Wir könnten uns ja gegenseitig gar nichts mehr glauben, wir würden uns gegenseitig überhaupt nicht mehr zuhören, weil es ja viel zu langweilig wäre und es wäre gar kein Leben. Ich bin überzeugt davon, daß Du das einsiehst und daß Du dieses blödsinnige Lügen jetzt läßt.‹ Ich sagte gar nichts, sondern ging, da er nicht fortfuhr zu sprechen, hinaus und dachte mir zunächst: Ach, was der redet, lügen ist eine sehr gute Sache und ich mache das auch so weiter. Ich habe es aber nicht weiter gemacht; es hat mir den größten Eindruck gemacht, und ich habe von Stund ab, zunächst einmal, nicht mehr gelogen.«[19]

Dem kindlichen Lügen liegt manchmal eine Not, oft aber auch eine Lust und ein Können zu Grunde. Das Können läßt sich auf den Nenner des »So-tun-als-ob« bringen. Erika und Klaus kultivieren dieses Können, indem sie Geschichten erfinden und indem sie Schauspieler werden. Klaus Mann berichtet: »Ich konnte erfinden wie die listige Dame der Tausendundeinen Nacht, so endlos und so phantastisch. [...] Ich fabulierte von Königen, Hexen und orientalischen Großkaufleuten, wobei ich etwas mit der Zunge anstieß. Golo trippelte nebenher, das finster-schlaue Mäusegesicht vom glatten Pagenhaar witzig gerahmt, verzaubert von den Verwicklungen meiner Mären«.[20]

Klaus zaubert in der Nachfolge »des Zauberers« – so wie das Kind eines Stationsvorstehers seinen Vater mit Schirmmütze, Trillerpfeife und hochgehobener Kelle kopieren würde. Allmählich und ohne es recht zu wissen bietet Klaus dem Vater denn doch die einst gewünschte »Fortsetzung« und den »Wiederbeginn unter neuen Bedingungen«.

Noch ganz kindlich und durchaus naiv mimt bereits der gerade zehn Jahre alte Klaus den anerkannten Schriftsteller. »Eines der ersten Dramen nennt er ›Der gute Sohn‹. Die Titelseite lautet: ›Klaus Manns sämtliche Werke‹.«[21].

Überraschenderweise und zum Entsetzen aller Familienmitglieder begeistert das den Vater nicht. Im Gegenteil, er geht seinem Sohn Klaus gegenüber auf Distanz und reagiert häufig mit überzogener Kritik. Katia Mann spürt die Enttäuschung ihres Sohnes und ist bemüht auszugleichen. Sie kümmert sich besonders aufmerksam um ihn. Thomas Mann fühlt sich verunsichert und bedrängt. Das hat auch mit seinen homoeroti-

schen Neigungen zu tun. Im Tagebuch formuliert er es selbst:
»Entzücken an Eissi, der im Bade erschreckend hübsch. Finde
es sehr natürlich, daß ich mich in meinen Sohn verliebe. [...]
Es scheint, ich bin mit dem Weiblichen endgültig fertig? [...]
Eissi lag mit nacktem braunen Oberkörper lesend im Bett,
was mich verwirrte.«[22]

Aus seiner eigenen Neigung, Dinge und Menschen träume-
risch und zugleich distanziert ästhetisierend wahrzunehmen,
hatte Thomas Mann in seinem ersten Roman *Buddenbrooks*
und später ähnlich in der Erzählung *Tonio Kröger* einen Typus
geformt. Diese literarischen Knabengestalten lösen sich aus
dem lärmenden Tanz um das goldene Kalb des wirtschaftlichen Erfolgs und bürgerlichen Aufstiegs und suchen ihre
Zuflucht in der Kunst. Körperlich und seelisch empfindlich
sind sie selbstverliebt dem künstlerischen Ausdruck ihrer
eigenen Seelenlage verfallen und ihrem eigenen Spiegelbild –
in Gestalt anderer Knaben – zugetan.

Klaus zeigt dem Vater, wie sich der von ihm geschaffene
Künstlertypus »Hanno« im alltäglichen Umgang ausnimmt.
Zwar wird aus dem Sohn nicht der Tenor, dem Thomas Mann
beim Singen von Wagner-Arien zuhören wollte, aber es wird
aus dem mädchenhaften Knaben, der noch als Zehnjähriger
gern mit Puppen spielt, ein Mensch, der sich zum Künstler-
sein bekennt. Er will und kann auf seinen Spielraum nicht
verzichten. Im gelebten Alltag kann Thomas Mann dem Stell-
vertreter seiner literarischen Gestalten nicht gerechtwerden.
In seinem Verhältnis zu Klaus mischen sich höchst ambiva-
lent heimliche Zuneigung und Verachtung.

Des Vaters Verhältnis zu Erika gestaltet sich anders; mit ihr
kann er liebevoller umgehen. Ihre Unternehmungen belasten
den Vater nicht. Erikas spezielle Rolle scheint es zu sein, der
Mutter zur Seite stehend den Vater zu erheitern. Das gelingt
ihr besonders gut mit schauspielerischen Darbietungen, etwa
indem sie Lehrer oder andere nachäfft. Außerdem kann sie
ausgezeichnet deklamieren. Lange Gedichte braucht sie nur

einmal zu hören, um sie auswendig vortragen zu können. In der Schule gelingt ihr die Vortäuschung von Kreislaufschwächen mit nachfolgender Ohnmacht so überzeugend, daß sie manchmal sogar dem meist ungeliebten Unterricht nicht weiter beiwohnen muß. Dem Vater gefällt auch ihre beherzte Art, die praktischen Probleme des Alltags zu meistern, die für ihn selbst ein ewiges Rätsel blieben. Einmal kommt sie später zum Mittagessen und findet eine verstörte Eßgemeinschaft vor, die fürchtet, die Pilzsuppe sei unbekömmlich. Erika kostet und behauptet, es fehle nur das Salz, woraufhin das Mahl für alle Beteiligten genießbar wird. Daraus leitet sich das geflügelte Wort ab: »die Eri muß die Suppe salzen!« Es formt sich das Bild von der erstgeborenen, großen Tochter, die besonders geschätzt wird, wenn sie strategisch die Unbill des Alltagslebens aus der Welt schafft.

Im übrigen erhalten die Kinder allen Spielraum für ihre Entfaltung. Die Eltern vertrauen darauf, daß sie besonnen genug sind, selbständig Grenzen zu erkennen und auch zu akzeptieren; außerdem gibt es ja noch das Kindermädchen – von den Kindern zugleich geliebt und gehaßt. Die größte Freiheit genießen Erika und Klaus und später auch Golo und Monika in dem schier endlosen Gelände in Bad Tölz, wo Thomas Mann 1907 ein geräumiges Landhaus errichten läßt. Als es zehn Jahre später wieder verkauft wird, avanciert es für Erika und Klaus zusammen mit der frühen Kindheit zum verlorenen Paradies. »Das Paradies hat den bittersüßen Duft von Tannen, Himbeeren und Kräutern, vermischt mit dem charakteristischen Aroma des Mooses, das von der Sonne durchwärmt ist, der großen mächtigen Sonne eines Sommertages in Tölz.«[23]

Häufig geht Klaus Mann in seinen Erinnerungen zurück zu den Szenen der intensiven Verbundenheit mit der Schwester. »Wir waren mitten in der Nacht aufgestanden – Erika vielleicht sieben-, ich sechsjährig –, nur um zu sehen, wie die Welt aussah, während man eigentlich schlafen sollte. Wir wagten nicht Licht anzumachen und hockten im finsteren Spielzimmer auf dem kalten Linoleumboden. Dann traten wir auf den Balkon in unseren Nachthemden. Spüre ich nicht noch den Anhauch der nächtlichen Luft?«[24]

Sie lieben die Nachtseite des Lebens. Und den Überschwang des Werdens. Und die Fülle der Möglichkeiten. Das heißt, daß sie die Einengung durch das Tagesgeschäft des Kindes, die Schularbeit, nicht gerade schätzen. Das scheint im insgeheimen Einverständnis mit dem Vater zu geschehen, der selbst ein sehr schlechter Schüler war, was seinem Überlegenheitsgefühl als Lübecker Senatorensohn allerdings keinen Abbruch tat. Die Untersekunda hatte er gleich zweimal besucht, bis man dem Achtzehnjährigen endlich die Mittlere Reife zuerkannte und er seinen Abschied nehmen konnte – um zu schreiben, wie sein großer Bruder Heinrich. Der Mutter gefällt die Nachlässigkeit der Kinder nicht. Wenn sie mit ihnen an den Schulaufgaben arbeitet, ärgert sie sich über ihr schwerfälliges Verstehen und wird schnell ungeduldig.

Im Januar 1914 bezieht die Familie in München ein herrschaftliches Haus, das nach den Wünschen des erfolgreichen Schriftstellers in der Poschingerstraße 1 errichtet wurde. Drei Etagen mit zahllosen Räumen in der Mitte eines großen Gartens. Das Grundstück grenzt an den Herzogpark und zur anderen Seite an das Grundstück des Dirigenten Bruno Walter, damals Generalmusikdirektor in München. Die Familien sind bald befreundet.

Die Nachricht vom Ausbruch des Ersten Weltkriegs erreicht die Familie Mann noch im Tölzer Sommerhaus. Erika neun, Klaus acht Jahre alt, bereiten sich gerade auf einen schauspielerischen Auftritt vor. Krieg? »Wir wußten überhaupt nicht, was das zu bedeuten hatte, und zogen uns nicht aus, sondern rannten verkleidet durch den ganzen Garten ins Haus auf die Veranda, wo unsere Eltern beim Tee saßen, und sagten: ›Was soll das heißen: der Krieg ist ausgebrochen, wir können nicht Theater spielen?‹ Es wurde uns keine eigentliche Antwort

gegeben, sondern mein Vater stand sehr sinnend und ungeheuer ernst da und schaute in die Luft, schaute hinüber auf
die verschneiten Gipfel des Karwendel-Gebirges und sagte:
›Nun wird wohl auch gleich ein feuriges Schwert am Himmel
erscheinen.‹ Und nach dieser rätselhaften und unheimlichen
Äußerung wußten wir, daß wir definitiv an diesem Tag nicht
Theater spielen würden.«[25]

Die »großen Nationen« waren auf Expansionskurs und
maßten sich an, die Erde neu aufzuteilen. Dabei verbissen sie
sich in einen Krieg (1914 bis 1918), in dem die Menschen, von
Angst und Größenwahn getrieben, in einen Furor des Zerstö-
rens gerieten. Mit hehrer Mannhaftigkeit verbundene Wörter
wie »Schlachtfeld« entpuppten sich in ihrer elementaren
Bedeutung. Im Stellungskrieg schlachteten die Soldaten einander ab. Die Krieger meinten, auf dem »Feld der Ehre« zu
kämpfen für »Gott, Kaiser und Vaterland«, aber sie waren
Akteure im Bann des Größenwahns. Das galt für Monarchen,
Feldherren und anfangs auch für die Masse der Soldaten. Von
»Materialschlachten« war die Rede. Aber sie glaubten nicht,
daß das Material aus ihren eigenen verletzlichen Leibern
bestand, die im Handumdrehen in blutende Teile zerfetzt
oder durch Giftgas in stumme, reglose Puppen verwandelt
wurden.

Erst im Rückblick zeigte sich die ans Surreale grenzende
Verrücktheit, die in diesem Geschehen steckte. Wenn man die
Kopfbedeckungen und schmucken Uniformen des Kaisers
Wilhelm II. und seiner Garderegimenter betrachtet, kann
man den Irrwitz unmittelbar sehen.

Das ganze Ausmaß des Ereignisses begreifen auch die Eltern
nicht so recht. Thomas Mann empfindet plötzlich »die tiefste
Sympathie für dieses verhaßte, schicksals- und rätselvolle
Deutschland, das, wenn es ›Civilisation‹ bisher nicht unbedingt für das höchste Gut hielt, sich jedenfalls anschickt, den
verworfensten Polizeistaat der Welt zu zerschlagen.« Damit
meint er Frankreich. Thomas Mann sympathisiert mit der

kaiserlichen Eröffnung des Krieges gegen Frankreich. Sein Bruder Heinrich bezeichnet ihn als Chauvinisten und nimmt ihn in einem Zola-Essay indirekt aufs Korn. Die konkurrierenden Schriftsteller-Brüder ziehen gegeneinander mit der Feder zu Felde. Sie sprechen nicht mehr miteinander. Es dauert länger als der Krieg, daß Thomas Mann seine Fehleinschätzung bedauert – auch den Streit mit seinem Bruder, den er erst 1922 beilegen kann.

Währenddessen erkunden die Jugendlichen, Klaus und Erika mit den Freunden Ricki Hallgarten, Gretel und Lotte Walter auf eigenes Risiko die nähere Welt. Sie treiben ihren Schabernack und erproben ihre Stärke, indem sie sich als Bürgerschreck aufführen. Die Jugendlichen hocken in den Empfangshallen der großen Münchener Hotels konspirativ zusammen und hecken aus, was ihren Eltern, wüßten sie davon, gewiß nicht gefiele. Maskeraden, aber auch kleinere Ladendiebstähle gehören dazu. In einer aus den Fugen geratenen Zeit gehen sie der alten Frage nach: »Mutter, Mutter, wie weit darf ich reisen?« Als wollten Klaus und Erika überprüfen, ob ihre Eltern die beiden Großen überhaupt noch im Blick haben.

Erika und Klaus spielen mit Rollen, die im Familienmuster nicht vorgesehen sind – alles nur probatorisch und dennoch ernst. Die Mutter war 1911 an Tuberkulose erkrankt und mußte oftmals für längere Zeit die Familie verlassen, um in Davos oder Arosa wieder zu Kräften zu kommen. Zwar bemühen sich in ihrer Abwesenheit diverse Hausangestellte um die Organisation des Familienbetriebs und das Wohl der Kinder, aber von denen lassen sie sich schon lange keine Vorschriften mehr machen.

Aus der »Herzogpark-Clique« wird der »Mimikbund«.[26] In der Schauspielerei finden sie eine Form, ihre Verwandlungslust zu kultivieren, so daß sie Aufmerksamkeit und Lob der Eltern gewinnen können. Nach der Geburt von Elisabeth (1918) und Michael (1919) drohen Erika und Klaus in der

Nebenrolle der »Großen« die aufmerksame Zuwendung der Eltern zu verlieren. Eine ambivalente Lage. Sie sind stolz, denn als groß möchten sie gelten. Aber zugleich wollen sie doch nicht abgeschoben werden, nur weil sie nicht mehr gewindelt und gestillt werden müssen. So verfallen sie auf eine Art theatralischer Sendung.

Für Klaus steht fest: »Ich muß, muß, muß berühmt werden«, und man darf wohl ergänzen: Sonst droht die Gefahr, daß ich nicht wahrgenommen werde – vom Vater. Klaus muß Liebling werden. Bei der Mutter und bei Erika braucht er darum nicht zu buhlen, um so mehr beim Vater. Für Erika geht es bei der Schauspielerei um die unbändige Lust an der Verstellung. Theater spielend kann sie sich verwandeln. Unermeßlich scheint ihre seelische Reichweite zu sein. Verwegen, wie sie sind, spielen sie nicht etwa Kindertheater, sondern nehmen sich gleich die großen Theaterstücke vor – von Shakespeare, Lessing, Molière und anderen.

Interessant ist das Logbuch, »die Chronik« des Mimikbundes. Intendanten und Schauspieler bestehen darauf, daß ihre prominenten Zuschauer Notiz von ihnen nehmen. Zu deren Pflichten gehört das Schreiben von Theaterkritiken. Thomas Mann, Bruno Walter, gelegentlich auch deren Freunde wie Josef Ponten oder Bruno Frank werden herangezogen. Es fällt auf, daß Erika bei den Kritiken des Vaters stets besser abschneidet als Klaus.

Als die Eltern durch ein Kindermädchen von den dreisten Scherzen ihrer beiden Ältesten erfahren – von Erikas »teuflischen Telefonscherzen« mit verstellter Stimme, von »schrecklichem Geschrei«, »markierten Radunfällen größten Stils«, »dem köstlichen Sport« des Lügens und »Stehlens«, von nächtlichen Exkursionen in verrückter Verkleidung mit geschminkten Gesichtern, von Klaus' Äußerung, er habe »überhaupt kein Ehrgefühl« – sind sie betroffen und enttäuscht. Sie befinden, daß die Münchner Atmosphäre nicht gut sei für Erika und Klaus. »Wir fielen in tiefste Ungnade. Ich glaube, daß unser Vater ehrlich enerviert und angewidert über unsere moralische Desorientierung war. [...] – Unsere Mutter aber war wirklich traurig.«[27]

Ein Milieuwechsel soll sie zur Besinnung bringen. Von April bis Juli 1922 besuchen Erika und Klaus das Landerziehungsheim »Bergschule Hochwaldhausen«. Die gute Mutter bringt sie dorthin. Klaus erinnert sich, daß er ihre Abreise nur ertragen konnte, weil Erika bei ihm blieb. Das einfache Leben, der hohe Wert der »Gemeinschaft«, die Weltanschauung der Jugendbewegung verlangen, daß sie sich einfügen. Eine Zumutung für Klaus. Pädagogen des berühmten Internats Salem hatten den Fünfzehnjährigen als »ungewöhnlich begabten und fein veranlagten Jungen« beschrieben, »von dem aber keinesfalls sicher steht, wozu seine Begabung ihn führen wird. Er hat sehr ernsthafte geistige Interessen, ist durch sehr vieles Lesen sehr früh an die meisten Probleme des menschlichen Denkbereichs herangeraten, und hat seine Kindlichkeit und Natürlichkeit bei dieser Art geistiger Tätigkeit eingebüßt. So macht er auf uns heute den Eindruck eines überaus manierierten, selbstgefälligen, frühzeitig gereiften und fähigen Jungen, dessen Lebenskraft angeknaxt ist und der das natürliche Interesse an seiner Umwelt verloren hat und seine künstlich herangebildete Unfähigkeit in allen Dingen des praktischen Lebens mit Eitelkeit kultiviert und unter einer Verachtung der Welt der Tat und des Handelns bemäntelt.«[28] Man fühlt sich an den literarischen Knaben Hanno Buddenbrook erinnert. Oder direkter: Klaus scheint wie eine Miniatur-Karikatur des Vaters aufzutreten. Man bezeichnet den Jungen Klaus in der Schule gelegentlich als »übertünchten Greis«.[29]

Erika kann sich ganz anders auf die neue Welt einlassen. Die Lehrer erleben sie als zuverlässig. Besonders in Latein und Mathe können sie mit ihrer Kooperation rechnen. Das schätzen sie an ihr. Die Mitschüler mögen sie als verständnisvolle Zuhörerin, die in allen Nöten Rat weiß. Das liebt auch Klaus an seiner Schwester. Erika gibt sich als an der Mutter orientierte große Schwester. Ihre außerordentliche Begabung zum So-tun-als-ob zahlt sich aus. Gleich, an welchen Platz man sie stellt, sie fühlt sich ein und spielt mit. Es ist eben eine neue Rolle. Aber sie schlägt nicht Wurzeln. Nach Hause berichtet sie von Verdruß. An dieser Schule würde sie nichts lernen, und sie zweifle, ob das die rechte Vorbereitung auf das Abitur sei.

Ganz und gar zufrieden sind die Geschwister allerdings, wenn sie in den Rollen von Büchners *Leonce und Lena* wieder einmal auf der Bühne stehen können, von den Zuschauern als absurd-dekadentes Liebespaar bewundert.

Während Erika bis zum März 1924 das Luisen-Gymnasium in München besucht und »aus purer Liebe« zur Mutter das Abitur macht, wechselt Klaus zur Odenwaldschule unter Leitung des Reformpädagogen Paul Geheeb. An Friedrich Nietzsche orientiert, sieht Geheeb seine Aufgabe darin, »in jeder Individualität das ihr immanente Gute, das ihr eigentümliche Gesetz zu stärken und zu entwickeln (›Werde, der du bist!‹)«.[30] Mit Dankbarkeit erinnert Klaus, daß er oftmals »den ganzen Tag spazierengehen, lesen, dichten, sinnen« durfte.[31] Sechzehn Jahre jung, schreibt er einen Aufsatz über »Nietzsche und unsere Generation«. Nietzsche sei ihnen »heiliger Held, Rebell und Märtyrer zugleich«; die Jungen wollen seine »Nachfolger« sein.

Während er sich anmaßt, Sprecher seiner Generation zu sein, spricht er über seine eigene Lage. Es geht um die Grunderfahrung, ein einzelner zu sein und auch werden zu wollen, und um die bange Frage, wie es glücken kann, von den anderen in seiner Eigenart geschätzt zu werden. Innerlich, meint er, sei er nie wieder so weit von zu Hause entfernt gewesen wie damals. »Der Grundton meines Münchener Milieus hatte immer einen Beiklang von Ironie und skeptischem Humor behalten; ich aber war um diese Zeit nur auf das radikalste Pathos eingestellt. Der Jargon unseres Herzogpark-Kreises schien mir oberflächlich.«[32]

Die Bindung an Erika intensiviert sich in dieser Zeit der Trennung. Durch ihre Abwesenheit wird die Schwester zum Objekt der Sehnsucht. Sie wird zum Symbol für etwas, das das Leben dem Menschen Klaus Mann vorenthält. Außerdem schwärmt Klaus in tagträumerischer Verfassung für manchen Knaben im Internat. In Briefen, die manchmal einem Seelenprotokoll nahekommen, läßt er die Schwester an seinen heimlichsten Regungen teilhaben und versäumt nicht, darum zu bitten, daß Erika die Briefe vor den Eltern verbirgt. Mit vorsichtigem Kommentar versehen, schickt er der Schwester im November 1922 ein Gedicht, von dem er sagt, er habe es für sie geschrieben:

»Seltsam sind die Augen derer,
Die die große Sehnsucht kennen –
Auf der Stirne tragen sie ein Zeichen,
Das von heißer Lust und heißem Elend kündet –
Aber all die andren, all die Stumpfen weichen
Scheu zurück davor –
Wir sind ganz allein mit unsrem Gotte
Und mit unsren lüsternen Gebeten,
Denn mit unsrem Lachen, unsrem Spotte
Treiben wir davon die Wackren, Wohlberedten,
Die gesund sind und ganz ohne Wunde.«

Ob er mit dem »Wir« wohl auch die Schwester meinen dürfe, fragt Klaus mit aller Vorsicht. Und zurück auf dem Boden: »Aber, mein Gott, was schreibe ich da für einen seltsamen Brief. Ich weiß, du magst es nicht, wenn so viel ausgesprochen wird.«[33]

Erika Mann würde solche Zeilen nicht schreiben. Sie ist in eine andere Rolle hineingewachsen. Die Familie schätzt an ihr das Patente, kaltschnäuzig Überlegene, Burschikose, Ironische, das Zupackende – die praktische Seite eben.

Man könnte fast meinen, daß Erika alle Empfindsamkeit, Verletzlichkeit und Hilflosigkeit an ihren »Eissi« delegiert hat.

Die Familie im Garten der Poschingerstraße 1, 1927: Katia und Klaus Mann (oben) Erika und Thomas Mann (unten)

Bei ihm, gleichsam auf Abstand, kann sie Charakterzüge schätzen, sogar lieben, auch schützen und absichern, die sie im eigenen Bild nicht leiden kann. Klaus war nicht nur der Kleinere, weniger Sichere, sondern auch ein körperlich anfälliges Kind, das sich an die große Schwester anlehnte.

Als Achtjähriger hatte er zwei Monate lang mit gefährlichem Blinddarmdurchbruch, Bauchfellentzündung und »Gedärmverschlingung« in der Klinik liegen müssen. Der Bauch mußte mehrmals operiert und schließlich »der Länge nach aufgeschnitten« werden. Sein Vater hatte ihn schon aufgegeben. Es ist die Mutter, die ihn rettet. »Sie, die einfach nicht *zulassen* konnte, daß ich starb, mußte sehen, daß die Ärzte mich eines Tages endgültig aufgegeben hatten. Das Menschenmögliche hatte man getan, aber der Organismus, der nicht mehr funktionieren wollte, schien nicht mehr zu retten; er gehörte eigentlich schon dem Tod. Da ich auf keine Injektion, keine Stärkungsmittel mehr reagierte, war sie es, meine Mutter, die auf den Gedanken kam, mich von Kopf bis Fuß mit Eau de Cologne einzureiben. Die Ärzte schüttelten den Kopf, aber da nichts mehr zu verlieren schien, verboten sie nichts. Der Körper empfing die Erfrischung. In der Nacht trat eine Krise zur Besserung ein.«[34]

Mit fünfundzwanzig Jahren gewinnt Klaus Mann beim Schreiben seiner ersten Selbstanalyse *Kind dieser Zeit* eine wichtige psychologische Einsicht: »Mir scheint es für mein ganzes Leben bedeutsam zu sein, daß ich in diesem Alter so nahe an den Grenzen des Todes gewesen bin. Sein Schatten hatte mich sichtbarlich gestreift –: das war nicht nur die ganzen Jahre mein kindlicher Stolz, sondern ich bin überzeugt davon, daß diese schauerlich intime Berührung, diese ahnungslos frühe Begegnung mit seiner finsteren Hoheit auch über die leichtfertigsten und diesseitsverstricktesten meiner späteren Tage den fast unbemerkbaren, aber bestimmenden Hauch einer ernsteren Weihe gelegt haben muß. Dieses zu neun Zehntel scheinbar vergessene Krankheitserlebnis muß in meinem tieferen Bewußtsein wirksam geblieben sein: sonst wäre ich der Auszeichnung nicht würdig gewesen – weder der, daß ich leben blieb, noch der anderen: daß meinem Leben ein so frühes und großes Abenteuer zugeteilt war.«[35]

Mit gemischten Gefühlen genießt Erika die Verse von Klaus. Denn sie vergegenwärtigen und formen, was unausgesprochen auch sie selbst beunruhigt: eine nicht nur pubertäre, unmäßige Sucht nach der außer-ordentlichen, extravaganten Einheit. Weil der Bruder nicht davor zurückscheut, diese geheime Besessenheit, die beide antreibt und umtreibt, mit sprachlichen Mitteln faßbar zu machen, ist Klaus für sie »der« Schriftsteller schlechthin – von Anfang an. Eines der Motive für ihre lebenslange Idealisierung des Künstler-Bruders liegt in der Bewunderung, daß Klaus, anders als sie selbst, die verspürte sehnsuchtsvolle Unruhe nicht verscheucht. Im Gegenteil: Er flirtet mit ihr, er treibt sie auf die Spitze und stilisiert so sein Leid wie sich selbst.

Erika & Klaus Mann behandeln die Herausforderungen ihres Lebens, indem sie sich in einem Geschwisterbündnis zusammenschließen. Es ist, als würden sich die Geschwister einen Seelenhaushalt teilen. Dabei kommt es zu einer Art Aufgabenverteilung. Mit den Figuren des Märchenbildes könnte man sagen: Das Rehlein folgt dem Zauber des »Hifthorns« und entwindet sich immer wieder, um sich dem tödlichen Spiel des Gejagtwerdens auszusetzen, während Sorge und Fürsorge des Schwesterchens seine Sprünge begleiten. Anders würde es womöglich an seinen Verletzungen sterben.

Auf freier Wildbahn

Nach dem Abitur ist Erika nun im Begriff, aus ihrer Lieblingsbeschäftigung, der Schauspielerei, einen Beruf zu machen. Sie wird die renommierte Schauspielschule von Max Reinhardt in Berlin besuchen. Klaus möchte wieder in ihrer Nähe sein. »Sie mußte sein, wo ich war, sonst wäre der Ort eine Fremde gewesen.«[36]

Im Sommer 1923 verläßt Klaus die Odenwaldschule – auch weil er vor einer Verliebtheit flieht. Er hatte sich in den jüngeren Mitschüler Uto verliebt, was er in seiner Autobiographie aller Welt mitteilt. Leiden am Leben, Weltschmerz, Verwegenheit, Drang zum Überschreiten von Grenzen, Begabung sowie der ambivalente Wunsch nach Andersartigkeit werden für ihn im Komplex der Homosexualität faßbar und – zugleich als literarischer Gegenstand – behandelbar. Homosexualität wird für Klaus Mann zum Fixpunkt seiner Entwicklung. Ähnlich figuriert der gesellschaftlich noch entschiedener verpönte Komplex des Geschwister-Inzests. Doch während Klaus Mann anders als sein Vater die homosexuelle Liebe realisiert, scheint der Inzest Tagträumen und literarischer Überformung vorbehalten zu bleiben. Die homosexuelle Liebeswahl schützt vor dem Inzest. Auch Erikas Liebeswahl gilt zumeist den Gleichgeschlechtlichen.

Als man Klaus mit Privatlehrern auf das Abitur vorbereiten will, teilt er dem Vater seine eigenen Pläne mit. Er will wie Erika auf die Bühne – als Tänzer. Doch ein voreiliger Auftritt im Tingeltangel »Tü-Tü«, der ihn zur lächerlichen Gestalt macht, führt ihn endgültig zur Besinnung auf seine Lieblingsbeschäftigung. Er will schreiben, nichts als schreiben. Wie sein Vater und sein bewunderter Onkel Heinrich. Doch um schreiben zu können, das steht einmal für ihn fest, muß er nach eigener Fasson leben.

Ein heimlicher Ausflug nach Berlin zeigt den Geschwistern eine entfesselte, verrückte Welt. Die Eltern wähnen sie auf einem Ausflug nach Thüringen. Von dort erhalten sie auch eine vorbereitete Ansichtskarte, die irgendwer für sie am rechten Ort absendet. Die Lebenswelt der Hauptstadt in den wilden zwanziger Jahren ist gezeichnet von den Nachwirkungen des Kriegs: Inflation, Weltwirtschaftskrise, verworrene poli-

tische Verhältnisse nach dem Zusammenbruch des Kaiserreichs.

»Ein Lokal wird pompös eröffnet und denselben Abend
wieder geschlossen; ein junger Kokainhändler muß schnell
mal ins Ausland, aber ein Mädchen liebt ihn und wartet auf
ihn; das Mädchen hat einen Bruder, der ihr hörig ist; es gelingt
ihm weder mit seiner inzestuösen Leidenschaft noch mit seiner überspitzten Intellektualität noch mit der Zeit überhaupt
fertig zu werden; so tötet er sich. Oh, diese Zeit, da man zwischen allen Vergnügungen immer wieder spielt mit der schrecklichen und süßen Idee des Selbstmörders« – so, notiert Klaus,
heißt es in der Novelle *Das Jahr 1923* von Herbert Schlüter.[37]

Eine Mischung aus Angst, Fatalismus und Glücksuche
explodiert in dem Gefühl, daß nun wohl alles möglich sei.
Doch blitzartig kann das umschlagen in das Nichts. Plötzlich
erweist sich alles als brüchig. Auf gar nichts kann man sich
mehr verlassen. Nicht einmal auf das Geld. Und auch nicht
auf die eigene Lebenslust.

Wie kann man in einer solchen Lebenswelt den Mut zu
einem eigenen Lebensplan haben? Was wäre vernünftig? Welche Tätigkeit, welcher Beruf wäre zu ergreifen? Was verspricht
Zukunft? Nichts Verläßliches! Wenn aber nichts mehr dauerhaft kalkulierbar ist, dann scheint das einzig Sichere die Lust
des Augenblicks zu sein.

Klaus und Erika kommen bei Freunden unter und stürzen
sich, sechzehn und siebzehn Jahre alt, in den Strudel des Nacht-
lebens. Texte in Klaus' Tagebuch, wie »Visionen der Unzucht«,
hatten die Mutter alarmiert. Jetzt sehen die Geschwister, daß
es das Ausgedachte in der Wirklichkeit tatsächlich gibt. Sie
können ihren Augen kaum trauen. Staunend geraten sie in
Homosexuellen-Bars, saufen sich die Hucke voll, rauchen wie
die Schlote und finden »das erregende Abenteuer« wunderbar. Schnell sind sie pleite.

Der kurze Ausflug ist für die beiden Probe-Bohèmiens ein
Vorgriff auf das Leben, das sie bis zur Heraufkunft des soge-

nannten Dritten Reiches führen werden. Die Unfertigen verlassen das Münchner Familiengehege und ziehen aus, um in einer aufgebrochenen Welt ihre eigenen Wirkungsmöglichkeiten zu erkunden – als Künstler. Etwas anderes kommt nicht in Frage. In einer Atmosphäre der Kunst sind sie aufgewachsen. Freunde der Familie stammen größtenteils aus Künstlerkreisen.

Eine während der nächsten Jahre wichtige Mitstreiterin finden sie noch in München. Im Hause des Onkels Heinrich Mann lernen sie die Tochter Frank Wedekinds kennen, Anna-Pamela, wie Klaus 1906 geboren. Der Bühnendichter und Kabarettist Wedekind verletzte treffsicher alle Tabus der Kaiserzeit – nicht in der distanzierten Gebärde der Ironie, sondern in unverblümt direkter Manier, in der Form von Moritat und Bänkelsang, prall, frech, provokativ. Befreiung der Sexualität und Loslösung aus der Untertanengesinnung. Seine Parodie auf des Kaisers Gang nach Palästina (im Jahr 1898) brachte ihm eine Haftstrafe wegen Majestätsbeleidigung ein. Die drei Künstlerkinder erleben einander sogleich als verwandt und verbündet. Als Dreigestirn leben sie ihre eigene Variante von Wedekinds Theaterstück *Frühlingserwachen*. 1906 (!) hatte Max Reinhardt das 1891 geschriebene Schauspiel mit spektakulärer Wirkung in Berlin auf die Bühne gebracht. Ein groteskes Stück, eine drastische Parodie auf den verqueren Umgang mit Sexualität, den die Gesellschaft des Kaiserreichs besonders auch den Jugendlichen zumutete.

Im Juni 1924 verloben sich Klaus Mann und Pamela Wedekind. Heiraten konnte man damals erst mit einundzwanzig. Es war eine Mischung aus Ernst und Spiel und ein Schachzug der Öffentlichkeitsarbeit. Die Künstlerszene in München, schlimmer noch in Berlin, ist dergestalt übersetzt, daß man sich schon etwas einfallen lassen muß, um wahrgenommen zu werden. Man muß dafür sorgen, daß die einzelnen Lebensschritte zu Schlagzeilen werden.

Erika unterhält mit Pamela, die auch Schauspielerin wird,

eine leidenschaftliche intime Beziehung. Weg mit den Tabus, alles ist möglich. Klaus liebt Erikas Liebe, wie Erika die Liebe von Klaus liebt. Die Liebe der Geschwister zueinander findet in Pamela gleichsam ihr unverfängliches »Objekt«. »Pamela, Erika und ich: dieses Bündnis, das uns so lange unzerstörbar schien, war vielleicht die schönste und aussichtsreichste Konstellation in unserem Leben«, schreibt Klaus in seiner ersten Autobiographie.[38]

Der Zwillingsbruder der Mutter, Klaus Pringsheim, zu dieser Zeit an den Reinhardt-Bühnen in Berlin als Musiker beschäftigt, kann allerlei Wege ebnen. Durch seine Vermittlung erhält der knapp achtzehnjährige Neffe den Job eines Theaterkritikers beim *12 Uhr Blatt* in Berlin. In wenigen Monaten verfaßt Klaus Mann etwa dreißig Theaterkritiken – und befindet schließlich, daß auch diese Tätigkeit mit ihrem Zwang zur Regelmäßigkeit ihn an der Entfaltung seiner Ambitionen als Schriftsteller hindert. Er will nicht als Kritiker, er will als Autor hervortreten.

Oftmals zieht er sich aus dem Wirbel heraus, um in Ruhe schreiben zu können. Binnen kurzer Zeit entstehen: *Vor dem Leben*, eine Sammlung von Erzählungen; *Anja und Esther*, ein Theaterstück und *Der fromme Tanz*, ein Roman – alles erscheint in dem Jahr, da Thomas Mann seinen fünfzigsten Geburtstag feiert. Erika hat allen Grund, ihren »Eissi« auf den Sockel zu stellen und zu bewundern.

Sie möchte gleichziehen. Doch ihre Erwartung, schon während der Ausbildungszeit, gleichsam als Shooting Star, mit großen Rollen versehen zu werden, wird enttäuscht. Die im wirklichen Leben »erste« und »große« Tochter Thomas Manns, bereits als Kind eine bewunderte Schauspielerin, will unbedingt auch auf der Bühne sogleich als »Erste Schauspielerin« auftreten. Aber in Bernard Shaws Stück *Die heilige Johanna* muß sie sich zu ihrem Ärger mit einer Statistenrolle begnügen, während die große Elisabeth Bergner die Hauptrolle erhält. Es dauert noch ein paar Monate, bis die Schauspielschülerin über kleine Nebenrollen hinauskommt. Im Rampenlicht steht sie erstmals mit einer bedeutenden Rolle in Pirandellos Stück, *Sechs Personen suchen einen Autor*, und im Frühjahr 1925 wird sie zur Prinzessin in Carl Sternheims *Oscar Wilde* unter der Regie des Autors.

Dem Alltag der kleinen Auftritte, nachmittags und abends, »zehnmal, fünfzigmal und hundertmal«, entflieht Erika durch ein Engagement an den Bremer Bühnen. Auch will sie damit den Eltern, die sie scherzhaft »die Greise« nennt, beweisen, daß sie ihren Lebensunterhalt selbst verdienen kann. Die Konkurrenz in Berlin ist gewaltig einschüchternd und erschwert den eigenen Aufstieg. Lieber in der Provinz die Erste als in Berlin »unter ferner liefen«. Doch die Rechnung geht nicht auf. Die Premierenauftritte machen ihr zu schaffen. Lohnen sich denn die Mühen, die Quälerei, die Überwindung des Lampenfiebers? Wer nimmt sie denn in Bremen schon wahr? Berlin lockt weiterhin mit seiner Atmosphäre des Außerordentlichen und Abseitigen. Im August 1925 vertraut die noch nicht Zwanzigjährige der Freundin Pamela ihren Kummer an. »Aber Du weißt es nicht, wie ich (direkt!) unglücklich bin. Ich glaube doch im Grunde selbst nicht, daß ich […] simpel unbegabter bin, wie alle schlechten Schmierenschauspieler Bremens. So unbegabt bin ich doch sicher nicht. Aber ich eigne mich einfach nicht zum Theaterspielen, ich passe einfach nicht so recht dafür, es ist unendlich schlimm, denn was in aller Welt soll ich denn sonst tun?«[39]

Wie ein Deus ex machina wendet Gustaf Gründgens, Intendant und Hauptdarsteller an den Kammerspielen in Hamburg, das Schicksal der Geschwister. Er hat Klaus Manns Bühnenstück *Anja und Esther* gelesen und will es im Herbst 1925 zusammen mit dem Autor inszenieren. Begabung hin oder her, Erika läßt alles stehen und liegen, um dabei zu sein. Auch Pamela verläßt die Kölner Bühnen und ist mit von der Partie. Schließlich hat der junge Dichter Klaus Mann ihrer aller Seelengeschichte geschrieben.

Wenn man *Anja und Esther* heute liest, versteht man den Wirbel nicht recht, den die verschiedenen Inszenierungen ausgelöst haben. Es ist ein Stück, in dem die jugendlichen Halbgeschwister Anja und Kaspar sowie die Freunde Esther und Jakob und schließlich der Besucher Erik in der verfremdet-befremdlichen Atmosphäre eines irrealen Ortes, genannt »Erholungsheim für gefallene Kinder«, sehr viel sehr laut denken – über ihr Jungsein, über die schwierigen Wünsche, über die Einschätzung ihrer Eltern: »…vielleicht hatten sie es tausendmal bequemer, tausendmal leichter. In ihrer unverzeihlichen Skrupellosigkeit setzten sie uns in die Welt. Sie hatten ja den Boden unter den Füßen, den wir verlieren mußten. Sie hatten ihre kleine Trauer, in der sie hausten, ihre kleine Schwäche, die ihnen behaglich war. Aber wir müssen uns stündlich gefährdet fühlen, wie niemals ein Geschlecht noch gefährdet war. Wir sind hilflos zwischen die Extreme gestellt, und niemand ist unser Führer. Jetzt wendet die Sittlichkeit dieser Väter sich gar noch erschrocken ab von dem fragwürdigen Geschlecht, das sie verschuldet haben.« – Schilderung des Generationenkonflikts einer bestimmten Zeit in einer an Rilke orientierten Sprache dieser Zeit.

Surreales scheint auf in den Szenenbildern. Eine Figur mit langem weißen Bart heißt einfachhin »der Alte«. Außerdem spielen sechs kleine Knaben und sechs kleine Mädchen mit. Zwei »Aufwartefrauen« scheinen aus dem Chor der griechischen Tragödie zu stammen. Allesamt sind verbunden in Proben und Vorführung einer Pantomime. Sie spielen Theater – im Theater. Darum herum rankt sich ein wirres Geflecht wechselnder Zuneigungen.

Anja und Esther reden, daß sie etwas im Sinne von Streicheln miteinander tun. Sie haben sich offenbar lieb, auch körperlich. Aber irgendwie kommt Erik dazwischen, Esther streichelt, umarmt und küßt ihn und legt sich mit ihm hin und wacht mit ihm unter einer Decke auf. Erik erzählt vom Kabarett und vom Steptanzen mit Freddy und daß er ein Gift gebrauchte, an das er sich schnell gewöhnte.

Aha, denkt man beim Lesen, Bisexualität und Drogen werden zum Thema. Aber dann sagen sie, daß das Leben auch schön sein kann, und zwar besonders, wenn man ganz lange beieinander bleibt. »Wir passen so gut zueinander« und: »Wir leben zusammen – wir leben – wir leben.« Und: »Wir wollen auch heiraten.« Kaspar, der Erik ein Gedicht geschrieben hat, vermutlich ein Liebesgedicht, und Anja und Esther »waren zu dritt nah befreundet« – aha, jetzt ist also die Rede vom wirklichen Leben zwischen Klaus, Erika und Pamela.

Aber Kaspar will doch hinaus in die Welt da draußen: »Du mußt denken, wenn es Abend wird in den großen Städten – und die Lichtreklamen flammen auf – und aus allen Lokalen schreit die Musik – und die Dirnen haben rote Stiefel an. – Wenn ich dann mitten darin bin, und denke dabei doch an Dich, an meine Schwester Anja. – Wir müssen es auf eine ganz andere Art doch genießen.«

Das ist ganz wie »Brüderchen und Schwesterchen«: Der Großstadtwirbel ist für Klaus, alias Kaspar, das »Hifthorn«, das das Rehlein aus der sicheren Geborgenheit lockt. Und dann, meint Kaspar, könne er aus dem ganzen Wirrwarr ihr »Werk« schaffen, ihr »Bild«, ihr »Märchen«, endlich gestalten, was sie alle bestimmt – kleine Schöpfungstheorie eines achtzehnjährigen werdenden Schriftstellers mit Namen Klaus Mann: Unser »Werk, das geboren ist aus der leidenschaftlichen Hingabe an das Leben, aber mit der Sehnsucht stets nach Haus«, läßt der Dichter die Schwester Anja sagen.

Angst, Melancholie, Suche nach stabiler Bindung, deren Möglichkeit in Zweifel gezogen wird, Ausdrucksdränge der Zuneigung, kreuz und quer zwischen den Geschlechtern verteilt, Unmöglichkeit der glücklichen, entschiedenen Wahl, Verlassen, Verletzen – offenbar Themen, die das Leben von Klaus und Erika Mann genauso bestimmen wie das von Pamela Wedekind. Sie verheddern sich ineinander.

*Erika und
Klaus Mann,
Pamela
Wedekind
und Gustav
Gründgens,
um 1926*

Daß sie allerdings das Ganze auf der Bühne noch einmal spielen, bringt für geraume Zeit Sinn, Richtung, Bedeutung und Erfolg in ihr Leben. Zwar werden die Dichterkinder auch heftig von den Kritikern, besonders von den politisch rechts gesonnenen, attackiert, aber sie können das unter dem Vorzeichen »Reklame« durchaus ertragen. Der Vorwurf der »décadence« wird allenthalben erhoben. Im Grunde schmeichelt es dem Autor, wenn er sich auch seinem Vater gegenüber darüber entrüstet. Mit unverhohlenem Stolz berichtet Klaus dem Vater am 6. November 1925, daß er nun fast täglich ganze Päckchen von Ausschnitten mit Presseberichten zugesandt bekomme. Das Stück wandert durch die großen Städte. Im *Wendekreis* notiert Klaus Mann: »Von den Gestaden der Nordsee bis nach Wien, Prag und Budapest gab es ein Gerausche im Blätterwald: ›Dichterkinder spielen Theater‹!« Die *Berliner Illustrierte Zeitung* bringt ihr Foto auf der Titelseite, allerdings ohne Gründgens; den kannte man damals noch nicht.

Eine deutliche Nachwirkung hat das Stück im wirklichen Leben: Am 24. Juli 1926 heiratet Erika Mann Gustaf Gründgens. Die Entscheidung der Schwester trifft Klaus wie ein Schlag. Er muß gleichziehen. Sobald er von Erikas Absichten unterrichtet ist, schreibt er an seine Verlobte: »Liebe Anna Pamela – Die Nachricht von Eris Verlobung hat mich sehr erschüttert, wenngleich ich vorbereitet war und ja auch nicht weiß, wieweit sie stichhaltig ist. Ich war stets sehr dafür. Ich möchte gerne, daß wir jetzt im Frühjahr auch heiraten. Ich halte den Zeitpunkt jetzt für gekommen. Schreib mir bitte nach Paris, ob Du auch willst.« Mit Liebe zu Pamela hat dieser Antrag kaum zu tun. Klaus hält sich gerade in Paris in schwulen Künstlerkreisen auf, schwelgt in Drogenträumen und ist verliebt in den Surrealisten René Crevel.

Nach dem Stück *Anja und Esther* wissen die Spieler immerhin, was sie tun: Sie sind vernarrt in die Unmöglichkeit einer langen, langen Bindung. Kurz nach ihrer Hochzeit schreibt die junge Braut Erika an ihre Freundin Pamela: »Viele, viele Grüße, meine (geliebte Göttin) von der Ehefrau. [...] Ja Pamela, es war *schon* ein großer Schreck! Wie so der Herr auf dem Standesamt noch ganz freundlich ›Fräulein Mann‹ zu mir sagte, als er uns ermahnte doch lieber richtig herum den Tatort zu betreten – G. G. links und ich rechts (wir hatten es natürlich falsch gemacht!) und dann plötzlich herrschte er mich an ›jetzt unterschreiben Sie, Frau Gründgens!‹ Ein *großer* Schreck war es schon! Aber dann gings ja alles ganz gut. In Feldafing [im Hotel ›Kaiserin Elisabeth‹ am Starnberger See] aß sichs zu Mittag und das Abendfest war sogar sehr lieb. Eine fein-rührende Rede hielt der Zauberer – (sprach sogar von Deinem Astralleib, den er neben Kläuschen sitzen sähe!), Kläuschen Pringsheim flirtete mit Gustaf, als welcher den Vernünftigen in sich den Anwesenden zeigte und Tilly [Pamelas Mutter] war ein süßer Gast (schenkte mir auch Deines Vaters Werke, – zu meiner hellen Freude!). – Und jetzt sind wir einfach im Kurgartenhotel, wo groß und klein uns frivol behandeln muß, da niemand und der Klügste nicht, den Ehestand uns glauben *kann*. Aber daß wir (Du und ich!) in der Kurliste des vorigen Monats stehen – ich als Schauspielerin, Du als Herr Wedekind aus München, ist mir lieb. – Meine Pamela, *bitte, bitte* komm bald. So schrecklich gern möchte ich es, weil ich Dich eben doch über die Maßen liebe. Schau, das Kläuschen kommt wohl am Sonntag oder Montag. Willst Du nicht mit ihm reisen? – G. G. sprach ich schon davon und auch er sähe Dich gern und würde das Beisammensein begrüßen. Alles Zärtliche E.«

Daß Gustaf Gründgens schwul ist, was er allerdings, anders als Klaus, vor der Öffentlichkeit verbirgt, ist Erika nicht unbekannt gewesen. Aber was heißt das schon. Auch sie verliebt sich in Frauen. Und Klaus, der unverhohlen seinen homosexuellen Liebeleien folgt, hat sich dennoch mit Pamela verlobt. Es gibt bewegliche Übergänge. Und es gibt ganz neue Formen des Zusammenseins. Wer sagt denn, daß Heiraten bedeutet, sich eine seelische Uniform anzulegen, die aus dem vorigen Jahrhundert stammt. Über das Verhältnis von Klaus Mann zu Gustaf Gründgens könnte man spekulieren. Fest steht, daß ihn dessen besondere Nähe zur Schwester verletzt.

Erika Gründgens teilt mit ihrem Mann eine Wohnung in Hamburg, wo er als fest engagierter Schauspieler und Intendant an den Kammerspielen arbeitet. Für die ambitionierte junge Schauspielerin ist das sehr angenehm In einzelnen Inszenierungen läßt Gründgens sie als weibliche Hauptdarstellerin mitspielen. Wenn da nur nicht die Konkurrenz wäre. Klaus wird seinen Schwager später als skrupellosen Karrieristen bezeichnen.

Klaus arbeitet bereits an einem neuen Stück, das die vier Hauptdarsteller ein weiteres Mal auf die Bühne bringen soll: »Revue zu Vieren. Komödie in drei Akten [acht Bildern]. ›Heil dem Geist, der uns verbinden mag, denn wir leben wahrhaft in Figuren‹. Rilke, Sonette an Orpheus.« Komödie? Beim Lesen des Textes stellt sich ein unbehagliches Gefühl ein: Der Autor treibt häßlichen Spaß mit seinem Thema, genauso wie mit Leser oder Publikum.

In schillernder Manier wird die seelische Situation der wilden Zwanziger in den Mittelpunkt gerückt. Es geht um die Erfahrung, Spielball x-beliebiger Möglichkeiten zu sein, die gleich gültig und ungefügt nebeneinander stehen. Es geht auch um eine Art Leiden am Zuviel. »Ich bin jetzt einundzwanzig, da hat man schon furchtbar viel hinter sich«, sagt Renate, die Hutmodistin, und Allen bestätigt: »Ja, mit einundzwanzig hat man heute schon alles erlebt.«

Allen und Ursula Pia gewinnen Renate und Michael für ihr Projekt, in einer »großartigen Revue«, wie sie die Welt noch nicht gesehen hat, der X-Beliebigkeit ihres Lebens entgegenzuwirken. Sie wollen die vielfältigen wie zwiespältigen Lösungsversuche der Jugend kenntlich machen und in einer Synthese geordnet auf die Bühne bringen. »Diese gewaltige Darbietung soll endlich die Jugend wieder ins Theater ziehen, in ihr soll sie endlich ihr wildes, vielfältiges, erschreckendes Antlitz wiedererkennen. Allen ihren politischen Instinkten und Idealen muß Genüge geschehen, so daß die Revue halb den Charakter einer russisch-proletarischen Festlichkeit, einer kollektivistischen Massenfreude trägt, halb als amerikanisches Music-Hall-Stück durch blendende Smartheit und Exaktheit fasziniert. – Dabei bleibt das Ganze geistig-europäisch, es nimmt alle Einflüsse auf, aber es verliert sich an nicht einen von ihnen.«[40]

All das wird auf der Bühne gesprochen. Die Revue selbst findet sozusagen backstage statt. Kunstgriff des Stücks: Im Theater wird über ein Theaterstück gehandelt beziehungsweise berichtet.

»Ein riesenhaftes religiöses Fest« wird geplant, »das dröhnendste Fest des zwanzigsten Jahrhunderts, in dem die Jugend dieser Zeit und dieses Erdteils endlich das gesammelt wiederfindet, was sie bis jetzt in tausend Versuchen, Bemühungen, Ansätzen zersplittert und gespalten sah.« So weit, so ernst.

Aber dann malt sich Allen aus, wie sich das Unternehmen vermarkten ließe; man würde Filme, Klubs, eine Zeitschrift,

»Europäische Jugend« gründen, »Restaurants, Bibliotheken«, einen »Konzern« schaffen, mit weltweiten Vertretungen in den großen Metropolen. Denn damit könnte man viel Geld machen, zum »Millionär« werden! Das ganze kippt ins Zynische.

Doch während des Stücks avanciert das Vorhaben zur »großen Idee«, wird »die Sache« genannt. Ein »Ziel« braucht »unsere ganze Generation«, eine »große Aufgabe«, die ihr am Herzen liegt, die ihrem Leben Halt und Sinn gibt. Endlich »etwas Ernsthaftes« tun, ist die Absichtserklärung des jugendlichen Autors Klaus Mann.

Die Backstage-Revue fällt durch, was auf der Bühne wiederum kommentiert wird. Eine neue Dimension kommt hinzu. Im fünften Bild kommt die Backstage-Revue auf die Bühne. Das Theater-Theater wiederholt sich. Dem Stück widerfährt dasselbe Schicksal wie der Backstage-Revue im Theaterstück. Als würde etwas überborden, bringt die »Komödie« von Klaus Mann die Zuschauer so sehr in Rage, daß es tatsächlich zu Tumult und Prügeleien in den Gängen des Theaters kommt, die noch andauern, nachdem das Stück längst zu Ende ist. Und das nicht nur bei der Erstaufführung in Leipzig am 21. April 1927, ähnlich auch in Berlin, München, Dresden, Hamburg und Kopenhagen. Die lebendigen Zuschauer können diesen Mischmasch nicht ertragen. Was soll das denn sein – eine Komödie etwa? Und wo bleiben Rilke und die ernsten Ambitionen? Ganz konsequent und durchaus angemessen, rückt das Stück mit diesem ungeklärten Gemisch die »Situation« der zeitgenössischen Jugend in den Blick.[41]

Auch die Kritiker verreißen das Stück. Warum? Weil es bühnen-literarisch nichts taugt, weil es schwach ist? Der berühmte Kritiker der zwanziger Jahre Herbert Jhering bemängelt, daß der Autor »peinlich, geschwätzig und glatt Zeitschlagworte umkost«. Reicht das als Anlaß für Saalschlachten? Und stimmt das überhaupt? Warum das Ressentiment

gegen die Dichter-»Kinder«, denen man empfiehlt, erst einmal den Kinderschuhen zu entwachsen, bevor sie sich wieder
zeigen?

Was ist denn los in Deutschland im Jahre 1927? Wie sieht
die Welt aus, in der das Publikum lebt, wenn es das Theater
verläßt? Weht da nicht ein ähnlich scharfer Wind der Anfein-
dungen aus vielerlei Richtungen, wie sie im Stück benannt
werden? Und könnte es nicht sein, daß das Publikum eben
dieses nicht »sehen« will?

Der Historiker Golo Mann, der damals achtzehn Jahre alt
war, schreibt in seiner *Deutschen Geschichte des 19. und
20. Jahrhunderts* im Abschnitt »Krise und Auflösung der Weimarer Republik«: »Alle großen Parteien hatten nachgerade
ihre Schutz- und Kampfverbände; die Kommunisten ihre
›Roten Frontkämpfer‹, die Sozialdemokraten ihr ›Reichsban-
ner Schwarz-Rot-Gold‹, die Deutschnationalen die ihnen verbündete Frontkämpferorganisation ›Stahlhelm‹. Bei weitem
die militanteste Truppe aber waren die ›Sturmabteilungen‹ –
SA – der Nazi-Partei, eine eigentliche Bürgerkriegsarmee.
Wohl war dort viel im Grunde gutmütige Jugend versammelt,
junge Arbeitslose, die ihre Tage in öffentlichen Anlagen ver-
lungert hatten, bis die Partei sie sich holte, ihnen die braune
Hemduniform und Essen und ihrem Leben ein wenig Stolz
und Sinn gab. Der Staat, der sparsame, phantasielose, küm-
merliche Staat tat das nicht, also konnte die Partei sie einfangen. Aber auch harmlose Jugend hört auf, harmlos zu sein,
wenn man den brutalen Instinkten schmeichelt, die im Menschen latent sind; Übermut, Sadismus, Mordlust fanden in
den SA ihren Tummelplatz. Der kommunistische Gegen-
verband blieb die Antwort nicht schuldig, wo er sie geben
konnte.«[42]

Mit der »Revue zu Vieren« haben Klaus und Erika Mann –
vermutlich kann man das heute im Abstand von achtzig Jahren etwas unbefangener betrachten – nicht allein ihre eigenen
Wirrungen, sondern auch die Irrungen der damals aktuellen

politischen Lebenswelt zu ihrem Thema gemacht. Gerade das verübelte man ihnen im Grunde. Verwöhnte Dichterkinder hätte man links liegenlassen können. Aber wenn gerade sie, sozusagen jenseits der Parteien, die Befindlichkeit der »Jugend« als Symbol für die aufgebrochene und vertrackte Situation der Zeit wählen, dann wehren sich die reifen und kultivierten Vertreter der älteren Generation, die immer noch so tun, als gäbe es klare Lösungen: Wenn sich die jungen Leute doch nur zusammenreißen wollten und ein diszipliniertes Leben führten – das ist heute nicht anders als damals.

»Wir alle leben in Figuren«, das Motto des Stücks mag wohl, anders als bei Rilke, als Hinweis gelten, daß jeder nur bedingt Schmied seines eigenen Glückes sein kann. Mächtig wirken die Verhältnisse der Lebenswelt – wie apersonale Figuren.

Wie eine Nebenwirkung des Stückes zeigt sich die Auflösung der Verlobung und Ehe der Geschwister. Wie auf der Bühne zerfallen die Paarbildungen. Pamela Wedekind wird später den dreißig Jahre älteren Dramatiker Carl Sternheim heiraten und Gustaf Gründgens sich ganz seiner Eigenliebe zum Theater hingeben.

Trotz der Trennungen und der theatralischen Niederlage sind Bruder und Schwester nicht unglücklich. Sie haben einander wieder, sie sind jung, sie sind Künstler. Mit großem Spektakel sind sie in der Kunstszene aufgetreten und haben für Aufregung gesorgt. Kritiker und Publikum konnten nicht gleichgültig über sie hinwegsehen. So viel Aufmerksamkeit wie die Mann-Kinder hat Thomas Mann schon lange nicht mehr erfahren.

Und ist nicht das Leben überhaupt ein Spiel, ein So-tun-als-ob, ein Durchspielen von Rollen, ein Auftreten und Posen einnehmen? Wann sind wir schon echt? Echt ist nur der Tod. Aber selbst mit ihm kann man, solange man bei Kräften ist, spielen und kokettieren. Im übrigen ist es noch nicht so weit. Also her mit der Freiheit!

Vielleicht gehört es zum wirklichen Drama des Klaus Mann, daß er insgeheim glaubte, es gebe »das Echte«, und darüber verzweifelte, daß er, nur er allein in der exzentrischen Rolle eines Poseurs steckenblieb.

»Wir wollen miteinander in die weite Welt gehen«[43]

Flucht oder geschickter Schachzug? Klaus und Erika wollen »möglichst weit fort«. Noch einmal beleben sie ihr Zwillingstum der Kinderzeit, jetzt einmal als Realisten. Kurz entschlossen kabeln sie dem Verlag Horace Liveright, der gerade Klaus Manns Erzählung *Kindernovelle* veröffentlicht hatte, sie würden im Winter durch Amerika touren – mit Lesungen und Vorträgen. Die Bitte des Verlegers, das Vorhaben um ein Jahr zu verschieben, strafen sie mit Nichtachtung und teilen ihm schlicht ihren Ankunftstermin in New York mit. Mit dem Verleger des Vaters, Gottfried Bermann Fischer, handeln sie einen Vorschuß für ihr Buch aus, in dem sie von der Amerikareise berichten wollen. Sie lassen besorgte Eltern zurück.

Am 7. Oktober 1927 gehen die Geschwister in Rotterdam an Bord des Passagierschiffs »Hamburg« und genießen ihren gesellschaftlichen Auftritt zwischen den Welten. Für eine fabelhafte Idee halten sie es, sich der Neuen Welt als wirkliche Zwillinge zu präsentieren, was man ihnen abnimmt. Kaum gekabelt, kann man es in der Zeitung *The World* lesen: »Thomas Mann's Twin Children Arrive for America Tour«. Klaus Mann, ein vielversprechender deutscher Autor, werde Vorträge halten in den USA, und die Schauspielerin Erika werde Lyriklesungen veranstalten und den Versuch wagen, »to break into the movies in Hollywood«.[44] Ricki Hallgarten, der Freund ihrer wilden Münchner Jahre, der seit geraumer Zeit als Maler in New York sein Glück versucht, empfängt sie am Kai. Außerdem sind erschienen ein »Abgesandter der Universität Princeton« und »Mister Friede, Teilhaber bei Liveright«.[45]

»Wir zogen herum: vom Negerviertel in die Italienerstadt, vom chinesischen Theater in die Metropolitan-Oper, von der Fünften Avenue ins stinkende Getto. New York ist eine der allerallerschönsten Städte (ästhetisch gewertet, abgesehen also von schlechter Justiz, Negerproblem, Sensationspresse und Prohibition). Nirgends fanden wir den Begriff der *Stadt* so erfüllt: alle Völker durcheinandergemischt und lauter Lichtreklamen dazwischen. Sicher ist New York nicht sehr typisch amerikanisch, in gewissem Sinn ist Berlin ›amerikanischer‹. Ein alter Schwindel ist auch, daß es ein so besonders rasendes Tempo habe; dergleichen ist nur so oft behauptet worden, bis man es glaubte. Daß es auf der Höhe von Neapel liegt, vergißt man; es hat einen südlich unseriösen Einschlag, etwas Träges, Schiebendes, Vergnügungssüchtiges; sogar der wundervolle Lichtreklamenunfug scheint oft nicht mehr dem Geschäft zu dienen, sondern spielender, eitler, großartig kindischer Selbstzweck zu sein.«[46]

Einmal angekommen, entwickelt sich die Reise nach ersten Begegnungen in der für Amerika typischen Form des Weitergereichtwerdens. Über Chicago geht es nach Hollywood. Weihnachten feiern sie ausgelassen in der Familie des deutschen Schauspielers Emil Jannings, dem wohlbeleibten Star der Stummfilmzeit. »So gingen wir herum in Hollywood und besuchten die Großen dieser Welt.«[47] Der Versuch, eine Verfilmung von Thomas Manns *Königliche Hoheit* in die Wege zu leiten, und auch Erikas Hoffnung auf eine Rolle scheitern allerdings. Aber das verdrießt sie nicht. Bewegung ist alles.

Immer wieder geht ihnen das Geld aus. Sie lieben nun einmal die schönen Hotels und das Leben auf großem Fuß. Gelegentliche Zuwendungen von den Eltern und multilaterale Pumperei halten sie über Wasser. Als Tellerwäscher haben sie sich, anders als ihr Freund Ricki, nicht verdingen müssen. Später, als Thomas Mann 1929 den Nobelpreis erhält, begleicht er großzügig die Restschulden seiner beiden Großen. Im Januar, wieder in New York, begeben sie sich auf eine von

Mr. Friede organisierte Vortragsreise. Klaus berichtet »über die junge Generation in Europa« und Erika rezitiert mit schöner, tief klingender Stimme moderne deutsche Lyrik. Das machen sie gern, und es bringt ein bißchen Geld. Manchmal findet sich auch ein reicher Gönner.

Im übrigen hilft das Schreiben weiter. Eine Folge von dreizehn Zwischenberichten druckt etwa die in Essen erscheinende Illustrierte *Die Wochenschau*. Es sind Berichte über »Bibliotheken, Schlachthäuser, Universitäten; Filmateliers, Krankenhäuser, Varietés; Gärtnereien, Nachtlokale, Kirchen; musikalische Salons, Sportpaläste, Cafeterias, Theater«, über Begegnungen mit »Schriftstellern, Abenteurern, Bankdirektoren, Malern, Studenten, Gesellschaftsdamen, Negern, Schauspielern, Professoren, Agenten, Schuhputzern, Journalisten...«[48] Leicht lebt es sich, unterwegs in der Neuen Welt. Deutschland – wo liegt das eigentlich genau? Im übrigen scheuen sich Klaus und Erika nicht, den Namen ihres berühmten Vaters zu eigenem Vorteil einzusetzen. Wenn sie Kontakt aufnehmen mit Leuten wie Jannings oder Emil Ludwig, wirkt der Name des Vaters wie eine Eintrittskarte.

Zwischendurch erhalten sie einen merkwürdigen Brief vom Vater. Er schwärmt von einem Klaus Heuser, der sei zu Besuch bei ihm gewesen. Nun müsse Kläuschen den Platz räumen. Er, Thomas Mann, folge im übrigen nur einer Bemerkung von Frau Bassermann, die ihm gesagt habe, die Kinder würden sich auf die Berühmtheit des Vaters ihr Vergnügen suchen. Da er aber eben doch auch berühmt sei, wolle er sich ebenfalls ins Vergnügen stürzen, das müßten sie doch verstehen. Sein Sohn stehe nicht [mehr?] an erster Stelle, er sei durch den rührend schönen Sohn des Direktors der Kunstakademie in Düsseldorf ersetzt worden, der beim Abschied einer warmen Umarmung nicht widerstanden habe und ganz bezaubernd sei.

Scherz, Ironie und tiefere Bedeutung. Jedenfalls scheint die Bewegung der Kinder auch dem Vater Bewegungsmöglichkeiten zu geben. Reisen heißt für Erika und Klaus: neue Bilder,

Rollen, Posen ausprobieren und deren Wirkung erfahren. Die Welt ist groß, der Vater weit entfernt, und es gibt eine Realität, in der er gar nicht existiert. Who, the hell, is Thomas Mann? Soll er doch sein neues Kläuschen tätscheln.

Im April 1928 reisen die Geschwister weiter nach Hawaii, Japan, Korea und dann über Sibirien, Moskau, Warschau – zurück nach Deutschland. Sie fahren nicht einfach ins Blaue; stets haben sie dafür gesorgt, daß sie erwartet werden.

Die Erfahrung der Fremde, das Gefühl, neugierig begrüßt zu werden, willkommen zu sein und sich mitbewegen zu können, das Betrachten der Vielfalt der Lebensformen, die ihrer jeweiligen geschichtlichen Logik folgen – das alles bestärkt Erika und Klaus Mann in ihrer Devise, daß es das eine, allein-gültige gesellschaftlich-kulturelle Leben nicht gibt. »Wir glaubten, daß man aus allem etwas lernen könne ...«[49]

Diese Leichtigkeit kann auch der Leser ihres Buches *Rundherum. Abenteuer einer Weltreise,* das im Frühjahr 1929 erscheint, verspüren. Ihre stolze Antwort auf die kindliche Frage, Mutter, Mutter, wie weit darf ich reisen? Klaus und Erika Mann berichten von Gesprächen über Kunst und Leben mit Schriftstellern von Rang und Namen wie Upton Sinclair und anderen Künstlern. Sie schildern aktuelle Bücher, Revuen, Filme, Opern und Theateraufführungen. Sie beschreiben das Nachtleben, die Musik, den Grand Canyon, den »Pöbel«, die Riesenevents sportlicher Art, das Völkergemisch, die weiten Aussichten auf einer Pullman-Tour quer durch das Land– als wären sie der Empfehlung Michel de Montaignes gefolgt: Die Welt sei das Buch, welches der Mensch studieren solle.

Inmitten der Fülle biographischer Portraits, der Reportagen über Land und Leute beschreiben sie manchmal unversehens eine andere Qualität von Erfahrungen: »Nie wird die Zeit dir so zum Rätsel wie auf Reisen. Sie dehnt sich, zieht sich zusammen, wie es ihr beliebt, sie ändert ihre Perspektiven täglich, Wochen, die ›zu ihrer Zeit‹ endlos und von penetranter Realität gewesen, erweisen sich nachträglich als geträumte

Minuten.«[50] An anderer Stelle heißt es nach der Beschreibung einer Ananasfabrik auf Hawaii und dem Hinweis auf vierzehn Tage in einer amerikanischen Familie mit gutem Essen, daß »gute Lektüre und Arbeit« auch ein Trost über die Langeweile sein können. Dann wieder erwähnen sie »die tiefsinnigen Gedanken und Überlegungen, die vom Meere kommen, dessen Anblick feierlich ist und an den Tod erinnert«[51].

In Tokio sitzen sie fest. Sie können die Rechnung des imposanten Hotelpalasts, »Imperial Hotel«, den der amerikanische Architekt Frank Lloyd Wright gebaut hat, nicht bezahlen. Endlich ist es der ehrwürdige S. Fischer Verlag, der als helfender Engel einspringt.

Viel Merkwürdiges haben sie auf ihrer Reise gesehen. Das vielleicht bizarrste Objekt ist ihnen in Moskau unter die Augen gekommen, im sogenannten Haus der Bauern: »Im Treppenhaus hängt Lenins Riesenportrait, und zwar in *Korn* ausgeführt, ein Mosaik aus gelben, braunen, schwarzen und weißen Körnern.«[52]

Als sie schließlich nach einer Bahnfahrt in der dritten Klasse – »unmöglich, von dem Dreck eine Beschreibung zu machen«[53] – Deutschland erreichen, heißt es auf der vorletzten Seite: »Von Cuxhaven bis Stolpce: einmal hin, einmal her, rundherum, das ist nicht schwer.« Das alte Kinderlied »Heinerle, komm tanz mit mir…« hat den Buchtitel *Rundherum* mit der Figur des Tanzes unterlegt.

Die Stärke des Textes liegt in seiner legeren Mischung: Vergegenwärtigung sonderbarer Kleinigkeiten, vorsichtiges und eher seltenes Werten, Beschreibung abenteuerlich verrückter Klemmen und Zufälle, Reportagen über Institutionen und besondere Persönlichkeiten, philosophische Sentenzen. Erika sorgt dafür, daß Klaus in diesem Text auf seine Neigung zum manchmal penetrant wirkenden Reflektieren weitgehend verzichtet. Das Buch hat Erfolg; bereits im Erscheinungsjahr wird eine zweite Auflage gedruckt.

Erika findet mehr und mehr Geschmack am Schreiben, an dieser Art des Schreibens. Es gebe einen neuen Typ Schriftstellerin, der ihr »für den Augenblick der aussichtsreichste scheint: Die Frau, die Reportage macht, in Aufsätzen, Theaterstücken, Romanen. Sie bekennt nicht, sie schreibt sich nicht die Seele aus dem Leib, ihr eigenes Schicksal steht still beiseite, die Frau berichtet, anstatt zu beichten. Sie kennt die Welt, sie weiß Bescheid, sie hat Humor und Klugheit, und sie hat die Kraft, sich auszuschalten. Fast ist es, als übersetzte sie: das Leben in die Literatur, in keine ungemein hohe Literatur, aber doch in eine brauchbare, anständige, oftmals liebenswerte.«[54]

Ihre Gedanken über »Frau und Buch« changieren. Was wäre denn ungemein hohe Literatur? Die von Vater und Bruder? Will sie von vornherein den Wind aus den Segeln ihrer Kritik nehmen? Warum meint sie, sich rechtfertigen zu müssen? Klingt nicht auch Kritik von ihrer Seite an, wenn sie das andere Schreiben als Beichten, als Seele aus dem Leib Schreiben, als Egozentrismus abwertet?

Nach ihrer Scheidung von Gustaf Gründgens am 9. Januar 1929 genießt die vielfältig Begabte ihre alte Freiheit. Das Berliner Unterhaltungsmagazin *Tempo* bringt zwischen 1928 und 1932 ihre journalistischen Artikel. Ab 1931 kommen Kinderbücher hinzu. Mit Klaus schreibt sie die Stücke *Plagiat* und *Athen*. Weiterhin tritt sie als Schauspielerin auf – in Thomas Manns *Fiorenza* und mit großem Erfolg als Königin Elisabeth in Friedrich Schillers *Don Carlos*. Ihr Bühnengemahl Philipp II. wird von dem berühmten Albert Bassermann gespielt.

Nebenher absolviert Erika einen Mechanikerkurs, und das hat einen besonderen Grund. Am 24. Mai 1931 startet sie, begleitet von Ricki Hallgarten, zu einer Autorallye – durch die Schweiz, Frankreich, Spanien, Portugal, Österreich, Ungarn, Jugoslawien. Am 6. Juni fährt die Sechsundzwanzigjährige auf der Zielgeraden Kurfürstendamm in Berlin ein – als Siegerin! Die schönen weichen und geschwungenen Formen der Automobile, das kraftvolle Motorengeräusch, die hohe Geschwindigkeit, das Beherrschen der Maschine, das Steuernkönnen, den Erfolg in einer Männerrolle, all das genießt Erika Mann außerordentlich. Sie liebt nicht nur die Verwandlung auf der Bühne, sie liebt auch die lebendige Vielfalt ihres Könnens.

Außerdem hat sie längst erfahren, daß das Geldverdienenmüssen eine enorme Beweglichkeit vom Künstler verlangt. »Der Schauspieler greift nach jeglicher Rolle, die sich ihm bietet, er läuft und springt, wenn der Rundfunk ruft, der Tonfilm winkt. Hat einer gewisse Möglichkeiten nach mehreren Richtungen, wie zum Beispiel ich, muß er lavieren und einteilen, daß es eine aufreibende Art hat. Will es mit dem Theater nicht klappen, gleich muß man zur Feder greifen, um nur irgendwie zu Geld zu kommen. Und auch innerhalb der Künste darf man nicht die Rolle spielen, die man wünscht, nimmt man auch die komische Alte dankbar hin. Soll man das nicht schreiben, was man möchte, schickt man halt Berichte, schildert Hotels, die viel zu teuer sind, als daß man in ihnen wohnen könnte, und Autoverbindungen von Ort zu Ort, wobei es darauf ankommt, sich und damit den Leser einigermaßen bei Laune zu erhalten. [...] Und wenn man mich bäte«, faßt sie die Gedanken zusammen, »vor einer größeren Zuschauermenge mit dem Auto eine Turmtreppe hinaufzufahren, wobei ich Maria Stuart zu deklamieren und gleichzeitig einen kleinen Bericht, meine ›Eindrücke‹ bei diesem Unternehmen betreffend, zu verfassen hätte, – ich würde es gewiß versuchen.«[55]

Ludwig Marcuse erinnert sich an einen vergnügten Abend mit Erika, als sie in Frankfurt am Main auf der Bühne stand und er seine ersten Schritte als Theaterkritiker machte. Er hätte sich besser unterhalten gefühlt als von der gesamten deutsch-französischen Lustspielliteratur. Fließend habe sie »die Thomas-Mann-Sprache« beherrscht. Rückblickend meint der Philosoph, daß der Schöpfer dieses bekannten deutschen Dialekts sie beneidet haben muß. Denn Erika Mann sprach diesen Dialekt, während der Vater ihn nur schreiben konnte.

Klaus entwickelt sich indessen zum Akkordschreiber. Er schreibt, als ginge es um sein Leben. Schlag auf Schlag erscheinen Aufsätze, Novellen, Theaterstücke, Romane. Nebenher gibt er noch Anthologien zeitgenössischer Lyrik heraus. Er hält es nicht lange an einem Ort aus, führt ein unstetes Leben – häufig mit seinen Künstlerfreunden in Paris, wo er neben dem Schreiben auch seinen unglücklich-glücklichen Lieben und Liebeleien nachgeht. Unterwegssein als Lebensform. Müßte er, dem Vater gleich, nach der Uhr schreiben – er hätte Angst zu erstarren.

Daß Erika alles für ein Engagement aufgeben würde, stimmt nicht so ganz. Eher schon, daß sie manchmal für Klaus alles aufgibt. Als sie in Berlin an den Kammerspielen mit Gründgens und dem Boulevardstück *Die liebe Feindin* über die vertraglich vereinbarte Zeit hinaus hätte spielen sollen, verzichtet sie auf Karriere und Kollegialität, um im April 1930 noch einmal mit Klaus auf große Fahrt zu gehen. Auf der Bühne springt Marianne Hoppe für sie ein, die später auch Erikas Rolle an Gründgens' Seite übernimmt.

Grenzerfahrungen

Die einengenden Pflichten lassen die Geschwister einfach hinter sich. Mit Erikas Ford Cabriolet fahren sie durch Frankreich und Spanien nach Afrika. Sie lieben das Unterwegssein mit offenem Verdeck. Wenn sie die Sonne auf der Haut spüren und den Fahrtwind, dann fühlen sie sich wie die Lieblinge der Götter. Reisen kann das Lebensgefühl so intensiv steigern wie eine Droge oder das Verliebtsein. Alles wird dann weit und leicht. Drei Wochen bleiben sie in Marokko. In Fès spitzt sich das Abenteuer allerdings unversehens zu.

Erika und Klaus Mann,
um 1930

Sie machen eine erschreckende Erfahrung mit dem Verbotenen, mit Haschisch, das Klaus »Zauberkräutlein« nennt. Zunächst wirken die Kügelchen nicht, die man ihnen serviert. Sie schmecken wie »Zimtschokolade«. Klaus berichtet: »Wir haben schon etwa dreimal soviel konsumiert, als unser Führer uns empfohlen hatte. Nun genehmigen wir uns noch eine tüchtige Dosis, seiner Warnungen ungeachtet.«[56] Eine Stunde verbringen sie »mit albernstem Gelächter«. Plötzlich aber kippt der Spaß ins Gegenteil.

»Erika liegt im Bett, ich habe es mir auf einem Lehnstuhl bequem gemacht. Ihr Aufschrei weckt mich. Sie ist auf den Füßen, stürzt durch den chaotischen Raum. Ich sehe den angstvoll aufgerissenen Blick in ihrem weißen Gesicht; ich höre sie jammern, aber verstehe kaum, was sie sagt. Ich bin noch vom Schlaf benommen. Mein Schlaf war tief wie eine Trance … ›Ich muß sterben!‹ Nun versteh ich's doch. ›Ich muß sterben‹, schreit Erika, wobei sie mit schreckensbleichem Gesicht zwischen Bett und Fenster hin- und herrennt, immer

wieder [...]. ›Wir sind vergiftet, alle beide! Das Haschisch ...
Es ist aus mit uns!‹ [...] Etwas Grausiges muß ihr im Schlafe
zugestoßen sein, ein fast tödlicher Schock. [...] ›Ich war zu
weit weg ... zu tief unten. [...] Ich bin so tief gefallen! Es
gab gar kein Halten mehr! Dieses teuflische Zeug! Wir sind
vergiftet, beide ... Wir sind hin. [...] Sag doch was!‹, fleht
Erika mich an, [...]. ›Wenn du nichts sagst,‹ flüstert sie mit
erstickter Stimme, ›dann muß ich wieder fallen. Ins schwarze
Loch, in den Strudel, ins Bodenlose ... Warum sagst du denn
nichts?‹«[57]

»Es war Wahnsinn. Ja, es war die Hölle. Niemals werde ich
beschreiben können, was mir nun wiederfuhr«, setzt Klaus
seinen Bericht fort. »Erst flogen meine Arme davon, dann
meine Beine; es folgten Hals und Kopf, schließlich der ganze
Körper. Ich löste mich auf, explodierte in tausend Stücke.
Meine Identität zerbarst: Die Fragmente meines Ichs flatterten durch den nachtschwarzen, parfümierten Garten. O meine
Nase! Meine Fingerspitzen! Mein Haar! Es ist dahin, ver-
fangen im Dornengebüsch ... Ach, und mein entfremdeter,
schrecklicher Mund plappert Ungereimtes vom Gipfel der
Zypresse! Meine Füße, ziellos und willenlos, laufen durch
feuchtes Gras, während mein Herz – ein Klumpen losgelöster,
zuckender Nerven und Muskeln – irgendwo zwischen Himmel und Erde tanzt.« Schlimm sei für ihn gewesen, wie er den
Prozeß seines »eigenen Zerfalls mit entsetzter Interessiertheit
registrierte«.

Schließlich finden sie Hilfe. Ein verständnisvoller Arzt im
Militärhospital bringt alles wieder ins Lot. Klaus Mann über-
setzt in seinem Erinnerungstext den Gesichtsausdruck des
Arztes: »Man verirrt sich zuweilen auf der Suche nach einem
Weg. Ihr habt euch weit vorgewagt, bis in die Nähe des Wahn-
sinns. Aber doch nicht *zu* weit! Ihr findet den Weg zurück.
Und je schlimmer das Abenteuer der Verwirrung war, desto
mehr genießt ihr dann das Abenteuer der wiederhergestellten
Balance, der geretteten Identität.«[58]

Um 1930

Etwa so ordnet Klaus dieses Ereignis ein – und eine Reihe von noch folgenden Ereignissen ähnlicher Art. Das Experimentieren mit Drogen und das Registrieren seiner Zustandsveränderung »mit entsetzter Interessiertheit« wird sein Leben begleiten. Schließlich wird er abhängig von der Zufuhr der Gifte. Entziehungskuren helfen ihm nicht nachhaltig. Drogen werden zur schnellsten Verbindung zum Außerordentlichen. Wenn es glückt, entspannen sie auch, trösten über Enttäuschungen hinweg und lockern die gesamte Verfassung. So wird auch das Schreiben fließender.

Unmittelbar nach der Rückkehr vertieft sich Klaus noch einmal in das Thema des Inzestverbots zwischen Schwester und Bruder. Nach dem Roman seines Freundes Jean Cocteau *Les enfants terribles* [1929; dt. Kinder der Nacht] schreibt er das Schauspiel *Geschwister* [1930]. Die erwachsenen Geschwister Paul und Elisabeth kapseln sich in »dem Zimmer«, einer Art Seelenraum, von der Realität der anderen ab. Sie quälen einander und können doch nicht voneinander lassen. Beide verhindern, daß der/die andere einen Dritten lieben kann. Mit Wiederholungen ritueller Spiele und kindlicher Wörter, deren Bedeutung nur sie verstehen, staffieren sie ihre Folie à deux aus.

»Als Kindern hat man Elisabeth und mir eingeredet, daß wir sofort in die Hölle kämen – aber weißt du: s o f o r t, auf der Stelle –, wenn wir uns gegenseitig anfaßten; oder einen Kuß gäben; oder uns sonstwie nahe kämen. Marietta [eine Magd] muß uns das gesagt haben, oder eine andere, noch frühere, eine aus Urzeiten – .« Diese Bemerkung legt der fünfundzwanzigjährige Klaus Mann in seinem Theaterstück dem Bruder in den Mund. Das Stück endet mit dem Liebestod von Bruder und Schwester. Der letzte Satz lautet: »Jetzt dürfen wir uns endlich anfassen.«

Cocteaus Text kommentierend, schreibt Klaus Mann: Am Ende hielten die Geschwister »Einzug in ihr eigentliches Reich, das der tödlichen Losgebundenheit; in dem endlich ihre ersehnte Hochzeit, die auf dieser Erde, die der Fortpflanzung dient, verboten, weil widersinnig, Ereignis werden darf«[59]. Es scheint, daß Cocteaus Text ihm erlaubt, Erikas Todesangst in Fès zur Ekstase des gemeinsamen Suizids mit der Bedeutung eines Liebestodes fortzuspinnen – »wo das Fleisch sich auflöst, wo die Seelen sich vermählen, wo man keinen Inzest mehr kennt«.

Freunde von Erika und Klaus meinen, die Geschwister hätten im wirklichen Leben mit dem Inzest nur kokettiert. Klaus beklagt sich des öfteren darüber, daß Erika ihn zu kurz kommen lasse. Die Geschwisterliebe scheint für ihn die Unmöglichkeit einer glücklichen Liebe überhaupt zu symbolisieren. Immer wieder hat er unter der Untreue seiner Liebhaber zu leiden. Seine homosexuellen Verhältnisse sind meist nur von kurzer Dauer.

Für Erika erhält die gefährliche Haschischerfahrung in Fès eine andere Bedeutung. In dem autobiographischen Fragment *Ausgerechnet Ich* (1943) beschreibt sie eine frühe Grunderfahrung, die als Interpretationsschlüssel dienen kann. »Da war ich vierzehn, mein Bruder Klaus und ich waren auf eine lange, wichtige Radtour gegangen. Wir wollten die Welt sehen, und dies war unser erster aufregender Schritt in diese Richtung. Nach Tagen einer anstrengenden Reise hatten wir einen Berggipfel in den österreichischen Dolomiten erreicht. Wir hatten unsere Räder hinaufschieben müssen – es hatte uns viele Stunden und viel Schweiß gekostet. Selig sahen wir der Fahrt bergab entgegen. [...] über unsere Lenker gebeugt – halb auf ihnen liegend – würden wir um die Kurven rasen, lautlos, federleicht, nichts fühlend als Geschwindigkeit, Wind und Kühle.«

Klaus war schon hinter einer Kurve verschwunden, als Erika plötzlich bemerkt, daß ihr Rad »außer Kontrolle geriet. Meine Bremsen schienen nicht zu funktionieren. [...] So sehr ich auch versuchte langsamer zu werden, näherte ich mich doch der Kurve mit einer Geschwindigkeit von 80 bis 90 Stundenkilometern. Ich würde es niemals schaffen. Die Straße bog scharf nach links ab. Ein häßlicher Abgrund gähnte zur Rechten. [...]

Ich muß eine ganze Weile bewußtlos gewesen sein. Klaus war bereits weit unten, als ihm auffiel, daß ich nicht mehr da war, und sein Weg bergauf war eine Sache von eineinhalb Stunden. Zuerst hatte ich keine Ahnung, was mit mir passiert war, ich wußte kaum, wo ich war.« Als Klaus Schwester und Fahrrad unversehrt findet, glaubt er ihr nicht und bemerkt von oben herab, sie sei nur übermüdet.

Erika fleht ihn an, die Straße sei »schlecht und tückisch«, sie sollten nicht so schnell fahren. »»Ich möchte nicht, daß dir auch diese schreckliche Sache passiert – diese schreckliche, schreckliche Sache – diese schreckliche Sache«. [...] Sein hochmütiges Mitgefühl, sein skeptisches Wohlwollen verletzten und beleidigten mich maßlos. Etwas Furchtbares war passiert – etwas, das ich nicht hatte verhindern können, obwohl ich es hatte kommen sehen. Ich hatte vorher keine große Angst gehabt und spürte jetzt keine allzu großen Schmerzen. Aber etwas war nicht in Ordnung, ganz und gar nicht in Ordnung mit mir, und nicht nur mit mir. Die Landschaft um uns herum hatte sich verändert; da war etwas Giftiges im Grün der Wälder, und die goldenen Wolkenränder sahen bösartig und nach Schwefel aus. Die staubbedeckte Straße vor uns war trügerisch. Eine Kurve folgte der anderen, so daß man nie genau wußte, wohin man fuhr, während es doch offensichtlich war, daß man sich in Gefahr befand. Aber Klaus konnte es nicht verstehen. Er wollte nicht einmal *mir* glauben, der das Unaussprechliche tatsächlich passiert war und die ihn anflehte, vorsichtig zu sein, ihn anflehte, auf sich aufzupassen – nicht mehr, nur: auf sich aufzupassen. [...] Die Qual, die mich festhielt, war die Qual des unvermittelbaren Wissens, die Qual einer wichtigen Einsicht, die die Welt zu teilen sich weigerte.«[60]

Für Erika hatte das Leben gleichsam seine Unschuld verloren. Sie beschreibt die schockartige Erfahrung, daß sich die schöne Leichtigkeit eines glücklichen Augenblicks plötzlich als tödlich erweisen kann. Anders als Klaus, der sein Leben lang das Abgründige sucht wie einer, der das Gruseln lernen will, sieht Erika – trotz aller Eskapaden – ihre Aufgabe darin, sich und andere zu schützen. Die Drogenüberdosis belebt die frühe Erfahrung. Aber immer wieder wird sie, nicht nur mit Klaus, darunter leiden, daß sie andere nicht von der mit dem Konsum verbundenen Gefahr überzeugen kann. Mag sein, daß sich Klaus mit dem Zeitgeschehen intellektuell früher auseinandergesetzt hat. Aber Erika Mann wird darin ihr eigenes, neues Lebensziel, ihre Aufgabe entdecken.

Am 12. November 1930 wird das Schauspiel *Geschwister* an den Münchner Kammerspielen uraufgeführt. Erika übernimmt die Rolle der Elisabeth. Doch nicht Klaus, sondern Wolfgang Liebeneiner spielt den Bruder Paul. Erikas intime Freundin Therese Giehse tritt als Magd auf. Schnell verschwindet das Stück vom Spielplan. Gehässig und durchaus bedrohlich reagiert der *Völkische Beobachter*: »Mögen die Literaten auf den Brettern eine sterbende Welt verherrlichen, auf der Straße marschiert das neue Deutschland.«

Die katastrophale wirtschaftliche und politische Lage bedrängt die Menschen stärker als die Seelendramen des Autors. Wieder fahren die Geschwister davon, als wollten sie sich vergewissern, daß jenseits der Grenze das freie und bunte, intensiv der Kunst zugetane, intellektuell wache Leben immer noch existiert. 1931 erscheint das wieder gemeinsam verfaßte *Buch von der Riviera. Was nicht im ›Baedeker‹ steht* – eine Schilderung der südlichen Lebensart, der Natur- und Stadtlandschaften. So mild, so freundlich leuchtend und anregend wie die Côte d'Azur selbst. Ein Antidot für alle, die sich mehr und mehr in der damaligen deutschen Gegenwart bedrückt fühlen.

Die Zeit der braunen Jäger

Bei den Reichstagswahlen am 14. September 1930 hatte die Nationalsozialistische Arbeiterpartei Deutschlands mit über sechs Millionen Stimmen 107 Mandate im Parlament erhalten; bis dahin waren es nur 12 gewesen. Man setzt nun auf Hitler, will sich seiner als Werkzeug bedienen – für eine kurze Übergangszeit. Wenn sich die wirtschaftlichen Verhältnisse konsolidiert haben, will man ihn wieder fallenlassen. So stellt sich das jedenfalls mancher in Wirtschaft und Politik, aber auch im Volk vor. Wirtschaftlicher Niedergang im Verein mit Arbeitslosigkeit und Hunger läßt sich durch ein Andrehen der Schraube mit extremen Sparmaßnahmen nicht überwinden. Ein starker Mann muß her, der Ordnung in das Chaos bringen kann. Adolf Hitler tönt am lautesten, ihm traut man das zu. Die Vorstellungen der nationalsozialistischen Bewegung, niedergelegt in *Mein Kampf,* meint man nicht ernstnehmen zu müssen. Spleen, verrückte Utopie, ein Buch eben, nicht mehr.

Daß mit der Ernennung Adolf Hitlers zum Reichskanzler etwas ganz und gar anderes beginnt, können, wollen oder müssen am 30. Januar 1933 nur die wenigsten sehen. Klaus notiert im Tagebuch: »Es geht nicht gut, es geht nicht gut, es geht keinesfalls gut.«[61] Seit geraumer Zeit »weiß« auch Erika Mann, daß mehr als die Leichtigkeit des Lebens auf dem Spiel steht. Als sie wiederholt erfahren muß, daß ihre künstlerische Lebensart von politischer Seite angefeindet wird, begreift sie, daß jede selbstbewußte, freie Lebensgestaltung bedroht ist.

Vielleicht zum ersten Mal in ihrem Leben weiß sie definitiv, worin ihre Aufgabe liegt. Sie muß für das Recht individueller Eigenart kämpfen und Partei ergreifen für die Vielgestaltigkeit der Lebenswelt. »Noch ehe er [Hitler] da war, hatte ich keinerlei Lust mehr am bloßen Theaterspielen, sondern wünschte, mich gegen ihn zu betätigen.«

Am 13. Januar 1932 nutzt sie in München die Bühne der »Großen öffentlichen Frauenversammlung«, zu der verschiedene Verbände aufgerufen haben: »Internationale Frauenliga für Frieden und Freiheit«, »Frauenweltbund für internationale Eintracht«, »Weltfriedensbund der Mütter und Erzieherinnen«. Erika Mann spricht über »Die deutsche Zukunft«, speziell über das Thema »Abrüstung«.

Der *Völkische Beobachter* schlägt zurück: »Die ›Kundgebung‹ der Internationalen pazifistischen Frauenverbände am Mittwoch im ›Union‹-Saal darf München als eine Schmach verzeichnen, die einen Rückfall in die landesverräterischen Umtriebe von 1918 bedeutet. [...] Ein besonders widerliches Kapitel stellte das Auftreten *Erika Manns* dar, die als Schauspielerin, wie sie sagte, ihre ›Kunst‹ dem Heil des Friedens widmete. In Haltung und Gebärde ein blasierter Lebejüngling, brachte sie ihren blühenden Unsinn über die ›deutsche Zukunft‹ vor. *Als eine deutsche Frau den unglaublichen Satz aus dieser ›deutschen Zukunft‹: ›Es gibt keine Verteidigung der*

Heimat mehr‹, mit einem Pfuiruf quittierte, wurde sie aus dem Saal gewiesen.

Das Kapitel ›Familie Mann‹ erweitert sich nachgerade zu einem Münchener Skandal, der auch zu gegebener Zeit seine Liquidierung finden muß.«[62]

»Blasierter Lebejüngling«, das geht gegen die Schwulen und Lesben. »Familie Mann« steht für die Juden, und »Liquidierung« weist darauf hin, daß beide Gruppen ausgelöscht werden sollen. Beim Lesen ist man denn doch erstaunt, daß das, wovon später »niemand wußte«, wahrhaftig in der Zeitung stand. In den nationalsozialistischen Blättern *Illustrierter Beobachter* und *Die Front* ist die Rede vom »Klub der Irrenhausanwärterinnen« und »Zuhälterinnen der jüdischen Sklavenhalter«. Über Erika Mann wird bösartig gewitzelt: »Die Haare über einem nicht ganz kopfähnlichen Gebilde im Herrenschnitt frisiert, kurz schon rein äußerlich eine heillose Begriffsverwirrung.«[63]

Während Klaus Mann im *Berliner-8-Uhr-Abendblatt* die Schwester mit intellektuellen Mitteln verteidigt, greift Erika zu einer anderen Waffe. Sie klagt ihr Recht ein, strengt einen Prozeß gegen das Blatt an und erstreitet tausend Reichsmark. Sie verklagt auch das Weißenburger Theater, das mit Rücksicht auf »national gesinnte Kreise« ihr Engagement für 1932 auflöst. Dahinter steckt Alfred Rosenbergs »Kampfbund für deutsche Kultur«. Rosenbergs Buch *Der Mythus des zwanzigsten Jahrhunderts* erweist sich als Formulierung der nationalsozialistischen Ideologie.

Sie gewinnt auch diesen Prozeß. Die Rufmordkampagne, die der Kampfbund eröffnet, führt allerdings dazu, daß die Schauspielerin Erika Mann ab 1932 auf deutschen Bühnen kein Engagement mehr erhält. Aber es geht nicht nur um ihre Person. Sie selbst sieht deutlich, daß ihr Schicksal für viele steht.

Wieder reagiert sie prompt. Sie schart eine Gruppe von Künstlerinnen und Künstlern um sich, die den Kampf gegen die Nationalsozialisten aufnimmt. Auf diese Weise bündeln, strukturieren und mehren sich ihre Talente. »Die ›Pfeffermühle‹ war Erikas Gründung, ein literarisches Kabarettprogramm mit stark politischem Einschlag; ein anmutig spielerischer, dabei aber bitterernster, leidenschaftlicher Protest gegen die braune Schmach. Die Texte der meisten Nummern – Chansons, Rezitationen, Sketche – waren von Erika (einige auch von mir)«, berichtet Klaus Mann. »Erika war Conférencier, Direktor, Organisator; Erika sang, agierte, engagierte, inspirierte, kurz, war die Seele des Ganzen. Nein, die ›Pfeffermühle‹ hatte eine Doppelseele; die andere Hälfte hieß Therese Giehse. Sie gehörte dazu, von Anfang an, und mit welcher Intensität, welch unbedingtem Einsatz! Der Star der Münchener Kammerspiele – eine schauspielerische Persönlichkeit von starker Vitalität und großem Können – stellte dem noch unbewährten und übrigens politisch bedenklichen Tingeltangel die ganze Fülle ihrer Erfahrung und ihres Talents zur Verfügung. Ohne sie wäre die ›Pfeffermühle‹ nicht geworden, was sie war: das erfolgreichste und wirkungsvollste theatralische Unternehmen der deutschen Emigration.«[64]

Der erste Auftritt am 1. Januar 1933 in der »Bonbonniere« in München wird zum Erfolg. Todernst war dem Ensemble zumute, bemerkt Erika Mann später. »Aber wir hatten doch genug Humor in uns, um zu sehen, in welcher absurden Situation wir uns befanden. Und obwohl wir schon wußten, daß die Messer uns an der Kehle saßen, waren wir imstande, groteske Dinge zu machen. Es durfte nicht getändelt werden bei uns, es mußte hinter der ganzen Sache ein erhebliches Quantum Ernst stehen. Erst über diesen Ernst hinweg durften wir die Leute zum Lachen bringen.«[65]

Bereits am 1. Februar treten sie mit einem neuen Programm auf. Während Hitler im Hofbräuhaus spricht, spielen sie in der »Bonbonniere«, Wand an Wand mit Hitler, gegen ihn an. Unter dem Titel »Conférence« hören die Zuschauer, gefährlich sei es, die eigene Ansicht zu vertreten. »›Vertritt, was du magst‹, erwiderte mein Bekannter, ›aber doch, bitte, nicht deine eigene Meinung. Sie ist ein Luxusartikel, den keiner dir abkaufen wird, höchstens bringt er dir Gefahr und Schaden‹. [...] Denn so weit ist es gekommen: die Wenigsten, ja fast niemand darf noch vertreten, was er denkt, da man ja darauf angewiesen ist, Glühbirnen oder Schnürsenkel zu vertreten, um nicht ganz unter die Räder zu kommen und nicht selber zertreten zu werden.«[66]

Der Reichsinnenminister Frick, berichtet Erika später, hätte sich verkniffen, seinen Führer anzuhören, statt dessen hätte er bei ihnen in der »Pfeffermühle« gesessen und »schwarze Listen« angefertigt, »man sah ihn lebhaft kritzeln. – Kam der Faschingsdienstag, kam der Reichstagsbrand, kamen die Massenverhaftungen im Anschluß an diesen ...«[67]

Während Klaus und Erika in der Schweiz vergnügt am neuen Programm arbeiten, vergessen sie fast, daß sie nicht mehr Schüler sind, die einen Streich aushecken. Am 5. März 1933 geben zwei Millionen bayrische Bürger ihre Stimme der NSDAP. Bei ihrer Rückkehr nach München spüren die Geschwister, daß es nun für sie wirklich ernst wird. »Hans, der Familien-Chauffeur, erwartete uns wie gewöhnlich am Bahnhofsvorplatz mit dem Familien-Buick.« Hans erwies sich als »gutmütiger Lump und blauäugiger Doppelverräter«[68]. Im Dienst der Nazis hatte der Chauffeur die Vorgänge im Hause Mann ausspioniert. Dennoch warnte er in alter Anhänglichkeit die Geschwister und riet ihnen unterzutauchen und das Land zu verlassen, andernfalls würde man kurzen Prozeß mit ihnen machen.

Die Eltern weilten zur Erholung in Arosa. Telefonisch warnen Klaus und Erika vor einer Rückkehr nach München. Klaus verläßt Deutschland klammheimlich am 13. März 1933 mit dem Nachtzug nach Paris. In der Anfangszeit des Exils finden wir ihn auch in Amsterdam oder Zürich. Das Leben von Klaus und Erika erhält nun durch die politischen Verhältnisse seine Richtung – über zehn Jahre lang. Sie haben gar keine

Wahl, sich nicht für den Widerstand zu engagieren, so sehr hassen sie die elende Allianz von Dummheit und Macht. Erika verläßt Deutschland ebenfalls am 13. März – mit einem Köfferchen, in dem sich das Manuskript des *Joseph*-Romans von Thomas Mann verbirgt.

Ihre jugendlichen Mutproben und Waghalsigkeiten werden für Klaus und Erika in den nächsten Jahren überlebenswichtig. Ein Bravourstück vollbringt Erika mit einer Inkognito-Rückkehr nach München, um heimlich in der Nacht im beschlagnahmten Haus in der Poschingerstraße weitere Manuskripte zu retten.

Im Züricher Exil arbeitet sie mit Therese Giehse, die kurz nach ihr München verlassen hatte, an der Wiedereröffnung der »Pfeffermühle«. Damit sind viel Verdruß und diplomatisches Geschick verbunden. Die Schweizer Behörden schützen ihre Bürger vor den Exilanten, deren Zahl immer größer wird. Sie sorgen sich um die Arbeitsplätze der eigenen Leute. Ab Ende des Jahres hat die »Pfeffermühle« mit veränderter Besetzung (zwei Schweizer mußten darunter sein) über fünfzig Auftritte allein in Zürich. Das Kabarett nimmt den Kampf gegen Faschismus, Hitler und Nazi-Deutschland nun unverblümt auf. Mit der Härte von Witz, Satire, Ironie wollen sie über die tiefere Bedeutung der deutschen Lage aufklären: Hitler ist nicht Deutschland! Es braucht einen europäischen Widerstand. Die Auftritte in Zürich und die Gastspiele in der Tschechoslowakei, in Holland, Belgien, Luxemburg und Österreich hinzugenommen, hat die »Pfeffermühle« bis 1936 über tausend Auftritte. Das Publikum besteht meist aus einer Mischung von Exilanten, Einheimischen und »völkischen Beobachtern«, die die Veranstaltungen ausspionieren.

Ludwig Marcuse wünscht sich »mehr Pfeffer«. Die Nazi-Agenten finden zuviel. Verbündet mit den »Frontisten« in Zürich bewirken sie Verrisse, die von der *Neuen Zürcher Zeitung* gedruckt werden, und bringen eine von Schweizern getragene Kampagne in Gang, die ein Aufführungsverbot für

*Erika Mann
im Kabarett
»Die Pfeffer-
mühle«,
Zürich 1933/34*

die aggressiven Ausländer bewirken soll. Ähnliches geschieht nach Auftritten in Wien.

1934 rät der Generalkonsul in Zürich Thomas Mann, Erikas »Unvorsichtigkeiten« zu stoppen. In ähnlicher Weise warnt die Frau des befreundeten Verlegers Fischer, andernfalls könne der Verlag den *Joseph*-Romanzyklus in Deutschland nicht veröffentlichen.

Der politische Kampf, private Glückssuche, Arbeit an der Karriere und das Geldverdienen halten das Leben der Geschwister weiter auf Touren. Klaus arbeitet an der »Sammlung« antifaschistischer Kräfte und gibt sich »redlich Mühe, den Herren des Dritten Reiches auf die Nerven zu gehen«[69]. Er will sammeln, »was den Willen zur menschenwürdigen Zukunft hat, statt den Willen zur Katastrophe; den Willen zum Geist, statt den Willen zur Barbarei und zu einem unwahren, verkrampften und heimtückischen ›Mittelalter‹; den Willen zum hohen, leichten und verpflichtenden Spiel des Gedankens, zu seiner Arbeit, seinem Dienst, statt zum Schritt des Parademarsches, der zum Tode durch Giftgas führt im Interesse der gemeinsten Abenteuer; den Willen zur Vernunft, statt zu hysterischer Brutalität.«[70]

In seinem Nachruf auf den Jugendfreund Ricki Hallgarten, der sich 1932 im Alter von siebenundzwanzig Jahren erschossen hat, unterscheidet Klaus Mann zwei Lebenssphären. Er meint, Ricki hätte sich nicht das Leben genommen, wenn er »in irgendeinem greifbaren Sinne ›unglücklich‹ gewesen wäre. Das reale Unglück wiegt gering für Menschen seiner Art, sie setzen ihren Ehrgeiz darein, mit ihm fertig zu werden.« Anders stünde es mit der Abwehr des Dunklen, Nächtigen, Manisch-Depressiven, das unentwegt gegen Talent und Lebensfreudigkeit angehe, um es schließlich zu vernichten.[71]

Auch Klaus Mann kennt wie Ricki die »Sucht zum Tode«. Wie es sich immer mit dem realen und dem unfaßbaren Unglück verhalten mag – es steht fest, daß sich Klaus Mann im Kampf gegen das greifbare Unglück des Exilantendaseins engagiert. Es scheint, daß ihn diese Aktivität lange Zeit vor dem Suizid bewahrt hat.

In der aufgebrochenen Lebenssituation, in all dem Durcheinander nach dem Verlassen der Heimat sind Klaus, Erika und Therese Giehse im April/Mai 1933 noch gelassen genug, an die Riviera zu fahren. Erika stellt ihr zweites Kinderbuch *Muck, der Zauberonkel* fertig, aber der Verlag Levy und Müller, der mit dem ersten *Stoffel fliegt übers Meer* so erfolgreich war, kann den *Muck* nicht mehr veröffentlichen.

Viele Exilanten glauben anfangs noch, daß es in Deutschland zur Revolution, zum »Aufstand des Volkes gegen die Unterdrücker«[72] kommen wird. Bis dahin richten sie sich im Provisorischen ein. In Küsnacht findet Erika für die Eltern und die beiden jüngsten Geschwister Elisabeth und Michael ein Exil-Zuhause, nicht so mondän wie das Münchner Haus, aber geräumig genug. »Erika stellte sich zwischen anstrengenden ›Pfeffermühlen‹-Tournées für kurze Rast in Küsnacht ein. Monika kam aus Florenz, wo sie damals lebte und wo sie übrigens die Bekanntschaft des jungen ungarischen Kunsthistorikers Jenö Lanyi machte, der später ihr Mann werden sollte. Golo, Doktor der Philosophie und Geschichte, dem in Deutschland eine akademische Karriere sicher gewesen wäre, betätigte sich als Dozent in Frankreich, zunächst an der ›École Normale‹ zu St. Cloud bei Paris, später an der Universität Rennes; die Ferien aber verbrachte der junge Gelehrte bei den gastlichen Eltern.«[73]

Dort trifft die Familie auch zu Festen zusammen, aber ein Provisorium ersetzt nicht den vertrauten Raum, in dem ihrer aller Geschichte gleichsam in den Dingen lebendig bleibt. »Weißt du noch …?« – Sätze mit diesem Anfang haben jetzt etwas Schweres. Die Familie erhält die tiefe Bedeutung einer Schicksalsgemeinschaft.

»Die Emigration war nicht gut«, schreibt Klaus Mann. »In dieser Welt der Nationalstaaten und des Nationalismus ist ein Mann ohne Nation, ein Staatenloser, übel dran. Er hat Unannehmlichkeiten; die Behörden des Gastlandes behandeln ihn mit Mißtrauen; er wird schikaniert. Auch Verdienstmöglichkeiten bieten sich nicht leicht. Wer sollte sich der Verbannten annehmen? Welche Instanz verteidigte sein Recht? Er hat ›nichts hinter sich‹, keine Organisation, keine Macht, keine Gruppe. Wer zu keiner Gemeinschaft gehört, ist allein. Oder bildete unsere Emigration so etwas wie eine Gemeinschaft? Doch wohl kaum. […] Bei der Mehrzahl handelte es sich um völlig unpolitische (oder politisch doch ganz unaktive) Opfer des Hitlerischen Rassenwahns: jüdische Geschäftsleute, Anwälte, Ärzte, Gelehrte, Journalisten, die ohne Frage recht gern in Deutschland geblieben wären, wenn die Verhältnisse es gestattet hätten.«[74]

Der »geistige Führer«, der Erika und Klaus in dieser Zeit Halt und Orientierung bietet, ist der Bruder des Vaters, Heinrich Mann. In Amsterdam oder Nizza arbeitet er mit den Waffen des Schriftstellers an der politischen Neuorientierung für »den Tag danach«. »Sein Name erschien auf der ersten Ausbürgerungsliste, eine verdiente Ehre! Er hatte der deutschen Reaktion schon seit langem viel zu schaffen gemacht; jetzt aber tat er sich durch besondere Kampflust hervor. Noch nie war sein polemischer Stil so brillant gewesen: er bewährte im Zorn, im Abscheu solche Leidenschaft, daß aus der aktuellen Glosse, dem politischen Pamphlet beinah etwas wie Dichtung wurde. [...] Unsere Familie überhaupt wurde ausgezeichnet: Auf jeder der ersten vier Ausbürgerungslisten war das Haus Mann vertreten. Nach dem berühmten Ohm kam ich an die Reihe. Am 6. November 1934 erfuhr ich durch die Presse, daß ich kein Deutscher mehr war.«[75] Auf dieser ersten Liste standen auch der Dichter Leonhard Frank, der Regisseur Erwin Piscator und der politische Schriftsteller Otto Strasser.

Lange vor dem politischen Desaster gehörte Klaus Mann wie sein Onkel Heinrich Mann zu einer Gemeinschaft von europäischen, politisch eher links gesonnenen Künstlern und Intellektuellen. In seiner Monatsschrift *Die Sammlung*, die im Querido-Verlag, dem größten deutschen Verlag im Ausland (Amsterdam) erscheint, gibt Klaus Mann Beiträge dieser »Autoren von internationalem Prestige« heraus: Romain Rolland, Jean-Richard Bloch und Philippe Soupault, René Crevel und Jean Cocteau, Carlo Sforza, Benedetto Croce und Ignazio Silone, Wickham Steed, Stephen Spender und Christopher Isherwood, Ernest Hemingway und Schalom Asch, Ilja Ehrenburg und Boris Pasternak [...].«[76] André Gide, Aldous Huxley und Heinrich Mann haben das »Patronat«.

Erika Mann »kam auf die dritte Liste« der Ausbürgerung (8. Juni 1935) – »eine Geste, die in diesem Fall besonders sinnlos schien; denn Erika war, durch ihre Heirat mit dem englischen Dichter W. H. Auden, Untertanin Seiner Britischen Majestät.«[77]

Thomas Mann hält sich länger. Er laviert, um die Veröffentlichung seiner Bücher in Deutschland nicht zu gefährden, gewiß auch mit dem Wunsch, der Spuk möge doch vorübergehen. Schließlich ist es Erika, die ihn massiv unter Druck setzt, als er 1936 den mit den Nazis Kompromisse schließenden Verleger Bermann Fischer mit einer öffentlichen Stellungnahme in Schutz nimmt. Telegramme von Klaus Mann und dem Querido-Verlagschef Fritz H. Landshoff aus Amsterdam hatten nichts bewirken können. Erika droht dem Vater: Wenn er nicht endlich der Emigration den Rücken stärke und öffentlich gegen die Nazis Partei ergreife, statt den »gesichtslosen Geschäftsjuden« Bermann zu stützen, dann werde sie ihm ihre Liebe entziehen und aus seinem Leben verschwinden.

Wie eng das seelische Band zwischen Vater und Tochter geknüpft ist, können wir Thomas Manns Entgegnung entnehmen, die den »Zauberer« von einer sympathischen und unsympathischen Seite zugleich zeigt. »Liebe Eri«, antwortet der Vater am 23. Januar 1936 nach einigen fadenscheinigen Rechtfertigungspassagen. »Dein Brief hat mir natürlich weh getan und das sollte er ja [...] Zum Sich-überwerfen gehören gewissermaßen zwei, und mir scheint, mein Gefühl für Dich läßt dergleichen garnicht zu. Wenn ich denke, wie Du manchmal gelacht und Tränen in den Augen gehabt hast, wenn ich euch vorlas, so scheint mir Deine Ankündigung auch wieder unwahrscheinlich. Du bist viel zu sehr mein Kind Eri, auch noch in Deinem Zorn auf mich, als daß sie [die angedrohte Abwendung von ihm] sich so recht erfüllen könnte. Meine Ergriffenheit bei Deiner Pfeffermühlen-Produktion beruht immer zum guten Teil auf dem väterlichen Gefühl, daß das alles eine kindliche Verlängerung meines eigenen Wesens ist – ich bin es nicht gerade selbst, es ist nicht meine Sache, das zu machen, aber es kommt von mir her. So kommt im Grunde auch Dein Zorn auf mich kindlich von mir her; er ist sozusagen die Objektivierung meiner eigenen Skrupel und Zwei-fel. [...] Eines ist gewiß ganz falsch [...]: die Vermutung, irgendjemand in der Welt könne glauben, ich hielte es mit den Nazis, ist absurd. Die ganze Welt weiß, daß ich in zurückhal-tendem, aber radikalem Protest gegen das Dritte Reich, zu Hause beraubt, beschimpft und verpönten Namens, im Aus-lande lebe. Genützt hat das den Berliner Schurken nicht. Was ich, teils durch Mielein, teils direkt, dem amerikanischen Prä-sidenten über sie gesagt habe, hat ihnen auch nicht genützt.[78] Überhaupt bringe ich es ja gar nicht fertig, ganz inaktiv zu bleiben.«[79]

Doch Erika, die Widerspenstige, läßt sich nicht mit dem vereinnahmenden Appell an ihre gemeinsame Identität zäh-men. Auch mit dem Band der Liebe läßt sie sich nicht ein-wickeln. Seine »Ergriffenheit bei der Pfeffermühlen-Pro-duktion«? – keinen Finger habe er für sie gerührt, als eine Stellungnahme von ihm zum Kabarettprogramm in der *Neuen Zürcher Zeitung* ihr so sehr hätte helfen können. Unbedingt will sie dem Vater die Augen öffnen und ihm am liebsten das Geständnis abzwingen, daß es allein eigennützige Interessen sind, die ihn hindern, gegen die Nazis Front zu machen. Er weigere sich, seine Schriften in einem Emigranten-Verlag (gemeint ist Querido) zu veröffentlichen, weil da auch »Lud-wig und Pleti« erscheinen. Lieber wolle er einem »halbgleich-geschalteten Pseudo-Emigrantenverlag« den Vorzug geben. »Was aber die Häßlichkeit und die Gefährlichkeit angeht, so liegt sie in der schrecklichen Spaltung der Emigration, die Du heraufbeschwörst, indem sie nun also unter Deiner Schirm-herrschaft in eine echte, ganze und in eine unechte, halbe (der Du angehören willst) geteilt werden soll.«[80]

Nach weiterem Murren erweist sich Thomas Mann schließ-lich als folgsamer und einsichtiger Vater. Endlich bekennt er in einem offenen Brief an den Redakteur Eduard Korrodi in der *Neuen Zürcher Zeitung* Farbe.[81] Darin heißt es zusam-menfassend: »Die tiefe, von tausend menschlichen, morali-

schen und ästhetischen Einzelbeobachtungen und -eindrük-
ken täglich gestützte und genährte Überzeugung, daß aus der
gegenwärtigen deutschen Herrschaft nichts Gutes kommen
kann, für Deutschland nicht und für die Welt nicht, – diese
Überzeugung hat mich das Land meiden lassen, in dessen geistiger Überlieferung ich tiefer wurzele, als diejenigen, die seit
Jahren schwanken, ob sie es wagen sollen, mir vor aller Welt
mein Deutschtum abzusprechen.«[82]

Mit der Gründung des »Thomas-Mann-Hilfsfonds« (April
1936) nimmt sich der Nobelpreisträger erneut der »deutschen
Schriftsteller im Exil« an. »Damit will ich sagen, daß meine
Kameraden im Exil mir der Hilfe würdig erscheinen. Ich will
damit versichern, daß ich dem Werk, das ihnen helfen soll,
nicht aus bloßem Mitleid meinen Namen leihe: weit eher tue
ich es aus Bewunderung. Sie sind aus dem Lande gegangen,
um frei zu sein. Sie haben die Last der Verbannung auf sich
genommen, damit sie ehrlich blieben.«[83]

Erikas Strenge hat dem Vater offenbar den wichtigen Schritt
der klaren öffentlichen Parteinahme gegen die Nazis und für
die Exilanten erleichtert. In einem Brief an Hermann Hesse
betont er, damit »das Rechte getan zu haben ›und befinde
mich besser seitdem‹ wie es im Liede heißt. Auch bin ich noch
garnicht mal sicher, daß die regierende Bande zurückschlagen
wird.«

Klaus berichtet: »Die Nazis zogen die Konsequenzen: Der
Autor der *Buddenbrooks* war, laut Hitlerscher Verfügung, kein
Deutscher mehr. [2.12.1936] Mit ihm wurde sein Eheweib […]
und seine vier jüngeren Kinder – Angelus Gottfried Thomas
(Golo), Monika, Elisabeth und Michael Thomas – der deutschen Staatsbürgerschaft verlustig erklärt.«[84] Damit verbunden ist die endgültige Beschlagnahmung des gesamten Besitz-
tums der Ausgebürgerten durch den nationalsozialistischen
Staat. Bereits am 1.10.1936 hatte die Tschechoslowakei dem
Ehepaar Mann und seinen vier jüngsten Kindern die Staatsangehörigkeit verliehen.

Escape to Life

Während ihrer dritten Reise in die USA entscheiden sich Thomas und Katia Mann, von Erika dazu angetrieben, Europa zu verlassen. Mit dem Einmarsch deutscher Truppen in Österreich im März 1938 liegt zudem die Frage nahe, ob Ähnliches auch in der Schweiz möglich wäre. Jedenfalls kann nun jeder sehen, daß Hitlers Expansionsgelüste nicht zu stoppen sind. In dieser Situation erscheint die gesellschaftlich einflußreiche und finanzkräftige Gattin des Herausgebers der *Washington Post*, Agnes Meyer, die sich für den deutschen Nobelpreisträger erwärmt, wie ein rettender Engel. Sie lockt mit Geld, Stellung und Einfluß. Sie finanziert eine Professur für Thomas Mann an der Universität Princeton und verspricht, den Dichter in die politisch und wirtschaftlich maßgeblichen Kreise einzuführen. Mit dem Vorschlag einer Lecture Tour zur Frage »Can Democracy Survive?«, selbstverständlich in der *Washington Post* abgedruckt, gegen ein Honorar von 2000 Dollar, überzeugt sie den Dichter. Schon im Juli 1938 kann die Familie Mann ihr neues Haus in Princeton, 65, Stockton Street beziehen. Ein überwältigendes Haus mit riesiger Empfangshalle und überhaupt viel Raum.

Erika begleitet den Vater 1938 auf seiner Lecture Tour, die ihn »von Ost nach West und wieder zurück durch den ungeheuren Continent Amerika führte«, und dolmetscht die Auffassung des Vaters, wenn Zuhörer Fragen stellen. Im selben Jahr erscheint Erika Manns erzählende Analyse *Zehn Millionen Kinder. Die Erziehung der Jugend im Dritten Reich* im Querido Verlag. Das Buch verkauft sich gut. Die amerikanische Ausgabe *School of Barbarians*, versehen mit einem Geleitwort von Thomas Mann, wird zum Bestseller: 40 000 verkaufte Exemplare in drei Monaten.

Der Vater schreibt: »...überraschend ist, ein wie umfassendes und vollständig unterrichtendes Charakterbild des Hitler-Staates bei dieser thematischen Beschränkung zustande kommt – ein so ausreichendes wirklich, daß ein Fremder, der in diese unheimliche Welt einzudringen wünscht, wohl sagen kann, er kenne sie, nachdem er dies Buch gelesen. Die ganze Verbissenheit der heutigen deutschen Führer in den einen Gedanken der Staatsmacht, ihre tödliche Entschlossenheit, diesem Gedanken – wenn es denn ein Gedanke ist – durchaus alles unterzuordnen, das geistige und seelische Gesamtleben der Nation ohne jedes menschliche Reservat von ihm bestimmen zu lassen, malt sich in dem hier analysierten, aus vielen nur zu kennzeichnenden Einzelheiten entwickelten Erziehungsplan, welcher ja ein Zukunftsprogramm ist, der unerbittliche Entwurf des deutschen Menschenbildes von morgen. Die ganze fanatische Umsicht, Konsequenz, Genauigkeit, Lückenlosigkeit tritt zu Tage, mit welcher dieser eine Gedanke erzieherisch ins Werk gesetzt und auf jeden einzelnen Lehr-Gegenstand bestimmend angewandt wird, so daß es sich eigentlich niemals um diesen selbst handelt, nicht die Erschließung seiner Gehalte an Bildungsmöglichkeit, Wissen, menschlicher Förderung den Sinn des Unterrichts ausmacht, sondern allein seine oft genug gewaltsam hergestellten Beziehungen zur fixen Idee kriegerischer Tüchtigkeit und nationalen Vorrangs.«[85]

Nachdem Holland, wo die »Pfeffermühle« immer wieder sehr erfolgreich gastiert hatte, sich 1936 diplomatisch mit Nazi-Deutschland arrangierte und keine gegenläufigen politischen Aktionen von Deutschen mehr duldete, faßt Erika den Entschluß, es in Amerika mit einer neuen »Peppermill« zu versuchen. Im September überquert sie zusammen mit Klaus auf der »Statendam« noch einmal den Ozean. Anders als vor neun Jahren fehlt jedes Gefühl der Leichtigkeit. Klaus notiert die bange Frage, ob er als freiheitlich gesinnter deutscher Schriftsteller auf der anderen Seite des Atlantiks günstigere Bedingungen finden werde. Was ihn dort erwartete, erschien ihm noch unsicherer als das, was er zurückgelassen hatte. Die

»Peppermill« scheitert. Die Amerikaner sind an der politischen Szene Europas nicht besonders interessiert. Die wenigsten kennen die Verhältnisse und können schon deshalb den Witz von Persiflage und Parodie, das Herzstück des politischen Kabaretts, nicht verstehen.

Mit der »Pfeffermühle« hat Erika Mann gut verdient. Im übrigen liebt sie immer schon luxuriöse Hotels, mondäne Kleidung. Gegen Brillanten hat sie auch nichts, von wohlgeformten schnellen Autos ganz zu schweigen. Und wenn es kalt ist, macht sie sich in Pelzen ganz besonders gut. Ein festes Zuhause braucht sie nicht. Gebunden an einen festen Ort, einen festen Kreis, ein Leben, in dem nichts zu erjagen wäre, in dem sie als Mutter das unausdenkbar Neue an das Werden der eigenen Kinder delegierte, das entspricht nicht der Sehnsucht einer Erika Mann. Also bedeutet auch das Angebot eines Luxuslebens an der Seite des New Yorker Bankiers Maurice Wertheim, der sie liebt und heiraten möchte, nur eine vorübergehende Verlockung. Erika probiert dieses Leben nur »an«. Klaus sieht das anders. Immerhin wäre das finanzielle Problem ein für alle mal gelöst, so daß sie unabhängig würden von elterlichen Zuschüssen.

Es gibt andere Männer, die sich für sie interessieren. Darunter ist einer, der ihr Schicksal teilt, der aus Berlin emigrierte Arzt und Schriftsteller Martin Gumpert. Mit ihm geht sie ein Verhältnis ein. Gumpert ist auch der Arzt, der Klaus mit seinem Drogenproblem zu helfen sucht. Tief ist Klaus in die Abhängigkeit hineingeraten, zusammen mit Annemarie Schwarzenbach, der Tochter wohlhabender Schweizer Eltern, die Erika liebt – ohne Gegenliebe empfangen zu können. Wie Klaus leidet sie unter dem Drama der nicht erwiderten Liebe. Zusammen trösten sie sich in Sils Maria, in einem der schönen Häuser von Annemaries Eltern, mit Heroin.

Die Adresse von Klaus Mann und eine Zeitlang auch von Erika wird in den nächsten Jahren das »Bedford Hotel« in New York sein. Dort leben auch Freunde, alte und neue Emigranten aus Deutschland: die Verleger Landshoff und Bermann, Emil Ludwig, das Ehepaar Hofmannsthal, Max Reinhardts Söhne und andere. Auch Martin Gumpert, Erikas neuer Liebhaber.

In einem weiteren gemeinsamen Buchprojekt, einer Sammlung von Essays, nehmen Klaus und Erika das Thema der Emigration auf. Gewiß rettet jeder einzelne Exilant zunächst einmal seine eigene Haut. Er muß sein besonderes Schicksal bestehen. Aber wichtig ist auch, daß er sich als Mitglied einer Gemeinschaft begreift. *Escape to Life* zielt auf Belebung dieses Gemeinschaftsgefühls. »Die Emigration ist eine große, weit verzweigte Familie«, heißt es im Essay »Die Toten«. »Wenn irgendein geistiger oder politischer Repräsentant der Emigration vom Tode abberufen wird, dann haben wir alle das bittere Gefühl des Verlustes. Uns wird betrübt zu Mute, als hätte uns ein Verwandter verlassen.«[86]

Das Buch, 1938 in amerikanischer Übersetzung erschienen, ist auch eine Werbekampagne für die Emigranten. Dargestellt werden Menschen, die die deutsche Kultur mitgeformt haben, darunter Albert Einstein, Lotte Lehmann, Bruno Walter, Franz Werfel, Stefan Zweig, Max Reinhardt, Elisabeth Bergner, Erich Maria Remarque und manch anderer. Die Aufnahme dieser Emigranten mag für Amerika zwar eine Last sein, aber erfährt es durch sie nicht auch eine Bereicherung seiner eigenen Kultur?

Indirekt oder auch explizit schärfen die Geschwister den Blick dafür, daß die Nazis eine Kulturrevolution, oder genauer: eine Kulturvernichtung und -vertreibung, durchführen. Dagegen sollten sich Europäer wie Amerikaner verbünden. In seinem *Mephisto*-Roman hatte Klaus 1936, angelehnt an die Geschichte seines Ex-Schwagers Gustaf Gründgens, der sich seiner Karriere zuliebe mit den Nazis arrangierte, den Faschismus »als komödiantisches System« dargestellt. Es ging ihm darum, die NS-Herrschaft als eine »auf Inszenierung beruhende politische Unternehmung« bloßzustellen.[87] *Escape to*

Life unterstreicht nun, daß die Emigranten für das wahre, echte, schöne, solide kultivierte Deutschland stehen.

Damit das nicht mißverstanden wird, schreiben Erika und Klaus gleich noch ein Buch: *Das andere Deutschland* (erscheint 1940 in den USA) – ein Appell an Amerika: Man möge doch begreifen, daß Deutschsein nicht bedeutet, faschistisch und nationalsozialistisch gesonnen zu sein. Auch für die Mehrzahl der Deutschen, die ihr Land nicht verlassen haben, gelte noch der Kulturmaßstab der Dichter und Denker vor Hitlers Machtergreifung.

Die Geschwister schreiben und reisen und schreiben wie die Rasenden. Man kann kaum verfolgen, wer wann wo ist und schon wieder welchen Artikel, welche Reportage, welches Buch veröffentlicht hat. Sie überqueren den Ozean, als ginge es von Calais nach Dover. Im Juni 1938 fahren die Geschwister nach Spanien, um für diverse Blätter vom Kriegsschauplatz zu berichten. Dort herrschte seit zwei Jahren Bürgerkrieg. Das Militär hatte unter der Führung des faschistischen Generals Franco gegen das 1936 vom Volk gewählte Volksfrontbündnis rebelliert und war dabei von Deutschland und Italien massiv unterstützt worden. Eine republikanische Volksarmee setzte sich mit Leib und Leben zur Wehr. Freiwillige aus der ganzen Welt kamen ihnen zu Hilfe, auch Künstler wie Ernest Hemingway und George Orwell.

Klaus und Erika betrachten das Geschehen auf dem Hintergrund ihrer eigenen Situation – und finden Trost: »… zum erstenmal seit dem Tage unserer Emigration haben wir gefühlt, daß wir siegen können. Dies Erlebnis, das spanische Volk im Kampf zu sehen gegen die Feinde seiner Freiheit, die die unseren sind, – dies Erlebnis ist unaustilgbar und es ist das schönste, was uns in der Verbannung begegnet ist.«[88]

Szenenwechsel: Jetzt arbeiten Klaus und Erika in der klaren Bergluft von Arosa am letzten Kapitel von *Escape*. Schon stürzt sich Erika in ein weiteres Buch-Projekt: *The lights go down*. Mit heißer Feder in drei Monaten geschrieben, erscheint es ebenfalls 1939 – »ein Geschichten-Buch, ein Dokumentar-bericht mit illustrierenden Episoden. Sein Thema: Alltag unterm Hakenkreuz; sein Tenor: Der Alltag im Nazi-Deutsch-land macht die Menschen nicht zufrieden, es geht ihnen nicht gut unter Hitler, im Grunde ist normales alltägliches Leben gar nicht möglich.«[89] Das Ganze ist eine Mischung aus weh-mütiger Erinnerung an deutsche Idylle und schrill einbre-chender Nazi-Realität, geschrieben angesichts des drohenden Kriegsausbruchs. Es gelingt Erika Mann gerade noch von Arosa aus auf Umwegen nach Stockholm zu kommen, wo sie am 30. August mit den Eltern zusammentrifft. Thomas Mann war zum Kongreß des PEN-Clubs aus den USA gekommen, aber der fand nicht mehr statt.

Fassungslos wie alle anderen Exilanten schreibt Erika am 2. September an Klaus in New York: »Was soll man spüren, was also kritzeln. Ich nähre noch immer eine unsinnige Hoff-nung, daß die Deutschen nun, da sie mutterseelenallein der Welt gegenüber stehen, morgen nicht marschieren werden, oder doch übermorgen aufhören, es zu tun. Gott verdürbe sich seine *gesamte* Biographie, ließe er zu, daß Europa, um des kranken Tieres willen, verblutete. Daß sie es morgigen Tages absetzen, das hoffe ich noch immer. Bis zu diesem Augenblick haben sie keine Ahnung davon, daß Weltkrieg sein soll ...«[90]

So macht das Zeitgeschehen aus Klaus und Erika Mann, die noch vor sechs Jahren als Eskapisten an der Bar der mondä-nen Hotels ihre Cocktails schlürften und in international besetzten Künstlerkreisen der Kunst nachstellten, zwei Men-schen der Zeit, die sich mit politischer Zielsetzung gegen die Zeit stellen. Nicht daß Kunst und Cocktails nun keine Rolle mehr spielten. In Klaus' Tagebüchern wird reichlich davon berichtet. Neben »zu viel Whisky« findet sich in unterschied-lichen Abständen zudem die Eintragung »Genommen«. Aus dem Zusammenhang geht deutlich hervor, daß es Drogen sind. Sie bekommen ihm mal gut und mal weniger gut. Von »Kotzen« ist die Rede. Auch in dieser Verfassung arbeitet er –

an Reportagen, Buchprojekten, Vorträgen. Wenn er besonders viel schafft, zehn Seiten in einem Zuge, mißtraut er seinem Können: »grâce à la ›chose-elle-même‹«, notiert er am 1. 3. 1938. Das Wort Drogen vermeidet er.

Wie Vater und Schwester ist auch er mit dem Pullman-Bus häufig auf Lecture Tours unterwegs durch die Staaten, im Frühjahr 1938 in Kalifornien. »Ich sprach über Deutschland: die deutsche Gefahr, die deutsche Tragödie, das deutsche Rätsel, die deutsche Zukunft. Manchmal war meine Rede trockener Tatsachenbericht, manchmal analytischer Kommentar oder rhetorisches Manifest; bei wieder anderen Gelegenheiten mischte ich mein düsteres Material mit Persönlich-Anekdotischem und präsentierte ein Stück Zeitgeschichte als Erlebnisreferat, als ›personal history‹: ›Wie ich es sah ... Wir wir es erlebten.‹ Dies hatte Erfolg. Je persönlicher, desto besser! In meinem Vortrag ›A Family against a Dictatorship‹ gab es heitere, auch sentimentale Stellen, um derentwillen die leichtgerührten, leicht-amüsierten ›lecture‹-Auditorien mir manchmal verziehen: sogar dem Ernst meiner Warnung.«[91]

Das kann man mehrmals engagiert betreiben, aber mit jeder weiteren Wiederholung wird selbst dieses beunruhigende Thema zur Routine. »Gewiß, man kommt herum, sieht Land und Leute, lernt mancherlei, oft ist es unterhaltend. Oft auch nicht! Die monotone Ruhelosigkeit kann lähmend wirken. Ist dies noch Bewegung? Es scheint Stagnation. Nichts verändert sich. Immer, überall die gleichen Reaktionen, Stimmen, Mienen, Phrasen!«[92] Das ist kaum zu ertragen, schließlich nimmt er die Strapazen dieser Touren nicht nur des Geldes wegen auf sich. Er will bewirken, daß sich die fremden Menschen für eine sehr kleine Fläche auf der Landkarte interessieren und engagieren, um dem brutalen Geschehen im alten Europa Einhalt zu gebieten.

Was der Lecturer seiner Autobiographie nicht, seinem Tagebuch aber sehr wohl mitteilt, sind die allzumenschlichen Ereignisse, die ihn lebendig erhalten. Manchmal leistet er sich ein Sauna-Vergnügen mit jungen Männern. Manchmal nimmt er einen mit ins Hotel. Der hübsche Kunststudent Heinz Berggruen aus Berlin, der seinen Vortrag in San Francisco besucht hatte, war auch einmal darunter. Aber der »kleine Berggruen«, dessen große Sammlung moderner Kunst heute in Berlin zu bewundern ist, beharrt darauf, daß er »normal« sei. Lieber flirtet er mit Frida Kahlo, die er gerade in San Francisco betreut, um Diego Rivera den Rücken für seine Liebeshändel freizuhalten. Läßt sich nichts machen. Dann nimmt Klaus Mann ihn eben nur als Begleiter zur gerade fälligen Dinner-Einladung mit. Außerdem liest der Lecturer Klaus Mann auch unterwegs kiloweise Bücher, unzählbare Bücher.

Der Kugel in einem Flipper-Spielautomaten vergleichbar, hat Klaus Mann viele, viele flüchtige Kontakte, zieht die Feder, um noch mehr zu berühren – und verschwindet, fällt immer wieder in ein dunkles Loch. Und wenn er sich einmal um eine feste Beziehung bemüht, wie im Fall des geliebten Freundes »Tomsky« alias Thomas Quinn Curtiss, dann schlägt es fehl. Erika erfährt davon in vielen traurigen Briefen.

Wie Klaus Mann aussieht, wie er sich gibt, wie er wirkt, worauf es ihm ankommt? Freunde geben darüber Auskunft: »Er war das vollendete Bild eines ›jungen gebildeten Mannes von Welt‹: Sauber wie aus dem Ei gepellt, lässig, elegant gekleidet, schlank und rank sozusagen, mit einem gescheiten rassigen Gesicht, mit nervösen Bewegungen und einer auffallend schnellen Aussprache. Alles an ihm schien ein bißchen maniert, aber es wurde abgedämpft durch einen klug witternden Geschmack. Der ganze Mensch hatte etwas Ruheloses, überhitzt Intellektuelles und vor allem etwas merkwürdig Unjugendliches.«[93]

Der Schriftsteller Hermann Kesten vertieft das Bild: »Er liebte die ganze Erde, und besonders Paris und New York, und floh vor sich selbst. Er zerrte am dünnen flatternden Vorhang, der den Tag vom Nichts trennt, und suchte überall den Traum und den Rausch und die Poesie, die drei brüderlichen Illusionen der allzufrüh Ernüchterten. Er war voller nervöser Daseinslust und heimlicher Todesbegier, frühreif und unvollendet, flüchtig und ein ergebener Freund, gescheit und verspielt. Bei all seiner verbindlichen Grazie im Werk und im Leben, ward dieser leise Spötter über philiströse Moralschranken ein lauter Ankläger vor dem eigentlichen Geschäft der Welt, der Regelung des öffentlichen Lebens und der Gesellschaft. Zum Spaß war er ein Spötter, und wenn es ernster wurde, ein Idealist. Er bewies es, als ihn der Umschwung der Zeit aus einem Ästheten zu einem Moralisten machte; er bewies es im Exil.«[94]

Im Juni 1939 legt Erika einem Brief an den Bruder ein Gedicht bei, das sie unter dem Eindruck des Selbstmords von Ernst Toller, dem sensiblen Künstler und Pazifisten, in einem Pariser Café niedergeschrieben hatte.

> »Noch ein paar Tote, – und die Welt ist leer, –
> Bewohnt von Feinden nicht, – bewohnt von Fremden.
> [...]
> Ach, wie bescheiden war man schon geworden!
> War man nicht dran gewöhnt, im Kreis zu sitzen
> Der Freunde, welche Tag und Nacht belebten
> Und heimatlich die fernste Ferne färbten?:
> Gespräche, Einverständnis und Gelächter, –
> Gehässigkeiten, ohne Haß ersonnen,
> Von gleich zu gleich – lebendiges Geplänkel, –
> Freiwillig alles, – Kampf, Gefahr, Entfernung, –
> Denn immer wartet' schützend das Zuhause.
>
> Es ist versunken, – doch die Weitversprengten
> Vermochten sich nach kurzer Angst zu sammeln, –
> Die Fähnlein flatterten in einem Winde,
> Der giftig war und Blutgeruch verströmte.
> Kalt war die Einsamkeit; die, welche froren,
> Ermunterten sich zitternd an der Wärme
> Von Freunden, die noch nah, noch greifbar waren.

Jetzt, da Nichts so viele angesogen, –
Hier einer mörderischem Zufall zufiel, –
Dort einer stürzte von der Wucht des Sturmes, –
Und da ein anderer müden Abschied winkte,
Hochmütig-treulos und der treuesten einer, –
Jetzt stehen schmal die dunklen Silhouetten
Der unsern gegen einen kahlen Himmel,
In den entlaubt die armen Bäume ragen.
Noch ein paar Tote, – und die Welt ist leer«[95]

Tod und Trennung durchbrechen die dünne Schutzschicht, die das pausenlose Arbeiten herstellen soll. Dem schriftstellerischen Aktivismus und aller interkontinentalen Raserei zugrunde liegt Traurigkeit. »Arbeit, die ewige Last, ohne die alle übrigen Lasten unerträglich würden.«[96]

Mitten im Weltengetümmel

Am 1. September 1939 gibt Hitler im Reichstag eine Erklärung ab, die den Überfall auf Polen als Antwort auf polnische Übergriffe darstellt. Am 3. September 1939 erklären England und Frankreich dem Deutschen Reich den Krieg. »Im April 1940 marschiert die deutsche Wehrmacht in Dänemark und Norwegen ein, im Mai beginnt die Westoffensive. Nach nur kurzer Zeit kapitulieren die Niederlande und Belgien. Mitte Mai stoßen Hitlers Truppen nach Frankreich vor. Am 14. Juni wird Paris eingenommen.«[97] Die Deutschen haben den Zweiten Weltkrieg angezettelt. Erika und Klaus Mann werden zu denjenigen gehören, die sich unter Einsatz ihres Lebens dagegenstemmen.

Während Klaus Mann Bilanz zieht – in seinem zweiten autobiographischen Bericht *Der Wendepunkt* – und mit der in Amerika gegründeten literarischen Zeitschrift *Decision* erneut zu den Waffen konstruktiven Denkens greift, steht Erika Mann bereits mitten im Kriegsgeschehen. Gegen die Bedenken der ganzen Familie ist sie der Aufforderung des britischen Informationsministers Duff Cooper gefolgt, für die BBC in London über die Ereignisse zu berichten und Rundfunkaufrufe gegen den Krieg nach Deutschland zu senden.

In London gehört Erika Mann unversehens zu den Millionen von Menschen, die Nacht für Nacht zehn Stunden lang von deutschen Bombergeschwadern angegriffen werden. Sie schreibt darüber – nicht theoretisierend, sondern das unmittelbar Erlebte schildernd, das heißt aus der Perspektive eines Menschen, dessen Leben genauso auf dem Spiel steht wie das der anderen, die in London ihre Heimat haben. »Ich war nicht zu Hause als die Decke einbrach und Feuer mein Zimmer in Brand steckte. Unten in unserem Keller passierte nichts Besonderes.« Die Feuerwehr »rettete das Haus vor völliger Zerstörung. Trotzdem konnten wir nicht bleiben. Es war noch immer Gefahr, daß es zusammenbrechen würde; außerdem flogen ständig kleine Schrapnellstücke durch die schwarzen Löcher, die unsere Fenster waren, herein. Die Fenster waren natürlich in Splitter gegangen […] Sehen konnten wir in der rauchigen Dunkelheit nichts. Ich ging auf die Straße. Sie bot das gewohnte Schauspiel eines von explodierenden Granaten zerrissenen Himmels. Der Osten war in rote Flammen gebadet wie von der aufgehenden Sonne. Ich hörte das unheimliche Konzert, an das wir schon so sehr gewohnt waren – das dumpfe Rollen der Flugabwehrgeschütze, das in seiner Dauer fast beruhigend wirkte, das Pfeifen der fallenden Bomben, Einschlag und Widerhall der Explosion kurz danach.«

Auf ihrer Suche nach einem Hotel begegnen ihr »Luftschutzwächter, Feuerwehrleute, Polizisten, Soldaten und heimatlose Wanderer« wie sie selbst. »Niemand schien nervös oder erschreckt. Der stärkste Ausdruck der Mißbilligung, den ich hörte, war: ›Frankly, I do not like it.‹ Er kam von einem jungen Beamten, der hinzufügte, daß ihm anfangs das ganze überhaupt nichts ausgemacht hätte, aber daß er seit vierzehn

Tagen kaum Schlaf gehabt habe, was – ihn leicht zu ärgern beginne. Als ich endlich in ein großes Hotel im Zentrum der Stadt kam, floß Blut an meinem Bein herunter, und in meinen Schuhen war zu viel Glas, um bequem zu gehen. Es war ein Uhr früh. Im Keller spielte eine Jazzband […] Hotelgäste, die weder die Gefahr hinwegtanzen noch die Nacht im Keller verbringen wollten, hatten aus irgendeinem Aberglauben ihre Matratzen und Bettdecken auf die Korridore gebracht. Es war eine erstaunliche Szene: mehr ein überfülltes Feldlazarett.«[98]

Richtige Feldlazarette wird sie im Lauf der nächsten fünf Jahre noch zur Genüge zu sehen bekommen. Im September 1940 gilt ihre Recherche dem Verbleib ihrer Schwester Monika, die London auf der »City of Benares« mit dem Ziel Kanada verlassen hatte. Mitten auf dem Atlantischen Ozean versenkte das deutsche U-Boot U 48 den britischen Dampfer. Erika kann ihre Schwester in einem Hospital in Schottland ausfindig machen. Monika Lányi-Mann konnte aus den Fluten gerettet werden. Ihr Mann, den sie noch dreimal nach ihr hatte rufen hören, verschwand in den Wellen. Monika überlebt, aber glücklich kann sie nicht wieder werden. Nun gibt es für Erika auch noch ein höchst privates Motiv, den Kampf gegen Hitler-Deutschland aufzunehmen.

In einer ihrer Rundfunkansprachen im Rahmen der deutschen Sendungen der BBC heißt es: »Deutsche Hörer, es steht schlecht um die schlechte Sache Eures schlechten Führers. Er selber weiß das – auch seine Generäle fangen an, es zu begreifen, und die hunderttausende von jungen deutschen Soldaten, die auf Nimmerwiederkehr in den verbrannten Steppen Rußlands verschwunden sind, spüren es an den eigenen zerfetzten, verdurstenden, hungernden Leibern. Nur Sie hofft man, im Dunkeln lassen zu können. […] Die unterdrückten Völker Europas hassen diesen Hitler. Ein Weltmeer von Feindschaft umbrandet ihn und wird ihn verschlingen, man verlasse sich darauf. Deutschland aber und das deutsche Volk? Sollen – wollen Sie mit ertrinken? Was für ein Wahnsinn! Wie die

Kaninchen, ohnmächtig, gebannt vorm dummen Schlangenblick des Irre-›Führers‹ sollten Sie sitzen und dem Unheil seinen Lauf lassen und sollten den Versuch nicht einmal wagen, es aufzuhalten? Worauf warten Sie, meine deutschen Hörer? Auf den Sieg doch nicht etwa, den Hitlersieg über eine ganze, große, freie, mächtige, reiche, geeinte und zum Äußersten entschlossene Welt? Auf ein Wunder also? Nein? Worauf denn aber sonst?«[99]

Mit unermüdlichem Einsatz bewirbt sich Erika Mann um die Rolle der Jeanne d'Arc: Sie »weiß«, wie die kulturpolitischen Dinge liegen und was zu tun wäre – aber man gibt ihr kein Heer, man folgt ihr nicht nach. Ist denn die Welt eine Ansammlung kleiner Kinder, die sich von der großen Schwester nicht zur Vernunft bringen lassen wollen? Sie reagiert mit Zorn, Arroganz, Enttäuschung, Kettenrauchen und allerlei Alkohol darauf. Was nicht heißt, daß Erika Mann Auseinandersetzungen scheut, eher schon sucht sie welche. Aber man kann mit ihr nicht diskutieren. Sie hat ihre Überzeugungen. Hätte sie nur die Macht, sie durchzusetzen. Besonders ihre männlichen Journalistenkollegen finden das gelegentlich unerträglich und wagen ein Tänzchen, ein Machtspiel mit ihr. Dabei gewinnt sie zumeist nach Punkten, aber das hilft nicht weiter.

Auf dem 17. Internationalen PEN-Kongreß in London im September 1941 reitet Erika Mann eine Attacke gegen die larmoyante Heimattümelei der Exilanten. Sie sollten nicht über das gute Deutschland lamentieren, sondern darüber nachdenken, wie nach der fälligen militärischen Abrüstung in Deutschland, wenn der Krieg einmal beendet sein wird, die moralische Aufrüstung gestaltet werden kann. Zur Zeit jedenfalls hätte man es in der Heimat mit vergifteten, geistig kranken Deutschen zu tun.

Einmal herausgefordert, liebt Erika Wortgefechte; die klingen wie Säbelrasseln. Nach Kriegseintritt der USA am 8. Dezember 1941 wird das »Office of War Information« (OWI) mit

THEY DO BROTHER-SISTER ACT

Dr. Klaus Mann and his attractive sister, Erika, children of Thomas Mann, great writer. They'll discuss jointly European refugee problems at Town Hall forum Tuesday night, Masonic temple.

Erika und Klaus während des 2. Weltkriegs auf »Lecturer«- Tournee in den USA

dem Pulitzer-Preisträger Robert Sherwood als Koordinator gegründet. Er steht Erikas Mitarbeit mit gemischten Gefühlen gegenüber. Das hat Gründe: »Wie so häufig nannte sie die Dinge erst einmal beim Namen. Offenbar fühle sich das OWI in Konkurrenz zur BBC und deren deutschen Sendungen. Wie töricht und wie unnötig in einer Zeit, da jede Propagandasendung nach Deutschland wichtig sei. Als zusätzlichen ›consultant‹ habe man sie angeworben, und so fühle sie sich berechtigt, Konzepte zu entwerfen und Entwürfe anderer zu kritisieren. Wer im Deutschland Hitlers ›Feindsendungen‹ höre, riskiere sein Leben, wer vom Ausland aus schlechte, langweilige, überflüssige Sendungen nach Deutschland konzipiere, der treibe Schindluder mit dem Risiko.« Sie möchte aus der Haut fahren. Oftmals sind es ganz schlichte Tatsachen, die ihre Kollegen nicht zur Kenntnis nehmen: »Der ›Volksempfänger‹ der deutschen Durchschnittshörer sei nur auf den Empfang der Mittelwelle eingerichtet, wer überwiegend Kurzwellensendungen produziere und ausstrahle, solle sich klar sein, wen er damit in Deutschland erreiche: offizielle Regierungsmitglieder, privilegierte Nazis, große Industrielle, Luft- und Seeleute und Radiospezialisten. Wenn schon, dann müßten die Kurzwellenprogramme an diesen Personenkreis adressiert sein, nicht aber an das Volk, das sie nicht empfangen könne.«[100] Kurz entschlossen quittiert sie diesen Dienst – um nach Möglichkeiten zu suchen, wie sie effektiver eingreifen kann.

So hetzt und jagt und rast sie durch die Welt. Verweilen war nie ihre Stärke. Einen Menschen lieben, ja, aber nicht verbunden mit der Daueridylle von Heim und Herd. Ihr Liebhaber Martin Gumpert kann das akzeptieren. In den nächsten Jahren pendelt Erika Mann zwischen London, New York und Los Angeles. Den Kriegsschauplätzen folgend kommt sie gleichsam noch einmal »rundherum«. Darüber berichtet sie dann – in Zeitungen und Zeitschriften, in Rundfunkbeiträgen und auf ihren Lecture Tours durch die Vereinigten Staaten.

Klaus fragt sich verwundert, wie Erika mit jeder neuen Herausforderung so beherzt umgehen kann. Sie springt einfach in die Aktion, während er selbst in traurig verwirrter Endzeitstimmung verharrt. Und sie nimmt ihn nicht mit. Er leidet. »Ich kann die Gefühle nicht zusammenfassen, die mir das Herz verwirren. Angst – Neid – Stolz – Traurigkeit – das Gefühl, zurück zu bleiben.«[101] 1941 schreibt er in seiner neuen Zeitschrift *Decision*: »Unsere Lösung liegt in dem Wissen, daß es keine absolute Lösung gibt, außer der einen, daß Hitler geschlagen werden muß.«[102] Klaus Mann entschließt sich, in die US Army zu gehen. Ende Mai 1941: »Gestern das letzte Kapitel von *The Turning Point* korrigiert. Heute, erste Musterung. [...] Der Zeitpunkt könnte nicht besser sein: Hoffe aufrichtig und inständig, sie nehmen mich. [...]. Abends mit Christopher ›Laudanum‹. Starke Wirkung. (Sehr stark – das langvergessene Erlebnis; wie ein Trost, der einmal mir gehörte, auf den ich aber lange verzichten musste.)« Drei Tage später: »Ungeduldig, in die Army zu kommen, als ob die amerikanische Uniform ein Talisman gegen die bösen Geister wäre, die mich verfolgen und quälen.«[103] Er will aus dem »ganzen Dreck« seines Lebens herauskommen. Sex und Drogen mit jedermann. In New York fühlt sich Klaus Mann zu »sehr erfreulichen jungen proletarischen Typen« hingezogen. »Fast alle gefallen sie mir, Packträger, Kellner, Liftboys, u. s. w., weiße oder schwarze. Fast alle sind sie mir angenehm. Ich könnte mit *allen* schlafen.«[104] Die Freundin Sybille Bedford berichtet, daß ihn »Schlägertypen interessierten, Lastwagenfahrer und harte Jungs, er nannte es ›die Schnellen und Gefährlichen‹. [...] Manchmal schlugen sie ihn zusammen.«[105]

Fügt man diese Facette den Beschreibungen von Oskar Maria Graf und Hermann Kesten hinzu, so ergibt sich ein Bild, das an den Schwan in Heinrich von Kleists *Marquise von O.* erinnert: Der schöne Schwan läßt sich mit Dreck bewerfen, aber wenn er untertaucht und sein Gefieder schüttelt, leuchtet er wieder rein und weiß. Solange Erika bereit war, die Aufgabe des Untertauchens und Reinigens zu übernehmen, konnte ihn das Dunkle nie ganz bedecken.

Aus verschiedenen Gründen wird Klaus Mann von der Army zunächst abgelehnt: Man verdächtigt ihn, dem Kommunismus nahezustehen, man hat in Nachforschungen von seiner Homosexualität erfahren, und obendrein hat man eine akute Syphilisinfektion diagnostiziert. – Doch Erika, die sonst

*Klaus Mann
1939 im Hotel
Bedford,
New York*

mit moralisch erzieherischen Einlagen an ihn schreibt und ihm den Kopf wäscht, hält ausgerechnet in dieser Krise nicht zu ihm. Sie überläßt ihn erstmals sich selbst. In Klaus Manns Tagebuch heißt es: »Es wäre schwierig, wenn nicht unmöglich, die emotionalen Höhen und Tiefen – die Anfälle von Verzweiflung, relativer Zuversicht und Apathie zu beschreiben, die ich seit dem Tag durchgemacht habe, an dem Gumpert mir meine Krankheit mitteilte. Mehrere Nächte sehr nah am Selbstmord. Es scheint töricht, daß ich es letztlich nicht fertigbrachte. Ausschließlich der Gedanke an E [Erika] und Mielein [die Mutter] hielt mich davon ab. Und doch, ich verletze sie vielleicht mehr, wenn ich am Leben bleibe, als ich es vielleicht durch mein Sterben getan hätte […] Gumpert nett und vertraut. Die Behandlung. Die *qualvollen* Schmerzen nach der ersten Salvarsan-Injektion, vor vier Tagen.«[106]

Nördlich von Los Angeles am San Remo Drive, hoch über dem Pazifik mit Blick auf das weit entfernte Inselchen Catalina haben Thomas und Katia Mann 1941 ein Haus errichten lassen, ein neues Zentrum für die Familie. Dorthin möchte sich Klaus in seiner Not flüchten. Aber: »E. [Erika] schreibt mir, umständlich, so nett wie möglich, daß mein Besuch in Kalifornien ›unter diesen Umständen‹ nicht ratsam scheint […] Ich weiß nicht, was ich tun soll. Nichts, auf das ich mich freuen könnte. Black-out.«[107] Vierzehn Tage später: »*Geträumt*, daß sich E. [Erika] bei mir angesteckt hat, oder besser gesagt, hartnäckig glaubt, es getan zu haben, weil sie einen harmlosen Pickel am Kinn hat. Weigerte sich, einen Wassermann zu machen und erzählt allen, daß sie sich S. [Syphilis] zugezogen hat. Zuerst nahm sie es nicht sehr ernst, aber dann bekam sie Angst […] Man sollte so etwas nicht träumen.«[108] – Es liegt auf der Hand: Klaus träumt von der Fortsetzung eines gemeinsamen Schicksals mit seiner Schwester.

Im Sommer 1942 geht er dann doch noch nach Pacific Palisades – nicht in erster Linie, um sich zu Hause betütteln zu lassen, sondern um in Ruhe über den französischen Dichter André Gide zu schreiben, an der *Geschichte eines Europäers*. Das Buch gerät in manchen Passagen zur schönsten Autobiographie Klaus Manns. In dem Kapitel »Proteus und Protestant« befragt er Gides Neigung zum »Selbstverrat«: »Ist es masochistische Perversion? Ist es Tücke? Oder nur verspielte Launenhaftigkeit?« Das mag auch im Spiel sein, aber eigentlich zeige sich darin ein »künstlerisches Temperament« oder einfach das »Genie« an sich. »Denn die Tendenz zur foppenden Doppeldeutigkeit und Maskerade, die Lust am Spiel, an der Täuschung findet sich, in stärkerem oder schwächerem Grade, bei fast allen Künstlern; dieser fragwürdige Menschentypus ist immer dazu bereit, von einer Identität in die andere zu gleiten, stets erpicht auf neue Mummereien, neue Eskapaden und Experimente. Verhält es sich denn nicht so, daß jeder Dichter, ja, jeder schöpferische Geist etwas vom Illusionisten in sich hat – etwas vom Abenteurer, etwas vom Proteus?«[109]

Am 14. Dezember 1942 wird er endlich in die Armee aufgenommen. Anfang 1943 muß er sich in Fort Dix, New Jersey, melden. Im Februar wird er zur Grundausbildung nach Arkansas versetzt. Der oftmals reservierte Vater schreibt nun Herzliches und Lobendes: »Dear son! […] Wie der Krieg nun auch in die amazing family eingreift, es ist unerwartet, obgleich nicht verwunderlich. Erika schwimmt schon wieder gen Portugal, wird nach England und Schweden, womöglich zu den Bolschewiken gehen. Nun Du als amerikanischer Offizier irgendwo in fernen Kampfgefilden. Und Golo wird gewiß, zur Stillung seines Neides, auch bald an die Reihe kommen. Kurios, kurios. Aber auf soviel verwendbare Punkte werde ich trumpfen können, wenn ich hier einmal den Mund aufmache, als ob ich zu Hause wäre.

Golo hat ja immer gesagt, Du habest eine eiserne Natur, aber wie Du das basic training absolviert hast, ist doch überraschend […] Laß uns also sagen: es ist respektabel. Weder das Schreiben noch die Liebe haben offenbar der Gesundheit Deiner Grundsubstanz etwas anhaben können, sondern Du bewährst Dich nun, wenn auch unter Beihilfe einer humoristisch-achtungsvoll-nachsichtigen Volksgesinnung, ganz richtig und tapfer wie ein Mann.«[110]

Im Schutz der uniformierten Lebenswelt der Soldaten inmitten des abenteuerlich dramatischen Kriegsgeschehens ermäßigt sich der Drang zu privaten Eskapaden für Klaus Mann. Es ist nachvollziehbar, daß er nach einer langen Phase quälender Zweifel, Unruhe und Verlorenheit seine Zeit in der US Army als seine vielleicht schönste Zeit erlebt – als geregelte Lebensform mit bestimmten Aufgaben und einem klaren Ziel. Im übrigen, so läßt er den Vater wissen, sei ihm gar nicht bang. »Da mir nicht so kolossal viel daran liegen würde, wenn mir etwas zustieße, wird mir beinah sicher gar nichts passieren.«[111]

*Als Soldat bei
der US Army,
im Dienst der
psychologischen
Kriegsführung,
1944*

Nachdem er am 25. September 1943 endlich die US-Staats-
bürgerschaft verliehen bekommt, darf er dann auch nach
Europa. »Am 24. Dezember 1943 verließ er mit einem Trup-
pentransport von 8000 Mann Amerika, ›voll Tatendurst
und Gottvertrauen‹. Nach einer ›scheußlichen‹ Überfahrt auf
einem überfüllten Schiff landete er am 2. Januar 1944 in
Marokko. Es folgten einige Wochen Aufenthalt in Nordafrika,
dann die Überfahrt nach Italien. Am 1. März 1944 schrieb er
an Hermann Kesten: ›Es ist seltsam und aufregend, wieder in
Europa zu sein – unter solchen ungewöhnlichen Umständen.
Ich bin glücklich, daß ich gekommen bin, und meine Arbeit
hier ist recht interessant.‹«[112]

Klaus Manns Waffe bleibt das Wort. Seine Aufgaben liegen
im Bereich der psychologischen Kriegsführung. Er »schrieb
›dutzendweise‹ Flugblätter, verfaßte Texte für Radiosender
und Grabenlautsprecher, mit denen die feindlichen Soldaten

im Frontlinienbereich zur Aufgabe aufgefordert wurden. ›Vor allem mit den Lautsprechern hatten wir letzthin gute Erfolge, an denen ich nicht ganz unbeteiligt bin. Aufrichtigsten Herzens rede ich durch das Mikrophon direkt auf die deutschen Soldaten ein: ›Kommt rüber! Macht schnell! Der Krieg ist sowieso gleich aus, wozu wollt ihr noch in letzter Minute das Leben riskieren?‹ Und er verhörte deutsche Kriegsgefangene, wertete deren Aussagen minutiös für die US Army aus: über Situation und Stimmung bei den deutschen Truppen und in der Heimat, über die Wirkung der alliierten Propaganda, über Vorstellungen von der Nachkriegsentwicklung in Deutschland.«[113]

»Es gibt keine Heimkehr«

Anfang Mai 1945 wird Klaus Mann von *Stars and Stripes* als Sonderberichterstatter nach Deutschland geschickt. Er kann es nicht fassen: »Die Deutschen zeigen nicht die Spur einer Empfindung von Verantwortung, noch weniger ein Gefühl von Schuld. Sie begreifen nicht, daß ihre momentane Misere die direkte, zwangsläufige Konsequenz dessen ist, was Deutschland, als Kollektiv, der Welt angetan hat, während der vergangenen fünf Jahre.«[114] Der zwölf Jahre lang geträumte Traum der Geschwister, nach Kriegsende Hebammendienste bei einer deutschen Wiedergeburt zu leisten, zerplatzt. Deutschland wird für Klaus und stärker noch für Erika Feindesland. »Diese beklagenswerte, schreckliche Nation wird physisch und moralisch verstümmelt, verkrüppelt bleiben«, teilt Klaus dem Vater mit, verbunden mit der Warnung, nie wieder nach München zurückzukehren. »Die Zustände hier sind zu traurig. Alle Deine Bemühungen, sie zu verbessern, wären hoffnungslos vergeudet.«[115]

Betroffen und ernüchtert berichtet Klaus unter dem melancholischen Titel »Es gibt keine Heimkehr!« von seiner Wie-

derbegegnung mit dem Münchener Zuhause, das er mit acht-
undzwanzig Jahren heimlich in der Dunkelheit der Nacht
hatte verlassen müssen. Jetzt schreibt der fast Vierzigjährige:
»Da ist es, es steht noch und ist unzerstört! Es hat den Sturm
überstanden! Aber das stimmte nicht. Wie so viele Gebäude in
der Stadt hatte das Haus nur als leere Hülse überlebt. [...] Das
Gefühl von Fremdheit und tiefer Verwirrung, das ich schon in
den zerstörten Straßen empfunden hatte, überkam mich wieder, jetzt fast unerträglich gesteigert. Beim Anblick der kaput-
ten Wände und leeren Fenster hatte ich das Gefühl, eine böse
Karikatur der eigenen Vergangenheit zu betrachten. Ich beeilte
mich, ins Freie zu gelangen.«[116]

Eine junge Frau, die auf dem Balkon des Hauses eine provisorische Unterkunft gefunden hat, erzählt ihm, daß dieses
Haus in der NS-Zeit eine Produktionsstätte für arischen Nachwuchs war. »Der Führer wollte, daß sie [die jungen blonden
Mädchen] Nachwuchs zeugten mit rassemäßig erstklassigen
Männern. So kamen sie hierher und erfüllten ihre Pflicht mit
ausgewählten Burschen von der SS. Sie haben ihre Babys hier
bekommen; es war alles sehr hygienisch. Kein Bordell, bitte
sehr! Eher so etwas wie eine Baby-Fabrik.«[117]

Klaus Mann verliert mehr und mehr den Boden unter den
Füßen. Sein Tagebuch von 1947 trägt den Titel: »Wie lange
noch ...?« Er übersetzt seine Gide-Biographie und *The Turning Point (Der Wendepunkt)* ins Deutsche, aber das Erscheinen seiner Autobiographie in Deutschland (1952) wird er
nicht mehr erleben. Daß sein *Gide* 1948 im Steinbach Verlag in
Zürich erscheint, kann die Kränkung nicht aufheben. Außerdem beunruhigt ihn, daß das Schreiben nicht mehr glücken
will, vom Geldverdienen ganz zu schweigen. Er braucht die
Drogen, aber dafür braucht er Geld. Immer wieder wird die
Mutter angepumpt. Klaus gerät in eine Spirale der Abhängig-
keiten und der Unmöglichkeiten: Entziehungskuren und
Suizidversuche, sexuelle Ablenkungen und Enttäuschungen,
verkrampftes Arbeiten an dem Roman *The Last Day*, Ideali-

sierung des Suizids – bis er sich mit einer Überdosis Schlaftabletten in einem Hotel in Cannes am Abend des 20. Mai 1949 einsam aus dem Leben schleicht.

»Waren wir doch Teile voneinander, – so sehr, dass ich ohne ihn im Grunde gar nicht zu denken bin«, klagt Erika.[118] Kaum kann sie dieses Gefühl des Amputiertseins ertragen. Was soll sie denn machen mit diesen Objekten, die man zu ihr schickt – Koffer, Schreibmaschine und Mantel des Bruders. Gewiß, ihre Wege hatten sich bereits verzweigt. Auch konnte die Schwester schon viele Jahre lang beobachten, daß sich Klaus, unabsichtlich-absichtsvoll, immer tiefer in seine melancholische Grundstimmung versenkte. Sie konnte ja zusehen, wie er mit Sex, Drogen, Schulden und Dauerüberarbeitung auf ein jähes Ende zusteuerte.

Klaus hatte ein ernstes Spiel mit der Schwester getrieben: Zeig mir, daß Du mich retten willst, dann kann ich Dir Deine Ohnmacht zeigen! Bei aller Liebe waren die Geschwister doch auch in inniger Rivalität um die Liebe des Vaters miteinander verbunden. Erika war die Tatkräftige, die der Vater bewunderte, die ihm ab 1946, nach seiner Lungenkrebsoperation, als Kritikerin, Ratgeberin und Überarbeiterin seiner Texte zur Seite stand. Das mußte Klaus hinnehmen. Aber er konnte ihr immerhin zeigen, daß sie über ihn, den Bruder, letztlich keine Macht hatte. Erika muß so etwas gespürt haben. Jedenfalls ließ sie sich während der letzten Kriegsjahre und danach nicht mehr so intensiv auf den Kummer des Bruders ein. Sie wußte, daß ihr Versuch gegenzusteuern ohne Wirkung blieb. Ähnlich mag es der Mutter ergangen sein. Wie sonst könnte man verstehen, daß sie über einen Selbstmordversuch des Sohnes am 13. Juli 1948, mit aufgeschnittenen Pulsadern, Schlaftabletten und aufgedrehtem Gashahn, geäußert hat: »Wenn er sich umbringen wollte, warum hat er es nicht richtig getan?«[119] Verdruß spricht daraus, Enttäuschung, Überforderung und – Kälte. Die Familie erlebte Klaus Manns traurige Eskapaden mehr und mehr als Zumutung. An seiner Beerdigung in

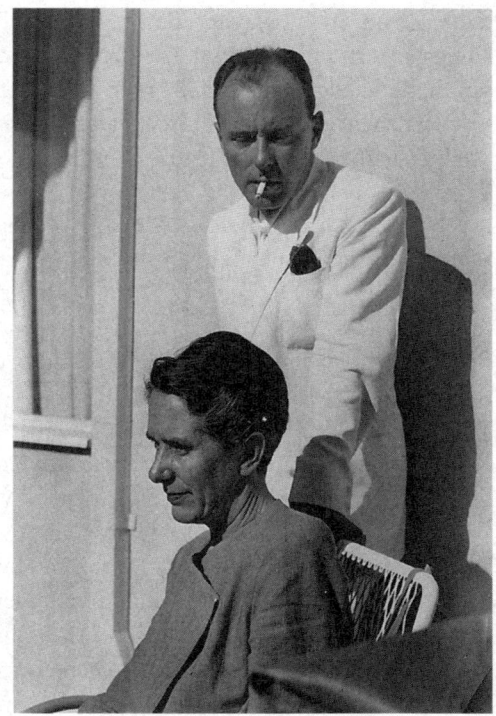

Erika und
Klaus Mann,
1948

Cannes nimmt von der ganzen großen Familie nur der jüngste Bruder Michael teil. Erika hatte die Todesnachricht in Stockholm erreicht, wo Thomas Mann Vorträge zu halten hatte.

In den ersten Jahren des Krieges hatte sich Erika Manns Selbständigkeit als lebenswichtig erwiesen. Sie konnte sich durchaus in einer Männerwelt behaupten. In Kairo, Marokko, Algier, Teheran, Irak, Palästina suchte sie im Auftrag amerikanischer Zeitungen und Magazine berichtenswerte »action stories«. Inmitten der kriegerischen Ereignisse verliebte sie sich noch einmal in eine Frau. Ihr langjähriger Liebhaber, der Dirigent Bruno Walter, mit dem sie gern zusammengelebt hätte, hatte sie im Stich gelassen. Betty Knox, eine amerikanische Kriegskorrespondentin, witzig, verrückt und ohne Starallüren, hatte wieder Zärtlichkeit, Wärme und frischen Wind in Erikas Leben gebracht. Einmal hatte sie die Geliebte zum Weihnachtsfest mit nach Hause genommen, was Mutter und Vater etwas befremdlich fanden, zumal Betty dem würdevollen Nobel-Dichter keinerlei Respekt entgegenbrachte. Die zwei verliebten Frauen reisten in der Uniform der US Army von 1944 bis 1947 durch ganz Europa, um bedeutende Leute für Interviews zu gewinnen. Nach Kriegsende waren sie als Beobachter bei den Nürnberger Prozessen gegen die deutschen Kriegsverbrecher anwesend.

Bei der Kommunistenjagd während der McCarthy-Ära, 1950 bis 1955, wird auch Erika Mann verdächtigt, verleumdet und vom FBI bespitzelt. Sie weiß gar nicht, wie ihr ist, angesichts der Wiederkehr des Verfolgtwerdens – jetzt in einem freiheitlichen Land, das sich als Demokratie versteht. Im Jahr nach Klaus' Tod zieht sie, verbunden mit einem Klagebrief an den Direktor der Einwanderungsbehörde, ihren Antrag auf die amerikanische Staatsangehörigkeit zurück. »Unzählige Male habe ich mein Leben in Gefahr gebracht, als ich […] als Kriegsberichterstatterin bei den US-Streitkräften akkreditiert war. […] Wäre ich amerikanische Staatsbürgerin gewesen, ich hätte mich nicht stärker bemühen können, dem Lande nützlich zu sein. In der Tat fühlte ich wie eine Amerikanerin, lebte wie ein Amerikanerin, *war* praktisch eine Amerikanerin. […] Ich lebte und arbeitete […] in den USA, und da ich dies auch weiter zu tun wünschte, hielt ich es nur für korrekt, mich dem guten Volk dieses Landes auch legal anzuschließen. Ich stellte meinen Antrag vor fast vier Jahren.

Seit diesem Zeitpunkt ist eine Überprüfung im Gange, die unvermeidlich dazu führte, Zweifel an meinem Charakter zu wecken, meine berufliche Laufbahn allmählich zu ruinieren, mich meines Lebensunterhalts zu berauben und mich – kurz gesagt – von einem glücklichen, tätigen und einigermaßen nützlichen Mitglied der Gesellschaft zu einer gedemütigten Verdächtigten zu machen.« Das FBI schnüffelte in ihrem Privatleben herum, verhörte Freunde und Bekannte. »[Ich] mußte […] die allmähliche Vernichtung von allem, was ich in mehr als einem Jahrzehnt aufgebaut hatte, mit ansehen. Dieses Schauspiel war umso quälender, als es die dritte Existenz betraf, die ich mir selbst geschaffen hatte. Der Nazismus vertrieb mich aus meinem Geburtsland Deutschland, wo ich ziemlich erfolgreich gewesen war; Hitlers wachsender Einfluß in Europa veranlaßte mich, den Kontinent zu verlassen, in dem ich auf Gastspielreisen mit meiner eigenen Show über tausend Vorstellungen gegeben hatte; und jetzt sehe ich mich – ohne eigenes Verschulden – ruiniert in einem Land, das ich liebe und dessen Staatsbürgerin zu werden ich gehofft hatte.«[120] Auch und ausgerechnet Thomas Mann wird im Kongreß als »einer der weltweit wichtigsten Verteidiger Stalins« angegriffen.

Was für ein Schicksal! Plötzlich steht die beherzt das Leben Meisternde, diejenige, die immer wieder auf die Füße fällt, die sich jeder Auseinandersetzung stellt, die ohne jedes Selbstmitleid ihr Leben im Kampf gegen Unheil und Ungerechtigkeit riskiert hat – als Unerwünschte da. Ihr ganzes Leben kommt ihr vor wie eine Geschichte des unverschuldeten Scheiterns. Sie könnte mit dem Kopf durch die Wand rennen. Aber so ist das Leben nicht gebaut. Da gilt nicht die den Kindern beigebrachte Logik von Bösesein und Bestraftwerden. Wieder Trennung und Abschied von einer Lebensform. Das hält doch keiner aus. Mochte sie zickig, rechthaberisch, arrogant, anspruchsvoll und sonstwie unsympathisch sein – wenn man ihre Geschichte Revue pasieren läßt, wird man selbst von Zorn und Mitleid überwältigt.

Nach dem Tod des Bruders kehrt Erika gleichsam in den Schoß der Familie zurück. Eng schließt sie sich dem Vater an. Kein Auftritt des geehrten und begehrten Dichters ohne Tochter Erika an seiner Seite. So tritt sie allmählich an die

Stelle ihrer Mutter, allerdings nicht nur als dienstbarer Geist, sondern indem sie mitgestaltet, kritisiert, korrigiert, bestimmend und bevormundend eingreift in sein Leben und Schreiben, das sie liebt. Die Mutter muß sich mit einer Nebenrolle begnügen.

1952 geht Erika Mann mit ihren Eltern in die Schweiz zurück. Deutschland kam für sie nicht in Frage. 1953 beginnt ihre Mitarbeit bei den Verfilmungen der Romane von Thomas Mann: *Königliche Hoheit* (1953), *Felix Krull* (1957) und *Buddenbrooks* (1959). Im *Felix Krull* tritt sie noch einmal als Schauspielerin auf. Außerdem beginnt sie wieder mit dem Schreiben von Kinderbüchern. Der Vater liebt sie als »Helferin, so umsichtig, treu und eingeweiht, liebevoll« und ist ihr dankbar verbunden. Erikas heftige Streitereien, ihre oftmals schlechte Laune und ihre hartnäckige Rechthaberei vergißt er am liebsten immer wieder ganz schnell.

Ein großzügiges Bürgerhaus in Kilchberg mit weitem Blick über den schönen Zürcher See wird 1954 zu ihrem letzten Zuhause. Der achtzigjährige Vater stirbt im Jahr darauf. Erika ist gerade mal fünfzig Jahre alt, wirkt aber gebrochen wie eine viel ältere Frau. »Erika ging es schlecht und […] sie konnte nicht mehr richtig gehen. Ich weiß nicht, was sie hatte, aber sie war nicht mehr die Alte.« Die Freundin Sybille Bedford berichtet von ihrem Besuch in Kilchberg: »Sie konnte nicht einmal zum Essen aufstehen, sie hatte irgendetwas Schreckliches und war in einer Spezialklinik bei Oxford gewesen, wo man ihr nicht helfen konnte. Natürlich muß Klaus' Tod für sie schrecklich gewesen sein. […] Ich weiß noch, wie ich an ihrem Bett saß, nachdem wir mit Mielein [Katia Mann] gegessen hatten und dazu nur ein kleines Glas Rheinwein tranken, obwohl ein großer Scotch uns gutgetan hätte. Erika war sehr lieb, wir redeten über die alten Zeiten und über Kläuschen.«[121]

Leben und Werk von Thomas und Klaus Mann werden für Erika in ihren letzten Jahren zum Lebensinhalt. Sie sorgt für die Entstehung eines Klaus-Mann-Erinnerungsbuches mit

Erika Mann,
um 1966
in Kilchberg

Beiträgen von Freunden. Sie betreibt das Erscheinen der
Werke ihres Bruders in deutscher Sprache. Sie kümmert sich
um den Nachlaß, sortiert und ediert Briefe; nur solche, die der
Idealisierung nichts in den Weg legen. Sie schreibt das Buch
Das letzte Jahr. Bericht über meinen Vater (Frankfurt 1956). Sie
führt Prozesse, wenn ihr Ansehen demoliert wurde, lügt
manchmal auch, wenn sie dadurch die Größe der beiden
Künstler frei von Fehl und Tadel halten kann

Ihr Leben lang hat Erika hart gearbeitet. Jetzt geschieht das
unter erschwerten Bedingungen. Ihr Körper spielt nicht mehr
mit. »Die Ärzte diagnostizieren eine ›progressive Atrophie‹,
einen Schwund, von dem Knochen, Muskeln und Drüsen
betroffen sind. Mehrfach stürzt sie und kann schließlich nur

noch an Krücken gehen. Dennoch kauft sie sich 1966 noch-
mals ein Auto, einen Mustang-Sportwagen.«[122] Sie leidet unter
chronischer Schlaflosigkeit, Kopf- und Rückenschmerzen und
Knochenbrüchen. Sie mildert ihre Schmerzen mit Morphium
und anderen Opiaten. Auf Alkohol und Zigaretten hat sie nie
verzichtet. Ihr Neffe Frido, der in den sechziger Jahren im
Kilchberger Haus wohnte, erinnert sich, daß sie abends regelmäßig wie in Trance gewesen sei. Manchmal habe sie nachts
vor dem Kühlschrank gehockt mit unsicheren Bewegungen.
Wenn sie das Bett hüten muß, kümmert sich die Mutter um
ihre Älteste. Erika soll zornig geworden sein, wenn die Mutter
nicht zur Stelle war. Sie braucht und benutzt die alte Dame
und hat kein Verständnis dafür, daß die Mutter auch ein eigenes Leben führen möchte. Das hat sie doch zu Lebzeiten des
Vaters auch nicht für sich reklamiert.

Im Frühjahr 1969 wird ein Gehirntumor entdeckt. Erika
Mann stirbt am 27. August 1969 nach einer Gehirnoperation
im Zürcher Kantonsspital.

Erika Mann beeindruckt als tragische Gestalt, die durch den
Genie-Anspruch von Vater und Bruder genauso wie durch
ihre Idealisierung der beiden um den vollen Genuß an ihrem
eigenen Können gekommen ist. »Wieviel man, – wieviel sogar
ich – sagen könnte! Bin ja aber kein großer Schreiber, drücke
mich besser mündlich aus«, hat sie einmal in einem Brief
geschrieben. »Ungemein hohe Literatur« – die zu verfassen
war offenbar dem »Zauberer« vorbehalten und seinem Sohn
Klaus.

In Breloers Film *Die Manns* zeigt man Elisabeth, der jüngsten Tochter Thomas Manns, eine Totenmaske in Bronze. Elisabeth meint etwas unsicher, es könnte die Maske ihres Vaters
sein. Es war die Totenmaske von Erika Mann.

ANMERKUNGEN

Einleitung

1 Luise F. Pusch, Hg., *Schwestern berühmter Männer*

2 Gertrude Stein, *Jedermanns Autobiographie*, S. 88

Elisabeth und Friedrich Nietzsche

(Wegen der im Nietzsche-Kapitel verwendeten Abkürzungen für Nietzsche-Ausgaben vgl. Literatur-Verzeichnis)

1 Friedrich Nietzsche, *Richard Wagner in Bayreuth. Unzeitgemäße Betrachtungen*. Viertes Stück, 1876, S. 13.

2 Richard Wagner, *Das Braune Buch. Tagebuchaufzeichnungen 1865 bis 1882*. Vorgelegt und kommentiert von Joachim Bergfeld, S. 86.

3 Zit. in: Walter Kaufmann, *Nietzsche. Philosoph – Psychologe – Antichrist*, S. 45.

4 Bernhard Förster, *Parsifal-Nachklänge. Allerhand Gedanken über deutsche Cultur, Wissenschaft, Kunst, Gesellschaft*, S. 49.

5 Ebd., S. 71.

6 Ebd., S. 64f.

7 Walter Kaufmann, S. 49.

8 Brief vom 14. Oktober 1884, zit. in: Carol Diethe, *Nietzsches Schwester und der Wille zur Macht*, S. 82.

9 KSB 7, S. 53.

10 Ebd., S. 51ff.

11 H. F. Peters, *Zarathustras Schwester. Fritz und Lieschen Nietzsche – ein deutsches Trauerspiel*, S. 142.

12 Brief von Elisabeth Förster an die Mutter in Naumburg, 18. März 1888; zit. in: H. F. Peters, S. 146 f.

13 KSB 8, S. 81 f.

14 Jens Glüsing, »Das Erbe von Nueva Germania«, in: *Der Spiegel* 28/93, S. 136-142.

15 Elisabeth Förster-Nietzsche, *Friedrich Nietzsche und die Frauen seiner Zeit*, S. 5.

16 An Meta von Salis, 14. Juli 1898; zit. in: H. F. Peters, S. 230.

17 Elisabeth Förster-Nietzsche, *Der junge Nietzsche*, S. 41.

18 Dies., *Das Leben Friedrich Nietzsches*, S. 14.

19 *Friedrich Nietzsche. Chronik in Bildern und Texten.* Zusammengestellt von Raymond J. Benders und Stephan Oettermann, S. 11.

20 Friedrich Nietzsche, *Schopenhauer als Erzieher*, in: KSA 1, S. 373 f.

21 *Chronik*, S. 10.

22 *Chronik*, S. 12.

23 Friedrich Nietzsche, *Ecce homo*, in: KSA, S. 264.

24 *Chronik*, S. 13.

25 *Chronik*, S. 16.

26 *Chronik*, S. 17.

27 *Chronik*, S. 17.

28 Friedrich Nietzsche, *Frühe Schriften in fünf Bänden*, Bd. 1, S. 28.

29 *Chronik*, S. 23.

30 *Chronik*, S. 22.

31 *Chronik*, S. 46.

32 Karl von Raumer, *Die Erziehung der Mädchen* (1853), Neudruck Paderborn 1988, S. 108.

33 Zit. in: Peters, S. 29.

34 Zit. in: Diethe, S. 39.

35 Zit. in: Peters, S. 35 f.

36 Zit. in: Diethe, S. 52.

37 Brief vom 26. Mai 1865, Elisabeth an Friedrich Nietzsche, KGB III/1, S. 43 ff.

38 Brief der Mutter Franziska Nietzsche vom 12. 11. 1865. KGB I/3, S. 62 f.

39 Ebd., S. 45.

40 Zit. in: Peters, S. 35.

41 KGB I/3, Nr. 214, S. 338.

42 Zit. in: *Friedrich Nietzsches Briefwechsel mit Erwin Rohde*, S. 119 f. Brief Erwin Rohdes vom 3. Januar 1869.

43 KGB II/2, S. 280; Brief von Rohde an Friedrich Nietzsche vom 11. Dezember 1870.

44 KSB 3, S. 175.

45 Friedrich Nietzsche, »Versuch einer Selbstkritik (1886)«, in: *Geburt der Tragödie, Werke,* Leipzig 1899, Bd. 1, S. 3.

46 Friedrich Nietzsche, »Schopenhauer als Erzieher«, in: *Werke,* Leipzig 1899, Bd. 1, S. 413.

47 Zit. in: Curt P. Janz, *Friedrich Nietzsche. Biographie in drei Bänden,* Bd. 1, S. 469.

48 Ebd., S. 428.

49 Brief von Elisabeth an Friedrich Nietzsche vom 9. Januar 1872; zit. in: KGB II/2, S. 500 f.

50 Malwida von Meysenbug, *Memoiren einer Idealistin,* Stuttgart 1875.

51 Ebd., S. 193.

52 Ebd., S. 185.

53 Friedrich Nietzsche, *Menschliches, Allzumenschliches,* Aphorismus Nr. 638, in: KSA 2, S. 362 f.

54 Ebd., S. 16 f.

55 Ebd., S. 118.

56 *Nibelungenlied,* 14. Aventiure, Vers 826 f., Stuttgart 1997.

57 Lou Andreas-Salomé, *Lebensrückblick,* S. 76.

58 Ebd., S. 78.

59 Brief von Nietzsche an Lou von Salomé vom 3. Juli 1882, in: Ernst Pfeiffer (Hrsg.), *Friedrich Nietzsche, Paul Rée, Lou von Salomé. Die Dokumente ihrer Begegnung,* S. 203.

60 Lou Andreas-Salomé, *Lebensrückblick,* S. 84 f.

61 Werner Ross, *Der ängstliche Adler. Friedrich Nietzsches Leben,* S. 639.

62 KSB 6, S. 469.

63 *Magazin für Litteratur* vom 10. Februar 1900.

64 Brief an Franz Overbeck, Weihnachten 1888, KSB 8, S. 549.

65 Zit. in: Peters, S. 200.

66 *Chronik,* S. 787.

67 Zit. in: Peters, S. 226.

68 Zit. in: Peters, S. 226 f.

69 Zit. in: Peters, S. 232 f.

70 Ebd., S. 239.

71 Ebd., S. 241.

72 Ebd., S. 268.

73 Friedrich Nietzsche, »Also sprach Zarathustra«, in: KSA 4, S. 16 f.

Gertrude und Leo Stein

1 Gertrude Stein, *The Making of Americans*, S. 46.
2 Gertrude Stein, *Jedermanns Autobiographie*, S. 81.
3 Dies., *Autobiographie von Alice B. Toklas*, S. 98.
4 1. Dies., *Quod erat demonstrandum*; 2. ein auf Euklid zurückgehender Schlußsatz bei Beweisen.
5 Gertrude Stein, *Q. E. D.*, S. 12.
6 Ebd., S. 40.
7 Zit. in: Brenda Wineapple, *Schwester Bruder. Gertrude und Leo Stein*, S. 273.
8 Ebd., S. 275.
9 Ebd., S. 296.
10 Ebd., S. 300.
11 Ebd., S. 332 f.
12 Gertrude Stein, *Picasso*, S. 103.
13 Norman Mailer, *Portrait des Künstlers als junger Mann*, S. 250.
14 Ebd.
15 Gertrude Stein, *Picasso*, S. 104.
16 Norman Mailer, S. 257.
17 Gertrude Stein, *Autobiographie von Alice B. Toklas*, S. 14 f.
18 Zit. in: Wineapple, S. 293.
19 Ebd., S. 335.
20 Gertrude Stein, *Picasso*, S. 28 f.
21 Dies., *Drei Leben*, S. 156 f.
22 Zit. in: Wineapple, S. 481 f.
23 Gertrude Stein, *Autobiographie von Alice B. Toklas*, S. 105.
24 Dies., *The Making of Americans*, S. 669.
25 Zit. in: Wineapple, S. 13.
26 Ebd., S. 555.
27 Ebd., S. 497.

Ana María und Salvador Dalí

1 Ana María Dalí, *Salvador Dalí visto por su hermana*, Barcelona 1949. Zit. nach der englischen Übersetzung von Griselda Boler; Typoskript in der Research Library, Dalí Museum, St. Petersburg, Florida.

2 Alberto Savinio, *Tragödie der Kindheit*, Frankfurt/M. 1999, S. 117.

3 Salvador Dalí, *Das geheime Leben des Salvador Dalí*, S. 107.

4 Ders., S. 108.

5 Ders., S. 110.

6 Luis Buñuel, *Mein letzter Seufzer. Erinnerungen*, Königstein/Ts. 1983, S. 27.

7 Zit. in: Ian Gibson, *Salvador Dalí. Die Biographie*, Stuttgart 1998, S. 83.

8 Ebd., S. 81 f.

9 Ebd., S. 90.

10 Ebd., S. 89.

11 Ana María Dalí, *Salvador Dalí visto por su hermana*, S. 42.

12 Zit. in: Gibson, S. 149.

13 Ebd., S. 125.

14 Joseph L., Henderson, »Der moderne Mensch und die Mythen«, in: C. G. Jung (Hrsg.), *Der Mensch und seine Symbole*, S. 110 – 128.

15 Ana María Dalí, *Salvador Dalí visto por su hermana*, S. 55.

16 Salvador Dalí, *Unabhängigkeitserklärung der Phantasie und Erklärung der Rechte des Menschen auf seine Verrücktheit. Gesammelte Schriften.* Hrsg. von Axel Matthes und Tilbert Diego Stegmann, München 1974, S. 16 f.

17 Ders., *Meine Festungen*, in: *Unabhängigkeitserklärung...*, S. 271.

18 Luis, Buñuel, *Mein letzter Seufzer*, S. 93 f.

19 Ders., S. 105.

20 Ders., S. 97.

21 Salvador Dalí, *Das geheime Leben*, S. 302.

22 Ders., *Unabhängigkeitserklärung...*, S. 209 f.

23 Mark, Polizzotti, *Die Revolution des Geistes. Das Leben André Bretons*, München, Wien 1996, S. 572 f.

24 Interview der Autorin mit Emilia Pomés, Cadaqués, 23. September 2004.

25 *LA VANGUARDIA* Miercoles, 17. Mayo 1989: »Ana María Dalí muere en Figueres sumida por la depresión que le produjo la muerte de su hermano.«

Erika und Klaus Mann

1 Klaus Mann, *Tagebücher 1936–1937*, München 1990, Eintrag vom 3.7.1936.

2 Katia Mann, *Meine ungeschriebenen Memoiren*, S. 7.

3 Thomas Mann »Die Ehe im Übergang«, in: Graf Hermann Keyserling (Hg.), *Das Ehe-Buch*, S. 221.

4 Ebd.

5 Thomas Mann, Tagebucheintrag vom 28. 8. 1950. Zit. in: Hermann Kurzke, *Thomas Mann. Das Leben als Kunstwerk. Eine Biographie*, S. 576.

6 Klaus Mann, *Der fromme Tanz. Das Abenteuerbuch einer Jugend*, S. 151 f.

7 *Thomas Mann. Heinrich Mann. Briefwechsel 1900–1949*, S. 49.

8 Katia Mann, *Meine ungeschriebenen Memoiren*, S. 29.

9 Thomas Mann, *Briefe 1889–1936*, S. 68.

10 Erika Mann, *Briefe und Antworten*, Bd. 2 (1951–1969). Hrsg. von Anna Zanco-Prestel, S. 91.

11 Klaus Mann, *Kind dieser Zeit*, und *The Turning Point*, dt. *Der Wendepunkt*.

12 Ders., *Kind dieser Zeit*, S. 15.

13 Ders., *Woher wir kommen und wohin wir müssen*, S. 47.

14 Ders., S. 30.

15 Klaus Mann, *Kind dieser Zeit*, S. 28.

16 Ders., *Der Wendepunkt*, S. 29.

17 Erika Mann, *Mein Vater, der Zauberer*, S. 12.

18 Klaus Mann, *Woher wir kommen …*, S. 213.

19 Erika Mann, *Mein Vater, der Zauberer*, S. 13.

20 Klaus Mann, *Kind dieser Zeit*, S. 19 f.

21 Ders., S. 35.

22 Thomas Mann, *Tagebücher 1918–1921*, S. 454. Zit. in: Kurzke, S. 573.

23 Klaus Mann, zit. in: Armin Strohmeyer, *Klaus und Erika Mann*, S. 31.

24 Ebd., S. 30.

25 Erika Mann, *Mein Vater, der Zauberer*, S. 25.

26 Dies., »Kinder-Theater«, in: *Tempo*, eine Berliner Tageszeitung, 28. 9. 1928. Dies war die erste journalistische Veröffentlichung von Erika Mann. Wiederabgedruckt in: Erika Mann, *Blitze überm Ozean*.

27 Klaus Mann, *Kind dieser Zeit*, S. 122.

28 Uwe Naumann, *Klaus Mann*, S. 18 f.

29 Erika Mann, *Briefe*, Bd. 1, S. 10.

30 Klaus Mann, *Der Wendepunkt*, S. 108.

31 Ders., *Kind dieser Zeit*, S. 146.

32 Ebd., S. 152 f.

33 Zit. in: Armin Strohmeyer, *Klaus und Erika Mann*, S. 51.

34 Klaus Mann, *Kind dieser Zeit*, S. 39 f.

35 Ebd., S. 42 f.

36 Ebd., S. 155.

37 Ebd., S. 203.

38 Ebd., S. 192.

39 Brief von Erika Mann an Pamela Wedekind, August 1925; Erika-Mann-Archiv.

40 Klaus Mann, »Revue zu Vieren«, in: Klaus Mann, *Der siebente Engel. Die Theaterstücke*, S. 84.

41 Vgl. auch Klaus Mann, »Heute und Morgen. Zur Situation des jungen geistigen Europa«, in: Klaus Mann, *Die neuen Eltern*.

42 Golo Mann, *Deutsche Geschichte des 19. und 20. Jahrhunderts*, S. 773.

43 »Brüderchen und Schwesterchen«, Märchen aus der Sammlung der Brüder Grimm.

44 Uwe Naumann, Nachwort, in: Erika und Klaus Mann, *Rundherum. Das Abenteuer einer Weltreise*, S. 145.

45 Erika und Klaus Mann, *Rundherum...*, S. 11.

46 Dies., S. 14.

47 Dies., S. 35.

48 Dies., S. 83 f.

49 Dies., S. 40.

50 Dies., S. 79.

51 Dies., S. 94.

52 Dies., S. 140.

53 Dies., S. 141.

54 Erika Mann, »Frau und Buch« (1931), in: Erika Mann, *Blitze überm Ozean, Aufsätze, Reden, Reportagen*, Reinbek 2001, S. 85.

55 Dies., »Geht die Kunst nach Brot?« In: *Blitze überm Ozean*, S. 100 f.

56 Klaus Mann, *Wendepunkt*, S. 242.

57 Ders., S. 243 f.

58 Ders., S. 244 ff.

59 Klaus Mann, *Auf der Suche nach einem Weg*, S. 233.

60 Erika Mann, »Ausgerechnet ich«, in: Erika Mann, *Blitze überm Ozean*, S. 22.

61 Klaus Mann, *Tagebücher*, Eintrag vom 6. 2. 1933.

62 Zit. in: Helga Keiser-Hayne, *Erika Mann und ihr politisches Kabarett »Die Pfeffermühle« 1933–1937*, S. 9.

63 Zit. in: Irmela von der Lühe, *Erika Mann. Eine Biographie*, S. 89.

64 Klaus Mann, *Wendepunkt*, S. 282 f.

65 Zit. in: Helga Keiser-Hayne, *Erika Mann und ihr politisches Kabarett*, S. 46.

66 Ebd., S. 59.

67 Ebd., S. 62.

68 Klaus Mann, *Wendepunkt*, S. 285.

69 Ebd., S. 297.

70 Klaus Mann, *Heute und morgen. Schriften zur Zeit*, S. 93.

71 Klaus Mann, »Ricki Hallgarten – Radikalismus des Herzens«, in: Ders., *Die neuen Eltern. Aufsätze, Reden, Kritiken 1924–1933*, S. 390.

72 Ders., *Wendepunkt*, S. 296.

73 Ebd., S. 303.

74 Ebd., S. 291.

75 Ebd., S. 297.

76 Ebd.

77 Ebd., S. 298.

78 Thomas und Katia Mann reisten vom 17. Mai bis 18. Juni 1934 und noch einmal vom 9. Juni bis 13. Juli 1935 in die USA. Am 30. Juni 1935 folgten sie einer Einladung Roosevelts zum Dinner im Weißen Haus.

79 Erika Mann, *Mein Vater, der Zauberer*, S. 102.

80 Ebd., S. 105 f.

81 Thomas Mann, *Briefe*, S. 409 ff.

82 Ebd., S. 413.

83 *Thomas Mann, Heinrich Mann. Briefwechsel*, S. 193 f.

84 Klaus Mann, *Wendepunkt*, S. 300.

85 Erika Mann, *Zehn Millionen Kinder. Die Erziehung der Jugend im Dritten Reich*, S. 8.

86 Erika und Klaus Mann, *Escape to Life. Deutsche Kultur im Exil*, S. 195.

87 Uwe Naumann, *Klaus Mann*, S. 81.

88 Klaus und Erika Mann, »Zurück von Spanien«. In: *Das Wort*, Heft 10/1938, S. 43.

89 Irmela von der Lühe, *Erika Mann. Eine Biographie*, S. 232.

90 Erika Mann, *Briefe und Antworten 1*, S. 139.

91 Klaus Mann, *Wendepunkt*, S. 373.

92 Ebd., S. 374.

93 Oskar Maria Graf. Zit. in: Uwe Naumann, *Klaus Mann*, S. 146.

94 Ebd., S. 147.

95 Zit. in: Irmela von der Lühe, *Erika Mann. Eine Biographie*, S. 216.

96 Klaus Mann, *Wendepunkt*, S. 399.

97 Uwe Naumann (Hrsg.), *Die Kinder der Manns*, S. 160.

98 Erika Mann, »Eine Nacht in London«. In: *Blitze überm Ozean*, S. 179 ff.

99 Erika Mann, *Blitze überm Ozean*, S. 222 f.

100 Zit. in: Irmela von der Lühe, *Erika Mann. Eine Biographie*, S. 252.

101 Klaus Mann, *Tagebücher 1940–1943*, S. 51.

102 Editorial von *Decision*, Mai 1941.

103 Klaus Mann, *Tagebücher 1940–1941*, S. 95 f.

104 Ders., *Tagebücher 1938–1939*, S. 139.

105 Zit. in: Andrea Weiss, *Flucht ins Leben. Die Erika und Klaus Mann-Story*, S. 144 f.

106 Ebd., S. 97.

107 Ebd.

108 Ebd., S. 106.

109 Klaus Mann, *André Gide. Die Geschichte eines Europäers*, S. 173.

110 Ders., *Briefe und Antworten*, S. 508.

111 Ebd., S. 512.

112 Uwe Naumann, *Klaus Mann*, S. 116 f.

113 Ebd., S. 121.

114 Klaus Mann, *Auf verlorenem Posten. Aufsätze, Reden, Kritiken 1942–1949*, S. 227 f.

115 Ebd., S. 229 f.

116 Zit. in: Andrea Weiss, *Flucht ins Leben*, S. 185.

117 Ebd., S. 180.

118 Erika Mann, *Briefe I*, S. 261.

119 Zit. in: Andrea Weiss, S. 192.

120 Zit. in: Andrea Weiss, S. 188 f.

121 Ebd., S. 192.

122 Armin Strohmeyer, S. 170.

LITERATUR

Andreas-Salomé, Lou, *Friedrich Nietzsche in seinen Werken*, Wien 1894 (Neuauflage Frankfurt/M., Berlin, Wien 1983)

Andreas-Salomé, Lou, *Im Kampf um Gott*, Leipzig, Berlin 1885 (Neuauflage München 2007), zuerst erschienen unter dem Pseudonym Henri Lou

Andreas-Salomé, Lou, *Lebensrückblick. Grundriß einiger Lebenserinnerungen.* Hg. von Ernst Pfeiffer, Frankfurt/M. 1984

Brandes, Georg, *Nietzsche*, Berlin 2004

Buñuel, Luis, *Mein letzter Seufzer. Erinnerungen*, Königstein/Ts. 1983

Dalí, Ana María, *Salvador Dalí visto por su hermana*, Barcelona 1949. Zit. nach der englischen Übersetzung von Griselda Boler, Typoskript in der Research Library, Dalí-Museum St. Petersburg, Florida

Dalí, Lali Bas, *The Dalís. A Family History*, Barcelona 2004

Dalí, Salvador, *Das geheime Leben des Salvador Dalí*, München 1990

Dalí, Salvador, *Unabhängigkeitserklärung der Phantasie und Erklärung der Rechte des Menschen auf seine Verrücktheit. Gesammelte Schriften.* Hrsg. von Axel Matthes und Tilbert Diego Stegmann, München 1974

Diethe, Carol, *Nietzsches Schwester und Der Wille zur Macht*, Hamburg, Wien 2001

Förster, Bernhard, *Parsifal-Nachklänge. Allerhand Gedanken über deutsche Cultur, Wissenschaft, Kunst, Gesellschaft*, Leipzig 1883

Förster-Nietzsche, Elisabeth, *Das Leben Friedrich Nietzsches*, Leipzig 1912

Förster-Nietzsche, Elisabeth, *Der einsame Nietzsche*, Leipzig 1922

Förster-Nietzsche, Elisabeth, *Der junge Nietzsche*, Stuttgart 1922

Förster-Nietzsche, Elisabeth, *Friedrich Nietzsche und die Frauen seiner Zeit*, München 1935

Friedrich Nietzsche. Chronik in Bildern und Texten. Zusammengestellt von Raymond J. Benders und Stephan Oettermann, München, Wien 2000

Friedrich Nietzsches Briefwechsel mit Erwin Rohde. Hrsg. von Elisabeth Förster-Nietzsche und Fritz Schöll, Berlin, Leipzig 1902

Gérard, Max, *Dalí. Biographischer Essay,* Berlin 1969

Gibson, Ian, *Salvador Dalí. Die Biographie,* Stuttgart 1998

Goch, Klaus, »Elisabeth Förster-Nietzsche. Ein biographisches Portrait«, in: Luise F. Pusch (Hg.), *Schwestern berühmter Männer,* Frankfurt/M. 1984

Henderson, Joseph L., »Der moderne Mensch und die Mythen«, in: C. G. Jung (Hg.), *Der Mensch und seine Symbole,* Olten 1968

James, William, *The Principles of Psychology,* New York 1890

Janz, Curt Paul, *Friedrich Nietzsche. Biographie in drei Bänden,* München, Wien 1978

Kaufmann, Walter, *Nietzsche. Philosoph – Psychologe – Antichrist,* Darmstadt 1982

Keiser-Hayne, Helga (Hg.), *Beteiligt euch, es geht um eure Erde. Erika Mann und ihr politisches Kabarett »Die Pfeffermühle« 1933–1937,* München 1990

Keiser-Hayne, Helga (Hg.), *Erika Mann und ihr politisches Kabarett »Die Pfeffermühle«,* Reinbek 1995

Keyserling, Hermann Graf (Hg.), *Das Ehe-Buch,* Celle 1925

Kurzke, Hermann, *Thomas Mann. Das Leben als Kunstwerk. Eine Biographie,* Frankfurt/M. 2002

Leis, Mario, *Frauen um Nietzsche,* Reinbek 2000

Lühe, Irmela von der, *Erika Mann. Eine Biographie,* Frankfurt/M. 2001

Macintyre, Ben, *Vergessenes Land. Die Spuren der Elisabeth Nietzsche,* Leipzig 1994

Mann, Erika, *A Gang of Ten,* New York 1942

Mann, Erika, *Blitze überm Ozean. Aufsätze, Reden, Reportagen.* Hg. von Irmela von der Lühe und Uwe Naumann, Reinbek 2001

Mann, Erika, *Christoph fliegt nach Amerika,* München 1953

Mann, Erika, *Das letzte Jahr. Bericht über meinen Vater,* Frankfurt/M. 1956

Mann, Erika, *Die Zugvögel. Sängerknaben auf abenteuerlicher Fahrt,* Bern 1959

Mann, Erika, *Jan's Wunderhündchen.* Ein Kinderstück in sieben Bildern von Erika Mann und Richard Hallgarten, Berlin 1931

Mann, Erika, *Mein Vater, der Zauberer,* Reinbek 1995

Mann, Erika, *Muck, der Zauberonkel,* Basel 1934

Mann, Erika, *School for Barbarians. Education under the Nazis,* New York 1938

Mann, Erika, *Stoffel fliegt übers Meer,* Stuttgart 1932

Mann, Erika, *The Lights Go Down,* New York 1940

Mann, Erika, *Unser Zauberonkel Muck,* Augsburg 1952

Mann, Erika, *Wenn ich ein Zugvogel wär; Till bei den Zugvögeln; Die Zugvögel auf Europa-Fahrt; Die Zugvögel singen in Paris und Rom,* München 1953–1955

Mann, Erika, *Zehn jagen Mr. X,* Berlin 1990

Mann, Erika, *Zehn Millionen Kinder. Die Erziehung der Jugend im Dritten Reich.* Mit einem Geleitwort von Thomas Mann, Amsterdam (Querido) 1938, Neuauflage Reinbek 1997

Mann, Erika/Mann, Klaus, *Das Buch von der Riviera. Was nicht im »Baedeker« steht,* München 1931

Mann, Erika/Mann, Klaus, *Escape to Life,* Boston 1939. Deutsche Ausgabe: *Escape to Life. Deutsche Kultur im Exil,* Reinbek 1996

Mann, Erika/Mann, Klaus, *Rundherum: Das Abenteuer einer Weltreise,* Berlin 1929

Mann, Erika/Mann, Klaus, *The other Germany,* New York 1940

Mann, Golo, *Deutsche Geschichte des 19. und 20. Jahrhunderts,* Frankfurt/M. 1999

Mann, Katia, *Meine ungeschriebenen Memoiren,* München 1974

Mann, Klaus, *André Gide. Die Geschichte eines Europäers,* Zürich 1948

Mann, Klaus, *Auf der Suche nach einem Weg,* Berlin 1931

Mann, Klaus, *Auf verlorenem Posten. Aufsätze, Reden, Kritiken 1942–1949,* Reinbek 1994

Mann, Klaus, *Briefe und Antworten 1922–1949.* Hg. von Martin Gregor-Dellin, Reinbek 1991

Mann, Klaus, *Der fromme Tanz. Das Abenteuerbuch einer Jugend,* Reinbek 1999

Mann, Klaus, *Der siebente Engel. Die Theaterstücke,* Reinbek 1989

Mann, Klaus, *Der Wendepunkt,* Reinbek 1999

Mann, Klaus, *Die neuen Eltern. Aufsätze, Reden, Kritiken 1924–1933,* Reinbek 1992

Mann, Klaus, *Heute und morgen. Schriften zur Zeit,* München 1969

Mann, Klaus, *Kind dieser Zeit,* Reinbek 1984

Mann, Klaus, *Tagebücher,* München 1990

Mann, Klaus, *Woher wir kommen und wohin wir müssen. Frühe und nachgelassene Schriften,* München 1980

Mann, Thomas, *Briefe 1889–1936.* Hg. von Erika Mann, Frankfurt/M. 1961

Naumann, Uwe (Hg.), *Die Kinder der Manns. Ein Familienalbum,* Reinbek 2005

Naumann, Uwe, *Klaus Mann,* Reinbek 1984

Nietzsche, Friedrich, *Briefwechsel. Kritische Gesamtausgabe (KGB).* Hg. von Giorgio Colli und Mazzoni Montinari, Berlin 1995 ff.

Nietzsche, Friedrich, *Frühe Schriften in fünf Bänden,* München 1994

Nietzsche, Friedrich, *Kritische Studienausgabe Briefe (KSB),* München 2003

Nietzsche, Friedrich, *Richard Wagner in Bayreuth. Unzeitgemäße Betrachtungen,* Stuttgart 1973

Nietzsche, Friedrich, *Sämtliche Werke (KSA).* Hrsg. von Giorgio Colli und Mazzoni Montinari, Berlin 1988

Peters, H. F., *Zarathustras Schwester. Fritz und Lieschen Nietzsche – ein deutsches Trauerspiel,* München 1983

Pfeiffer, Ernst (Hg.), *Friedrich Nietzsche, Paul Rée, Lou von Salomé. Die Dokumente ihrer Begegnung,* Frankfurt/M. 1970

Polizzotti, Mark, *Die Revolution des Geistes. Das Leben André Bretons,* München, Wien 1996

Pusch, Luise F. (Hg.), *Schwestern berühmter Männer,* Frankfurt/M. 1985

Ross, Werner, *Der ängstliche Adler. Friedrich Nietzsches Leben,* München 1994

Sabin, Stefana, *Gertrude Stein,* Reinbek 1996

Salber, Linde, *Lou Andreas-Salomé,* Reinbek [6]2004

Salber, Linde, *Salvador Dalí,* Reinbek 2004

Santayana, George, *Der letzte Puritaner,* München 1936

Savinio, Alberto, *Tragödie der Kindheit,* Frankfurt/M. 1999

Stein, Gertrude, *Autobiographie von Alice B. Toklas,* Zürich 1959

Stein, Gertrude, *Composition as Explanation,* London 1926

Stein, Gertrude, *Drei Leben,* Zürich 1960

Stein, Gertrude, *Jedermanns Autobiographie,* Frankfurt/M. 1996

Stein, Gertrude, *keine keiner. Ein Kriminalroman,* Zürich 1985

Stein, Gertrude, *Paris Frankreich,* Frankfurt/M. 1996

Stein, Gertrude, *Picasso,* Zürich 1958

Stein, Gertrude, *Portraits und Stücke,* Bd. I und II, Zürich 1987

Stein, Gertrude, *Q. E. D.,* Frankfurt/M. 1996

LITERATUR

Stein, Gertrude, *Wars I Have Seen,* London 1945

Strohmeyer, Armin, *Klaus und Erika Mann,* Leipzig 2004

Thomas Mann, Heinrich Mann. Briefwechsel 1900–1949, Berlin, Weimar 1969

Toklas, Alice B., *What is Remembered,* New York, Chicago, San Francisco 1963

Wagner, Richard, *Das Braune Buch. Tagebuchaufzeichnungen 1865 bis 1882.* Vorgelegt und kommentiert von Joachim Bergfeld, Zürich 1975

Weiss, Andrea, *Flucht ins Leben. Die Erika- und Klaus Mann-Story,* Reinbek 2000

Wineapple, Brenda, *Schwester Bruder. Gertrude und Leo Stein,* Zürich, Hamburg 1998

Zanco-Prestel, Anna (Hg.), *Erika Mann. Briefe und Antworten,* 2 Bände, München 1984/85

Personenregister

Gómez de la Serna, Ramón 204 f.
Goya, Francisco 215
Goya, José de 198
Graf, Oskar Maria 329
Greco, El 149, 198
Gris, Juan 204
Gründgens, Erika 282
Gründgens, Gustaf 277, 280 ff.,
    286, 292, 294, 317
Guggenheimer, Hortense 124
Guimard, Hector 133
Gumpert, Martin 316, 328, 330

Hall, Granville Stanley 117
Hallgarten, Ricki 265, 287 f., 292,
    308
Hapgood, Hutchins 122, 158 f.
Haynes, Mabel 131
Hecker, Hermann 84
Hemingway, Ernest 162, 310, 318
Henri, Robert 138
Hesse, Hermann 313
Heuser, Klaus 289
Hinojosa, José Mariá 213
Hitchcock, Alfred 130
Hitler, Adolf 28, 96 ff., 231, 301 f.,
    304, 314, 318 f., 323, 325, 329, 335
Hodder, Alfred 130
Hodler, Ferdinand 134
Hofmannsthal, Hugo von 317
Holmes, Sherlock 173
Homer, Winslow 134
Hoppe, Marianne 294
Huidobro, Vicente 204
Huxley, Aldous 310

Ingres, Jean Auguste Dominique
    211, 217
Isherwood, Christopher 310

Jacob, Max 145, 150
James, Edward 233
James, William 114, 118 f., 121, 123,
    125, 129, 136
Janet, Pierre 121
Jannings, Emil 288 f.
Jhering, Herbert 284
Johnson, Ben 136
Joukowski, Paul von 73
Juan Carlos I., König von
    Spanien 240

Kahlo, Frida 321
Kahnweiler, Daniel Henry 156
Kaufmann, Walter 16, 81
Kerr, Alfred 30
Kessler, Harry Graf 84, 88 f., 90, 97
Kesten, Hermann 321, 329, 333
Keyser, Amelia siehe Stein,
    Amelia
Keyser, Ernest 138
Khnopff, Fernand 134
Kleist, Heinrich von 329
Klimt, Gustav 134
Klingbeil, Julius 27
Knox, Betty 338
Koegel, Fritz 84, 89
Korrodi, Eduard 312
Köselitz, Heinrich (eigtl. Peter
    Gast) 18, 30, 80, 89
Krug, Gustav 36, 59 f.

Landshoff, Fritz H. 311, 317
Lanyi, Jenö 309
Lebender, Lena 124
Lenbach, Franz von 134
Lenin, Wladimir Iljitsch 291
Lessing, Gotthold Ephraim 266
Levy, Harriett 154, 158

BILDNACHWEIS

(Nicht in allen Fällen konnten die Inhaber von Bildrechten ermittelt werden. Wir bitten gegebenenfalls um Hinweise an den Verlag.)

The Baltimore Museum of Art: S. 140
The Bancroft Library: S. 155 (Foto: Arnold Genthe)
Lali Bas Dalí: aus: The Dalís. A Family History: S. 197, 207, 234, 241
Fundació Gala–Salvador Dalí: S. 183, 210, 225, 238
Literaturarchiv der Monacensia: S. 256, 270, 295, 297, 307, 327, 330, 333, 337, 341
Man Ray Trust Paris/VG Bild-Kunst, Bonn 2007: S. 164
Österreichische Nationalbibliothek: S. 44
Salvador Dalí, Gala–Salvador Dalí Foundation/VG Bild-Kunst, Bonn 2007: S. 208, 212, 227
Sammlung Blahak: S. 280
Kate Sharp: S. 141
Stiftung Weimarer Klassik: S. 23, 40, 53, 65, 97
Succession Picasso/VG Bild-Kunst, Bonn 2007: S. 145, 146
Yale University: S. 103, 105, 119, 127, 162

Hildegard Möller

Die Frauen der Familie Mann

432 Seiten mit 28 Abbildungen.
Piper Taschenbuch

Waren die Frauen des Hauses Mann glücklich? Sie waren reich geboren und bald berühmt, Mitglieder einer Familie, die in Deutschland wie eine Dynastie bewundert wurde, und verkehrten mit den wichtigsten Menschen ihrer Zeit. Dennoch: Keine von ihnen vermochte aus dem Schatten Thomas Manns zu treten. Alle konkurrierten sie um die Anerkennung und Liebe des großen »Zauberers«, so unterschiedlich ihre Biographien auch verliefen: Da war Katia, Herrin der Familie und Dienerin ihres Mannes; die »wilde Erika«, immer für einen Skandal gut, ob mit ihrem Mann Gustaf Gründgens zusammen oder mit ihrem Bruder Klaus; Monika, vergebens um Anerkennung bemüht; und Elisabeth, »das Kindchen«, die doch die selbständigste von allen wurde …

Dieter Wunderlich

EigenSinnige Frauen

Zehn Porträts. 256 Seiten
mit 10 Abbildungen.
Piper Taschenbuch

Johanna von Orléans und Madame Pompadour, Coco Chanel, Frida Kahlo und Simone de Beauvoir – einen großen Bogen spannt Dieter Wunderlich in seinen zehn Porträts. Er erzählt von Frauen aus verschiedenen Epochen und Lebensbereichen, die nicht bereit waren, sich den gesellschaftlichen Erwartungen widerstandslos zu unterwerfen, sondern ihre ganz persönlichen Ziele verfolgten und dabei gegen heftige Widerstände kämpften.

»Was diese Frauen gemeinsam hatten, waren ihr Eigensinn und ihr Streben, Ideen und Lebensentwürfe auch gegen Konventionen zu verwirklichen. Daß der Autor nebenbei und auf leichte, aber nicht leichtfertige Art Geschichtsunterricht erteilt, ist ein weiterer Vorzug des Buchs.«
Berliner Morgenpost

PIPER

PIPER

Linde Salber
Psychologie für die Westentasche

128 Seiten mit einigen Abbildungen. Gebunden

Pipers »Westentaschen-Bücher« – das ist umfassendes Wissen
in Kurzform, passend zum steigenden Bedürfnis nach kom-
pakter und unterhaltsamer Information über Themen und
Personen. Nach »Freud für die Westentasche« führt nun
eine Expertin in das riesige Thema Psychologie ein.
Linde Salber ist Psychologin und Psychotherapeutin. Sie
schreibt über das Thema so, wie sie sich eine Einführung gewünscht hätte, als sie sich für psychologische Fragen zu interessieren begann. Am Anfang stehen menschliches Verhalten
und Erleben, geschehen Veränderungen, die wir nicht begreifen. Die Psychologie, mit der wir alle im Alltag umgehen,
Glück und Leid in unseren Lebensläufen, die großen Schu-
len der Therapie, Sprache, Denken und Erinnerung als Instrumente des Seelischen – das sind nur einige Schwerpunkte
dieser ungewöhnlichen und kurzweiligen Einführung.

01/1577/01/R

JETZT NEU

Jede Woche vorab in einen brandaktuellen Top-Titel reinlesen, ...

... Leseeindruck verfassen,
Kritiker werden und eins von
100 Vorab-Exemplaren gratis erhalten.